Herausgegeben von
Dr. Thomas Berger-v. d. Heide
Dr. Birgit Wenzel

Geschichte

Differenzierende Ausgabe

entdecken und verstehen

7|8

Vom Mittelalter zum Zeitalter der Revolutionen

Herausgegeben von
Dr. Birgit Wenzel

Bearbeitet von
Dr. Thomas Berger-v. d. Heide
Bodo Paul Hoffmann
Dr. Judith Martin
Paul Matthies
Prof. Hans-Gert Oomen
Jürgen Schöll
Dr. Birgit Wenzel

Cornelsen

2

3

4

Fächerverbindendes Modul „Geschichte" für den Unterricht im gesellschaftswissenschaftlichen Fächerverbund, passend zu den Geografie- bzw. Politik-Modulen in den Cornelsen-Lehrwerken
- Unsere Erde Berlin-Brandenburg 7/8 (ISBN 978-3-06-064830-6) und
- Politik entdecken Berlin-Brandenburg 7/8 (ISBN 978-3-464-65618-1).

Fächerverbindendes Modul „Geschichte“ für den Unterricht im gesellschaftswissenschaftlichen Fächerverbund, passend zu den Geografie- bzw. Politik-Modulen in den Cornelsen-Lehrwerken
- Unsere Erde Berlin-Brandenburg 7/8 (ISBN 978-3-06-064830-6) und
- Politik entdecken Berlin-Brandenburg 7/8 (ISBN 978-3-464-65618-1).

8

9

entdecken und verstehen

Liebe Schülerinnen, liebe Schüler,
wir möchten euch die verschiedenen Seiten dieses Buches vorstellen.

Auftaktseiten

Jedes Kapitel startet mit großen Abbildungen. Darauf gibt es viel zu entdecken: Ihr könnt Eindrücke sammeln und zusammentragen, was ihr schon wisst.

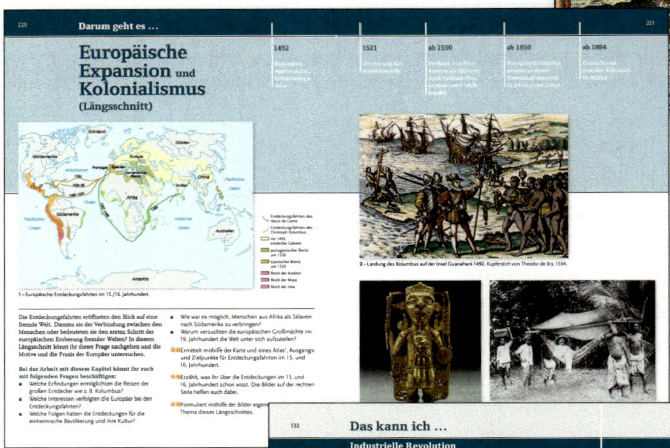

Darum geht es ...

Diese Seite gibt euch einen Überblick
- über wichtige Daten und Räume,
- über die Themen des Kapitels und
- was ihr am Ende wissen und können sollt.

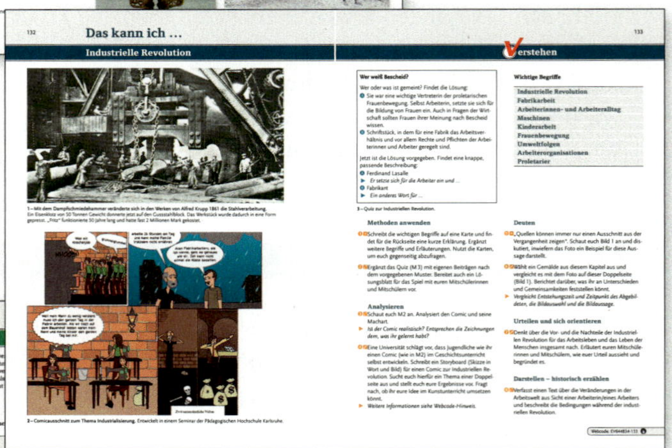

Das kann ich ...

Am Ende des Kapitels könnt ihr euer Wissen und Können testen.

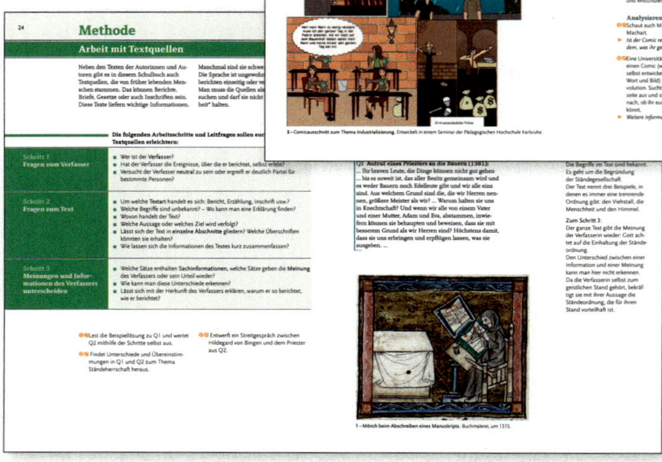

Methode

- Hier könnt ihr **Schritt für Schritt** erlernen, wie ihr z. B. Textquellen entschlüsselt und vergleicht oder wie ihr ein persönliches Werturteil verfasst.
- **Lösungsbeispiele** helfen euch.
- Eine Übersicht der Methoden findet ihr im Anhang, S. 242 bis 252.

Inhaltsseite

Oben links steht immer die **Frage**, um die es auf der Doppelseite geht. Dann folgen **Autorentexte**.

Bei den **Materialien** werden Reden von Politikern, Zeitzeugenberichte und andere Schriften aus der Vergangenheit als Quellen mit einem **Q** versehen. Texte, in denen Wissenschaftler oder Journalisten aus heutiger Sicht etwas darstellen, tragen ein **M**.

In den fächerverbindenden Modulen findet ihr auf den Inhaltsseiten das fächerverbindende Icon

Auch findet ihr hier **Bilder, Karten und Grafiken**.

Der Pfeil ↗ verweist euch auf andere Seiten im Epochenüberblick, in einer Vertiefung oder einem LS, wo das jeweilige Thema schon einmal angesprochen wird oder Hintergrundinformationen geliefert werden.

Mit den **Aufgaben** könnt ihr Fragen, Autorentexte und Materialien bearbeiten. Hinter dem Pfeil ▶, ▶ findet ihr **Arbeitshilfen**.

Der **Webcode** rechts unten auf der Seite führt Euch zum Weiterarbeiten ins Internet. Geht einfach auf folgende Webseite und gebt den Code ein: *www.cornelsen.de/entdecken-verstehen*

Geschichte vor Ort

Hier erfahrt ihr etwas über die Geschichte von Berlin und Brandenburg.

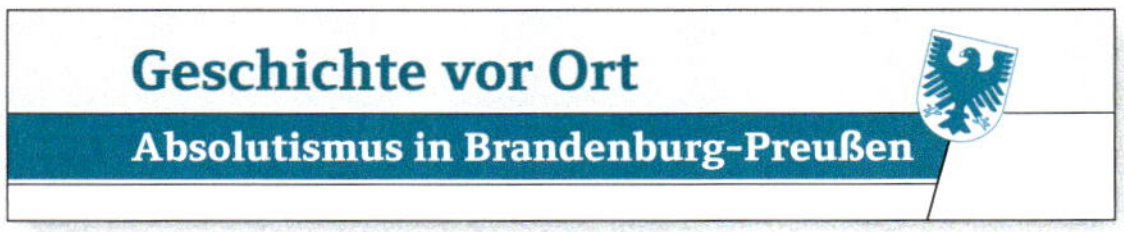

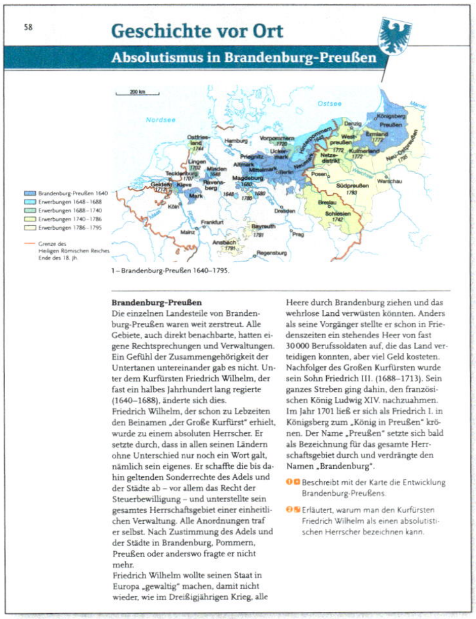

Individuell lernen und fördern

Von leicht bis schwierig …

Bei allen Aufgaben dieses Buches findet ihr Würfel ⚂. Sie zeigen unterschiedliche Schwierigkeitsgrade an:

⚀ einfacher Schwierigkeitsgrad (in etwa Niveau D)
⚁ mittlerer Schwierigkeitsgrad (in etwa Niveau E)
⚂ erhöhter Schwierigkeitsgrad (in etwa Niveau F)

1 ⚀ Notiert mithilfe der Karte, in welchen Ländern/Städten es im Frühjahr 1848 zu Aufständen kam.
2 ⚂ Vermutet, weshalb die Paulskirchenverfassung nie in Kraft trat.
3 ⚁ Schlagt nach, ob die in Q1 genannten Grundrechte auch in unserem Grundgesetz stehen.

Aufgaben – kreativ und zur Auswahl

– Bei den rot markierten **Wahlaufgaben** am Ende jeder Inhaltsseite
– auf den roten **entdecken-Seiten** und
– auf den roten **Schauplatz-Seiten**

findet ihr interessante kreative Wahlangebote, die ein Thema vertiefen und die unterschiedlich schwierig sind. Wahlaufgaben sind immer mit Buchstaben gekennzeichnet: Ⓐ, Ⓑ … .

Wahlaufgaben

Ⓐ ⚂ Versetzt euch in die Lage einer Potsdamer Familie, die einem Soldaten Unterkunft geben soll. Spielt in einem Rollenspiel die Diskussion in der Familie durch, wie sie sich die nächste Zeit mit dem Soldaten vorstellt.
► *Stellt euch so genau wie möglich vor, wie sich ihr Leben verändern wird.*

Ⓑ ⚂ Plant eine Exkursion/einen Ausflug nach Potsdam und besucht Sehenswürdigkeiten, die von Potsdams Rolle als Garnisonsstadt und als Residenz preußischer Könige erzählen. Erstellt ein Fotoalbum mit eigenen Fotos.

Schauplatz-Seiten: Wahlaufgaben zu einem spannenden Großbild

Auf Schauplatz-Seiten findet ihr immer passend zum Kapitelthema ein großes Bild mit Wahlaufgaben.

226 Frühneuzeitlicher Kolonialismus 227

Aufbruch ins Unbekannte | Schauplatz Geschichte

Am 3. August 1492 stach Kolumbus mit dem Schiff „Santa Maria" vom portugiesischen Hafen Palos in See. Wie die Reisevorbereitungen ausgesehen haben könnten, seht ihr in diesem Bild.

Wahlaufgaben

Wählt einen der drei folgenden Arbeitsaufträge:

Ⓐ Stellt die Erwartungen, Hoffnungen und Ängste folgender Besatzungsmitglieder dar:
– Kapitän Christoph Kolumbus,
– ein Mönch,
– ein Matrose.

Überlegt euch passende Sprechblasentexte und schreibt sie auf.

Ⓑ Stellt eine Ladeliste für die Reise zusammen. Berücksichtigt dabei alles, was die Mannschaft zum Überleben und zur Orientierung benötigt.

Ⓒ Stellt Fragen an Kapitän Christoph Kolumbus (z. B. über Voraussetzungen und Gefahren der Reise). Findet dazu passende Antworten.
► *Kapitän, woher wisst ihr, dass wir nach Indien kommen, wenn wir immer westwärts fahren? Noch niemand hat dies gewagt! Wir haben Angst, denn …*
– Sind Sie sicher, den Seeweg nach Indien zu finden? – …

1 – Aufbruch ins Unbekannte. Illustration, 2011.

▶ ▶ Arbeitshilfen – unterstützen und fördern

Auf den Seiten dieses Buches findet ihr Arbeitshilfen, die euch bei der Lösung von Aufgaben unterstützen. Sie tragen ein oranges ▶ oder rotes ▶ Dreieck und sind in *kursiver* Schrift gesetzt.

1 Untersucht Bild 1. Achtet dabei auch auf Kleidung, Haltung und Gesichtsausdruck der Personen.

▶ *Nehmt hierzu die Methode „Bilder untersuchen", S. 245 zu Hilfe.*

2 Fasst anhand des Textes sowie Q1 und Q2 die Lage der A

3 Erklärt die Beweggründe des Reichskanzlers Otto von Bismarck, Sozialversicherungen für die Arbeiterschaft einzuführen.

▶ *Ursachen für die Einführung der Sozialversicherungen waren ...*

4 Beurteilt, ob die Sozialgesetze ausreichten, um die Forderungen der Arbeiter zu erfüllen.

Wahlaufgaben

A Analysiert das Bild und erläutert die Stimmung, die es ausdrückt. Achtet auch auf Einzelheiten, z. B. auf die Kleidung, auf die Menschen im Hintergrund und darauf was die Menschen in den Händen halten.

▶ *Nehmt die Methode „Bilder analysieren", Seite 245 zu Hilfe.*

B Beschreibt, was ein Kaufmann beim Anblick der Situation gedacht haben könnte.

C Recherchiert über den genauen Verlauf und den Ausgang der Kartoffelrevolution. Gestaltet aus euren Rechercheergebnissen einen Brief eines Aufständischen.

Wahlaufgaben

A Steckt im Klassenraum eine ca. 12 m^2 große Fläche ab. Versucht diese „Wohnung" für 5 Personen einzurichten.

▶ *Nehmt Q1 und Bild 2 zur Hilfe.*

B Recherchiert über die Fabrikbesitzer Alfred Krupp und Ernst Abbe und stellt dar, wie sie mit der sozialen Frage umgingen.

Entdecken-Seiten: Wahlaufgaben mit unterschiedlichen Materialien

Auf den entdecken-Seiten können alle zu einem vertiefenden Thema arbeiten. Unterschiedliche Materialien (Texte, Bilder) erschließen das Thema.

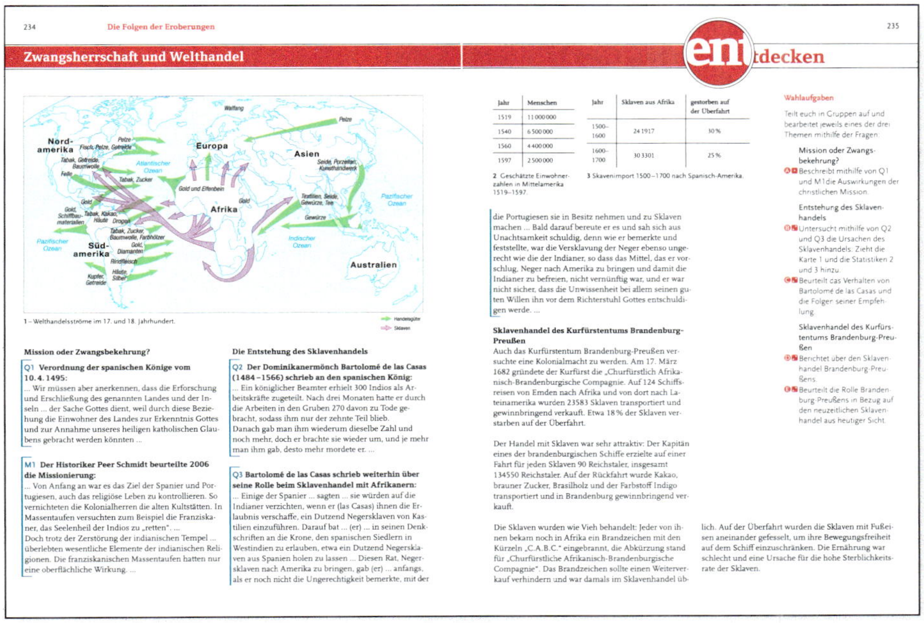

Geschichte darstellen und sich in der Gegenwart orientieren

Was ist Geschichte und wie erfahren wir etwas über sie?
Geschichte berichtet über die Vergangenheit, die vorbei ist, aber oft Einfluss auf unser heutiges Leben hat.
Um etwas über Geschichte zu erfahren und um Erkenntnisse für die eigene Gegenwart zu nutzen, benötigen wir **Quellen** (z. B. Bilder, Texte, Überreste, Zeitzeugenberichte) und **Darstellungen**. Quellen sind Zeugnisse *aus* der Vergangenheit, Darstellungen berichten *über* die Vergangenheit. Aus beiden zusammengenommen leiten wir unsere Erkenntnisse über Geschichte ab.
Je nachdem, *wer* sie erzählt, *wann* und *wo*, wird Geschichte neu geschrieben. Sie ist also nichts Feststehendes oder immer Gültiges. Sie muss sich aber immer auf Quellen und überprüfbare Aussagen stützen.

Bei der Beschäftigung mit Geschichte muss man eine Auswahl treffen, z. B. über:

Zeitraum
500–1500 | 1500–1750 | 1750–1900 | 1900–2000

Fragen und Themen
z. B. Wie lebten die Menschen im Mittelalter?

den *Raum*, den man betrachten will.

Wie kann man Geschichte darstellen?
Jede Darstellungsart über Geschichte hat ihre eigenen Vorteile, je nachdem, was man erforschen möchte. Mit diesem Buch arbeitet ihr mit folgenden:

Epochenüberblick

Mit dem Epochenüberblick könnt ihr euch eine Übersicht über einen längeren Zeitraum verschaffen. In diesem Buch gilt der Überblick drei Epochen im Raum Europa:

Mittelalter	Frühe Neuzeit	Zeitalter der Revolutionen
ca. 1000 bis ca. 1500	ca. 1500 bis ca. 1750	ca. 1750 bis ca. 1900

Ihr könnt zu ausgewählten Fragen und Themen arbeiten, dazu gehören z. B. folgende: Wie und wo lebten die Menschen? Was und wie arbeiteten sie? ...

Epochenvertiefung

Wie unter der Lupe wird eine Epoche, das Zeitalter der Revolutionen, genauer und vertiefend bearbeitet.

Hier könnt ihr vor allem anhand der **Französischen Revolution** beispielhaft vieles herausfinden, z. B. was den Menschen so wichtig war, dass sie die politischen Verhältnisse grundlegend verändern wollten. Auch die **Industrielle Revolution** wird betrachtet. Wie kam es zu *dieser* Art von Revolution? Was veränderte sie im Leben der Menschen?

1800

Längsschnitte

In einem Längsschnitt wird ein **bedeutendes Thema** ausgewählt und dieses in verschiedenen Zeiten untersucht. Aber was ist „bedeutend"? Um Rückschlüsse für die eigene Gegenwart ziehen zu können, entscheiden Menschen immer wieder neu, welche Themen, Fragen und Probleme spannend und lohnenswert für eine Untersuchung sind.

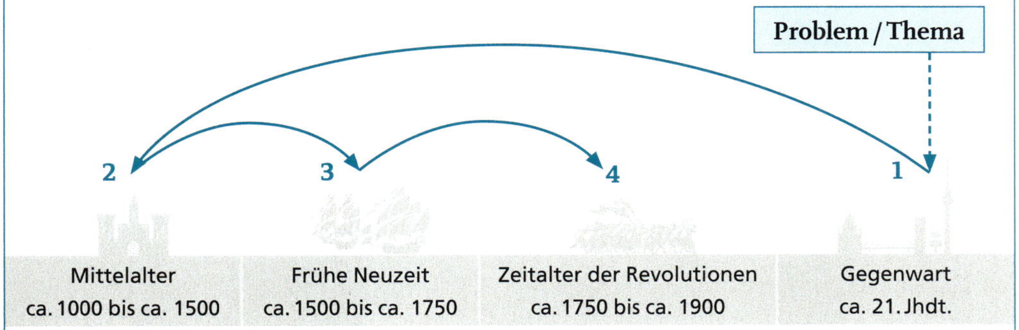

Vorgehen im Längsschnitt:
Schritt 1: Jeder Längsschnitt beginnt mit einem aktuellen Einstieg: Was hat unsere Gegenwart mit diesem Thema/Problem zu tun?
Schritt 2: Im Anschluss wird gefragt, wie Menschen in den Epochen „Mittelalter", „Frühe Neuzeit" und „Zeitalter der Revolutionen" mit den Herausforderungen umgegangen sind.
Schritt 3: Schließlich ist es interessant, einen beurteilenden Blick auf die gesamte Zeitspanne des Längsschnitts zu werfen. Was hat sich verändert? Was ist gleich geblieben? Welche Rückschlüsse können wir für uns heute ziehen?
Zwei der Längsschnitte im Buch sind zudem **fächerverbindend**. Diese beiden Themen, in denen es um Migrationen und den Umgang mit Armut und Reichtum geht, werden auch in den Fächern Geografie und Politische Bildung behandelt.

1 Epochenüberblick Vom Mittelalter zum 19. Jahrhundert

Ein Blick auf das Panorama der Stadt Brandenburg/ Havel. Hier findet man noch heute Gebäude aus allen Epochen des Überblicks, und das auf engstem Raum. Neben dem mittelalterlichen Dom St. Peter und Paul ist noch ein Teil der historischen Stadtmauer zu sehen. Es schließen sich Häuser aus der Neuzeit an. Und im linken Bildbereich sind Fabrikgebäude aus der Zeit der Industriellen Revolution erkennbar.

Epochenüberblick – Mittelalter

ab 700

Christianisierung Europas

1 – Ausschnitt aus dem Fresko „Abfolge der Monate“ im Castello del Buonconsiglio. Wandmalerei, um 1400.

800	ab 900	ab 1100	ca. 1500
Kaiserkrönung Karls des Großen	Einführung der Dreifelderwirtschaft	Städtegründungen	Beginn der Neuzeit

Fsm. = Fürstentum
Kgr. = Königreich
Rep. = Republik

2 – Europa um 1250.

Menschen im Mittelalter

Entstanden ist das Bild auf der linken Seite in einer Zeit, die wir Mittelalter nennen. Auf dem Bild sind Menschen unterwegs: Bauern, die im Wald Holz schlagen, Fuhrleute, die Bauholz in die Stadt liefern. Wenn wir das Wort Mittelalter hören, denken wir an Ritter und Burgen oder an Könige und Grafen oder an Städte mit Kirchen und Häusern aus der Zeit des Mittelalters. An vielen Orten gibt es mittelalterliche Feste oder Ritterspiele, die uns das Mittelalter in Erinnerung rufen.

Dieses Kapitel handelt vom damaligen Leben der Bäuerinnen und Bauern in ihren Dörfern, von den Burgherrinnen und Rittern auf ihren Burgen und von den Bürgerinnen und Bürgern in den Städten.

Bei der Arbeit mit diesem Abschnitt könnt ihr euch mit folgenden Fragen beschäftigen:

- Wie wurde Europa christlich?
- Welche Bedeutung hatten die Klöster?
- Wie lebten die Menschen im Mittelalter?
- Wie entwickelte sich die mittelalterliche Stadt?

1 Berichtet, was euch zum Begriff „Mittelalter" einfällt. Wo ist er euch begegnet (Film, Buch, Fest, Spiel)?

Christentum und Herrschaft

Wie regierten christliche Herrscher?

1 – Das Fränkische Reich unter Karl dem Großen.

* **Mönch / Nonne**, der / die Menschen, die ihr Leben ganz in den Dienst Gottes stellen und in einer christlichen Gemeinschaft nach festen Regeln zusammenleben, beten und arbeiten.

* **Bischof**, der Vorsteher eines größeren christlichen Bezirks, er ist Vorgesetzter der Priester. Der Bischof wird vom Papst eingesetzt.

* **Abt/Äbtissin**, der/die Vorsteher/Vorsteherin eines Männer-/Frauen-Klosters

Einleitung
Als Mittelalter bezeichnen Geschichtswissenschaftler in etwa die Zeit zwischen 500 n. Chr. bis zum Jahr 1500 n. Chr. Nach dem Untergang des Römischen Reiches entstanden in Europa neue Reiche, vor allem das Frankenreich. In ihm spielte der christliche Glaube eine bestimmende Rolle.
Die Mehrheit der Menschen lebte im Mittelalter auf dem Land, erst um 1100 bildeten sich Städte. Auch sie waren vom christlichen Glauben geprägt. Noch heute können wir das an den alten Kirchenbauten in den Innenstädten ablesen.

Die Franken werden Christen

Im 5. Jahrhundert entstanden auf dem Gebiet des Weströmischen Reiches verschiedene germanische Königreiche. Dazu gehörte auch das Frankenreich. Von 482 bis 511 n. Chr. war Chlodwig der König der Franken.
Chlodwig und seine Nachfolger förderten die Ausbreitung des Christentums. Sie wurden ab dem 7. Jahrhundert von *Mönchen aus Irland und Schottland unterstützt. Der bedeutendste Mönch war Winfried, der später vom Papst den Namen Bonifatius erhielt. Bonifatius bedeutet „der es gut macht“. Er missionierte vor allem im heutigen Thüringen und heutigen Hessen.

Karl der Große unterwirft die Sachsen

Der mächtigste Herrscher des Frankenreiches war Karl (768–814). Seine Zeitgenossen nannten ihn schon damals „den Großen“. Das Frankenreich erreichte unter Karl die größte Ausdehnung. Die Sachsen waren der letzte freie Stamm der Germanen. Sie leisteten den größten Widerstand gegen die fränkische Eroberung. Über 30 Jahre kämpften sie unter Führung ihres Herzogs Widukind gegen die Franken. Um den Widerstand endgültig zu brechen, wurden die Sachsen gezwungen, ihre Religion aufzugeben und das Christentum anzunehmen.

Persönliche Bindungen sichern Macht

Karl der Große und seine Nachfolger brauchten für die Verwaltung des Reiches die Unterstützung der geistlichen Herrscher (*Bischöfe und *Äbte) und der weltli-

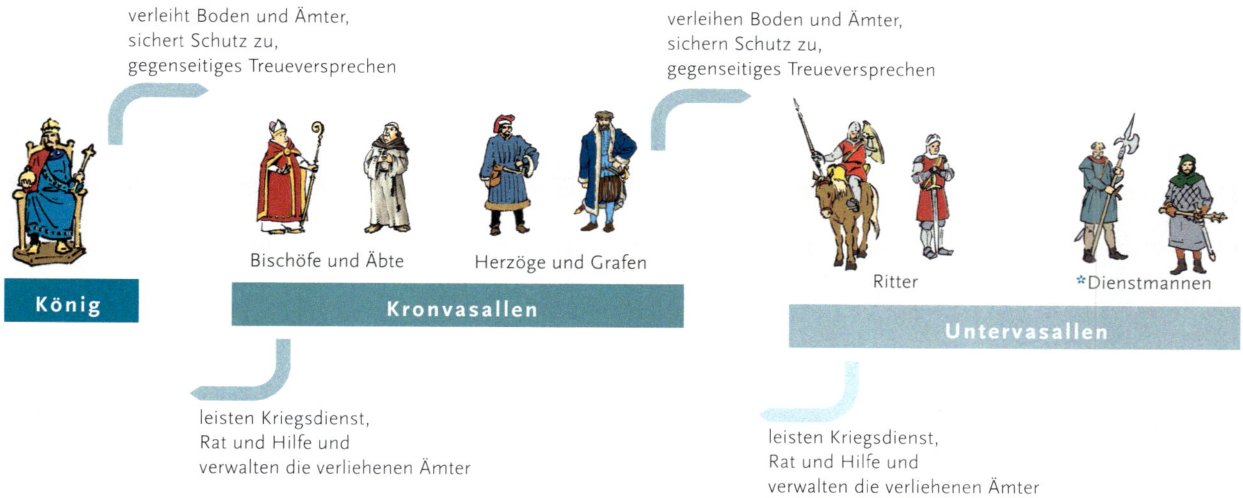

2 – **Das mittelalterliche Lehnswesen.** Durch gegenseitige Treueversprechen waren König, Herzöge, Bischöfe und Ritter bei der Herrschaftsausübung miteinander verbunden. Die große Mehrheit der Bevölkerung, die Unfreien, waren nicht lehnsfähig.

chen Herrscher (Herzöge und Grafen). Diese sollten die Durchführung seiner Anordnungen überwachen. Wenn er in den Krieg zog, mussten sie ihm schwer bewaffnete Krieger zur Verfügung stellen. Als Gegenleistung erhielten sie dafür vom König Dörfer mit Land und Bauern auf Lebenszeit geliehen. Deshalb heißen diese Güter auch Lehen. Wer sein Lehen direkt vom König erhielt, war sein Kronvasall.
Die Kronvasallen konnten die Güter an Untervasallen weiter verleihen. Sie gaben zum Beispiel Teile des ihnen verliehenen Landes an die Ritter. Dafür leisteten die Ritter Kriegsdienst im fränkischen Heer. Durch die feierliche Vergabe des Lehens wurde ein persönliches Treueverhältnis begründet: Der *Vasall versprach seinem Lehnsherrn Rat und Hilfe, der Lehnsherr dem Vasallen Treue und Schutz.

Was ist ein Lehen?
Als Lehen wurden vom König nicht nur Landgüter vergeben, sondern auch Kirchenämter wie das Bischofsamt oder hohe Verwaltungsämter wie das Grafenamt.
Starb ein Kronvasall, so sollte das Lehen an den König zurückfallen, damit er wieder frei darüber verfügen konnte. Die Kronvasallen aber wollten das Lehen lieber innerhalb ihrer Familie weiter vererben. Unterstützung fanden sie bei ihren kampfbereiten Untervasallen. Nach und nach setzten die Adligen durch, dass sie die Lehen an ihre Kinder weitervererben durften. Die Könige besaßen dadurch immer weniger Güter, über die sie frei verfügen konnten.

1 Beschreibt mit der Karte die Gebiete des Frankenreichs zur Zeit Karl des Großen und nennt heutige Staaten auf dem Gebiet des Frankenreichs.
2 Gebt das Schaubild 2 mit eigenen Worten wieder.
3 Erläutert, welche Folgen die Erblichkeit der Lehen für den König, die Kronvasallen und die Ritter hatte.
► *Der König verleiht Land und erhält dafür …*
Später wollten die Vasallen …

* **Vasall,** der (keltisch gwas = Knecht); Bezeichnung für einen Lehnsmann, der von einem Lehnsherrn abhängig ist. Es wird noch unterschieden zwischen Kron- und Untervasallen.

* **Dienstmann,** der Besitzloser Mann, der einem weltlichen oder geistlichen Herrn diente und auch von ihm ausgerüstet wurde. Er kam Dank seines Herrn als Krieger zu Ansehen und versprach ihm lebenslangen Dienst, Gehorsam und Treue.

Wahlaufgaben

A Erklärt den Satz: Der christliche Glaube war eine wichtige Klammer für die Einheit des Fränkischen Reiches.
B Erkundigt euch über die Bedeutung der Taufe im christlichen Glauben und berichtet.

Webcode: EV644834-017

Wie war die mittelalterliche Gesellschaft aufgebaut?

1 – Dreiständebild. Christus spricht zu dem Stand links von ihm: Du bete demütig! Zum Stand rechts: Du schütze! Und zum Stand unter ihm: Und du arbeite! Holzschnitt von Johannes Lichtenberger, 1488; nachträglich koloriert.

* **Stand**, der
  Bezeichnung für eine gesellschaftliche Gruppe im Mittelalter.

* **erniedrigen**
  Hier: sich klein machen.

* **demütig**
  Hier: bescheiden.

* **geistlich, kirchlich**
  Geistliche sind Gottesdiener, vom göttlichen Geist erfüllt.

„Gott will es so!"

Q1 Der Mönch Berthold von Regensburg predigte um 1260:
... unser Herr hat alles klug geordnet, deshalb hat er auch dem Menschen sein Leben so zugeteilt, wie er es will und nicht wie wir es wollen. Denn mancher wäre gern ein Graf und muss doch ein Schuster sein; ... und du wärst gerne Ritter und musst doch Bauer sein und musst uns Getreide und Wein anbauen. Wer sollte für uns den Acker bestellen, wenn ihr alle Herren wärt? Oder wer sollte uns Schuhe machen, wenn du wärst, was du wolltest? Du musst das sein, was Gott will ... Wenn du einen niedrigen Beruf hast, sollst du weder in Gedanken noch in Worten dagegen aufbegehren: „Ach Herr Gott, warum hast du mir so ein mühevolles Leben gegeben und vielen so großes Ansehen und Besitz?" Das sollst du nicht tun ... Denn wenn er dir eine höhere Stellung hätte geben wollen, er hätte es getan. Da er dir nun eine niedere gegeben hat, so sollst du dich auch erniedrigen und demütig sein mit deinem Beruf; er wird dir wohl oben im Himmel eine hohe Stellung geben ...

Einteilung in Stände

Im Mittelalter gab es drei verschiedene *Stände: den Klerus (Bischöfe, Äbte, Priester, Mönche und Nonnen), den Adel (Fürsten, Herzöge, Grafen und Ritter) sowie Bauern und Bürger.
Diese Einteilung – so glaubte man damals – war gottgewollt. In den Stand des Adels oder der Bauern und Bürger wurde man geboren, in den geistlichen Stand wurde man durch die Kirche aufgenommen.
Die Zugehörigkeit zu einem Stand bestimmte Rechte und Pflichten eines Menschen und seine Lebensbedingungen für sein ganzes Leben.
Die unterschiedliche Rangordnung und die unterschiedliche Aufgabenverteilung zwischen den Ständen war ein wichtiges Kennzeichen der mittelalterlichen Gesellschaft.
Noch am Ende des Mittelalters wurde die mittelalterliche Ständegesellschaft in einem Holzschnitt (Bild 1) so dargestellt, wie sie über Jahrhunderte das Leben der Menschen bestimmte.
Heute kennen wir keine Stände mehr, aber es gibt immer noch viele Unterschiede zwischen den Menschen.

2 – Auszug zur Falkenjagd. Französische Buchmalerei, um 1416.

3 – Ein Fest beim Herzog von Berry. Französische Buchmalerei, um 1416.

1. Untersucht Bild 1 und beschreibt, welche Forderungen an welchen Stand gerichtet werden.
2. Stellt mithilfe von Bild 1 und Q1 fest, wie es im Mittelalter begründet wurde, dass Menschen einem bestimmten Stand angehören.
3. Lest nochmals Q1 und schreibt auf, wie der Mönch Berthold von Regensburg den ärmeren Menschen verdeutlicht, dass ihr Stand gottgewollt ist.
   ▶ *Berthold von Regensburg sagt, dass Gott …*
4. Erzählt, was auf Bild 2 und Bild 3 vom mittelalterlichen Leben dargestellt wird.
5. In der Predigt (Q1) heißt es: „Oder wer sollte uns Schuhe machen, wenn du wärst, was du wolltest? Du musst das sein, was Gott will …“. Beurteilt den Satz aus damaliger und heutiger Sicht.
6. Sucht Gründe dafür, dass Berthold von Regensburg in Q1 so eindringlich die damalige Gesellschaftsordnung mit Gottes Willen begründet. Was könnte er fürchten?
7. Prüft, ob es auch heute unterschiedliche Gruppen in der Gesellschaft gibt. Findet Gründe für die Unterschiede.

Wahlaufgaben

A. Entwerft eine Zeichnung mit Sprechblasen, in dem ein Bischof, ein Adliger und ein Bauer sich zur Einteilung der Gesellschaft in drei Stände äußern.

B. Stellt euch vor, ihr wäret als Schuster nach dem Gottesdienst dem Mönch (Q1) begegnet. Was hättet ihr ihm gesagt, wenn ihr wütend über seine Predigt gewesen wäret? Entwerft eine Hörspielszene.

Was bedeutete „Grundherrschaft"?

1 – Bauern bei der *Fronarbeit. Buchmalerei, 15. Jahrhundert.

*Fronarbeit, die
Dienste von Bauern für ihren Grundherrn.

*Hörige, der
Bezeichnung für Bauern, die an das vom Grundherrn verliehene Land gebunden waren und bestimmte Abgaben und Dienste leisten mussten.

*Herrenhof, der
Großer Hof des Grundherrn, der vom Meier geleitet wurde.

*Leibeigene, der
Ein Leibeigener war abhängig von seinem Herrn. Er gehörte zum persönlichen Besitz des Grundherrn.

*Kloster, das
Wohnanlage von Mönchen/Nonnen, bestehend aus einer Kirche und Wohngebäuden.

Warum wurden die Bauern abhängig?
Als Karl der Große regierte, besaßen noch viele Bauern im Frankenreich ihr eigenes Land. Aber 200 Jahre später gehörte dieses Land zumeist adligen Herren oder Klöstern. Die freien Bauern waren verpflichtet, an den vielen Kriegen Karls des Großen teilzunehmen. Weil die Männer dann bei Aussaat und Ernte fehlten, gerieten viele Familien mit ihren Höfen in wirtschaftliche Not. Um dem Kriegsdienst zu entgehen, übergaben freie Bauern ihren Grund und Boden einem Herrn, der dadurch ihr Grundherr wurde. Grundherren konnten z. B. Adlige, Grafen, aber auch Geistliche (Bischöfe oder Äbte) sein. Der Grundherr übernahm für seine Bauern den Kriegsdienst. Er schützte und unterstützte sie in Notzeiten. Diese Bauern brauchten also nicht mehr mit dem König in den Krieg zu ziehen. Sie waren nun jedoch unfreie Bauern. Man nannte sie *Hörige. Zwar konnten sie weiter auf ihren Höfen wohnen und von den Erträgen leben, sie waren aber ihrem Herrn zur Treue verpflichtet. Sie mussten Abgaben und Dienste für ihn entrichten. Ein Höriger durfte seinen Hof nur noch mit Erlaubnis seines Herrn verlassen. Auch einer Eheschließung musste der Grundherr zustimmen.

Die Organisation der Grundherrschaft
Die ländlichen Güter eines Grundherren lagen oft sehr weit verstreut. Um sie besser verwalten zu können, setzte der Grundherr einen Verwalter ein, der Meier genannt wurde. Er führte über mehrere Bauernhöfe die Aufsicht.
Jedes Jahr mussten die Bauern bestimmte Abgaben und Dienste an den Grundherrn leisten.
Auf dem Herrenhof arbeiteten auch *Leibeigene. Das waren meist Knechte und Mägde, die keine Rechte hatten.

Bauer Widrad und das Kloster Prüm
In welchem Umfang die hörigen Bauern Abgaben und Dienste leisteten, erfahren wir aus einem Bericht des Klosters Prüm in der Eifel. Zu diesem Kloster gehörten auch hörige Bauern in Rommersheim. Einer dieser Bauern war Widrad.

Q1 Der Abt des Klosters Prüm schrieb im Jahr 893:

... Widrad gibt an das Kloster jedes Jahr einen Eber, ein Pfund Garn, drei Hühner, 18 Eier. Er fährt fünf Wagenladungen von seinem Mist auf unsere Äcker, bringt fünf Bündel Baumrinde für die Beleuchtung und fährt zwölf Wagenladungen Holz zum Kloster. Dieses Holz dient im Winter zum Heizen. Ferner liefert Widrad dem Kloster jährlich 50 Latten und 100 Schindeln für Dachreparaturen. Sein Brot bäckt Widrad in unserem Backhaus, und das Bier braut er in unserem Brauhaus. Hierfür zahlt er an das Kloster eine Gebühr. Eine Woche in jedem Jahr verrichtet er den Hirtendienst bei unserer Schweineherde im Wald. Er bestellt drei *Morgen Land, das ganze Jahr hindurch, jede Woche drei Tage. ... Die Frau Widrads muss leinene Tücher aus reinem Flachs anfertigen, acht *Ellen lang und zwei Ellen breit. Sie fertigt daraus Hosen für die Mönche an ...

Bedeutung der Klöster

Die über 10 000 Klöster waren im Mittelalter nicht nur Orte des Gebets. So wurde in ihren Bibliotheken das Wissen aus der Antike und die Kenntnisse der damaligen Zeit gesammelt. Die Handwerksbetriebe der Klöster waren Vorbild für die Region. Die Mönche vermittelten den Bauern in der Umgebung verbesserte Anbaumethoden und gaben neue Erkenntnisse zur Viehzucht weiter. Manche Mönche waren Krankenpfleger oder gaben medizinischen Rat. Ein Abt konnte auch Grundherr sein, dem die Bauern Abgaben und Dienste leisten mussten.

1 Berichtet über die Vor- und Nachteile der Grundherrschaft für einen Bauern.

2 Erklärt mit dem Text, Bild 1 und Schaubild 2, wie die Grundherrschaft funktionierte.

▶ *Der Hörige bestellte die Felder und ... . Der Meier ..., der Grundherr ... .*

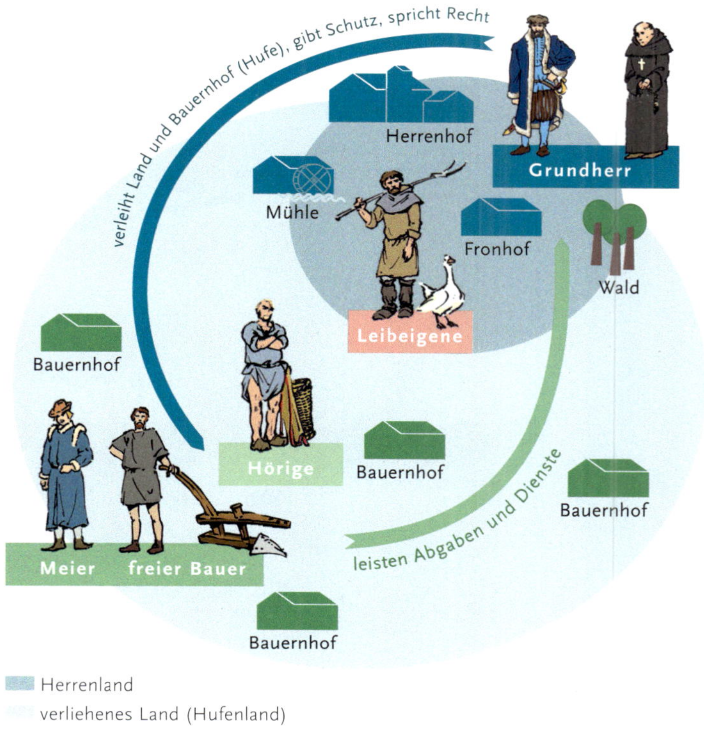

2 – Abhängigkeitsverhältnis zwischen Bauer und Grundherr. Schaubild.

3 Einen Überblick über Abgaben und Dienste eines hörigen Bauern erhaltet ihr, wenn ihr mit Q1 folgende Tabelle erstellt:

Jährliche Abgaben	*Frondienste*	*Weitere Leistungen*
...	...	...
...	...	...

4 Versetzt euch in die Lage Widrads und seiner Frau. Notiert, welche Abgaben und Dienste ihr als besonders hart empfunden hättet.

* **Morgen**, der
Altes Flächenmaß; ursprünglich eine Fläche, die mit einem Pferde- oder Ochsenpflug an einem Vormittag pflügbar war.

* **Elle**, die
Altes Längenmaß; benannt nach der Länge des Unterarmknochens Elle.

Wahlaufgaben

A Zwei freie Bauern, die wieder in den Krieg ziehen sollen, unterhalten sich. Der eine Bauer möchte sich jetzt in die Abhängigkeit des Grundherrn begeben, der andere möchte frei bleiben ...

B Erarbeitet mithilfe der Informationen dieser Seite eine Mindmap zum Thema „Grundherrschaft“.

Wie sah ein mittelalterliches Dorf aus?

1 – Mittelalterliches Dorf um 1000. Rekonstruktionszeichnung.

*Meierhof, der
Hof des Verwalters des Grundherrn. Der Meier zog auch die Abgaben für den Grundherrn ein.

Ein mittelalterliches Dorf
Im Mittelalter lebten die meisten Menschen von der Landwirtschaft. Nur wenige Bauerndörfer hatten mehr als 100 bis 200 Einwohner. Eine Hecke umgab das Dorf. Die Kirche und der *Meierhof bildeten den Dorfkern. Die Kirche war zumeist das einzige Gebäude, das aus Stein erbaut war – im Gegensatz zu den aus Holz erbauten Häusern.

Um diesen Dorfkern lagen größere und kleinere Bauernhöfe. Der Grundherr wohnte meist in der Nähe des Dorfes. Gleichfalls in der Nähe zum Dorf befand sich das Ackerland. Weiter entfernt gab es die Allmende, die aus Wald, Weiden und Wiesen bestand. Die Allmende konnten alle Bauern nutzen.

1 Wandert mit den Augen durch das Bild und beschreibt das Dorf und die Umgebung.

▶ *Im Vordergrund sieht man die Mühle ..., auf der Wiese ..., im Hintergrund das ...*

2 Zählt alle Tätigkeiten der Bäuerinnen und Bauern auf, die im Bild zu sehen sind.

Wahlaufgaben

A Über die bäuerliche Bevölkerung des Mittelalters heißt es: „Die Menschen erwarteten Schutz, Nahrung und Seelenheil." Erarbeitet, wo dies auf dem Bild zum Ausdruck kommt und notiert dies.

B Schreibt eine Erzählung über dieses Dorf.

▶ *„Als Ruodlieb aufwachte, hörte er die Glocken des Klosters läuten. Verflixte Mönche, dachte er ... ."*

C Tauscht euch darüber aus, ob ihr gern in einem solchen mittelalterlichen Dorf gelebt hättet. Was spräche dafür? Was dagegen?

Methode

Arbeit mit Textquellen

Neben den Texten der Autorinnen und Autoren gibt es in diesem Schulbuch auch Textquellen, die von früher lebenden Menschen stammen. Das können Berichte, Briefe, Gesetze oder auch Inschriften sein. Diese Texte liefern wichtige Informationen. Manchmal sind sie schwer zu verstehen. Die Sprache ist ungewohnt, ihre Verfasser berichten einseitig oder verschweigen etwas. Man muss die Quellen also gezielt untersuchen und darf sie nicht für „die Wahrheit“ halten.

Die folgenden Arbeitsschritte und Leitfragen sollen euch die Arbeit mit Textquellen erleichtern:

Schritt 1 **Fragen zum Verfasser**	■ Wer ist der **Verfasser**? ■ Hat der Verfasser die Ereignisse, über die er berichtet, selbst erlebt? ■ Versucht der Verfasser **neutral** zu sein oder ergreift er deutlich Partei für bestimmte Personen?
Schritt 2 **Fragen zum Text**	■ Um welche **Textart** handelt es sich: Bericht, Erzählung, Inschrift usw.? ■ Welche Begriffe sind unbekannt? – Wo kann man eine Erklärung finden? ■ Wovon handelt der Text? ■ Welche Aussage oder welches Ziel wird verfolgt? ■ Lässt sich der Text in **einzelne Abschnitte** gliedern? Welche Überschriften könnten sie erhalten? ■ Wie lassen sich die Informationen des Textes kurz zusammenfassen?
Schritt 3 **Meinungen und Informationen des Verfassers unterscheiden**	■ Welche Sätze enthalten **Sachinformationen**, welche Sätze geben die **Meinung** des Verfassers oder sein Urteil wieder? ■ Wie kann man diese Unterschiede erkennen? ■ Lässt sich mit der Herkunft des Verfassers erklären, warum er so berichtet, wie er berichtet?

1 Lest die Beispiellösung zu Q1 und wertet Q2 mithilfe der Schritte selbst aus.

2 Findet Unterschiede und Übereinstimmungen in Q1 und Q2 zum Thema Ständeherrschaft heraus.

3 Entwerft ein Streitgespräch zwischen Hildegard von Bingen und dem Priester aus Q2.

Q1 Äbtissin Hildegard von Bingen schrieb an die Äbtissin von Andernach (1150):
... Gott achtet bei jedem Menschen darauf, dass sich der niedere Stand nicht über den höheren erhebe, wie es einst Satan und der erste Mensch getan ... Wer steckt all sein Viehzeug zusammen in einen Stall: Rinder, Esel, Schafe, Böcke? Da käme alles übel durcheinander! ... Gott teilt sein Volk auf Erden in verschiedene Stände, wie die Engel im Himmel in verschiedene Gruppen geordnet sind, in die einfachen Engel und in die Erzengel ...

Q2 Aufruf eines Priesters an die Bauern (1381):
... Ihr braven Leute, die Dinge können nicht gut gehen ... bis es soweit ist, das aller Besitz gemeinsam wird und es weder Bauern noch Edelleute gibt und wir alle eins sind. Aus welchem Grund sind die, die wir Herren nennen, größere Meister als wir? ... Warum halten sie uns in Knechtschaft? Und wenn wir alle von einem Vater und einer Mutter, Adam und Eva, abstammen, inwiefern können sie behaupten und beweisen, dass sie mit besserem Grund als wir Herren sind? Höchstens damit, dass sie uns erbringen und erpflügen lassen, was sie ausgeben. ...

1 – Mönch beim Abschreiben eines Manuskripts. Buchmalerei, um 1315.

Beispiellösung zu Q1:

Zum Schritt 1:
Die Verfasserin des Textes ist Äbtissin (Vorsteherin) eines Frauenklosters, sie ist Angehörige des geistlichen Standes.

Zum Schritt 2:
Es handelt sich um eine Stellungnahme der Verfasserin zu einer damals aktuellen Frage, der Frage nach der richtigen gesellschaftlichen Ordnung.
Die Begriffe im Text sind bekannt.
Es geht um die Begründung der Ständegesellschaft.
Der Text nennt drei Beispiele, in denen es immer eine trennende Ordnung gibt: den Viehstall, die Menschheit und den Himmel.

Zum Schritt 3:
Der ganze Text gibt die Meinung der Verfasserin wieder: Gott achtet auf die Einhaltung der Ständeordnung.
Den Unterschied zwischen einer Information und einer Meinung kann man hier nicht erkennen.
Da die Verfasserin selbst zum geistlichen Stand gehört, bekräftigt sie mit ihrer Aussage die Ständeordnung, die für ihren Stand vorteilhaft ist.

Wie wurden immer mehr Menschen satt?

	Feld 1	Feld 2
1. Jahr	Getreide	Brache
2. Jahr	Brache	Getreide
3. Jahr	Getreide	Brache

	Feld 1	Feld 2	Feld 3
1. Jahr	Wintergetreide	Sommergetreide	Brache
2. Jahr	Sommergetreide	Brache	Wintergetreide
3. Jahr	Brache	Wintergetreide	Sommergetreide

1 – Von der Zweifelder- zur Dreifelderwirtschaft. Schaubild.

✲ **Räderpflug**, der
Im frühen Mittelalter löste der Räderpflug mit eiserner Pflugschar den Hakenpflug, der den Boden nur aufreißen konnte, ab.

✲ **Brache**, die
Nicht bestellte Ackerfläche.

Durch die wachsende Bevölkerung entstehen neue Probleme

Geschichtswissenschaftler schätzen, dass um das Jahr 650 etwa 9 Millionen Menschen in Europa lebten. Die Bevölkerungszahl war um 1340 jedoch auf etwa 50 Millionen Menschen in Europa angestiegen.
Um so viele Menschen zu ernähren, benötigte man neue Anbaumethoden und Geräte. Für die Ernährung der Menschen war der Getreideanbau am wichtigsten. Deshalb stand er im Mittelpunkt der bäuerlichen Arbeit.
Rinder – und später auch Pferde – dienten als Zugtiere und lieferten den Dünger für die Felder. Die Bauern hielten Schweine für ihre Versorgung mit Fleisch. Die Menschen aßen im Mittelalter weniger Fleisch als wir heute. Nur Adlige hatten das Recht zu jagen. Deswegen gab es bei ihnen auch Wildfleisch zu essen.

Die Dreifelderwirtschaft

Jahrhundertelang bearbeiteten die Bauern ihre Äcker immer auf die gleiche Art: Sie teilten ihr Land in zwei gleich große Teile. Die eine Hälfte wurde von ihnen beackert, die andere ließen sie unbearbeitet liegen. Der Boden konnte sich auf der brachliegenden Hälfte erholen. Die Ernteerträge dieser Zweifelderwirtschaft waren häufig sehr gering. Sie reichten kaum zur Ernährung der Bevölkerung aus.
Seit dem 9. Jahrhundert setzte sich langsam in ganz Europa eine neue Art der Bodennutzung durch: Die Bauern teilten ihre Ackerfläche jetzt in drei gleich große Teile ein. Ein Feld bestellte man mit Wintergetreide (Weizen, Roggen oder Gerste), das zweite mit Sommergetreide (Hafer, Gerste), und das dritte diente als Weide für das Vieh.
Die Dreifelderwirtschaft brachte den Bauern große Vorteile:
- Das Feld, das nicht bearbeitet wurde, konnte sich erholen. Da das Vieh darauf weidete, wurden es gleichzeitig gedüngt.
- Die Arbeiten des Pflügens, Säens und Erntens konnten gleichmäßiger über das ganze Jahr verteilt werden.
- Die Getreideerträge fielen höher aus.
- Zwei verschiedene Saaten boten größere Sicherheit gegenüber Unwettern.

Neue Arbeitsgeräte und Techniken

Mit dem neuen Räderpflug konnte der Boden stärker aufgelockert werden. Die im Boden befindlichen Nährstoffe gelangten so leichter über die Wurzel zur Pflanze.

2 – Neuerungen in der Landwirtschaft. Schaubild.

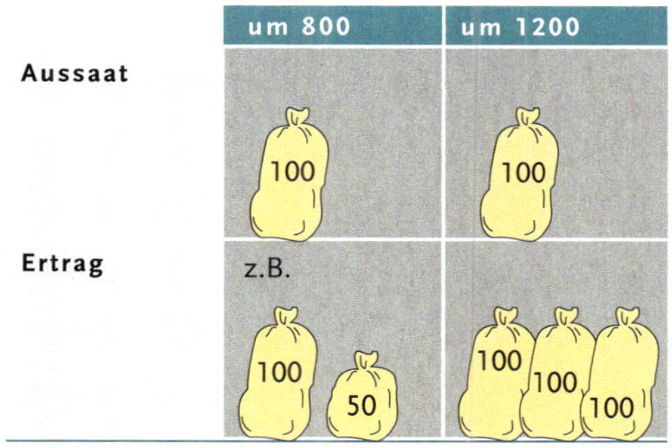

3 – Das Verhältnis zwischen Aussaat und Ernteertrag bei der Getreideernte in Kilogramm um 800 und um 1200. Schaubild.

Im 8. Jahrhundert wurde für die Pferde das Kummet (siehe Schaubild 2: Pferd mit Kummet), ein gepolsterter versteifter Halsring, entwickelt. Er übertrug die Zuglast auf die Schulterblätter der Pferde und erhöhte so die Zugkraft auf das Vier- bis Fünffache. Aber lange Zeit blieb das Pflügen mit Rindern der Normalfall, da Rinder weniger Futter als Pferde benötigten und auch als Schlachtvieh dienten. Zu einem verstärkten Einsatz von Pferden in der Landwirtschaft kam es erst im 12. Jahrhundert.
Das Dreschen des Korns wurde einfacher und ergiebiger durch den Einsatz von Dreschflegeln. Zuvor war das Korn mit einem Stock ausgeschlagen oder durch Tiere oder Menschen ausgetreten oder ausgestampft worden. Erst im 19. Jahrhundert wurde der Dreschflegel in Mitteleuropa von der Dreschmaschine abgelöst.

1 Beschreibt mit dem Schaubild 1 und dem Text die Veränderungen von der Zwei- zur Dreifelderwirtschaft.

2 Erstellt eine Tabelle zu Schaubild 2. In die linke Spalte tragt ihr ein, welche Neuerungen in der Landwirtschaft eingeführt wurden; in der rechten Spalte nennt ihr die dadurch erzielten Verbesserungen.

Neuerungen	*Verbesserungen*
...	...

3 Untersucht mithilfe von Schaubild 3, wie sich das Verhältnis zwischen Aussaat und Ernteertrag zwischen 800 und 1200 veränderte. Was bedeutete das für die Menschen?

4 Errechnet, wie viel Kilogramm Getreide um 800 und 1200 für den Verbrauch übrig blieb.

5 Erkundigt euch bei einem Landwirt, wie heute das Verhältnis zwischen Aussaat und Ernteertrag ist.

▶ *Ihr könnt auch mithilfe des Webcodes diese Aufgabe durch Informationen im Internet lösen.*

* **Sense**, die
Sie ersetzte im 11. Jahrhundert die Sichel. Mit der Sense konnten die Bauern rascher ernten und die Getreidehalme tief unten abschneiden. Übrig blieben nur kurze Stoppeln. Der Halmschnitt brachte Winterfutter für die Stalltiere.

* **Mergel**, der
Gestein aus Ton und Kalk, verbessert vor allem Sandböden.

Wahlaufgaben

A Erstellt ein Lernplakat zur Frage „Wie bekommt man immer mehr Menschen satt?“

B Entwerft zu einer der Verbesserungen in der Landwirtschaft ein Werbeplakat.

C Recherchiert in Gruppen zur Ernährung im Mittelalter (siehe Webcode). Erstellt eine Wandzeitung.

▶ *Gewürze, Speiseplan, Hunger und Mangel, Haltbarkeit und Konservierung*

Webcode: EV644834-027

Lebenswelt Burg

Warum wurden Burgen gebaut?

1 – Die Burg Ziesar wurde als Bischofsresidenz genutzt. Ihre Ursprünge gehen auf das 10. Jahrhundert zurück. Foto, 2000.

Zweck einer Burg
Von den rund 19 000 Burgen, die im 12. Jahrhundert im Deutschen Reich bestanden, gibt es noch etwa 6000. Während sie heute touristische Attraktionen sind, dienten die Burgen im Mittelalter ganz anderen Zwecken:
– Die Burg war das Zentrum der Herrschaft eines Burgherren über eine Region. Sie bildete damit auch den Mittelpunkt für die Verwaltung dieser Gebietes.
– Sie war als Gutshof ein Wirtschaftsbetrieb.
– Sie diente der Verteidigung der Bewohner bei räuberischen Angriffen und in Kriegszeiten.
– Durch die Burgen wurden Handelswege an Straßen, Flüssen und Häfen gesichert.
– Die Burg war Wohnsitz des Burgherrn, seiner Familie und seines Gefolges.
– Sie war auch ein Zeichen für die Macht des Burgherrn.

Wenig Luxus
Mit Ausnahme des Herrenhauses (*Palas), dem schönsten und größten Gebäude, waren die übrigen Gebäudeteile einer Burg sehr einfach eingerichtet, ungemütlich kalt und zugig. Die Böden bestanden aus Lehm oder Ziegelsteinen. Die *Kemenate war eine der wenigen Räume, die beheizt werden konnten. Es gab noch viele andere Gebäude in einer Burg: Stallungen, Scheunen, Wohnräume für Knechte und Mägde. Auf keinen Fall durfte eine Kapelle für den Gottesdienst und kirchliche Feste fehlen. Um nicht an Wassermangel zu leiden, legte man bei den Landburgen bis zu 80 m tiefe Ziehbrunnen oder *Zisternen an.

Q1 Der Ritter Ulrich von Hutten schrieb 1518 über sein Leben auf der Burg Steckelberg:
... Die Burg selbst, mag sie auf dem Berg oder im Tal liegen, ist nicht gebaut, um schön, sondern um fest zu sein. Sie ist von Wall und Graben umgeben und innen eng,

* **Bischofsresidenz**, die
Wohn- und Amtssitz eines Bischofs während des Mittelalters.

* **Palas**, der
Hauptgebäude der Burg mit Wohnräumen und einem – meist – im ersten Stock gelegenen Saal.

* **Kemenate**, die
Ein mit einem Kaminofen beheizbarer Wohnraum.

* **Zisterne**, die
(lat.: cisterna = unterirdischer Wasserbehälter)
Ein unterirdischer bzw. abgedeckter Sammelbehälter für Trink- und Nutzwasser.

da sie durch die Stallungen für Vieh und Herden versperrt wird. Daneben liegen die dunklen Kammern, angefüllt mit Pech, Schwefel und dem übrigen Zubehör der Waffen und Kriegswerkzeuge. Überall stinkt es, dazu kommen die Hunde mit ihrem Dreck ...
Reiter kommen und gehen, unter ihnen sind Räuber, Diebe und Banditen. Denn fast für alle sind unsere Häusr offen, entweder, weil wir nicht wissen, wer ein jeder ist, oder weil wir nicht weiter danach fragen.
Man hört das Blöken der Schafe, das Brüllen der Rinder, das Hundegebell, das Rufen der Arbeiter auf dem Feld, das Knarren und Rattern von Fuhrwerken und Karren. Ja wahrhaftig, auch das Heulen der Wölfe wird am Haus vernehmbar, da der Wald so nahe ist. Der ganze Tag, vom frühen Morgen an, bringt Sorge und Plage, beständige Unruhe und dauernden Betrieb. Die Äcker müssen gepflügt und gegraben werden; man muss eggen, säen, düngen, mühen und dreschen. Es kommt die Ernte und Weinlese. Wenn es dann einmal ein schlechtes Jahr gewesen ist, wie es bei jener Magerkeit häufig geschieht, so tritt furchtbare Not und Bedrängung ein. Bange Unruhe und tiefe Niedergeschlagenheit ergreifen alle ...

1 Schaut euch Bild 1 an und versucht aus der Lage und Anlage der Burg zu erschließen, warum sie dort gebaut wurde.

2 Gebt die im Text aufgeführten Funktionen einer Burg mit euren Worten wieder.

► *Die Burg diente der Verteidigung. Das heißt, dass ... . Dafür musste man ...*

3 Das Leben in einer Burg war keineswegs luxuriös. Fasst mithilfe des Textes und Q 1 zusammen, worunter die Bewohner zu leiden hatten.

4 Beschreibt mithilfe von Bild 2, wie die Angreifer vorgehen und wie sich die Burgbewohner zu verteidigen versuchen. Wer ist alles an der Verteidigung beteiligt?

5 Findet heraus, ob es eine Burg oder eine Ruine in eurer Nahe gibt. Besucht sie und haltet einen Vortrag zu ihrer Geschichte.

2 – Angriff auf eine Burg. Abbildung aus der Manessischen Handschrift, um 1300.

Wahlaufgaben

A Entwerft einen Kurzvortrag: „Warum wurden Burgen gebaut?"

B Der Historiker Werner Meyer sagte 2010: „Die Burg ist der Nagel, mit dem die Herrschaft in einer Region befestigt wird." Notiert, was er damit sagen wollte.

C Projektidee: Gestaltet mithilfe des Bildes auf S. 30/31 und Bild 1 ein Burgmodell. Mindestens ein Burgtor, einen Burghof, einen Bergfried, Mauern und die Kemenate sollte eure Burg haben. Für die Herstellung könnt ihr z. B. Pappe, aber auch Materialien aus der Natur verwenden, wie Holz und Ähnliches.

Webcode: EV644834-029

Auf der Burg

Bergfried
Kampfplattform
Unterkünfte für Mägde und Knechte
Wachstube
Wendeltreppe
Wehrturm
Kampfplattform
Lager
Wehrmauer
Falknerei
Hölzerner Vorbau
Kran
Werkstätten
Schmiede
Wachstube
Burggarten
Amtsstube
Aborterker
Kerkermeister
Waffenkammer
Brunnen
Tortürme
Verlies
Burggraben
Schieß-scharte
Wehrmauer
Wachstube
Burgtor mit Zugbrücke
Wehrgang

Schauplatz Geschichte

Burgen waren sehr unterschiedlich ausgebaut. Hier seht ihr ein Modell einer idealen Burg, die es in Wirklichkeit so nicht gegeben hat.

Wahlaufgaben

A Seht euch die Burg an und erzählt, was ihr über folgende Gebäudeteile wisst:
- Burgtor mit Zugbrücke
- Palas
- Wehrturm
- Bergfried
- Kemenate
- Brunnen
- Mauer
- Kapelle.

B Ihr seid Reporter eines bekannten Fernsehsenders und wollt Jugendliche für den Besuch einer Burg begeistern.

▶ *Schon von Weitem sieht man die Burg hoch oben auf dem Felsen. Als Erstes erkennt man ...*

C Erfindet eine Geschichte, die sich auf dieser Burg zugetragen haben könnte.

▶ *Sammelt zuerst Ideen zum zentralen Inhalt der Geschichte, zur Handlung und zu den beteiligten Personen (z. B. die Familie, die die Burg bewohnt, Bedienstete, Gefangene etc.).*

D Ein Adliger will eine Burg bauen. Schreibt mithilfe des Bildes einen kurzen Text, in dem der Adlige seinem Baumeister erklärt, welche Räume er unbedingt braucht.

▶ *Versucht die Nachteile, wie sie in Q1, S. 28/29 formuliert sind, zu vermeiden.*

Wie entstanden Städte?

1 – Voraussetzungen für die Entstehung von Städten. Schaubild.

Städte entwickeln sich

M1 Der Sachbuchautor Heinrich Pleticha schrieb 1982 über die Entstehung von Städten:

... Die ältesten Siedlungen entstanden an den Stellen, wo die Römer an Rhein und Donau ihre Kastelle und Niederlassungen angelegt hatten. Soldaten und Kaufleute wohnten in diesen Niederlassungen. Im 8. und 9. Jahrhundert ließen sich hier Grafen und Bischöfe in Burgen nieder. Sie fanden in Kriegszeiten Schutz hinter den starken, alten römischen Mauern.
Solche sicheren Plätze suchten auch Kaufleute. Deshalb schlossen sie sich zusammen und siedelten in der Nähe der Burg eines Grafen oder Bischofs, um sicheren Schutz zu haben. ...

M2 Über die Entstehung der Stadt Brügge im heutigen Belgien schrieb Pleticha:

... Vor dem Burgtor, sammelten sich Gewerbetreibende, um für die zu arbeiten, die in der Burg wohnten. Außer Kaufleuten, die alles Mögliche feilboten, gab es Schank- und Gastwirte. Sie machten es sich zur Aufgabe, diejenigen, die beim Grafen zu tun hatten, zu beköstigen und zu beherbergen. Mit der Zeit begannen die Zuzügler Häuser zu bauen und sich wohnlich einzurichten; dort fanden alle Aufnahme, die nicht in der Burg selbst wohnen konnten. Die Siedlung wuchs, sodass in kurzer Zeit ein großer Ort entstand. ...

Außer an Burgen ließen sich die Kaufleute vor allem an Flussübergängen und Hafenbuchten nieder.

Städte werden auch planmäßig gegründet

Jede Stadt hatte einen Stadtherrn. Das war meistens ein Graf, Herzog oder Bischof. Auf seinem Boden stand die Stadt. Der Stadtherr sorgte für einen geordneten Handel in der Stadt. Er setzte Maße und Gewichte fest und ließ die Einhaltung aller Vorschriften überwachen. Von den Kaufleuten und Händlern zog er Zölle und Marktgebühren ein. Viele Stadtherren gründeten planmäßig Städte, weil jede neue Stadt eine wichtige Einnahmequelle war und zugleich der Festigung ihrer Herrschaft diente.

Q1 Aus der Gründungsurkunde für Freiburg (1120 v. Chr.) des Herzogs Konrad von Zähringen:
... Es sei den lebenden und zukünftigen Geschlechtern bekannt, dass ich, Konrad (Herzog von Zähringen), auf meinem eigenen Besitz Freiburg einen Markt eingerichtet habe, im Jahre des Herrn 1120. ... Jedem Kaufmann habe ich ein Grundstück zum Bau eines eigenen Hauses gegeben ... Nun sei allen kundgetan, welche Rechte ich aufgrund der Wünsche und Bitten dieser Kaufleute festgelegt habe:
1. Ich verspreche allen, die zu meinem Markt kommen, Frieden und Schutz.
2. Wenn einer meiner *Bürger stirbt, soll seine Frau mit den Kindern alles besitzen, was er hinterlassen hat.
3. Allen Kaufleuten der Stadt erlasse ich den Zoll ...
5. Wenn ein Streit unter den *Bürgern entsteht, soll nicht von mir oder meinem Richter darüber entschieden werden, sondern nach Gewohnheit und Recht aller Kaufleute, wie sie besonders in Köln geübt werden ...
11. Jeder, der in diese Stadt kommt, darf sich hier frei niederlassen, wenn er nicht der Leibeigene irgendeines Herrn ist ... Wer aber über Jahr und Tag in der Stadt gewohnt hat, ohne dass irgendein Herr ihn als seinen Leibeigenen gefordert hat, der genießt von da an sicher die Freiheit ...

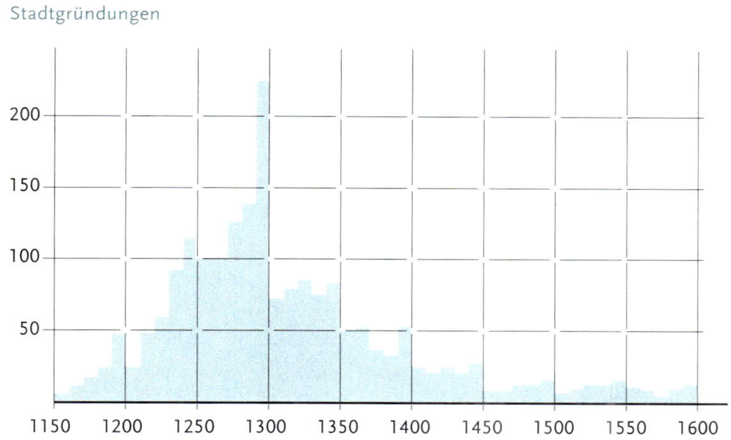

2 – Städtegründungen in Mitteleuropa 1150 – 1600.

1 Ordnet den Darstellungen in Schaubild 1 die richtigen Bildunterschriften zu: Kreuzungen von Handelswegen – Hafenbuchten – ehemalige Römerstädte – Burgen – Klöster – Flussübergänge (Furten, Brücken).

2 Erklärt, welche Orte besonders günstig für eine Stadtgründung waren und warum. Nehmt das Schaubild 1 und die Texte zu Hilfe.

3 Gebt die Informationen aus Schaubild 2 mit eigenen Worten wieder.

4 Bearbeitet Q1 mithilfe der Methode Arbeit mit Textquellen, S. 24/25 und beantwortet dann folgende Fragen:
- Wer ist der Stadtgründer und damit Stadtherr?
- Welche Bürger interessieren den Stadtherrn?
- Wie versucht er sie für die Ansiedlung in der Stadt zu gewinnen?

5 Lest noch einmal Punkt 11 (Q1) und erklärt den Ausspruch „Stadtluft macht frei.“ Für wen gilt er und wovon wird man in der Stadt frei?

* **Bürger**, der (lat. burgus = Burg, befestigte Siedlung) Die Bewohner wurden als Bürger bezeichnet – jedoch nicht alle. Voraussetzung für das Bürgerrecht war Grundbesitz und die Ausübung eines Handwerks oder Handelsgeschäfts.

Wahlaufgaben

A In einigen Städtenamen erkennt man, wie die Städte entstanden sind. In diesen Städtenamen sind „-kreuz-“, „-brück“, „-furt“ oder „-burg“ enthalten. Nehmt die Karte „Burgen, Schlösser und Klöster in Berlin und Brandenburg“ im vorderen Umschlag zu Hilfe und findet Beispiele.

B Die Bauern Wigard und Hermann wollen in der Stadt leben. Schreibt ein Gespräch, in dem sie über die Gründe sprechen, warum sie ein Leben in der Stadt dem Leben auf dem Land als Leibeigene vorziehen.

Wie sah das Leben in einer Stadt aus?

1 – Auf dem Markt. Rekonstruktionszeichnung.

* Schilling; Pfennig, der
1 Schilling = 12 Pfennige.

Die Marktfahne wird aufgezogen

An festgelegten Tagen – häufig an drei Tagen der Woche – war Markt. Dann strömten die Menschen aus der ganzen Umgebung in die Stadt, kamen Bauern mit ihren Wagen oder zu Fuß, brachten Händler ihre Waren aus fernen Ländern herbei. Am Stadttor herrschte großes Gedränge; alle Wagen wurden von den Torhütern erst gründlich kontrolliert, bevor sie in die Stadt durften. Pünktlich um sieben Uhr auch als in der Früh wurde die Marktfahne aufgezogen. Metzger, Bäcker, Bauern, Händler und Handwerker boten ihre Waren feil. Doch die Märkte dienten Treffpunkt zum Austausch von Nachrichten. Die fahrenden Kaufleute brachten Nachrichten aus der großen, weiten Welt, fahrendes Volk, Gaukler und Musikanten traten auf und sorgten für Vergnügen.

Die Marktordnung

Kauf und Verkauf wurden durch die Marktordnung geregelt. Wer gegen die Regeln verstieß, konnte hart bestraft werden.

Q1 In einer Marktordnung aus dem Jahre 1256 heißt es:

1. Wir verbieten, Schwerter und Dolche innerhalb der Stadt zu tragen. Wer ein Schwert trägt, zahlt der Stadt 6 *Schilling und dem Richter 60 *Pfennig.
... 10. Wir verordnen, dass kein Kauf außerhalb des öffentlichen Marktes stattfindet. Dies gilt für Leute, die Waren in die Stadt bringen. ... Wer sich nicht an die Vorschrift hält, muss der Stadt 6 Schilling und dem Richter 60 Pfennig bezahlen. Wenn einer kein Geld besitzt, wird ihm die Hand abgeschlagen werden. ...

Die Patrizier

Seit dem 11. Jahrhundert bildete sich in den Städten eine neue Gruppe heraus, die sich von den anderen Stadtbewohnern vor allem durch ihren Reichtum unterschied: die Patrizier.
Die Patrizier waren angesehene Kaufleute. Am Marktplatz, also im Zentrum der Stadt, standen ihre Häuser. Sie zeugten mit ihren prächtigen, verzierten Fassaden vom Reichtum ihrer Bewohner. Diese reichen Familien führten einen großen luxuriösen Haushalt. Zu diesem Haushalt gehörten Bedienstete wie Köche, Mägde oder Knechte.

Die Handwerker und „Krämer“

Den größten Teil der Stadtbevölkerung bildeten die Handwerker und Krämer, also kleine Kaufleute. Die Handwerker schlossen sich seit dem 12. Jahrhundert zu Zünften zusammen, um ihre gemeinsamen Interessen durchzusetzen. Allerdings konnte nur ein Handwerksmeister Mitglied in einer Zunft werden. Handwerksgesellen arbeiteten für ihren Meister. Sie lebten in der Regel auch im Haus des Meisters. Sie waren vom Meister abhängig, denn die Handwerksmeister einer Zunft bestimmten, wer auch ein Meister und damit Zunftmitglied werden konnte. Die Frauen der Zunftmitglieder waren oft für den Verkauf der Waren zuständig. Aber in einigen Berufen wie Garnmacher oder Seidenweber waren auch Frauen als Zunftmitglieder zugelassen. Die Mitglieder einer Zunft hielten zusammen und traten gemeinsam in der Öffentlichkeit auf. Kranke oder in Not geratene Zunftmitglieder sowie Witwen und Waisen verstorbener Zunftmitglieder wurden unterstützt. Deshalb war die Mitgliedschaft in einer Zunft sehr vorteilhaft und lebenswichtig.

Handwerksgesellen und „Randgruppen"
Wer kein Meister eines Handwerks war, gehörte folglich nicht der Zunft an. Ein Handwerksgeselle arbeitete für Lohn, konnte es aber nur zu sehr geringem Wohlstand bringen.
Die Juden bildeten eine in sich geschlossene Gruppe (↗ S. 38). Auch innerhalb dieser Gruppe gab es Reiche und Arme.
Zu den Gruppen in einer Stadt, die keinem Stand angehörten, zählten ungelernte Tagelöhner, Knechte und Mägde. Ihr Leben war wenig abgesichert, denn sie verfügten nur über ein sehr geringes Einkommen.

Vom Leben der Frauen
Die meisten Frauen heirateten im Alter zwischen 18 und 22 Jahren; manche Braut war sogar jünger. Die Hausfrau hatte selbstständig für den manchmal recht großen Haushalt zu sorgen; neben Eltern, Großeltern und Kindern konnten dazu auch die unverheirateten Verwandten sowie Knechte und Mägde zählen.
Überarbeitet und von den vielen Schwangerschaften erschöpft, starben viele Frauen ohne medizinische Versorgung bei der Geburt. So kam es vor, dass Männer dreimal und öfter heirateten und die Kinder nacheinander bei verschiedenen „Stiefmüttern" aufwuchsen.
Kinder wurden zu Hause geboren. Zehn, aber auch vierzehn oder sechzehn Kinder im Verlauf einer Ehe waren keine Seltenheit. Mangelnde *Hygiene und für uns heute harmlose Kinderkrankheiten führten dazu, dass in der Regel die Hälfte aller Kinder oder gar mehr starben, bevor sie das 14. Lebensjahr erreicht hatten.

2 – **Ein Bettler bei der Armenspeisung.** Gemälde von Borgognone, um 1490.

* **Hygiene**, die Körperpflege, Sauberkeit.

1. Beschreibt mit dem Text und den Bildern das Leben in der mittelalterlichen Stadt.
2. Lest Q1 und erläutert, warum die Bestimmungen der Marktordnung sinnvoll waren.
3. Befragt Marktstandbetreiber oder die Marktaufsicht des Wochenmarktes eurer Stadt, welche Regeln heute auf dem Markt gelten. Erkundigt euch nach dem Zweck der Regeln und erklärt ihn euren Mitschülerinnen und Mitschülern.

Wahlaufgaben

A. Erklärt den Satz: „Stadtluft macht frei – aber nicht gleich." Gestaltet dazu ein Lernplakat.
B. Fertigt eine Skizze zur sozialen Rangordnung der Stadtbevölkerung (Gesellschaftspyramide) im Mittelalter an.

Methode

Den Umgang mit Geschichte analysieren

Geschichte begegnet uns nicht nur im Geschichtsunterricht oder im Geschichtsbuch. In Comics werden geschichtliche Ereignisse dargestellt. Spielfilme greifen historische Ereignisse auf und stellen sie anschaulich dar. Jugendbücher erzählen spannend über historische Ereignisse. Denkmäler erinnern in vielen Orten an die Opfer von Kriegen oder an berühmte Frauen und Männer. Mit diesen Darstellungen über Geschichte werden unterschiedliche Ziele verfolgt. Manchmal wollen sie vor allem an etwas oder jemanden erinnern, manchmal wollen sie vor allem unterhalten. Welches Bild wollen uns die einzelnen Darstellungen über Geschichte vermitteln?

Folgende Schritte helfen euch, den Umgang mit Geschichte zu analysieren und zu bewerten

Schritt 1
Eine Darstellung von Vergangenheit auswählen und beschreiben

- Aus der Vielzahl der Darstellungen vergangener Ereignisse müsst ihr für eure Untersuchung eine auswählen.
- Haltet fest, worum es sich handelt (Jugendroman, Spielfilm, Ausstellung, Fest...). Beschreibt möglichst genau, wie das historische Ereignis, die Zeit, um die es geht, dargestellt wird.

Schritt 2
Die Darstellung kritisch untersuchen

- Welches Ziel hat die Darstellung: Geht es um Unterhaltung im geschichtlichen Gewand, wird Geschichte hauptsächlich als Kulisse benutzt?
- An welchen Stellen weicht die Darstellung von den Informationen aus dem Geschichtsunterricht oder aus den Geschichtsschulbüchern ab?
- Stimmen die historischen Informationen oder wird sehr großzügig mit den Bedingungen in der behandelten Zeit umgegangen?
- Welche Informationen sind falsch?

Schritt 3
Auswertung und kritische Beurteilung der Darstellung

- Erscheinen die Informationen im Vergleich zu den Quellen und Darstellungen im Unterricht glaubwürdig und überzeugend?
- Welcher Eindruck wird über die behandelte Geschichte vermittelt?
- Welche Wertungen werden mit welcher Absicht formuliert?
- Formuliert ein zusammenfassendes Urteil.

1 Untersucht Bild 1 und den dazugehörigen Text und vollzieht die Beispiellösung nach.

2 Analysiert mithilfe der drei Schritte Bild 2 und formuliert ein zusammenfassendes Urteil.

Auf der Internetseite der Stadt Ratzeburg (siehe Webcode) kann man folgende Mitteilung lesen:

„Racesburg Wylag" lädt wieder zur Zeitreise in die Vergangenheit
„Geschichte hautnah zum Anfassen"
Es ist endlich soweit! Das allseits beliebte „Racesburg Wylag" steht nach einjähriger Pause wieder in seinen Startlöchern und freut sich auf zahlreiche Besucherinnen und Besucher, die sich auf eine Zeitreise in die Welt der stolzen Ritter, edlen Damen,Tempelritter und Wikinger, Normannen und Römer machen wollen. ... Soviel Abenteuer macht hungrig: für das leibliche Wohl sorgt die Taverna magica ...

1 – Teilnehmer in historischen Kostümen liefern sich einen Schaukampf beim Racesburg Wylag. Foto, 2015.

2 – Eröffnung des Hussitenfestes am Steintor in Bernau. Foto, 2015.

Beispiellösung zu 1:

Zum Schritt 1: Die Veranstalter des Racesburg Wylag wollen keinen Mittelaltermarkt als Konsumgelegenheit, sondern Geschichte möglichst getreu darstellen.

Zum Schritt 2: Bild 1 zeigt einen Kampf, wie er vielleicht stattgefunden haben könnte. Die fröhliche Kulisse mit den mittelalterlich gekleideten Zuschauerinnen und Zuschauern wird es aber so nicht gegeben haben.

Zum Schritt 3:
Bei aller angestrebten historischen Genauigkeit ist der Racesburg Wylag auch ein fröhliches Fest für die heutigen Menschen, auf dem die Not und Armut und die Gewalttätigkeit des Mittelalters nicht deutlich wird.

Webcode: EV644834-037

Wie lebten Juden und Christen zusammen?

1 – Ein jüdischer Arzt und sein Patient. Holzschnitt, 1487.

2 – Juden werden ermordet, ihre Häuser ausgeraubt. Kolorierter Holzschnitt, 17. Jahrhundert.

*Ghetto, das
Vom übrigen Stadtgebiet streng abgegrenztes Wohnviertel der Juden.

Aus dem Miteinander ...

Obwohl die meisten Einwohner der Städte Christen waren, gab es auch Mitbürger jüdischen Glaubens. Wie alle anderen Bewohner wirkten sie am Zusammenleben in der Stadt mit. Sie beteiligten sich an der Verteidigung der Städte, trieben Handel und kauften sich ein Haus. Als Ärzte, Handwerker oder Kaufleute genossen viele von ihnen hohes Ansehen. Besonders erfolgreich waren sie als Fernhandelskaufleute. Sie knüpften Kontakte zu den jüdischen Gemeinden rund um das Mittelmeer und konnten so manchmal schneller als andere hochwertige und seltene Waren aus diesen Ländern liefern.

... wird eine Verfolgung

Aus den jüdischen Mitbürgern wurden erst im Laufe der Zeit unliebsame Konkurrenten, dann Feinde(↗ S. 160/161). Seit dem 12. Jahrhundert zwang man die Juden, in der Öffentlichkeit einen spitzen Hut und auf ihrer Kleidung ein gelbes Abzeichen zu tragen sowie in *Ghettos zu wohnen. Die Zünfte weigerten sich jetzt, Juden aufzunehmen. Damit wurden sie nach und nach aus dem Handwerk hinausgedrängt. Papst Innozenz III. verbot im Jahre 1215 den Juden, Landbesitz zu erwerben oder zu bewirtschaften. So blieb ihnen als Erwerbsmöglichkeit nur noch der Handel und der Geldverleih. Christen war es nämlich verboten, Geld gegen Zinsen auszuleihen. Wer also Geld brauchte, lieh es sich bei einem Juden. So kam es, dass immer mehr Christen Schulden bei den jüdischen Mitbürgern hatten, die jetzt auch als „Sündenböcke" für jegliches Übel galten.

Q1 Ein Geistlicher aus Erfurt notierte 1349 in seiner Chronik:

... Am (21.März) wurden die Juden in Erfurt entgegen dem Willen des Rates von der Bürgergemeinde erschlagen, hundert oder mehr. Die anderen aber ... haben sich, als sie sahen, dass sie den Händen der Christen nicht entkommen konnten, ... in ihren eigenen Häusern selbst verbrannt, ... Man sagt auch, sie hätten in Erfurt die Brunnen und die Gera vergiftet ... Ob sie Recht haben, weiß ich nicht. Eher glaube ich, der Anfang ihres Unglücks war das unendlich viele Geld, das Barone und Ritter, Bürger und Bauern ihnen schuldeten. ...

1 Schreibt mithilfe des Textes, Q1 und der Bilder eine Erzählung, warum sich das Verhältnis der Christen zu den jüdischen Mitbürgern immer mehr verschlechterte.

Epochenüberblick Mittelalter

Q1 Viele Städte erließen Vorschriften wie diese:
… Niemand soll Mist oder Kot vor sein Haus legen, wenn er ihn nicht gleich wegfahren will, außer auf den hierzu bestimmten Plätzen, nämlich neben dem Fleischmarkt, ferner neben dem Brunnen auf dem Pferdemarkt. …

1 – Ritter beim Turnier auf einem Mittelalterfestspiel. Foto, 2014.

2 – Die Belehnung geistlicher und weltlicher Fürsten. Abbildung aus einer Sammlung von Rechtsgrundsätzen, dem „Sachsenspiegel“, 13. Jahrhundert.

Methoden anwenden

1 Erklärt euch gegenseitig die wichtigen Begriffe und schreibt sie in euren Geschichtshefter.

2 Untersucht mithilfe der Methode „Textquellen verstehen“ Q1 und beurteilt diese Vorschrift mit Blick auf ihre Nützlichkeit.

Wichtige Begriffe

Mittelalter
Ständeordnung
Lehnswesen
Grundherrschaft
Dreifelderwirtschaft
Stadt
Markt
Zünfte

Analysieren

3 Heute gibt es an vielen Orten Mittelalterfeste (Bild 1) oder -märkte und mittelalterliche Festspiele. Vergleicht die Eindrücke, die ihr dort über das Mittelalter erhalten habt, mit dem was ihr euch im Geschichtsunterricht über das Mittelalter erarbeitet habt.

Deuten

4 Erklärt, was der Satz „Stadtluft macht frei“ bedeutete.

5 Auch wenn das Mittelalter schon vor 1000 Jahren endete, gibt es heute noch viele Spuren aus dieser Zeit. Zeigt an Beispielen auf, wo in eurer Umgebung noch Hinweise auf die Zeit des Mittelalters gibt.
▶ *Denkt an Kirchen, Brunnen, Bräuche, Redensarten …*

6 Beschreibt mithilfe von Bild 1 die Übergabe eines Lehens.

Urteilen und sich orientieren

7 Beurteilt mithilfe der Methode, „Ein persönliches Werturteil bilden“ S. 166/167 die mittelalterliche Grundherrschaft aus Sicht der Grundherren und aus Sicht der Bauern.

Darstellen – historisch erzählen

8 Ein Bauer, der seinem Grundherrn entflohen ist, erzählt einem Knecht in der Stadt vom Landleben. Entwerft eine Erzählung und stellt sie der Klasse vor.
▶ *Wir hatten kaum etwas zu essen, weil ….*

9 Ein Handwerksgeselle aus einer mittelalterlichen Stadt berichtet vom Leben in der Stadt. Entwerft eine Erzählung und stellt sie der Klasse vor.
▶ *Der Meister in der Werkstatt war sehr streng, nichts konnte ich ihm recht machen ….*

Epochenüberblick – Frühe Neuzeit

1450

Erfindung des Buchdrucks

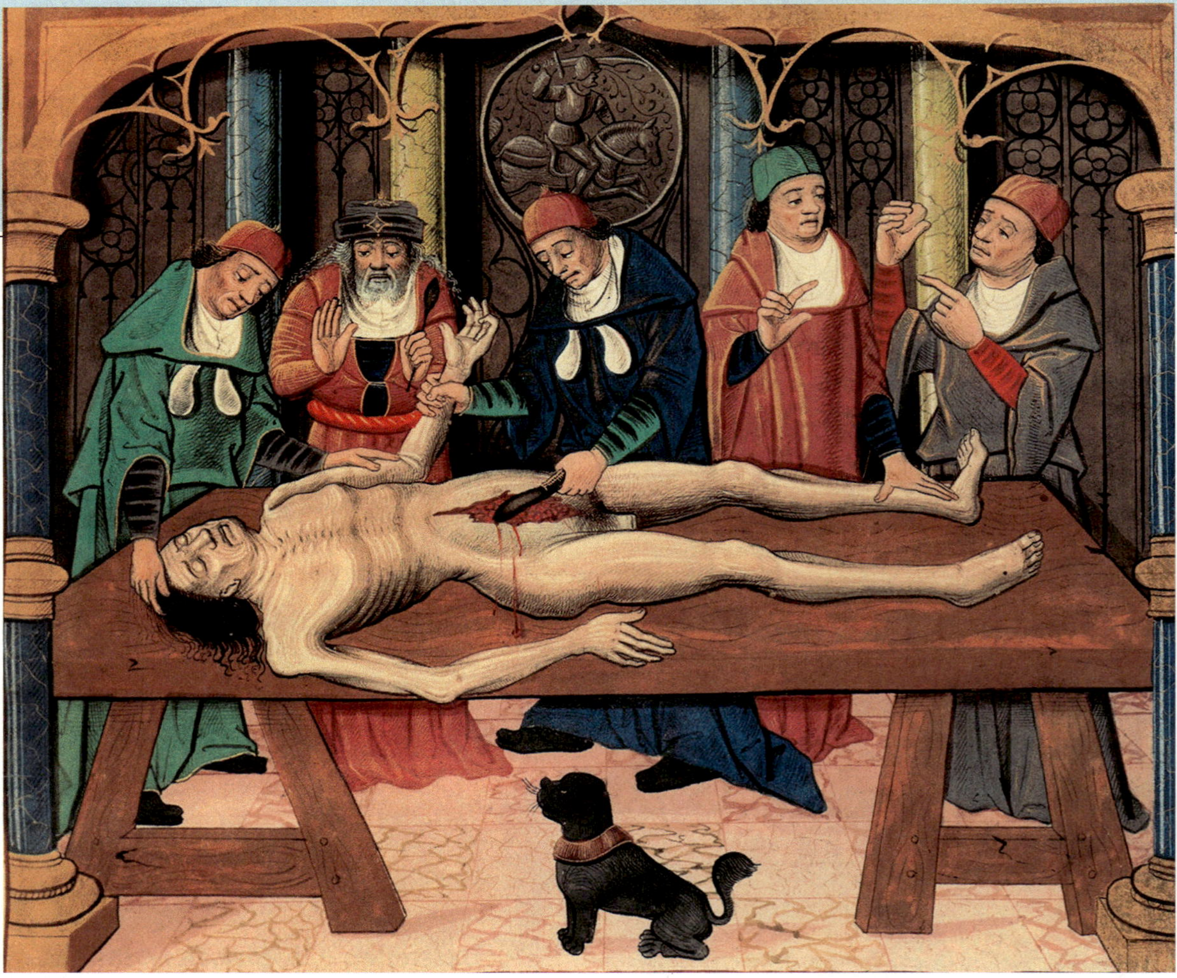

1 – Ärzte öffnen einen menschlichen Leichnam. Französische Buchmalerei, 15. Jahrhundert.

1492
Globus von Martin Behaim
Kolumbus startet seine Entdeckungsreise

1517
Beginn der Reformation

1618–1648
Dreißigjähriger Krieg

1661
Beginn der Alleinherrschaft Ludwigs XIV.

2 – Europäische Entdeckungsfahrten im 15./16. Jahrhundert.

Im Mittelalter bestimmte der christliche Glaube das Weltbild der Menschen in Europa.
Um 1500 veränderte sich das Bild von der Welt. Man begann, sich für naturwissenschaftliche Vorgänge zu interessieren, wollte alles genau wissen und erforschen und gelangte auf diese Weise zu zahlreichen Erfindungen und Entdeckungen. Dabei setzten sich viele Forscher über die Lehren und Bestimmungen der Kirche hinweg, die neue Ideen und Experimente ablehnte.

Bei der Arbeit mit diesem Abschnitt könnt ihr euch mit folgenden Fragen beschäftigen:

- Wie veränderte das neue Denken das Bild von der Welt und vom Menschen?
- Welche Erfindungen wurden um 1500 gemacht?
- Welche Erfindungen ermöglichten die Entdeckungsfahrten, wie die des Kolumbus?
- Wie kam es zur Glaubensspaltung im Christentum und was waren ihre Folgen?

1 Leichen für medizinische Zwecke zu öffnen, war von der Kirche verboten. Betrachtet das Bild 1 und versetzt euch in die Mediziner. Notiert ihre möglichen Gedanken.

2 Erzählt, was ihr über die Entdeckungsfahrten bereits wisst. Sammelt Fragen, auf die ihr Antworten finden wollt.

Geistige Umbrüche

Inwiefern veränderte sich das Denken der Menschen?

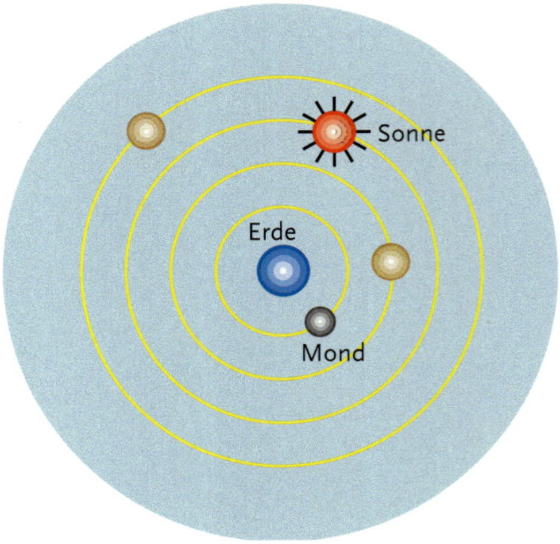

1 – Bewegung der *Planeten nach der mittelalterlichen Vorstellung (*geozentrisches Weltbild).

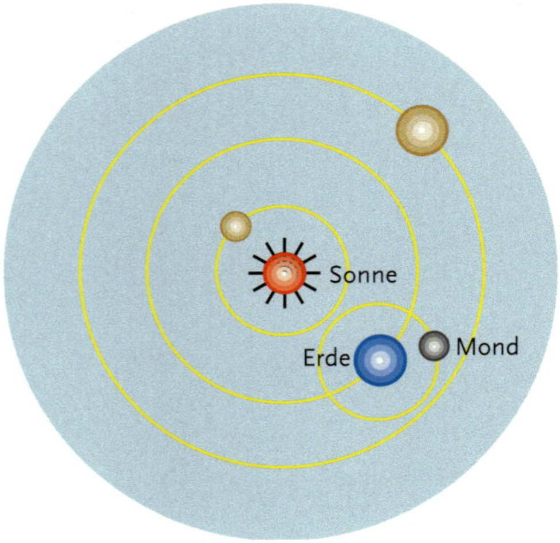

2 – Bewegung der Planeten nach den Berechnungen des Kopernikus (*heliozentrisches Weltbild).

* **Planet**, der
Ein Himmelskörper, der sich um eine Sonne dreht.

* **geozentrische Weltbild**, das
Die Sonne und der Mond kreisen um die Erde.

* **heliozentrische Weltbild**, das
Die Erde kreist um die Sonne und der Mond um die Erde.

Ein neues Bild der Erde entsteht

Die Lehren der Kirche bestimmten im Mittelalter in Europa das gesamte Leben. Auch zu wissenschaftlichen Fragen wurden Antworten in der Bibel gesucht. Aber im 15. Jahrhundert änderte sich dies.

Q1 Der niederländische Gelehrte Agricola schrieb 1472 an einen Freund:
... Lass dir verdächtig sein, was du bisher gelernt hast. Verurteile alles und verwirf das, wofür du keine stichhaltigen Beweise findest. Auf dem Glauben beruht die Frömmigkeit, die wissenschaftliche Bildung aber sucht stets nach Beweisen ...

Der polnische Priester und Astronom Nikolaus Kopernikus (1473–1543) bietet uns ein berühmtes Beispiel für diese neue Denkweise.
Als Geistlicher war er davon überzeugt, dass sich die Erde im Mittelpunkt des Weltalls befinde. Sonne und Planeten würden sich um die Erde drehen. Der Mensch als Krönung der Schöpfung lebe im Zentrum dieses Weltalls.
Als Wissenschaftler kam Kopernikus zu einer ganz anderen Ansicht. Er beobachtete den Sternenhimmel und erkannte, dass sich die Erde wie die anderen Planeten um die Sonne dreht. Kopernikus wagte es nicht, seine Erkenntnisse zu veröffentlichen, weil sie der religiösen Lehre widersprachen. Erst 30 Jahre später, nämlich am Tag seines Todes, erschien sein Buch, das von der Kirche sofort verboten wurde. Aber die neuen Erkenntnisse setzten sich trotzdem durch; die kirchliche Lehrmeinung wurde infrage gestellt.

Ein genialer Forscher und Künstler

In der Zeit um 1500 war einer der berühmtesten Forscher und Künstler Leonardo da Vinci. Er wurde 1452 in einem Bauernhaus bei Vinci, 30 km von Florenz entfernt, geboren. Leonardo lernte in der Dorfschule nur mit Mühe Lesen, Schreiben und Rechnen, aber er beobachtete seine Umwelt genau. Jahrelang beschäftigte er sich z. B. intensiv mit dem Flug von Vögeln, Fledermäusen und Insekten. Seine genauen Beobachtungen nutzte er, um Flugapparate zu konstruieren.
Er war auch an medizinischen Fragen interessiert. Aber es war durch die Kirche verboten, menschliche Körper zu sezieren. Trotzdem nahm Leonardo über 30 Leichenöffnungen selbst vor, um sich ein genaues

3 – Mona Lisa. Gemälde von Leonardo da Vinci, ca. 1503–1505.

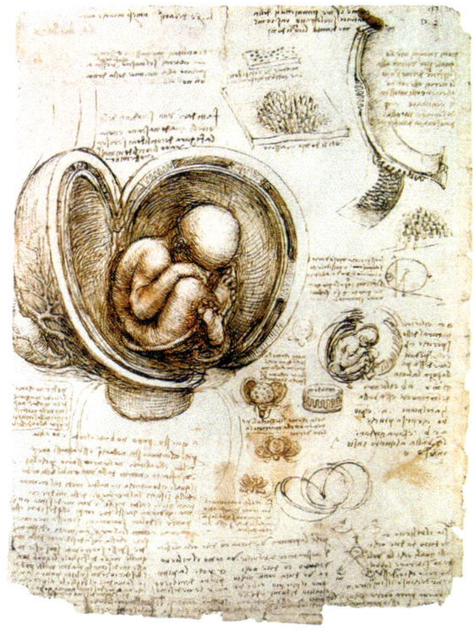

4 – Zeichnung eines *Fötus im Mutterleib. Leonardo da Vinci, 1510.

Bild vom Körper und seinen Organen und möglichen Ursachen von Krankheiten zu machen. Er legte mit seinen Körperstudien den Grundstein für die weitere medizinische Forschung in Europa.
Leonardo da Vinci war auch ein hervorragender Künstler. Er schuf einige der berühmtesten Gemälde der Welt, wie die Mona Lisa.

Q2 Seine Vorgehensweise begründete Leonardo 1493 mit folgenden Worten:
... Mir aber scheint, es sei alles Wissen eitel und voller Irrtümer, das nicht von der Erfahrung, der Mutter aller Gewissheit, zur Welt gebracht wird ... Hüte dich vor den Lehren jener Spekulanten, deren Überlegungen nicht von der Erfahrung bestätigt sind ... Wir müssen von der Erfahrung ausgehen und mit dieser die Natur-Gesetze erforschen. ...

Mit dem neuen Denken war um 1500 eine neue Epoche angebrochen. Die vorhergehenden Jahrhunderte, die zwischen der Antike und der eigenen Zeit lagen, bezeichnete man jetzt als „Mittelalter".

1. Formuliert die Aufforderung des Agricola mit eigenen Worten.
2. Erklärt, worin das Neue dieser Forderung zu Beginn der Neuzeit liegt.
   ▶ *Bedenkt das mittelalterliche Weltbild, das ihr kennengelernt habt.*
3. Spielt folgende Situation: Ein Vertreter der Kirche und ein Forscher unterhalten sich über die Ansichten des Kopernikus. Notiert für den Vertreter der Kirche und den Forscher wichtige Argumente.
   ▶ *Nehmt hierzu die Methode „Ein Rollenspiel planen und durchführen", S. 249 zu Hilfe.*
4. Prüft, ob Agricola (Q1), Kopernikus und da Vinci vergleichbare Vorstellungen vom Vorgehen eines Wissenschaftlers hatten.
5. Erklärt, wen Leonardo in Q2 als „Spekulanten" bezeichnete.
6. Ordnet die Bilder 1,2 und 4 unterschiedlichen Wissenschaftsgebieten zu.

*Fötus, der Bezeichnung für das ungeborene Kind im Mutterleib.

Wahlaufgaben

A. Entwerft mithilfe dieser Doppelseite einen kurzen Text, in dem ihr „Das neue Denken um 1500" anhand von Beispielen darstellt.
B. Informiert euch mithilfe des Webcodes über wissenschaftliche Erkenntnisse, vor allem medizinische, in der jüdischen und arabischen Welt zur gleichen Zeit (um 1500) und berichtet darüber.

Webcode: EV644834-043

Wie beeinflusste eine neue Denkweise die Menschen?

1 – Verkündigung. Der Titel des Gemäldes meint die Verkündigung der Geburt Christi durch den Engel Gabriel an Maria. Kölner Meister, um 1310.

2 – Bildnis einer jungen Venezianerin. Gemälde von Albrecht Dürer (1471–1528).

✲ **Renaissance**, die (frz.: Wiedergeburt) Bezeichnung für die Zeit am Ende des Mittelalters, in der in Wissenschaft und Kunst die Schriften sowie Kunstwerke der griechischen und römischen Antike „wiederentdeckt“ wurden und großen Einfluss auf das Denken sowie Fühlen der Menschen hatten.

✲ **Literaturen**, die Schriftliche Texte, Bücher.

Die „Wiedergeburt“ der Antike

Seit dem 14. Jahrhundert war in Italien das Interesse an den Römern und Griechen erwacht. Man wollte jetzt genauer den Menschen und die Erde erforschen, wissen, wie Naturereignisse zu erklären sind. Antworten auf diese Fragen wurden nicht mehr in der Bibel gesucht, sondern in den alten Schriften römischer und griechischer Gelehrter. Diese Erkenntnisse gelangten beispielsweise durch den kulturellen Austausch während der Kreuzzüge wieder nach Europa (↗ S. 160 ff.).Man sprach von einer Wiedergeburt der Antike. Es wurde üblich, dafür den französischen Ausdruck ✲„Renaissance“ zu verwenden.

Die gebildeten Menschen der Renaissance lösten sich aus der Vormundschaft der Kirche. Sie fühlten sich als eigenständige Persönlichkeiten. Sie gaben sich nicht mehr damit zufrieden, ein beschwerliches Leben zu führen und sich auf das Jenseits vertrösten zu lassen. Bereits im Diesseits wollten sie sich am Schönen erfreuen und ihr Leben in vollen Zügen genießen. Der selbstbewusste, glückliche Bürger wurde zum Ideal der Renaissance.

Der neue Mensch

Q1 Über die Rolle des „neuen Menschen“ schrieb der italienische Gelehrte Gianozzo Manetti (1396–1459):

... Die Welt ist wohl von Gott geschaffen, aber der Mensch hat sie verwandelt und verbessert. Denn alles, was uns umgibt, ist unser eigenes Werk, das Werk des Menschen, alle Wohnstätten, alle Schlösser, alle Gebäude aus der ganzen Welt ... Von uns sind die Gemälde, die Skulpturen; von uns kommen der Handel, die Wissenschaften und philosophischen Systeme. Von uns kommen alle Erfindungen und alle Arten von Sprachen und ✲Literaturen. ...

Die neue Kunst

Auch in der Kunst änderte sich jetzt vieles. Die Künstler der Renaissance wollten die antike Kunst nicht einfach nachahmen, sondern sie nach ihren eigenen Vorstellungen und Ideen wieder zum Leben erwecken. Bei den Malern und Bildhauern, trat die Verherrlichung Gottes in den Hintergrund. Wichtig wurde die genaue Darstellung des Menschen. Als Vorbild dienten die

3 – Die Geburt der Venus. In der Themenwahl und der Lichtführung bricht der Maler mit der bisherigen traditionellen Malweise. Statt einer Heiligen malt er die heidnische Göttin Venus, die im Mittelalter als Verkörperung der Lasterhaftigkeit galt. Seine nackte Frauenfigur orientiert sich an antiken Vorbildern. Gemälde von Sandro Botticelli, um 1486.

antiken Statuen, wie man sie in Rom oder Griechenland fand. Man bemühte sich sogar, für die Darstellung des menschlichen Körpers mithilfe mathematischer Formeln das ideale Maß zu finden („goldener Schnitt").

Der Humanismus

Die neue Art zu denken und die neuen Wissenschaften sollten helfen, die Menschen „besser" zu machen.

M1 In dem Roman „Sofies Welt" von Jostein Gaarder sagt der Lehrer zu seiner Schülerin Sofie:

... Das Studium (der Antike) führte zur „klassischen Bildung", die den Menschen auf eine höhere Daseinsstufe heben sollte. „Pferde werden geboren", hieß es, „Menschen dagegen werden nicht geboren, sie werden gebildet."
„Wir müssen also zum Menschen erzogen werden?" „Ja, das dachten sie damals." ...

Man bezeichnet diese Menschen, die sich für eine umfassende Bildung einsetzen, als Humanisten (= den Menschen betreffend).

1 Notiert mithilfe des Textes und Q1 wichtige Stichwörter zum „neuen Denken" in der Renaissance.
▶ *Diesseits, Werk des Menschen ...*

2 Erläutert anhand der Bilder 1–3 die Veränderungen in der Kunst.
▶ *Nehmt hierzu die Methode „Bilder untersuchen", S. 245 zu Hilfe.*

3 Gebt mit eigenen Worten das Ziel der Humanisten wieder.

Wahlaufgaben

A Verfasst gemeinsam einen kurzen Text, in dem ihr erklärt, welche Erziehungsziele euch wichtig erscheinen.

B Fotografiert in eurer (Kreis-) Stadt Bauten oder Figuren aus der Renaissancezeit.

Welche technischen Neuerungen gab es?

1 In eine *Matrize goss Gutenberg flüssiges Blei.
2 Daraus entstand eine Bleiletter.
3 Die Lettern setzte er zu einer Druckform zusammen, die er schwarz färbte.
4 Darauf legte er einen Bogen Papier.
5 Er presste Papier und Druckform zusammen.
6 Nun war der Bogen bedruckt.
7 Die Bögen wurden zu einem Buch zusammengetragen.
8 Der Buchblock erhielt einen Einband.

1 – So stellte Gutenberg ein Buch her. Schaubild

* **Matrize**, die Musterletter (enthielt am oberen Ende das hervorstehende, spiegelverkehrte Bild eines Schriftzeichens) aus einem harten Metall,das in ein Klötzchen aus weichem Kupfer geschlagen wurde.

* **Massenmedium**, das Ist ein Medium (Kommunikationsmittel) zur Verbreitung von Informationen an eine große Anzahl von Menschen.

Die Erfindung des Buchdrucks

Im Mittelalter hatten sich neue Ideen oder Erfindungen nur langsam verbreitet. Zeitungen gab es nicht, Bücher wurden mit der Hand geschrieben und waren daher so selten wie kostbar. Zudem konnten nur wenige Menschen lesen. Erst die Erfindung des Buchdrucks mit beweglichen Lettern durch den Mainzer Johannes Gutenberg um 1450 ermöglichte die rasche Verbreitung von Informationen.

Gutenberg selbst hatte nicht genug Geld, um eine Druckerwerkstatt einzurichten. Er bat deshalb reiche Kaufleute darum, ihm Geld zu leihen, damit er sich Maschinen kaufen und in Ruhe an der Erfindung arbeiten konnte. Gutenberg fand einen Kaufmann, der ihm Geld lieh. Dieser hatte die Hoffnung, dass man mit seiner Erfindung noch mehr verdienen könnte. Im Jahre 1455 erschien das erste Buch, das nach dem neuen Druckverfahren hergestellt wurde – die Bibel.

Der Buchdruck verändert die Welt

Die Druckerkunst verbreitete sich rasch über ganz Europa. Um 1500 gab es in Europa schon über 1100 Druckereien. Sie legten etwa 40 000 verschiedene Werke mit einer Gesamtzahl von mehr als zehn Millionen Büchern auf.

Die Erde ist rund

Im Fernhandel konnten die Kaufleute viel Geld verdienen. Doch eine Seefahrt über das offene Meer galt als gefährlich. Man fürchtete sich vor Ungeheuern und dem unbekannten Seeweg. Da es kaum eine Möglichkeit gab, sich über die eigene Position sicher zu orientieren, fuhren die Schiffe immer dicht an der Küste entlang.

Neue Möglichkeiten eröffneten sich für die Seefahrer mit ganz neuen Karten, die nach Norden ausgerichtet waren und genauere Angaben zu Küsten, Häfen und Entfernungen enthielten. Der Globus von Martin Behaim zeigte außerdem deutlich die Kugelgestalt der Erde.

Neue Messgeräte und Schifftypen

Mithilfe des Kompasses, einer chinesischen Erfindung, konnte man auch bei rauer See die Richtung bestimmen. Außerdem gab es jetzt Tabellen, die den täglichen Stand der Sterne angaben. Wusste man, wie hoch ein Stern zu einer bestimmten Zeit am Horizont stand, fand man in diesen Tabellen genaue Angaben, auf welchem Breitengrad man sich befand.

Wichtig für die genaue Bestimmung der

Zeit war die tragbare Federuhr, erstmals angefertigt von Peter Henlein aus Nürnberg. Neue, seetüchtige Schiffe wurden gebaut, die Karavellen. Sie hatten den Hauptmast mit einem großen Vierecksegel, das bei Rückenwind für eine hohe Geschwindigkeit sorgte (siehe Bild 4). Am vorderen und hinteren Mast erlaubten die kleineren Dreieckssegel auch ein Segeln fast gegen den Wind. Mit all diesen Erfindungen waren die Voraussetzungen für weitere Seefahrten geschaffen.

4 – Nachbau der „Santa Maria", mit der Kolumbus seine Entdeckungsreise 1492 unternahm. Foto.

2 – Kompass, um 1550. Foto.

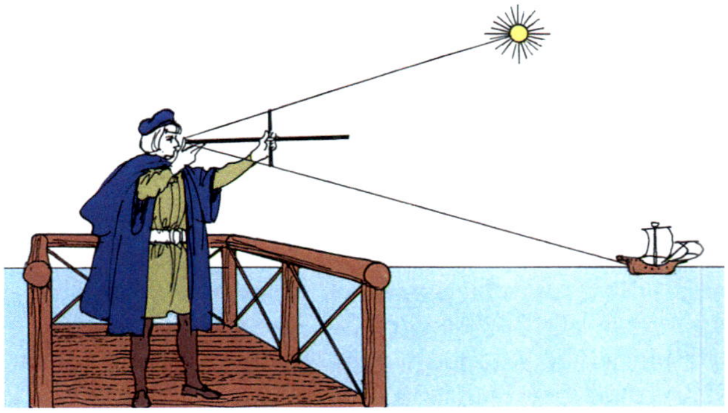

5 – Jakobsstab. Mit dem Jakobsstab misst man die Höhe eines Sterns über dem Horizont (= Breitengrad). Zeichnung.

3 – Federzuguhr des Peter Henlein, 1510. Foto.

1 Beschreibt mithilfe der Bildfolge 1 die Entstehung eines Buches nach dem neuen Druckverfahren.

2 Erläutert den Satz: Der Buchdruck brachte das erste *Massenmedium der Geschichte hervor.

3 Fertigt eine Mind-Map zu den technischen Neuerungen um 1500 an.

Wahlaufgaben

A Erläutert folgende Aussage: Die Entdeckungsfahrten wurden erst durch die „Wissensexplosion" in der Frühen Neuzeit möglich.

B Überprüft folgende Behauptung: Wenn man von Europa immer nach Westen oder nach Osten fährt, kommt man schließlich wieder am Ausgangspunkt an.

► *Nehmt hierzu einen Globus zu Hilfe.*

Webcode: EV644834-047

*Reformation und Glaubenskriege

Wie kam es zur Glaubensspaltung?

1 – Nonnen und ein Abt auf dem Heimweg von einem Trinkgelage. Holzschnitt, um 1450.

Angst und Unsicherheit um 1500

Um 1500 lebten die meisten Menschen in Armut und sie konnten sich vieles, z. B. Krankheiten, nicht erklären. In ihrer Not erwarteten die Menschen Trost und Hilfe von der Kirche.
Doch viele Priester und Bischöfe vernachlässigten ihre Pflichten und kümmerten sich mehr um ihr eigenes Wohlergehen. Die Menschen wurden unter Druck gesetzt, damit sie zum Teil ihr letztes Geld für einen Ablass ausgaben. So wurde der Ruf nach einer Reform der Kirche immer lauter.
Mit seiner Kritik an den Missbräuchen in der katholischen Kirche löste der Mönch Martin Luther 1517 eine der größten Veränderungen innerhalb des Christentums aus.

Die Reformation beginnt

Q1 Am 31. Oktober 1517 veröffentlichte ein junger Professor der Theologie, der Mönch Martin Luther, in Wittenberg eine Schrift (95 Thesen). Darin wandte er sich gegen den Missbrauch des *Ablasses durch die Kirche:
... 21. Es irren die Ablassprediger, die da sagen, dass durch des Papstes Ablässe der Mensch von aller Sündenstrafe losgesprochen und erlöst werde. ...
27. Eine falsche Lehre predigt man, wenn man sagt: Sobald das Geld im Kasten klingt, die Seele aus dem *Fegfeuer springt. ...
32. Wer glaubt, durch Ablassbriefe das ewige Heil erlangen zu können, wird auf ewig verdammt werden samt seinen Lehrmeistern. ...
36. Jeder Christ, der wahrhaft Reue empfindet, hat einen Anspruch auf vollkommenen Erlass der Schuld auch ohne Ablassbrief. ...
43. Man soll die Christen lehren, dass, wer den Armen gibt und dem Bedürftigen leiht, besser tut, als wer Ablassbriefe kauft. ...

Luther schickte seine in Latein verfasste Schrift an mehrere Bischöfe und bat darum, den Ablasshandel zu verbieten. Er erhielt aber keine Antwort. Infolge der Erfindung des Buchdrucks war es möglich, dass Luthers Thesen in kurzer Zeit in ganz Deutschland verbreitet wurden. Die Bischöfe berichteten dem Papst von der Sympathie des Volkes für Luthers Lehren und dem Unmut des Volkes über die Missbräuche in der Kirche.
Da Luther sich weigerte, seine Lehre zurückzunehmen, wurde 1521 ein *Kirchenbann gegen ihn ausgesprochen. Luthers Landesherr, *Kurfürst Friedrich von Sach-

* **Reformation**, die
(lat. Wiederherstellung, Erneuerung) Kirchliche Erneuerungsbewegung ab 1517. Das westliche Christentum spaltete sich in die Glaubensrichtungen katholisch, lutherisch und reformiert.

* **Ablass**, der
Von der katholischen Kirche versprochener Nachlass von Sündenstrafen, der gegen Geld oder gute Werke zu erlangen war. Zur Finanzierung des Baus der Peterskirche in Rom wurde der Verkauf von Ablassbriefen in großem Maße eingesetzt.

* **Fegefeuer**, das
Ort an dem die Seele eines Verstorbenen von seinen Sünden befreit wird, wenn sie nicht direkt in den Himmel aufsteigen darf.

* **Kirchenbann**, der
Durch den Kirchenbann wurde eine Person aus der Kirche ausgeschlossen.

* **Kurfürst**, der
Fürst, der das Recht hatte, den deutschen König zu wählen; abgeleitet vom mittelalterlichen Wort für „wählen“ (cure).

2 – Die Kritik Luthers an der kirchlichen Lehre und seine Reformen.

sen, erreichte, dass Luther von Kaiser Karl V. zum Verhör vor den Reichstag in Worms geladen wurde. Die Reise Luthers zum Reichstag wurde zum Triumphzug; überall winkten und jubelten die Menschen ihm zu.
Vor dem Reichstag in Worms wurde Luther in Anwesenheit des Kaisers Karl V. gefragt, ob er seine Schriften *widerrufe.
Luther bat um einen Tag Bedenkzeit und antwortete dann am 18. April 1521, dass er nicht widerrufe, weil es unmöglich sei, etwas gegen das eigene Gewissen zu tun.

Luther übersetzt die Bibel
Unmittelbar nach dem Reichstag sprach der Kaiser über Luther die *Reichsacht aus und ordnete zugleich an, seine Schriften zu vernichten.
Durch die Verhängung der Reichsacht über ihn, war Luther „vogelfrei" geworden. Wer ihn töten würde, hätte keinerlei Strafe zu befürchten.
Kurfürst Friedrich ließ Luther auf der Rückreise nach Wittenberg zum Schein entführen und auf die Wartburg bei Eisenach bringen. Er wollte dadurch Luthers Leben vor dem Papst und dem Kaiser schützen. Auf der Wartburg übersetzte Luther die Bibel in eine Sprache, die jeder verstehen konnte.
Luther schuf mit der Bibelübersetzung die Grundlage für eine einheitliche deutsche Schriftsprache. Mithilfe des Buchdrucks wurde die Bibel zum meist gelesenen Buch in Deutschland.

1 Beschreibt Bild 1 und erläutert, was es über den Zustand der Kirche damals aussagt.
2 Stellt Luthers Thesen in einer Liste mit eigenen Worten zusammen (Q1).
4 Erläutert mithilfe von Schaubild 2 Luthers Kritik und seine Reformabsichten.
5 Erkundigt euch, wann in eurer Gemeinde der lutherische (evangelische) Glaube Einzug hielt.
6 Sucht im Internet und in Bibliotheken Informationen zum Leben Luthers.
7 Lest auf Seite 169 über Luthers Einstellung den Juden gegenüber nach und tragt sie vor.

3 – Martin Luther (1483–1546). Kupferstich.

* **Reichsacht,** die
Bei schweren Verbrechen konnten der König oder ein königlicher Richter den Täter ächten. Dieser war damit aus der Gemeinschaft ausgestoßen und vogelfrei. Jeder hatte das Recht, einen Geächteten zu töten. Er verlor seinen Besitz, und wer ihn aufnahm, verfiel selbst der Reichsacht.

* **Widerruf,** der
Zurücknahme.

Wahlaufgaben

A Verfasst einen Brief aus der Sicht des Papstes an den Kaiser, in dem er den Kirchenbann über Luther begründet.
B Entwickelt ein Rollenspiel, in dem sich Luther mit Professoren und Studenten seiner Universität darüber berät, wie er auf die Androhung des Kirchenbanns durch den Papst reagieren soll.

Welche Auswirkungen hatte die Reformation?

1 – Augsburger Religionsfrieden zwischen Lutheranern und Katholiken. Grafik von Melchior Kuesel, 1655.

Landesherren werden Landesbischöfe

Kaiser Karl V. (1500–1558) war ein entschiedener Gegner Luthers und seiner Lehre. Er sah die Einheit des Reiches bedroht, wenn es die Einheit im Glauben nicht mehr geben würde.
Langjährige Kriege gegen Frankreich und die Türken hatten jedoch dazu geführt, dass er sich nur noch selten im Heiligen Römischen Reich aufhielt und sich kaum um die Reformation kümmern konnte.
Diese Situation nutzten zahlreiche Fürsten aus, um ihre eigene Macht zu stärken. Zudem ließen sich immer mehr Menschen für die Gedanken der Reformation gewinnen. Schon auf dem Reichstag im Jahre 1529 hatten die Fürsten, die den neuen Glauben angenommen hatten, gegen die Vormachtstellung der römischen Kirche protestiert. Ihr Protest richtete sich auch gegen den Kaiser, der sie aufforderte, zum alten Glauben zurückzukehren.
Als immer deutlicher wurde, dass es keine einheitliche Kirche mehr geben würde, übernahmen die protestantischen Fürsten mit Einwilligung Luthers in ihren Ländern auch die Aufsicht über die Kirchen. Als Landesherren waren sie somit zugleich auch Landesbischöfe. Seit dieser Zeit gibt es die evangelischen Landeskirchen.
Die evangelischen Landesherren kümmerten sich um die Neugestaltung des Gottesdienstes, die Versorgung der Pfarreien mit gut ausgebildeten Pfarrern und um die Erneuerung des Schulwesens.
Um ihre Reformen bezahlen zu können, beschlagnahmten sie alle Klöster mit ihrem Grundbesitz, die von Nonnen und Mönchen verlassen oder aus denen sie vertrieben worden waren.

Der Augsburger Religionsfrieden

Die Erfolge der Reformation veranlassten die katholische Kirche zu Gegenmaßnahmen. 1545 berief der Papst eine große Kirchenversammlung ein. Hier wollte man über Maßnahmen zur „Ausrottung der Irrlehren" Luthers beraten.
Als sich die evangelischen Reichsfürsten weigerten, an der Kirchenversammlung teil-

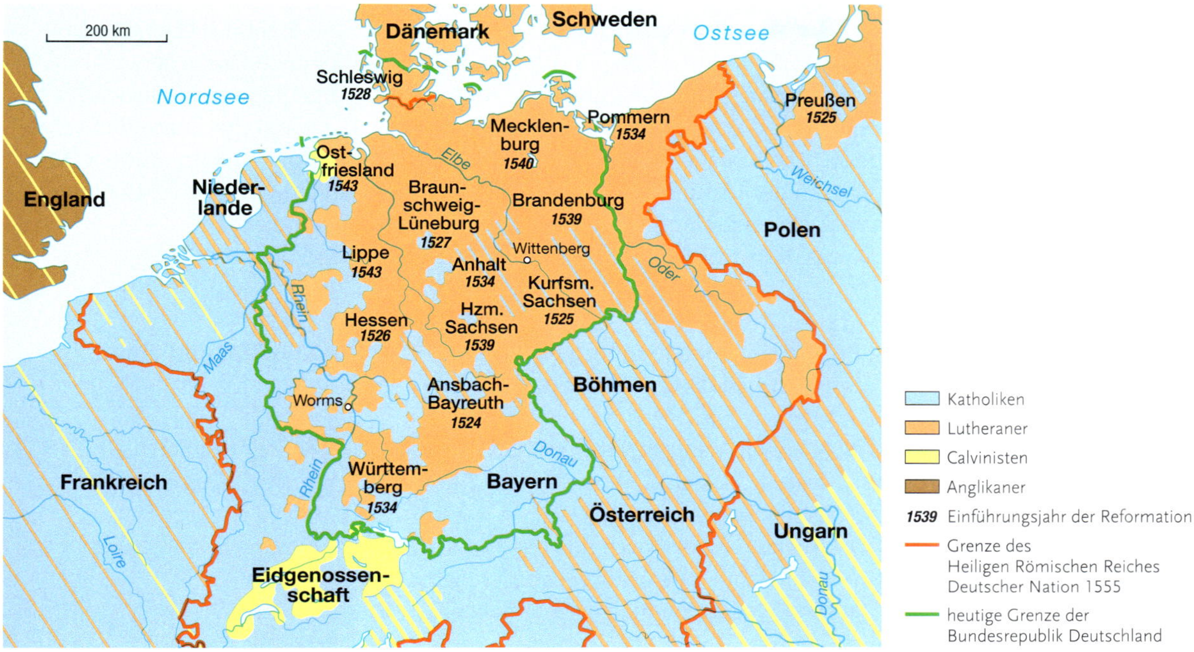

2 – Konfessionen in Deutschland und Mitteleuropa 1555.

weigerten, an der Kirchenversammlung teilzunehmen, entschloss sich der Kaiser zum militärischen Eingreifen. Bei Mühlberg in Sachsen konnte er die evangelischen Reichsfürsten zwar besiegen, doch sie lehnten eine Rückkehr zum katholischen Glauben auch weiterhin ab. Erst nach langen Verhandlungen wurde schließlich 1555 auf dem Augsburger Reichstag folgende Einigung erzielt:

- Das katholische und lutherische Bekenntnis sind gleichberechtigt.
- Die evangelischen Fürsten dürfen die beschlagnahmten Güter behalten.
- Die Landesherren und Reichsstädte können frei wählen, ob sie katholisch bleiben oder evangelisch werden möchten.
- Die Untertanen müssen den Glauben ihres Landesherren annehmen. Ansonsten müssen sie auswandern.

Karl V. hatte die Einheit der Christenheit nicht bewahren können. Krank und enttäuscht dankte er 1556 ab.

1 Beschreibt, wie es den evangelischen Landesherren während der Reformation gelang, ihre Machtstellung auszubauen.

2 Beschreibt mithilfe von Karte 2 und des Textes die Folgen des Augsburger Religionsfriedens.

3 Erzählt die Geschichte der Reformation mit euren eigenen Worten. Bezieht hierfür die Seiten 48–51 ein.

▶ *Ihr könnt so beginnen: Im Jahre 1517 … / Der Mönch Martin Luther …*

Wahlaufgaben

A Diskutiert, ob Luthers Forderung nach Gewissensfreiheit mit den Beschlüssen im Augsburger Religionsfrieden vereinbar ist.

B Auch heute gibt es sowohl in Deutschland als auch in vielen anderen Ländern der Welt immer wieder Berichte über Probleme beim Zusammenleben von Mitgliedern verschiedener Glaubensbekenntnisse. Sammelt dazu Nachrichten in Zeitungen oder im Internet und berichtet darüber in der Klasse.

Methode

Dokumentarfilm und Spielfilm unterscheiden

Unser Bild von der Vergangenheit wird oft von Filmen geprägt. Es gibt zwei Grundtypen von Filmen: Dokumentarfilme und Spielfilme. Dokumentarfilme sind durch einen belehrenden und erklärenden Text gekennzeichnet. Spielfilme dagegen folgen einer Handlung. In der Hauptsache wollen sie unterhalten. Dazu erzählen sie Geschichten z. B. aus der Antike oder über Ritter. Oft wird aus dem Leben einer berühmten Person erzählt (Filmbiografie). Spielfilme, aber auch Dokumentarfilme, bilden die Vergangenheit nicht tatsächlich ab. Auch wenn die Ausstattung möglichst historisch genau erfolgt, bilden Filme immer auch die Vorstellungen und Absichten der beteiligten Filmemacher ab.

Folgende Schritte helfen euch, einen Dokumentarfilm und einen Spielfilm zu unterscheiden.

Schritt 1 **Eine Vermutung aufstellen und einen Ausschnitt aussuchen**	■ Wenn ihr den ganzen Film (oder mehrere Ausschnitte) gesehen habt, überlegt, ob es sich eurem ersten Eindruck nach um einen Dokumentar- oder einen Spielfilm handelt. ■ Auswahl eines Abschnitts des Films, der die Vermutung bestätigt und für den Handlungsablauf wichtig ist (Schlüsselszene). ■ Knappe Begründung der Auswahl dieser Szene.
Schritt 2 **Einen Filmausschnitt untersuchen und auswerten**	■ Wird eher über den Stand der Forschung berichtet oder eher eine durchgehende Geschichte und Handlung geboten? ■ Gibt es einen durchgehenden und erklärenden Kommentar oder bestimmen Dialog und Musik den Ton? ■ Soll hauptsächlich informiert oder hauptsächlich unterhalten werden?
Schritt 3 **Auswertung und kritische Beurteilung des Ausschnitts**	■ Überprüft euer spontanes Urteil aus Schritt 1 und stellt begründet fest: Dokumentar- oder Spielfilm? Berücksichtigt die Infokästen unten. ■ Welcher Eindruck wird über die behandelte Geschichte vermittelt? ■ Erscheinen die Informationen und Inhalte des Films im Vergleich zu den Quellen und Darstellungen zum Thema glaubwürdig und überzeugend?

Ein Dokumentarfilm über Geschichte
- informiert über ein historisches Thema auf dem Stand der Forschung,
- will hauptsächlich informieren,
- hat einen durchgehenden, gesprochenen Kommentar, deutet und bewertet,
- zeigt Dokumente, Bilder, Forschungen usw. als „Beweise“,
- lässt Expertinnen und Experten und – wenn möglich – Zeitzeugen zu Wort kommen,
- enthält meist auch Spielszenen.

Ein Spielfilm über Geschichte
- erzählt Ereignisse der Vergangenheit und deutet sie frei ohne Bezug zum Stand der Forschung,
- will hauptsächlich unterhalten,
- hat eine durchgehende Handlung,
- ist eine Mischung aus frei erfundenen Handlungsteilen und historischen Fakten,
- hat frei erfundene Personen, kann aber auch Schauspieler in der Rolle historischer Persönlichkeiten einbeziehen,
- enthält überwiegend Spielszenen.

1 – Luther auf dem Reichstag zu Worms. Szenenfoto aus dem Film „Luther“, 2003.

2 – Tetzel verkauft Ablassbriefe und predigt über das Höllenfeuer. Szenenfoto aus dem Film „Luther“, 2003.

1 Der Film „Luther“ erschien im Jahre 2003. Wenn ihr das Thema „Reformation“ behandelt habt, könnt ihr euch mit dem Film auseinandersetzen. Untersucht mithilfe der Methodenschritte auf S. 52 das Szenenbild 2.

Beispiellösung zu Foto 1:

Zum Schritt 1: Der Film „Luther“ scheint ein Spielfilm zu sein, der einen Ausschnitt aus dem Leben Martin Luthers zeigt. Er beginnt 1507 mit Luthers Eintritt ins Kloster und endet 1530 mit der Übergabe des Augsburger Bekenntnisses. Luthers Weigerung, auf dem Reichstag zu Worms 1521 zu widerrufen, ist eine Schlüsselszene im Film. Sie dauert nur ca. 10 Minuten, ist aber zentral, weil es zur Reformation nicht gekommen wäre, wenn Luther widerrufen hätte.

Zum Schritt 2:
Die ausgewählte Szene spielt im Reichstagssaal in Worms. Hauptpersonen sind Luther und der päpstliche Gesandte. Luther tritt zwei Mal vor den Kaiser. Als er beim zweiten Mal ablehnt zu widerrufen, freuen sich die Anwesenden und man hört von draußen Jubelrufe des Volkes. Luther wirkt bescheiden, er ist anfangs unsicher, später entschieden. Sein Gegner ist laut, herrisch, er spottet über Luther. Es gibt keinen gesprochenen Kommentar. Dialog und Musik bestimmen den Ton. Es soll spannend unterhalten werden.

Zum Schritt 3:
Die Untersuchung zeigt, dass die ausgewählte Szene aus einem Spielfilm stammt. Schauspieler stellen historische Persönlichkeiten dar, es gibt aber viele frei erfundene Personen. Der Film nimmt für Luther Partei. Die Ausstattung des Films lässt ihn glaubwürdig erscheinen. Um zu prüfen, ob Luther wirklich so gesprochen hat, braucht man weitere Informationen.

Was geschah während des Dreißigjährigen Krieges?

1 – Söldner plündern einen Bauernhof. Gemälde von Sebastian Vrancx, um 1620.

Der Dreißigjährige Krieg
Der Dreißigjährige Krieg (1618–1648) war ein europäischer Krieg, der durch religiöse Konflikte ausgelöst wurde und sich dann immer stärker zu Kriegen um Macht, politischen Einfluss und Gebietserweiterungen mit wechselten Koalitionen ausweitete.
Er hatte verschiedene Phasen:
Böhmisch-Pfälzischer Krieg (1618–1628), Niederlage der Protestanten;
Niedersächsisch-Dänischer Krieg (1623–1629), Niederlage der Protestanten;
Schwedischer Krieg (1630–1635), das protestantische Schweden sichert seinen Einfluss im Ostseeraum;
Schwedisch-Französischer Krieg (1635–1648), Kampf um die Vorherrschaft in Europa;
1643–1648 Friedensverhandlungen in Osnabrück und Münster, 1648 Friedensschluss.

*Söldner, der
Soldat, der von einem Heerführer oder Fürsten nur für einen bestimmten Krieg eingesetzt und danach entlassen wird. Einen Söldner interessiert weder Religion noch Politik. Für ihn ist Krieg nur Broterwerb. Er wechselt oft die Seiten und lässt sich von dem anwerben, der ihm am meisten bezahlt.

*Protestanten, die
Seit dem Reichstag zu Speyer im Jahr 1529 wurden die Anhänger Luthers auch als Protestanten bezeichnet. Dort war beschlossen worden, gegen die Reformation energisch vorzugehen. Dagegen hatten fünf Landesherren und 14 Reichsstädte protestiert.

Kriegsausbruch

Lutheraner und Katholiken wurden im Frieden von Augsburg 1555 (↗ S. 50/51) als gleichberechtigt anerkannt. Doch das Misstrauen blieb auf beiden Seiten bestehen. Deshalb schlossen sich auf beiden Seiten Fürsten zu Bündnissen zusammen und stellten Heere auf. Das katholische Frankreich unterstützte die Lutheraner, weil es sich vor dem deutschen Kaiser fürchtete. Spanien war mit Frankreich verfeindet und unterstützte die Katholiken.
Nach einem Streit zwischen Katholiken und *Protestanten in Prag 1618 schränkte Kaiser Ferdinand II. (1619–1637), der zugleich auch König von Böhmen war, die Glaubensfreiheit der protestantischen Adligen in Böhmen erheblich ein. Daraufhin setzten die böhmischen Adligen Ferdinand als König ab. An seiner Stelle wählten sie Kurfürst Friedrich von der Pfalz, den Führer des evangelischen Bündnisses, zu ihrem König. Kaiser Ferdinand wollte aber auf die Herrschaft in Böhmen nicht verzichten. Mit dem Kampf um die Vorherrschaft in Böhmen begann ein Krieg, der dreißig Jahre dauern sollte.

Krieg und Elend überziehen das Land

Fast 30 Jahre lang zogen deutsche, schwedische und französische Truppen durch Deutschland. Sie plünderten, folterten und mordeten, steckten Dörfer und Städte in Brand. Die Soldaten handelten nach der Devise „Nehmen wir's nicht, nimmt es der Feind". Darum verwüsteten, zerstörten oder schleppten sie weg, was immer sie bekommen konnten.

Die Not der Menschen

Kaum jemand wusste noch, worum es eigentlich in diesem Krieg ging. Die Verwüstung der Felder, die Plünderung der Wintervorräte und des Saatguts hatten eine extreme Hungersnot zur Folge. Von ihr waren vor allem die Städte betroffen. Von Augsburg wurde berichtet, dass die Bürger jeden Vogel abschossen, der in die Stadt flog. Weil es an jeglicher Nahrung mangelte, wurde Fleisch von Hunden und Katzen gegessen. Man schätzt heute, dass auf dem Land etwa 40 Prozent der Dorfbewohner dem Krieg, Hunger und Seuchen zum Opfer fielen. In Brandenburg ging die Bevölkerungszahl um 30 Prozent, an manchen Orten sogar um 50 % zurück.

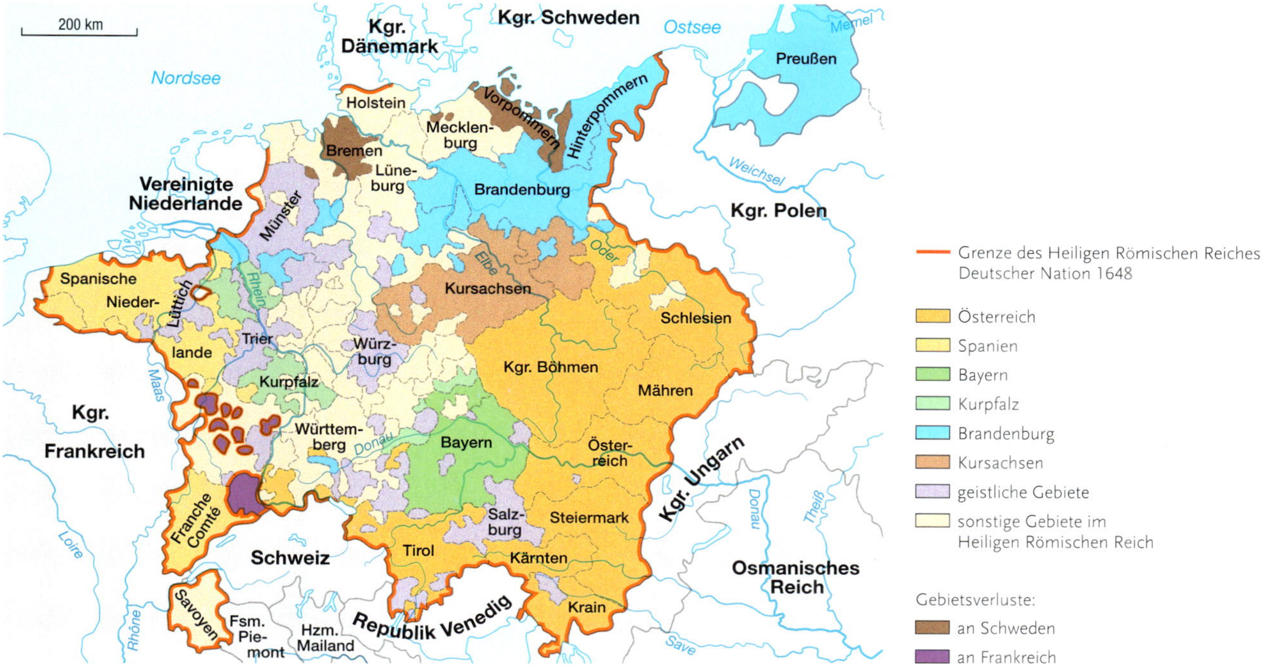

2 – Das Heilige Römische Reich nach dem Westfälischen Frieden 1648.

Westfälischer Frieden

Auf den Schlachtfeldern konnte keine der am Krieg beteiligten Parteien gewinnen. Das Land war ausgeblutet, die Heere waren erschöpft. Endlich begannen im Jahr 1643 die Friedensverhandlungen in den westfälischen Städten Münster und Osnabrück. Der Friedensvertrag (Westfälischer Friede) wurde erst 1648 unterzeichnet. Dieser Frieden hatte tiefgreifende Folgen:

- Die Rechte des Kaisers wurden stark eingeschränkt. Wenn der Kaiser im Reich neue Gesetze erlassen oder Steuern erheben wollte, dann brauchte er dazu die Zustimmung der Fürsten.
- Die Fürsten wurden politisch völlig selbstständig. Das Reich zerfiel in 300 Einzelstaaten.
- Wenn ein Fürst die Religion wechselte, dann mussten ihm die Untertanen nicht mehr folgen.
- Die Schweiz und die Niederlande wurden selbstständig.
- Frankreich und Schweden erhielten zusätzliche Gebiete.

Die Nachricht vom langersehnten Frieden nach dreißig Jahren Krieg wurde mit Festen und Feuerwerken begrüßt. Der Westfälische Frieden beendete das jahrelange Ringen um die Vorherrschaft zwischen Staaten und Religionsgemeinschaften. Die Folgen des Dreißigjährigen Krieges wirkten noch lange nach.

1 Beschreibt mit eigenen Worten, wie es zum Kriegsausbruch kam.

▶ *Unterscheidet dabei zwischen Auslöser und tieferliegender Ursache.*

2 Zeigt die langfristigen Folgen des Westfälischen Friedens mithilfe von Karte 2 auf.

Wahlaufgaben

A Schreibt einen Text zur Überschrift: Die Auswirkungen des Dreißigjährigen Krieges auf die Menschen.

B Informiert euch in Zeitungen und im Internet, wo heute Menschen unter den Auswirkungen eines Krieges leiden. Erstellt eine Wandzeitung zu einem dieser Länder.

Der frühneuzeitliche Staat

Wie entstand das absolutistische Herrschaftssystem?

1 – Schloss Versailles, Blick aus dem Schlafzimmer des französischen Königs Ludwig XIV. Gemälde von Jean-Baptiste Martin, 1688.

* **Stand**, der
Gesellschaftliche Gruppen, die sich voneinander durch Herkunft, Beruf und eigene Rechte abgrenzen.

* **absolute Herrschaft**, die / **Absolutismus**, der
(lat.: absolutus = losgelöst) Hier: Bezeichnung für eine Regierungsform, bei der der Herrscher nicht mehr an die Gesetze des Staates gebunden ist. Während der Epoche des Absolutismus in Europa im 17. und 18. Jahrhundert galten Ludwig XIV. und seine Regierungsform als Vorbild für viele andere Staaten.

Der frühneuzeitliche Staat

Nach dem Dreißigjährigen Krieg (1648) wollten die Fürsten in ganz Europa ihre Staaten reformieren. Vorbild für diesen Veränderungen war Frankreich. In einem lang andauernden Prozess entstanden neue Herrschaftsformen, die Regierungsformen der frühneuzeitlichen Staaten.
In den frühneuzeitlichen Staaten wollten die Fürsten die gesamte Macht bei sich selbst konzentriert wissen. Unter ihrer alleinigen Leitung sollte eine gut funktionierende Verwaltung mit ausgebildeten Beamten entstehen. Vor allem sollte aber an Stelle der bisherigen Söldnerheere ein schlagkräftiges, ständiges Heer treten, dessen Offiziere nur dem jeweiligen Fürsten gehorchten. Dadurch sollten die privaten Kriegsunternehmer, die den Dreißigjährigen Krieg im Auftrag der Fürsten geführt hatten, entmachtet werden.
Das Mitspracherecht der Stände, vor allem des Adels, sollte eingeschränkt oder ganz beseitigt werden, um die Macht und die Entscheidungen beim alleinherrschenden, *absoluten, Fürsten zu konzentrieren. Aus den relativ selbstständigen und selbstbewussten Mitgliedern der Stände sollten gehorsame Untertanen ohne Mitspracherecht werden.
Der Aufbau von gut funktionierenden Steuerbehörden sollte dafür sorgen, dass die Einnahmen des Staates gesteigert wurden. Dadurch sollten die Reformen, die Kosten des stehenden Heeres und der Luxus der Fürsten finanziert werden.
Der Bau neuer Schlösser, das große Vorbild war das neue französische Schloss in Versailles, kostete riesige Summen. Abgeschlossen von der Umwelt und den einfachen Leuten feierten die Fürsten und der Adel rauschende Feste.
Vor allem der französische König Ludwig XIV. nutzte das neu gestaltete aufwendige Leben an seinem Hof als Demonstration seiner umfassenden Macht. Er zwang den Adel, ihm am Hof in Versailles zu dienen.

2 – Ludwig XIV. Gemälde von Hyacinthe Rigaud, 1701. Es ist 2,8 m hoch und 1,9 m breit.

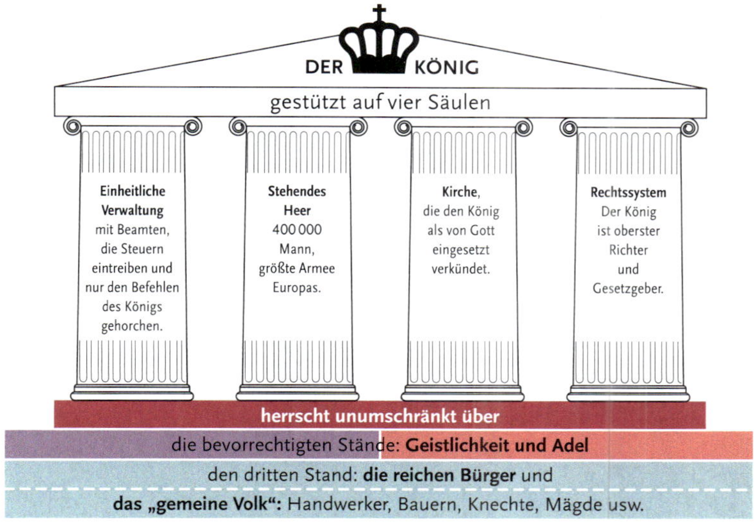

3 – Säulen der absolutistischen Herrschaft des französischen Königs Ludwig XIV. Schaubild.

Absolutismus in Frankreich

Bei der Errichtung eines absolutistischen Herrschaftssystems war der französische König Ludwig XIV. besonders erfolgreich. 1661 übernahm er die Regierung in frankreich. Als Erstes erklärte Ludwig XIV. seinen Ministern, dass ab jetzt nichts mehr ohne seinen Willen geschehen dürfe. Er allein werde in Zukunft die Befehle erteilen. Es sei die Sache der Minister und Beamten, diese Befehle auszuführen.

Damit beanspruchte der König die absolute Macht im Staat, d. h., er war nicht an die Gesetze gebunden. Weil er der Meinung war, dass er von Gott seine Macht direkt erhalten habe, müsse er sich nur vor Gott verantworten.

Seine uneingeschränkte Macht beruhte auf vier Säulen:
- einer einheitlichen Verwaltung mit von ihm bezahlten königlichen Beamten,
- einem stehenden Heer von 400 000 Mann, das seinen Befehlen gehorchte,
- der katholischen Kirche, deren Bischöfe er ernannte und
- einem Rechtssystem, in dem er oberster Richter und zugleich Gesetzgeber war.

Vorbild für Europa

Die Könige und Fürsten Europas waren von der Macht und dem Glanz des französischen Absolutismus beeindruckt:
- sie übernahmen die Mode des französichen Königshofes,
- Französisch wurde zur Sprache der feinen Gesellschaft,
- Paläste und Gärten wurden nach französischen Vorbild gebaut und
- Musik, Literatur und Theater aus Frankreich wurden in Europa tonangebend.

1 Nennt mithilfe des Textes die Ziele, die die Fürsten bei den Reformen nach dem Dreißigjährigen Krieg verfolgten.

2 Beschreibt mit den Bildern, dem Schaubild und dem Text den französischen Absolutismus zur Zeit Ludwigs XIV.

Wahlaufgaben

A Ludwig XIV. soll gesagt haben: „Der Staat bin ich.“ Prüft mit dieser Seite ob diese Aussage eine Grundlage hat.

B Besorgt euch Informationen über das Schloss Versailles und berichtet der Klasse von seinem Aufbau und seiner Ausstattung. (Internetrecherche, Reiseprospekte).

Geschichte vor Ort

Absolutismus in Brandenburg-Preußen

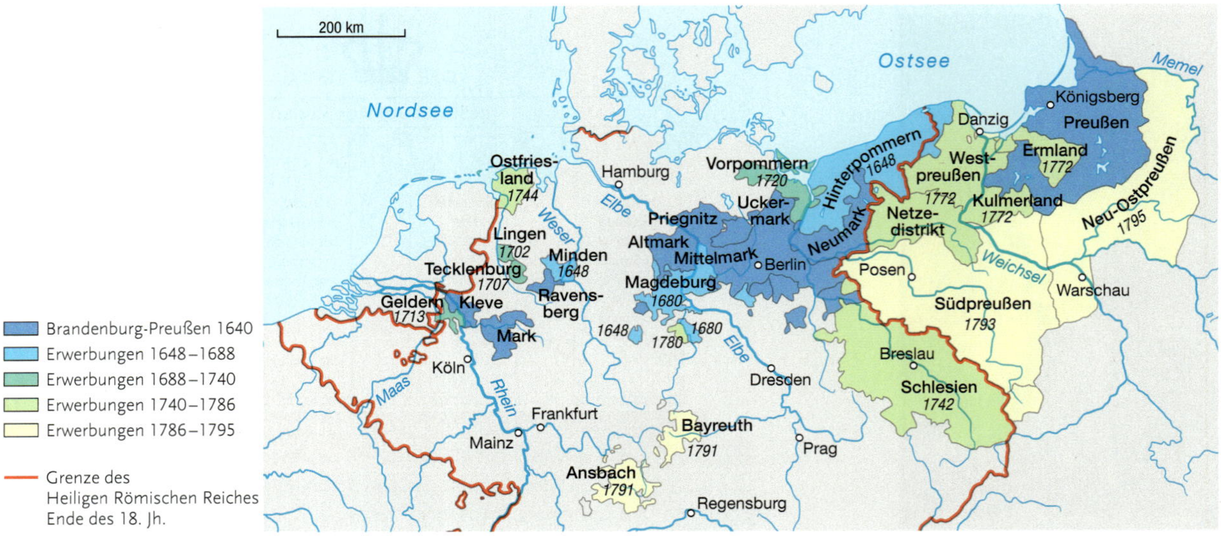

1 – Brandenburg-Preußen 1640–1795.

Brandenburg-Preußen
Die einzelnen Landesteile von Brandenburg-Preußen waren weit zerstreut. Alle Gebiete, auch direkt benachbarte, hatten eigene Rechtsprechungen und Verwaltungen. Ein Gefühl der Zusammengehörigkeit der Untertanen untereinander gab es nicht. Unter dem Kurfürsten Friedrich Wilhelm, der fast ein halbes Jahrhundert lang regierte (1640–1688), änderte sich dies.
Friedrich Wilhelm, der schon zu Lebzeiten den Beinamen „der Große Kurfürst“ erhielt, wurde zu einem absoluten Herrscher. Er setzte durch, dass in allen seinen Ländern ohne Unterschied nur noch ein Wort galt, nämlich sein eigenes. Er schaffte die bis dahin geltenden Sonderrechte des Adels und der Städte ab – vor allem das Recht der Steuerbewilligung – und unterstellte sein gesamtes Herrschaftsgebiet einer einheitlichen Verwaltung. Alle Anordnungen traf er selbst. Nach Zustimmung des Adels und der Städte in Brandenburg, Pommern, Preußen oder anderswo fragte er nicht mehr.
Friedrich Wilhelm wollte seinen Staat in Europa „gewaltig“ machen, damit nicht wieder, wie im Dreißigjährigen Krieg, alle Heere durch Brandenburg ziehen und das wehrlose Land verwüsten könnten. Anders als seine Vorgänger stellte er schon in Friedenszeiten ein stehendes Heer von fast 30 000 Berufssoldaten auf, die das Land verteidigen konnten, aber viel Geld kosteten. Nachfolger des Großen Kurfürsten wurde sein Sohn Friedrich III. (1688–1713). Sein ganzes Streben ging dahin, den französischen König Ludwig XIV. nachzuahmen. Im Jahr 1701 ließ er sich als Friedrich I. in Königsberg zum „König in Preußen“ krönen. Der Name „Preußen“ setzte sich bald als Bezeichnung für das gesamte Herrschaftsgebiet durch und verdrängte den Namen „Brandenburg“.

1 Beschreibt mit der Karte die Entwicklung Brandenburg-Preußens.

2 Erläutert, warum man den Kurfürsten Friedrich Wilhelm als einen absolutistischen Herrscher bezeichnen kann.

Das kann ich …

Epochenüberblick Frühe Neuzeit

1 – **Die neue Welt.** Comic / Collage von Andreas Prüstel, o. J.

2 – **Nonnen und ein Abt überqueren auf dem Heimweg von einem Trinkgelage einen zugefrorenen See.** Auf dem Spruchband rechts oben steht: „Geschwollen und voll". Die Personen im Vordergrund fordern noch mehr zu trinken. Holzschnitt, um 1450.

Methoden anwenden

1 Erklärt euch gegenseitig die wichtigen Begriffe und tragt die Bedeutung der Begriffe in eure Geschichtshefte.

2 Zeigt an Beispielen den Unterschied zwischen einem Spielfilm und einem Dokumentarfilm zu einem historischen Ereignis auf.

Wichtige Begriffe

Geozentrisches Weltbild
Heliozentrisches Weltbild
Renaissance
Entdeckungsfahrten
Reformation
Glaubensspaltung
Dreißigjähriger Krieg
Frühneuzeitlicher Staat
Absolutismus
Ablasshandel

Analysieren

3 Der Comic stellt die Entdeckung Amerikas völlig verfremdet da und doch zeigt er etwas Richtiges … Überprüft die Aussage des Comics mithilfe eures Wissens.

Deuten

4 2017 wird/wurde 500 Jahre Reformation gefeiert. Informiert euch über die Feiern und prüft, wie in der Berichterstattung die Reformation bewertet wird.

5 Nikolaus Kopernikus veröffentlichte seine Ergebnisse zum heliozentrischen Weltbild nicht zu seinen Lebzeiten. Führt Gründe für dieses Verhalten des Astronomen an.

Urteilen und sich orientieren

6 Das Internet und die Digitalisierung verändern seit etwa zwanzig Jahren unser Leben. Vergleicht mit der Zeit um 1500 und notiert Stichworte.

7 Auch heute gibt es lange andauernde Kriege, die dem Dreißigjährigen Krieg ähneln. Informiert euch im Internet über einen solchen Krieg.

Darstellen – historisch erzählen

8 Stellt dar, welche Folgen das neue Denken für die Gesellschaft hatte.

▶ *Berücksichtigt, welche Stellung dem christlichen Glauben noch im Mittelalter zukam.*

9 Stellt dar, wie in der Neuzeit die Fürsten ihre Macht ausweiteten und welche Ziele sie hatten.

Epochenüberblick – Zeitalter der Revolutionen

um 1700
Beginn der Zeit der Aufklärung

1770
Beginn der Industriellen Revolution in England

1 – Ein dampfbetriebener Kran entlädt ein Schiff. Lithographie, 1892.

1789
Sturm auf die Bastille, Fanzösische Revolution

1835
Erste Eisenbahnfahrt in Nürnberg

1848/49
Revolutionen und Aufstände in Europa

1871
Gründung des Deutschen Kaiserreiches

1871–1900
Hoch-industrialisierung in Europa

2 – Die Hinrichtung des französischen Königs Ludwig XVI. während der Französischen Revolution, 1793. Zeigenössischer Stich.

Im letzten Drittel des 18. Jahrhunderts kam es zu tiefgreifenden Veränderungen, die bis heute nachwirken. In England begann die Industrielle Revolution, die eine völlig neue Art des Produzierens und Handelns in der ganzen Welt hervorbrachte. Fast gleichzeitig kam es zu politischen Umwälzungen. Die Französische Revolution von 1789 hatte große Auswirkungen: Überall in Europa wurden Forderungen nach Demokratie und der Beteiligung der Bürger an der politischen Herrschaft laut.

Bei der Arbeit mit diesem Kapitel könnt ihr euch mit folgenden Fragen beschäftigen:

- Wie kam es zur Industriellen Revolution?
- Wie kam es zur Französischen Revolution?
- Warum scheiterte der Kampf um mehr Demokratie in Deutschland?
- Wie änderte sich das Leben von Frauen und Männern durch das industrielle Wirtschaften?

1 Die Bilder 1 und 2 zeigen in den Augen der Zeitgenossen revolutionäre Veränderungen. Untersucht die Bilder und beschreibt sie.

2 Formuliert Fragen zu den hier genannten revolutionären Veränderungen und entscheidet, was ihr als erstes wissen wollt.

Zeitalter der Aufklärung

Was forderten die Aufklärer?

1 – *Salon von Madame Geoffrin, 1775. Gemälde von Anicet Lemonnier, 1812.

* **Salon**, der
Als Salon bezeichnete man vom 17. bis zum 19. Jahrhundert Gesellschafts- bzw. Empfangszimmer, in denen sich Bürgerinnen und Bürger, Gelehrte und Künstler regelmäßig trafen und über politische und kulturelle Themen sowie die Ideen der Aufklärung diskutierten.

* **Emanzipation**, die
Unter Emanzipation versteht man die rechtliche, aber auch z. B. die soziale Gleichstellung.

Im 18. Jahrhundert dachten in ganz Europa gelehrte Männer und Frauen darüber nach, wie sich die Bürger von der Bevormundung durch die Fürsten befreien könnten. Besonders in Frankreich gab es eine große Anzahl von Gelehrten, die über eine neue Gesellschaftsordnung nachdachten und darüber diskutierten. Sie wurden „Aufklärer" genannt, weil sie die Bürger über deren Bevormundung und Unmündigkeit aufklären wollten.
Die Aufklärer bereiteten den Boden für die Französische Revolution von 1789, die die Gedanken der Aufklärung aufgriff. Auch die Industrielle Revolution und die *Emanzipation der Arbeiter und Frauen beruhte auf den Gedanken der Aufklärung.

Der Mensch: Bürger oder Untertan?

Q1 Der Hofprediger Ludwigs XIV., Jacques Bossuet, schrieb 1682:
... Die Menschen werden allesamt als Untertanen geboren. ... Der Fürst blickt von einem höheren Standpunkt aus. Man darf darauf vertrauen, dass er weiter sieht als wir. Deshalb muss man ihm ohne Murren gehorchen. ... Derjenige, der dem Fürsten den Gehorsam verweigert, wird als Feind der menschlichen Gesellschaft zum Tode verurteilt. ...

War diese Auffassung wirklich richtig? Mit dieser Frage begannen sich Anfang des 18. Jahrhunderts vor allem französische Dichter, Schriftsteller und Philosophen auseinanderzusetzen. Das Zeitalter der Aufklärung begann.

Q2 Der Philosoph Denis Diderot (1713–1784) schrieb 1751:
... Kein Mensch hat von der Natur das Recht erhalten, über andere zu herrschen. Die Freiheit ist ein Geschenk des Himmels, und jedes Mitglied des Menschengeschlechtes hat das Recht, sie zu genießen, sobald es Vernunft besitzt. ...

Auch andere Gelehrte betonten, dass alle Menschen von Natur aus frei und gleich seien. Diese Freiheit sei aber immer dann bedroht, wenn zu viel Macht in der Hand eines Einzelnen vereint sei.

Q3 Der Philosoph Charles de Montesquieu (1689–1755) schrieb 1748 in seinem Buch „Vom Geist der Gesetze":
... In jedem Staat gibt es drei Arten von Gewalten: die gesetzgebende, die ausführende und die richterliche Gewalt. ...
Wenn die gesetzgebende Gewalt mit der ausführenden Gewalt in einer Person vereinigt ist, dann gibt es keine Freiheit.
Es gibt keine Freiheit, wenn die richterliche Gewalt nicht von der gesetzgebenden und von der ausführenden Gewalt getrennt ist. ...

Beweise statt Glauben

Die Aufklärer argumentierten so: Nicht nur der König muss seine Macht teilen. Auch die Kirche darf nicht allein bestimmen, was wahr oder falsch ist. Die Gelehrten sagten, dass man nur dem Verstand und der Natur vertrauen könne. Wenn man Vorgänge in der Natur genau beobachte und aus diesen Beobachtungen mit dem Verstand vernünftige Schlüsse ziehe, dann könne man erkennen, was wahr oder falsch ist.

Webcode: EV644834-062-*Hoertext*

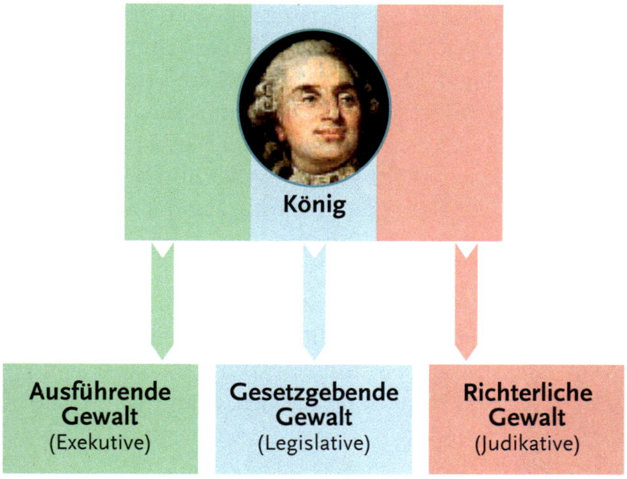

2 – Staatsordnung des Absolutismus. Schaubild.

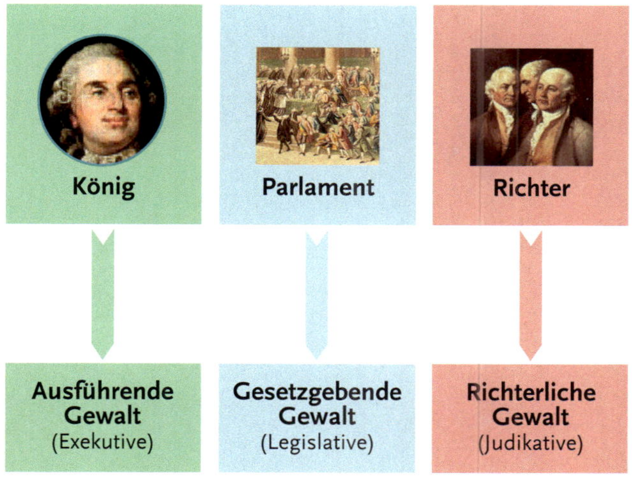

3 – Staatsordnung nach Montesquieu. Schaubild.

Q4 Der deutsche Philosoph Immanuel Kant (1724–1804) beschrieb die Aufklärung 1784 folgendermaßen:
... Aufklärung ist der Ausgang des Menschen aus seiner selbst verschuldeten Unmündigkeit. Selbst verschuldet ist diese Unmündigkeit, wenn die Ursache derselben nicht am Mangel des Verstandes, sondern am Mangel des Mutes liegt. ... Habe den Mut, dich deines Verstandes zu bedienen! ist also der Wahlspruch der Aufklärung. ...

Bildung und Erziehung
Die Aufklärer waren davon überzeugt, dass man alle Menschen durch Bildung und Erziehung dazu anleiten könne, die Vernunft und den Verstand richtig zu gebrauchen.

Q5 Der Philosoph Jean-Jacques Rousseau (1712–1778) schrieb 1762:
... Das Kind weiß etwas nicht deshalb, weil man es ihm vorsagt, sondern weil das Kind es selbst herausgefunden hat. Es lernt keine Wissenschaft, sondern findet sie heraus. Würde man die Autorität an die Stelle der Vernunft setzen, wäre das Kind nur ein Spielball fremder Meinungen. ...

1. Vergleicht die Auffassung des Hofpredigers (Q1) mit der des Philosophen Diderot (Q2).
   ► *Nehmt hierzu die Methode „Textquellen vergleichen“, S. 232/233 zu Hilfe.*
2. Erläutert, welche Folgen sich aus den Aussagen in Q2 und Q3 für die absolute Herrschaft des französischen Königs ergeben.
3. Untersucht die Schaubilder 2 und 3. Erklärt, wie die Macht jeweils verteilt ist.
4. Recherchiert, welche Institutionen in unserem Staat die gesetzgebende, die ausführende und die richterliche Gewalt ausüben.
5. Erklärt die Aufforderung Kants: „Habe den Mut, dich deines Verstandes zu bedienen!“
6. Teilt ihr die Meinung von Rousseau in Q5? Begründet es.

Wahlaufgaben

A. Notiert euch mithilfe der Materialien dieser Doppelseite Schlüsselbegriffe der Aufklärung. Gebt mit den gefundenen Begriffen eine Antwort auf die Frage: „Was forderten die Aufklärer?“.

B. Entwerft eine Spielszene: „Bürger fordern von ihrem König, ebenfalls im Staat mitbestimmen zu können.“ Benutzt dabei die Informationen dieser Doppelseite. Stellt die Spielszene der Klasse vor.

Wie verlief die Französische *Revolution?

1 – Die Eröffnung der Ständeversammlung am 5. Mai 1789. Ausschnitt aus einem Ölgemälde von Auguste Couder, Paris um 1840.

* Revolution, die
Der meist gewaltsame Umsturz einer bestehenden politischen und gesellschaftlichen Ordnung.

* Nationalversammlung, die
Eine verfassungsgebende Versammlung von Abgeordneten, die die ganze Nation vertritt.

Veränderungen bahnen sich an

Die Ideen der Aufklärung hatten den Boden für eine Veränderung der staatlichen Ordnung in Frankreich vorbereitet. Philosophen und Rechtsgelehrte erklärten, dass die Menschen, meist waren nur die Männer gemeint, frei und gleich seien. Die staatliche Gewalt sollte nicht nur in einer Hand liegen. Stattdessen sollte sie in drei Bereiche getrennt werden:

– die gesetzgebende Gewalt (Parlament),
– die ausführende Gewalt (Regierung) und
– die rechtsprechende Gewalt (unabhängige Gerichte).

In Frankreich regierte jedoch König Ludwig XVI. seit 1774 absolutistisch. Das heißt, dass er in Prunk und Luxus lebte, sich für Gottes Stellvertreter auf Erden hielt und niemanden an seinen Entscheidungen beteiligte, wenn er das nicht wollte. Er stellte sich über Recht und Gesetz und gab das Staatsgeld mit vollen Händen aus. Gestützt wurde er von den Kirchenvertretern (Klerus, Erster Stand) und den wenigen reichen Adligen (Zweiter Stand). 98 Prozent der Bevölkerung, vor allem Bauern und auch die Bürger (Dritter Stand), mussten die Lasten tragen, durch Arbeit und Steuern. Als der Staat bankrott war, blieb es König Ludwig XVI. nur übrig, 1789 die Vertreter der drei Stände zusammenzurufen, die sogenannten Generalstände. Dies war seit 1614 nicht mehr passiert. Aber nun brauchte der König die Zustimmung der Stände zu Steuererhöhungen.

Der Ballhausschwur

Jeder Stand sollte für die Abstimmungen nur eine Stimme bekommen, das brachte das Fass für den Dritten Stand zum Überlaufen.

Q1 Am 17. Juni 1789 erklärten schließlich die Abgeordneten des dritten Standes:

... Wir sind die Vertreter von 24 Millionen Franzosen. Wir sind die einzigen und wahren Vertreter des ganzen französischen Volkes. Deshalb geben wir unserer Versammlung den Namen *„Nationalversammlung". Wir werden Frankreich eine Verfassung geben, die allen Franzosen die gleichen Rechte garantiert. ...

Als der König aus Empörung über das Vorgehen des Dritten Standes den Sitzungssaal sperren ließ, versammelten sich die Abgeordneten in einer nahe gelegenen Sporthalle, dem sogenannten „Ballhaus". Hier schworen die Abgeordneten am 20. Juni 1789, sich nicht zu trennen, bis sie eine Verfassung für Frankreich verabschiedet hätten. Der König musste nachgeben, weil er Geld brauchte. Der Dritte Stand hatte gesiegt.

Revolutionäre Ereignisse

Drei revolutionäre Ereignisse veränderten das Land 1789:

– Die Nationalversammlung verkündete eine Erklärung der Menschenrechte und erklärte die Freiheit und Gleichheit aller Bürger. Sie erarbeitete eine Verfassung (1791).
– Mit der gewaltsamen Eroberung des Staatsgefängnisses Bastille am 14. Juli 1789 übernahmen die Pariser Bürger die

Stadtverwaltung und setzten die königlichen Beamten in der Stadtverwaltung ab.
- Im August 1789 hob die Nationalversammlung die *Leibeigenschaft der Bauern auf und beseitigte die Vorrechte des Adels auf dem Land.

Bis 1792 entwickelte sich Frankreich zu einer *konstitutionellen Monarchie, in der das gewählte Parlament die Gesetze erließ. Der König konnte aber gegen Gesetze Einspruch einlegen.

Die Revolution wird radikal
- Die Nationalversammlung befürchtete, dass das Ausland die veränderten Machtverhältnisse in Frankreich ausnutzen könnte und erklärte mehreren Staaten den Krieg.
- Der König wurde abgesetzt und hingerichtet.
- Die Anführer der Revolution gingen gegen ihre Gegner immer radikaler vor. Es kam zur Schreckensherrschaft: Circa 40 000 Menschen wurden hingerichtet. Auch der Anführer, der Rechtsanwalt Robespierre, endete schließlich auf der *Guillotine.

Napoleon übernimmt die Macht
Ein General hatte sich in den Revolutionskriegen durch Erfolg einen Namen gemacht, Napoleon Bonaparte. In einem Staatsstreich übernahm er 1799 die Macht. Das reiche Bürgertum wurde an der Macht beteiligt. Napoleon verkündete das Ende der Revolution. Wichtige Errungenschaften der Revolution von 1789 blieben aber bestehen: die persönliche Freiheit, die Gleichheit vor dem Gesetz, das Recht auf Eigentum und die Freiheit der Wirtschaft.

Neue revolutionäre Aufstände in Europa 1848/1849
Noch einmal kam es, wiederum von Paris ausgehend, zu revolutionären Erhebungen in ganz Europa. In Frankreich entstand wiederum eine *Republik, die aber schon 1852 durch das Kaiserreich Frankreich abgelöst wurde. Erst 1871 entstand mit der „Dritten Republik“ eine demokratische Ordnung, die bis 1941 bestand hatte.
In Deutschland wurde die Demokratiebewegung der Bürgerinnen und Bürger 1849 militärisch niedergeschlagen. Die langersehnte Gründung eines deutschen Nationalstaates erfolgte erst 1871 durch die deutschen Fürsten, allerdings ohne Beteiligung der Bürgerinnen und Bürger.

2 – Der Schwur im Ballhaus am 20. Juni 1789. Gemälde von J. Louis David, um 1790.

1. Tragt auf einem Zeitstrahl, der um 1770 beginnt und um 1871 endet, die einzelnen Ereignisse ein, die auf dieser Doppelseite benannt werden.
2. Untersucht Bild 2 und zeigt, welche Absicht der Maler gehabt haben könnte.
   ▶ *Beachtet die Gestaltung des Bildes und den Lichteinfall.*
3. Nennt mithilfe des Zeitstrahls (Aufgabe 1) und des Textes wichtige Veränderungen in Frankreich und Europa seit 1789.

*Leibeigenschaft, die
Abhängigkeitsverhältnis zwischen einem Bauern und seinem Herrn. Ohne dessen Erlaubnis durfte der Bauer nicht heiraten oder wegziehen.

*konstitutionelle Monarchie, die
Staatsform,in der die Macht des Monarchen durch eine Verfassung beschränkt wird.

*Guillotine, die
Fallbeil, benannt nach dem französischen Arzt Joseph-Ignace Guillotin, das zur Vollstreckung der Todesstrafe genutzt wurde.

*Republik, die
(lat.: res publica = die öffentliche Sache). Begriff für eine Staatsform mit einer gewählten Regierung, in der das Volk oder ein Teil des Volkes die Macht ausübt.

Wahlaufgaben

A. Schlagt in einem Lexikon die Lebensgeschichte von Ludwig XVI., Robespierre und Napoleon Bonaparte nach und berichtet der Klasse.
B. Informiert euch im Internet über die Menschenrechte und ihre heutige Geltung.
   ▶ *Nutzt hierzu den angegebenen Webcode.*

Webcode: EV644834-065

Technisch-industrielle Revolution

Was versteht man unter der Industriellen Revolution?

1 – Kruppwerke in Essen. Lithographie, 1912.

Beginn der Industralisierung

Im 19. Jahrhundert veränderte sich das Leben der Menschen in Europa völlig. Ursache dieses Wandels war der Beginn der Industriellen Revolution – zunächst in England, dann aber auch in allen anderen europäischen Ländern.

Drei Erfindungen lösten die Industrielle Revolution in England aus:

- die Spinnmaschine,
- der mechanische Webstuhl und
- die Dampfmaschine.

Die Spinnmaschine und der Webstuhl machten eine höhere Tuchproduktion möglich, die Dampfmaschine revolutionierte den Antrieb von Maschinen.

1814 gelang es dem englischen Konstrukteur George Stephenson (1781–1848), die Dampfmaschine auf Räder zu setzen. 1825 wurde die erste Bahnlinie zwischen den Bergwerken in Darlington und der Hafenstadt Stock-on-Tees eröffnet.

Menschen und Waren konnten nunmehr in kurzer Zeit über große Strecken transportiert werden.

Der Erfindung der Dampfmaschine folgten im 19. Jahrhundert noch weitere Erfindungen und Entdeckungen. Sie trieben die Industrielle Revolution immer weiter voran.

Industrialisierung in Deutschland

In England war der Anstoß zur Industrialisierung von der Textilindustrie ausgegangen. In Deutschland sorgten der Eisenbahnbau, der Steinkohlenbergbau sowie die Eisenindustrie für das Voranschreiten der Industrialisierung.

Deutschlands „erste Eisenbahn mit Dampf“ legte am 7. Dezember 1835 die sechs Kilometer lange Strecke von Nürnberg nach Fürth zurück. In den folgenden Jahren wurde in vielen deutschen Staaten das Schienennetz ausgebaut, von etwa 550 Kilometern im Jahre 1840 auf ungefähr 34 000 Kilometer im Jahre 1880.

Zahlreiche Stahlwerke wurden für den Lokomotiven- und Wagenbau sowie den Bau von Gleisanlagen errichtet. Hier waren Arbeiterinnen und Arbeiter beschäftigt, die in großer Zahl vom Land in die Stadt kamen und Unterkünfte benötigten. Deshalb wurden große Miethäuser und Arbeitersiedlungen errichtet.

Eine wichtige Rolle spielte die Eisenbahn auch im Güterverkehr. Kohle und Eisenerze aus Oberschlesien, dem Ruhrgebiet oder dem Saarland konnten nun schnell und preiswert zu den sich entwickelnden Industriezentren gebracht werden. So erst wurde es möglich, dass neue industrielle Standorte in der Eisen- und Stahlindustrie entstehen und ausgebaut werden konnten.

Die Lage der Arbeiterinnen und Arbeiter
Mit der Industrialisierung entstand eine neue gesellschaftliche Gruppe: die ungelernten Arbeiterinnen und Arbeiter, die in den Fabriken zur Bedienung der Maschinen in kurzer Zeit angelernt wurden. Sie wurden eingesetzt, wo sie gerade gebraucht wurden. Fachkenntnisse wie bei den Handwerksberufen waren nicht mehr nötig.
Alle Fabrikanten forderten von den Arbeiterinnen und Arbeitern harte Disziplin sowie Unterordnung. Das war ihrer Meinung nach notwendig, um die Arbeiter an die neuen Arbeitsbedingungen zu gewöhnen. Anders als beispielsweise in den kleinen Handwerksbetrieben bestimmten jetzt die Maschinen den Arbeitsablauf.
Trotz der langen Arbeitszeiten (bis zu 14 Stunden) reichte der Lohn häufig kaum aus, um die Familien zu ernähren. Da sehr viele Menschen Arbeit suchten, konnten die Unternehmer niedrige Löhne zahlen. Frauen und Kinder mussten in den meisten Familien mitarbeiten, um die Existenz zu sichern. Wer krank, arbeitslos oder arbeitsunfähig wurde, erhielt keinerlei Unterstützung.

Verbesserung der sozialen Verhältnisse
Viele Unternehmer wehrten sich gegen Verbesserungen der Arbeitsbedingungen, weil sie diese Maßnahmen Geld gekostet hätten. Die Industriearbeiter erkannten, dass sie nur in gemeinsamen Aktionen etwas erreichen konnten. Die Arbeiter schlossen sich deshalb zu *Gewerkschaften zusammen und gründeten eine politische Partei (*SPD) zur Vertretung ihrer Forderungen (*Arbeiterbewegung).
Mit Streiks, von den Gewerkschaften organisiert, versuchten die Arbeiterinnen und Arbeiter ihre Lage zu verbessern. Sie forderten Lohnerhöhungen und die Verbesserung der Arbeitsbedingungen in den Betrieben.
Angesichts des Elends, in dem Arbeiter, ihre Frauen und Kinder leben mussten, fühlten sich die Kirchen und verantwortungsbewusste Unternehmer aufgerufen, Verbesserungen anzustreben.
In den 1880er Jahren führte die Regierung des Reichskanzlers v. Bismarck eine staatliche Kranken- und Rentenversicherung ein, die die Arbeiter vor der größten Not schützte. Die damaligen Sozialgesetze bildeten den Grundstein für den heutigen Sozialstaat.

2 – In der Gussstahlfabrik Krupp in Essen. Foto, um 1900.

1 Lest den Text und notiert Stichworte über den Beginn der Industrialisierung in England und Deutschland.

2 Erläutert mit eigenen Worten den langandauernden Prozess der Industrialisierung und seine Folgen für die Menschen.

* **Gewerkschaft**, die
In einer Gewerkschaft schließen sich Arbeitnehmer zusammen, um ihre wirtschaftlichen und sozialen Interessen innerhalb eines Betriebes oder einer Firma zu vertreten.

* **SPD**, die
Abkürzung für Sozialdemokratische Partei Deutschlands.

* **Arbeiterbewegung**, die
Die zunehmende Verelendung der Arbeiter durch niedrige Löhne, lange Arbeitszeiten, schlechte Wohn- und Arbeitsverhältnisse usw. führte nach ersten spontanen Protestaktionen zu einer organisierten Bewegung.

Wahlaufgaben

A Heute wird von einer neuen industriellen Revolution gesprochen. Gemeint ist damit die Veränderung der Produktion und Kommunikation durch das Internet. Sucht Beispiele für diese Entwicklung.

B Sammelt Fragen, denen ihr in einer vertiefenden ausführlichen Behandlung der Industrialisierung nachgehen wollt.

Emanzipationsbewegungen

Warum entstanden Frauenbewegungen?

1 – „Heraus mit dem Frauenwahlrecht". Plakat, 1914.

Frauenemanzipation
Bereits in der Revolution von 1848/49 hatten Frauen für mehr Rechte gekämpft, allerdings ohne Erfolg. Frauen waren in Deutschland wie im übrigen Europa weitgehend ohne Rechte. In allen wichtigen Fragen waren sie von ihrem Ehemann oder dem Vater abhängig.
1865 gründeten bürgerliche Frauen den Allgemeinen Deutschen Frauenverein, der für die Frauen
- das Recht auf Bildung,
- das Recht auf Arbeit und
- das Recht auf freie Berufswahl forderte.

In der damals von Männern beherrschten Gesellschaft stießen diese Forderungen auf weitgehende Ablehnung. Erst nach 1899 konnten Mädchen das Abitur ablegen, ab 1908 durften Frauen in Preußen studieren. Bis 1909 war Frauen die Mitgliedschaft in politischen Vereinen und dadurch auch in Parteien untersagt.
Die Frauen der Arbeiter, die aus wirtschaftlichen Gründen als Hausangestellte und Fabrikarbeiterinnen arbeiten mussten, fühlten sich durch die bürgerliche Frauenbewegung nicht vertreten. Sie standen der SPD nahe und forderten:
- ein absolutes Verbot der Nachtarbeit für Arbeiterinnen,
- den 8-Stunden-Tag,
- die Freigabe des Sonnabendnachmittags für Arbeiterinnen und
- gleichen Lohn für gleiche Arbeit für Frauen und Männer.

Entschieden traten die Arbeiterinnen für das Wahlrecht für Frauen ein. Ein Teil der bürgerlichen Frauenbewegung griff diese Forderungen auf.
Besonders die Schriftstellerin Hedwig Dohm (1831–1919) setzte sich dafür ein.

Q1 Hedwig Dohm schrieb 1893:
... Die Frauen fordern das Stimmrecht als ein ihnen natürlich zukommendes Recht. ... Der Mann bedarf, um das Stimmrecht zu üben, eines bestimmten Wohnsitzes, eines bestimmten Alters, eines Besitzes, warum braucht die Frau mehr?
Warum wird die Frau Idioten und Verbrechern gleichgestellt? Nein, nicht Verbrechern. Der Verbrecher wird nur zeitweilig seiner politischen Rechte beraubt. ...
Die Gesellschaft hat keine Befugnis, mich meines natürlichen politischen Rechts zu berauben. ...

Erst im November 1918 erhielten die Frauen in Deutschland das Wahlrecht, nachdem das Deutsche Kaiserreich am Ende des Ersten Weltkriegs zusammengebrochen war.

1. Sammelt in Partnerarbeit Argumente zur Forderung „gleicher Lohn bei gleicher Arbeit" für Männer und Frauen.
2. Bildet eine kleine Gruppe aus Befürwortern und Gegnern und führt eine Diskussion zum Frauenwahlrecht um 1895.
3. Verfolgt in den nächsten vierzehn Tagen in eurer Tageszeitung Berichte über die Benachteiligung oder Gleichstellung von Frauen. Berichtet der Klasse.

Das kann ich …

Epochenüberblick Zeitalter der Revolutionen

1 – **Der Sturm auf die Bastille am 14. Juli 1789.** Kupferstich von J. B. Laminit, um 1790, Ausschnitt.

2 – **Eisenbahnbrücke über den Rhein bei Ehrenbreitstein.** Gemälde von P. Fr. Meyerheim, 1875.

Wichtige Begriffe

Aufklärung
Gewaltenteilung
Revolution
Industrialisierung
Arbeiterbewegung
Frauenbewegung

Methoden anwenden

1 Erklärt euch gegenseitig die wichtigen Begriffe und tragt die Bedeutung der Begriffe in euren Geschichtsheft.

Analysieren

2 Entwerft selber eine Bildskizze mit einem wichtigen Element des Zeitalters der Revolutionen.

Deuten

3 Untersucht die beiden Bilder und überprüft, was sie über das Zeitalter der Revolutionen aussagen.

4 „Die Gedanken der Aufklärung waren sowohl für die Revolution in Frankreich wie für die Industrialisierung eine wichtige Voraussetzung." Erläutert diese Aussage anhand von Beispielen.

Urteilen und sich orientieren

5 Die Gleichberechtigung der Geschlechter mussten die Frauen sich erkämpfen. Auch heute ist sie noch nicht wirklich erreicht. Nehmt Stellung zu dieser Aussage.

Darstellen – historisch erzählen

6 Erzählt mithilfe einer von euch zu erstellenden Mindmap welche Veränderungen das Zeitalter der Revolutionen für die Menschen brachte und was bis heute weiter wirkt.

2 Fächerverbindendes Modul: Migrationen (Längsschnitt)

Afrikanische Flüchtlinge versuchen im Oktober 2014 den Zaun des Golfplatzes in der spanischen Stadt Melilla in Nordafrika zu überwinden, um nach Europa zu gelangen. Ein Polizist versucht, sie daran zu hindern. Das Bild zeigt den verzweifelten Versuch einiger Afrikaner, durch Migration der Armut zu entfliehen. Auf dem kleinen Bild sieht man Menschen, die im 17. Jahrhundert aus Frankreich nach Brandenburg-Preußen zogen, um ihre Religion ausüben zu können. Aus welchen Gründen verließen immer wieder Menschen ihre Heimat?

Migrationen
(Längsschnitt)

ab 1200
Ostsiedlung im Mittelalter

ab 1685
Hugenotten kommen nach Preußen

1 – Der Drang nach Westen – Einwanderer in Castle Gardens (New York). Gemälde von Huber von Herkomer, 1884.

Schon immer sind Menschen vor Kriegen, Unterdrückung und hoffnungsloser Armut geflohen oder haben in der Ferne ein Auskommen suchen müssen. Dieses Kapitel handelt von den Menschen, die ihre Heimat verließen.

Bei der Arbeit mit diesem Kapitel könnt ihr euch mit folgenden Fragen beschäftigen:

- Warum fliehen Menschen heute?
- Warum zogen Siedler nach Osten?
- Wie kamen die Hugenotten nach Preußen?
- Wie gelangten Afrikaner nach Nordamerika?
- Warum wanderten viele Menschen in die USA aus?
- Woher kamen zusätzliche Arbeitskräfte für die Industrialisierung?

1 Betrachtet die Bilder und ordnet sie Ereignissen auf der Zeitleiste zu.

2 Besprecht mit eurer Tischnachbarin/eurem Tischnachbarn, welche Fragen zum Thema Migrationen euch besonders interessieren.

3 Formuliert weitere Fragen, die euch am Thema Migration interessieren.

1762

Katharina II. wirbt Siedler für Russland

ab 1800

Höhepunkt des Sklavenhandels nach Amerika

ab 1880

Höhepunkt der Auswanderung in die USA

1850–1914

„Ruhrpolen“

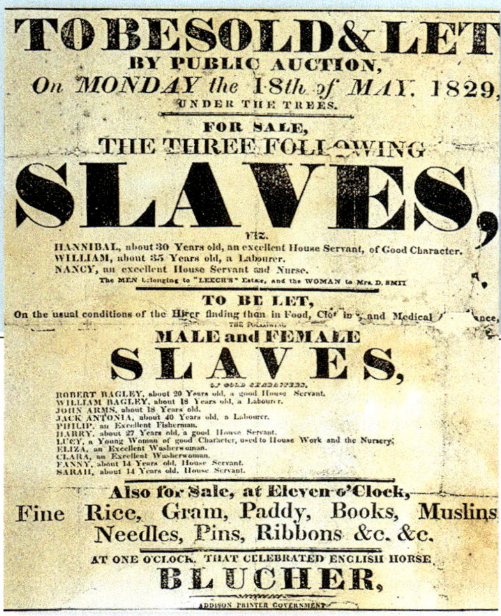

2 – Werbeplakat für eine Sklavenauktion. 1829.

3 – Die Französische Friedrichstadtkirche am Berliner Gendarmenmarkt. Foto, 2002.

4 – Fahne des polnischen Knappenvereins in Dortmund von 1893. Foto, 2004.

5 – Ankunft von Einwanderern in New York. Kupferstich, 1892.

Warum fliehen Menschen heute?

Krisenregion mit hohem Anteil von Flüchtlingen in Nachbarländer
Aufnahmeländer
Flüchtlingsbewegungen

D = Deutschland
E = Spanien
F = Frankreich
FIN = Finnland
GB = Großbritannien
I = Italien
IRL = Irland
N = Norwegen
P = Portugal
S = Schweden

1 – Flüchtlingsströme weltweit. Karte, 2014.

* **Migration**, die (lat. Wanderung). Dauerhafter Wohnungswechsel. Man unterscheidet Emigration = Auswanderung und Immigration = Einwanderung.

* **Kalte Krieg**, der Auseinandersetzung der beiden Großmächte USA und UdSSR, um weltweiten Einfluss, von 1947 bis 1989. Weil beide Großmächte über Atomwaffen verfügten, war der direkte ‚heiße' Krieg zu gefährlich geworden.

* **Asyl**, das (lat. Zuflucht). Schutz vor Gefahr und Verfolgung. In Deutschland ist das Recht auf Asyl ein Grundrecht (Artikel 16 a).

Weltweite *Migration

Weltweit sind Millionen Menschen unterwegs. Vorübergehend oder auf Dauer suchen sie eine neue Heimat. Sie treibt nicht Abenteuerlust an, sie haben schwerwiegende Gründe. Meist sind das wirtschaftliche Probleme, Arbeitssuche, Krieg, Verfolgung oder Vertreibung.

Wachsende Flüchtlingszahlen

1990 hatten viele Menschen gehofft, dass mit der Beendigung des *Kalten Krieges eine Zeit des Friedens anbrechen würde. Die Hoffnung wurde enttäuscht. Durch den Bürgerkrieg in Jugoslawien von 1991 bis 2001 wurden Millionen Menschen aus ihrer Heimat vertrieben. Viele flohen vor den Folgen des Bürgerkrieges nach Westeuropa. Die Kriege in Afghanistan und im Irak sowie der Bürgerkrieg in Syrien seit 2011 lösten wiederum Flüchtlingswellen aus. 2015 gab es weltweit 65,3 Millionen Flüchtlinge. Die meisten von ihnen wurden von den armen Ländern in Asien und Afrika aufgenommen, die wenigsten Flüchtlinge erreichten die Länder in Westeuropa.

Armutswanderung

Die wachsende Kluft zwischen armen und reichen Ländern führt zu einer Armutswanderung, besonders aus den Ländern Afrikas. Mit kaum seetüchtigen Booten versuchen die Flüchtlinge z. B. die italienische Insel Lampedusa zu erreichen. Hier ereignete sich 2013 ein schweres Bootsunglück, das die Menschen in Europa auf die Flüchtlingsproblematik aufmerksam machte. Allein 2015 starben über 2000 Flüchtlinge bei dem Versuch das Mittelmeer zu überqueren. Die Flüchtlinge erhoffen sich ein besseres Leben in Europa. Aber beispielsweise Deutschland gewährt *Asyl nur denen, die aus politischen oder anderen Gründen verfolgt werden. Armut und der Wunsch nach einem besseren Leben werden nicht als Asylgrund anerkannt.

M1 Der Journalist Klaus-Dieter Frankenberger schrieb am 23.04.2015 in der Frankfurter Allgemeinen Zeitung:

... (Ein grundlegendes Problem ist) das große Wohlstandsgefälle zwischen dem europäischen Norden und dem afrikanischen Süden. Fachleute sprechen von Push-Faktoren, welche Menschen veranlassen, ihre

2 – **Ankunft von geretteten Bootsflüchtlingen aus Afrika in Süditalien.** Foto, 09.06.2015.

Heimat zu verlassen, und Pull-Faktoren, die sie anziehen und dazu bringen, trotz der Gefahren der „Reise“ ihr Glück anderswo zu suchen.
Zu diesen Push-Faktoren gehören, kurz gesagt, Armut, Elend, Unterdrückung, Verfolgung und eben kriegerische Konflikte; zu den Pull-Faktoren gehören die Aussicht auf Wohlstand, Versorgung, auf ein menschenwürdiges Auskommen, klassisch: auf eine bessere Zukunft. Diese Kombination von Wanderungsmotiven, von Push und Pull gilt ... im Verhältnis von Europa zu Afrika. ... Hinzu kommt, die Dynamik des Bevölkerungswachstums in Afrika ist enorm. Dass sich in den kommenden Jahren und Jahrzehnten viele junge Afrikaner auf den Weg nach Europa machen dürften – ob legal oder illegal –, das sagt schon der schlichte Menschenverstand. Der soziale und wirtschaftliche Druck in den Heimatländern, verbunden mit anderen Konfliktfaktoren ist zu groß ...

Folgerungen für Europa
Wenn die Staaten Europas die Armutswanderung nach Europa stoppen wollen, müssen sie helfen, die Lebensbedingungen in den afrikanischen Staaten zu verbessern. Sie müssen mit dafür sorgen, dass die Menschen Arbeit haben, von der sie leben können. Die europäischen Staaten müssen helfen, stabile politsche Verhältnisse in den afrikanischen Staaten zu schaffen.

1 Erklärt den Begriff Migration und nennt die Gründe für Migration.

2 Nennt mit der Karte 1 und dem Text die Herkunfts- und Zielländer der Krisenflüchtlinge.

▶ *Nehmt hierzu die Methode „Geschichtskarten auswerten“, S. 248 zu Hilfe.*

3 Lest M1 und notiert die Push- und Pull-Faktoren für die Migration aus Afrika.

▶ *Legt dazu eine Tabelle an.*

4 Stellt Vermutungen über die zukünftige Entwicklung, wie sie in M1 beschrieben wird, an. Diskutiert mögliche Aufgaben für Europa.

5 Erklärt, was es für ein Land bedeutet, wenn viele junge Leute wegziehen.

Wahlaufgaben

A Verfolgt in den Medien Berichte über die Lage der Flüchtlinge in den Konfliktländern Afrikas. Informiert die Klasse mithilfe einer Wandzeitung.

B Schreibt für eure Schülerzeitung einen Artikel zu den Migrationsbewegungen im 21. Jahrhundert.

Methode

Zeitzeugen befragen

Zeitzeugen können über ihre persönlichen Erfahrungen berichten und erzählen, wie sie diese Ereignisse erlebt haben. Sie können oft ein persönliches und lebendiges Bild von den Ereignissen entstehen lassen. Zeitzeugen können aber immer nur berichten, wie sie selbst ein Ereignis gesehen und erlebt haben. Häufig haben sie nur beobachtet, was ihnen persönlich wichtig erschien. Deshalb müssen ihre Berichte mit weiteren Erzählungen und anderen Quellen verglichen und ergänzt werden.

Folgende Schritte helfen euch bei einer Befragung von Zeitzeugen:

1. Schritt **Befragung vorbereiten**	■ Informationen zur Vorbereitung sammeln; weitere Materialien heranziehen (Bücher, Zeitschriften, Zeitungen, Internet); einen ersten Überblick gewinnen. ■ Thema der Befragung konkretisieren: Was wollen wir erfahren? ■ Fragen vorbereiten und einen Fragebogen entwickeln. ■ Befragung zur Probe einmal durchspielen; eventuell Fragen umformulieren.
2. Schritt **Kontakt mit Zeitzeugen aufnehmen**	■ Zeitzeugen beispielsweise im Bekanntenkreis suchen oder/und Anfragen bei Parteien, Gewerkschaften, Kirchen, Gemeinde- oder Stadtverwaltungen, Vereinen. ■ Klären: Ort, Zeit, Ablauf der Befragung; wie dürfen die Daten verwendet (ausgewertet) werden?
3. Schritt **Befragung durchführen**	■ Befragung gut vorbereiten: angenehme Atmosphäre schaffen, Begrüßung, Interesse zeigen, Dauer der Befragung absprechen, Gesprächsleitung klären, Aufnahmegeräte oder Protokollführung sichern, Fotos anfertigen (mit den Befragten klären). ■ Fragen stellen; Aussagen festhalten; gestellte Fragen auf der Liste streichen; bei Unklarheiten eventuell noch einmal nachfragen; den Befragten Gelegenheit zum freien Erzählen geben. ■ Dank und Verabschiedung.
4. Schritt **Ergebnisse auswerten und bewerten**	■ Welche Informationen sind neu? Stimmen sie mit unseren Kenntnissen aus den Materialien (Büchern usw.) überein? Lassen sich die Unterschiede erklären? Wo sind Lücken zu erkennen? Wie sind sie zu schließen? ■ Nachbereitung: Wie ist die Befragung gelaufen? Was müssen wir bei der nächsten Befragung beachten?

1 Wählt Fragen aus und ergänzt den Gesprächsleitfaden um Fragen, die euch interessieren.

2 Führt eine Befragung von Migrantinnen und Migranten anhand der vier Schritte durch. Nutzt dazu den Gesprächsleitfaden.

3 Tauscht euch über die Ergebnisse eurer Befragung aus.

Arbeit mit Zeitzeugen:
Zeitzeugen können schildern,

welche Gefühle sie während eines Ereignisses hatten: Glück, Angst, Wehmut, Entsetzen, Enttäuschung, Trauer oder Wut.

Um diese Erfahrungen und Empfindungen zu dokumentieren, zeichnen Historiker in gut vorbereiteten Interviews die Erinnerungen von Menschen auf.
Diese Aufzeichnungen mithilfe von Tonträgern und auch Filmaufnahmen sind eine neue Art von Quellen, die sehr sorgsam ausgewertet werden müssen. Stimmen die Erinnerungen mit dem, was wir sonst wissen, überein? Wenn nicht, warum sind manche Ereignisse aus dem Gedächtnis der Menschen scheinbar getilgt?

Beispielhafter Gesprächsleitfaden für eine Befragung über die Gründe nach Deutschland einzuwandern:
Wir sind Schülerinnen und Schüler der Klasse ..., der Schule ... und arbeiten im Unterricht zum Thema Migration. Wir möchten Sie zu Ihrer Einwanderung nach Deutschland und Ihren Erfahrungen befragen.

1 Wie sind Sie nach Deutschland gekommen?
2 Was ist Ihr Herkunftsland und aus welchen Gründen und wann haben Sie Ihre Heimat verlassen oder verlassen müssen?
3 Warum sind Sie nach Deutschland und nicht in ein anderes Land ausgewandert?
4 Auf welchem Weg sind Sie nach Deutschland gekommen? Hatten Sie Hilfe oder haben Sie alles alleine organisiert?
5 Wie haben Sie ihre Eingewöhnung empfunden? Haben Sie Hilfe bekommen, wenn ja von wem?
6 Halten Sie noch Kontakt zu Verwandten oder Freunden in Ihrer Heimat? Wenn ja, wie machen Sie das?
7 In welchen Momenten sind Sie in Deutschland auf Ablehnung oder Ausländerhass gestoßen?
8 Wie ist Ihre rechtliche Situation? Welche Staatsbürgerschaft haben Sie?
9 Was gefällt Ihnen bisher in Deutschland, was weniger gut?

1 – Eine Schülerin und ein Schüler interviewen eine Person mit Migrationshintergrund während einer Straßenbefragung.

Hinweise zur Kontaktaufnahme mit Zeitzeugen (siehe auch Webcode, dort aktuelle Internetadressen abrufbar):
Es gibt bereits einige Zeitzeugen-Angebote, die eine Kontaktaufnahme zu diesem und weiteren Themen erleichtern.

Die Zeitzeugenbörse Berlin:
http://www.zeitzeugenboerse.de/

Auch das Deutsche Historische Museum Berlin bietet Dokumente, Film- und Audiodateien, Photos, Biographien und Erinnerungen von Zeitzeugen verschiedener Epochen:
www.dhm.de/lemo/suche/index.html

Zeitzeugeninterviews mit Migranten aus verschiedenen Ländern können auf der Seite des virtuellen Migrationsmuseums eingesehen werden:
www.lebenswege.rlp.de/lebenswege/

Warum zogen Siedler nach Osten?

1 – Die deutsche Ostsiedlung im Mittelalter.

*christianisieren Jemanden zum Christentum bekehren.

*Urbarmachung, die Boden für die Landwirtschaft nutzbar machen.

Migration ist kein „neues“ Thema der Gegenwart. Bereits während des Mittelalters machten sich größere Bevölkerungsgruppen aus den deutschen Gebieten auf, um in anderen Landstrichen, z. B. im Osten, neue Gebiete zur Ansiedlung zu erschließen.

Siedler ziehen nach Osten

Das Gebiet zwischen Elbe und Oder gehörte um 1000 noch nicht zum Herrschaftsgebiet der deutschen Könige und Kaiser. Erst ca. 1100 wurde die schon ansässige Bevölkerung unterworfen und *christianisiert. Deshalb suchten deutsche und polnische Fürsten und Könige Siedler für die neu christianisierten Gebiete. Die Neusiedler sollten das Land bebauen, Städte gründen und dadurch den Reichtum der Länder vergrößern. Zu dieser Zeit wuchs aufgrund einer Klimaverbesserung in anderen Gebieten des Reiches die Bevölkerung. Gute Böden für die Landwirtschaft wurden knapp. Aus den Niederlanden, dem Rheinland, Schwaben und anderen Gegenden zogen deshalb zwischen dem 12. und dem 14. Jahrhundert etwa eine halbe Million Siedler nach Osten. Sie ließen sich im Gebiet der heutigen Staaten Polen, Tschechien, Slowakei, Ungarn und Rumänien nieder.

Vorrechte für die Neusiedler

Um die Ansiedlung attraktiv zu machen, versprachen die Herrscher den Neusiedlern eine Reihe von Vorrechten, unter anderem Steuerfreiheit für eine gewisse Anzahl von Jahren, Befreiung von Abgaben und Dienstleistungen, Erbrechte am Boden, Verzicht auf Kriegsdienste. Die Siedler durften in den Wäldern Holz schlagen und jagen. Den Kaufleuten wurden für einige Jahre Marktabgaben und Zölle erlassen.
Wichtig für den Erfolg der Ansiedlung war, dass mit den Siedlern auch moderne Techniken der *Urbarmachung, Rodung und Bebauung von Ackerland eingeführt wurden. Die Dreifelderwirtschaft (↗ S. 26) steigerte die Erträge. Mithilfe des Eisenpfluges mit Rädern konnten auch schwere Böden bearbeitet werden (↗ S. 26).

2 – Dorfgründung nach der Rodung des Waldes. Der Grundherr (links) übergibt dem Vertreter der Bauern, eine besiegelte Urkunde über das Erbrecht am Boden. In der Mitte wird Wald gerodet und rechts baut ein Bauer an einem Haus. Ausschnitt aus dem Sachsenspiegel, einem Rechtsbuch aus dem 13. Jahrhundert.

Über tausend Dörfer und Städte wurden bis zum 14. Jahrhundert gegründet. Auf diese Weise profitierten Neusiedler und Fürsten, die einen von günstigeren Lebensbedingungen, die anderen vom wirtschaftlichen und technischen Aufschwung ihrer Ländereien.

Friedliches Miteinander

Die slawische Bevölkerung und die Neusiedler lebten lange Jahre friedlich miteinander. Das kann man daran sehen, dass es in der polnischen Sprache Lehnworte aus dem Deutschen und im Deutschen Worte gibt, welche aus der polnischen Sprache stammen:
Blech – blacha, Bürgermeister – burmistrz, Schild – szyld, Rathaus – ratusz
krupa – Graupe, granica – Grenze, jucha – Jauche, knut – Knute.

Der *Deutsche Orden

Östlich der Weichsel waren bis 1200 alle Versuche, den christlichen Glauben einzuführen, gescheitert. Der Deutsche Orden folgte 1222 dem Aufruf des Papstes zum Kreuzzug gegen die noch nicht christianisierten Pruzzen. Nach dem Niedergang der Kreuzfahrerstaaten im Heiligen Land (↗ S. 163) begrüßte der Orden dieses neue Betätigungsfeld. Bis 1300 unterwarfen die Ordensritter große Teile des *Baltikums. Dem Orden ging es nicht nur um den christlichen Glauben, sondern auch um den Aufbau eines eigenen Staates und um die Herrschaft über die slawische Bevölkerung. Die blutige Unterdrückung durch den Orden wird noch heute von den Polen kritisiert. Gegen 1400 geriet der Orden in Konkurrenz zu den christlichen Staaten Polen und Litauen. 1410 wurde das Heer des Ordens von polnisch-litauischen Truppen besiegt.

1. Beschreibt anhand von Karte 1 und dem Text das schrittweise Fortschreiten der Ostsiedlung.
2. Erläutert anhand von Bild 2 die drei Schritte, in denen sich die Ansiedlung vollzog.
3. Erklärt, warum „Kreuzritter" heute noch ein Schimpfwort in Polen ist.

* **Baltikum**, das
Das Gebiet der heutigen Staaten Estland, Lettland, Litauen.

* **Deutsche Orden**, der
Einer der größten geistlichen Ritterorden des Mittelalters mit Hauptsitz auf der Marienburg (Masuren/Polen).

Wahlaufgaben

A. Informiert euch im Internet und den Medien über den Deutschen Orden. Berichtet darüber in der Klasse.
B. Entwerft eine Spielszene, in der sich eine Bauernfamilie über die Auswanderung nach Osten berät.

Geschichte vor Ort

Warum kamen die Hugenotten nach Preußen?

1 – Der Kurfürst von Brandenburg-Preußen (links) empfängt 1685 eine Abordnung der Hugenotten. Kupferstich, 1885.

* **Hugenotte**, der
  Der Name geht auf das alemannische Wort eygenot für Eidgenosse zurück. Es wurde die gebräuchliche Bezeichnung für die französischen Protestanten.
* **Edikt**, das
  Ein vom König oder einem anderen Herrscher erlassenes Gesetz.
* **Manufaktur**, die
  Vorstufe der Fabrik. Handwerker stellen von Hand, aber arbeitsteilig Produkte her.

Auch in der Frühen Neuzeit kam es zu verschiedenen Wanderungsbewegungen. Zu einem zentralen Motiv für Migration wurde zu dieser Zeit der Glaube.

Glaubensfreiheit in Brandenburg-Preußen

Nach der Reformation (↗ S. 48–51) galt der Grundsatz, dass der Herrscher die Religion der Untertanen bestimmte. Als der Kurfürst zum reformierten Glauben wechselte, wollte er den Frieden in seinem Land erhalten. Deshalb bestimmte er 1615 in einem Gesetz, dass wegen seines Glaubens niemand „gehetzet, angefeindet und verfolget" werden dürfe. Jeder musste den Glauben des Anderen achten.

Die Vertreibung der *Hugenotten

Auch in Frankreich kam es nach 1517 zur Reformation. Vor allem im gehobenen Bürgertum und bei den Handwerkern in den Städten breitete sich die neue Glaubensrichtung schnell aus. Weil der katholische König die Einheit des Staates durch eine zweite christliche Religion in Gefahr sah, ließ er die Protestanten verfolgen. Als 1685 das Verbot verschärft wurde, verließen ca. 200 000 Hugenotten Frankreich.

Das Potsdamer *Edikt

Der Dreißigjährige Krieg (1618–1648) (↗ S. 54/55) hatte in vielen Regionen zu Bevölkerungsverlusten zwischen 30–50 % und zu Zerstörungen geführt. Im Toleranzedikt von Potsdam aus dem Jahre 1685 versprach der Kurfürst den Hugenotten „aus aufrichtigem Mitleid mit unseren Glaubensgenossen ... eine sichere und freie Zufluchtsstätte". Viele Hugenotten waren erfolgreiche Kaufleute und geschickte Handwerker. Damit viele von ihnen nach Brandenburg-Preußen kämen, bot ihnen der Kurfürst Hilfe an:

– Verfallene Häuser, die die Einheimischen nicht aufbauen können, sollen Eigentum der Hugenotten werden. Sie sollen kostenlos Baumaterial erhalten. Die früheren Eigentümer werden vom Staat entschädigt.
– Die Hugenotten dürfen alle Güter zollfrei einführen.
– Wer eine *Manufaktur errichtet, erhält vom Staat Hilfe.
– Die Hugenotten dürfen Gottesdienste in gewohnter Weise abhalten.

2 – Der Gendarmenmarkt in Berlin mit dem Französischen Komödienhaus (erbaut 1776) und dem Französischen Dom (erbaut 1701–1705). Gemälde von Traugott Fechheim, 1788.

Die Ansiedlung der Hugenotten

Circa 40 000 Hugenotten flohen in die Fürstentümer Deutschlands, deren Herrscher die Ansiedlung erlaubten. Etwa die Hälfte zog nach Brandenburg-Preußen. Allein in Berlin ließen sich 6000 Hugenotten nieder. Berlin hatte zu dieser Zeit ca. 15 000 Einwohner. In Brandenburg-Preußen entstanden 50 Siedlungen der Hugenotten. Anfangs gab es bei den einheimischen Handwerkern Widerstände gegen die Hugenotten. Sie wurden als Konkurrenz empfunden. Auch die fremde Sprache und Kleidung erregten Anstoß. Der Kurfürst und die späteren Könige Preußens unterstützten jedoch die neuen Einwohner, weil sie treue Untertanen waren und viel zum Aufbau des Landes beitrugen.

Q1 Auf eine Gedenktafel am Französischen Dom (Bild 2) ließ König Friedrich II. 1785 schreiben:

... 20 000 der ärmeren, aber betriebsamsten Hugenotten flüchteten sich ins Brandenburgische und verschafften uns die Manufakturen, die uns mangelten ... In Berlin siedelten sich Goldschmiede, Juweliere, Uhrmacher und Bildhauer an. Die Franzosen, welche sich auf dem flachen Lande niederließen, bauten Tabak an und zogen treffliche Früchte und Gemüse auf dem Sandboden, den sie durch ihren Fleiß in treffliches Fruchtland umwandelten. ...

1. Nennt die Gründe für die Einführung der Glaubensfreiheit in Brandenburg-Preußen.
2. Beschreibt, wie der Maler das Zusammentreffen von Kurfürst und Hugenotten in Bild 1 dargestellt hat. Welcher Eindruck wird damit erzeugt?
   ▶ *Achtet auf Haltung und Kleidung.*
3. Erklärt, warum der Kurfürst sich um die Einwanderung der Hugenotten bemühte.
4. Erklärt den Satz: Toleranz ist eine Frage des Glaubens und der Politik.
5. Nennt anhand von Q1 die Verdienste der Hugenotten für Brandenburg-Preußen.

Wahlaufgaben

A. Erklärt den Namen „Gendarmenmarkt".
B. Der Einfluss der Hugenotten zeigt sich auch in der Sprache. Erklärt Herkunft und Bedeutung der Wörter: Bulette, Budike, Püree, Muckefuck, adrett.
C. Bereitet einen Besuch der Abteilung über die Hugenotten im Deutschen Historischen Museum vor.
   ▶ *Nehmt hierzu die Methode „Ein Museum besuchen", S. 174/175 zu Hilfe.*

Warum zogen Deutsche nach Russland?

deutsche Auswanderung aus:
- Rheinland, Hessen
- Danzig, Westpreußen
- Pfalz, Bayern, Baden, Württemberg
- anderen Gebieten

deutsche Kolonie

1 – Ansiedlungsgebiete deutscher Siedler in Russland im 18. und 19. Jahrhundert.

* **Siebenjährige Krieg**, der Krieg der europäischen Großmächte zwischen 1756–1763. Es wurde in ganz Europa und in Nordamerika um die Vorherrschaft zwischen den Mächten gekämpft.

* **Russifizierung**, die Maßnahmen, um die zugezogene Bevölkerung an die Sprache, die Sitten und Gebräuche der Russen anzugleichen.

Anschluss an Westeuropa

Bis ca. 1700 war das Kaiserreich Russland ein dünn besiedelter, von der Landwirtschaft geprägter Staat und hatte noch keinen Anschluss an die Entwicklung in Wissenschaft und Technik in Westeuropa gefunden. Deshalb versuchten die Herrscher, Wissenschaftler, Handwerker und Kaufleute aus Westeuropa, besonders aus Deutschland, anzuwerben. 1762 startete Zarin Katharina II. (1762–1796) eine große Werbekampagne, mit der sie im Deutschen Reich um Siedler für Russland warb. Sie bot den Neusiedlern als Anreiz das Recht auf freie Religionsausübung, befristete Steuerfreiheit, Befreiung vom Militärdienst, regionale Selbstverwaltung, Reisegeld und günstige Kredite an. Die Siedler sollten sich in den siedlungsarmen Gebieten an der Wolga niederlassen und diese kolonisieren.

Im *Siebenjährigen Krieg wurden viele Gebiete zerstört. Rund 30 000 Deutsche zogen daraufhin an die Wolga bei Saratow. Der Anfang war schwer, denn es fehlte an allem und die Siedler litten unter Armut und Missernten. Erst als sie eine eigene Verwaltung hatten, verbesserte sich ihre Lage. 1815 lebten ca. 60 000 Deutsche an der Wolga.

Neue Siedlungsgebiete

Im 18. Jahrhundert wurden am Nordufer des Schwarzen Meeres, auf der Halbinsel Krim und in Teilen der heutigen Ukraine, Deutsche angesiedelt. Als Bauern sollten sie das Land bebauen und wirtschaftlich nach vorne bringen. Immer mehr Deutsche waren auch beim Aufbau von Industrie und Handwerk erfolgreich. Um 1860 lebten in Russland insgesamt ca. 900 000 Deutschstämmige. Sie waren geachtete Bürger und regierungstreu. Jedoch blieben die Deutschen unter sich. Sie pflegten weiter die deutsche Sprache und deutsche Bräuche. 1897 gaben 1,16 Millionen Menschen Deutsch als Muttersprache an.

*Russifizierung

Je stärker sich Russland als Staat der Russen verstand, desto mehr störten nationale Minderheiten. Auch sie sollten zu Russen werden. Deshalb wurden Sonderrechte der Deutschen eingeschränkt, die russische

2 – Umsiedlung russlanddeutscher Siedler im Zweiten Weltkrieg. Foto, 1944.

Sprache wurde an den deutschen Schulen Pflichtfach.

Entwicklungen im 20. Jahrhundert – Zwangsumsiedlung und Aussiedler

Während des Ersten Weltkrieges, als Russland und Deutschland gegeneinander Krieg führten, wurde der Gebrauch der deutschen Sprache verboten. 150 000 Deutsche in den grenznahen Gebieten wurden zwangsumgesiedelt.

Ab 1941 führten die Sowjetunion und Deutschland im Zweiten Weltkrieg gegeneinander Krieg. Damit die Wolgadeutschen nicht mit den deutschen Truppen zusammenarbeiten könnten, wurden die Russlanddeutschen zwangsweise in Gebiete östlich des Urals umgesiedelt. Dort konnten sie aber nicht versorgt werden und litten unter Hunger und Kälte. Insgesamt wurden ca. 970 000 Russlanddeutsche verschleppt, etwa ein Drittel kam dabei ums Leben. Sie durften die festgelegten Siedlungsgebiete nicht verlassen, wurden in vieler Hinsicht benachteiligt und konnten auch später nicht zurückkehren. Auch die Auswanderung war ihnen verboten.

Ab 1987, nach Reformen in der Sowjetunion, nutzten viele Deutschstämmige die gewonnene Freiheit und ihr Recht auf Rückkehr in das Land ihrer Vorväter und wanderten in die Bundesrepublik aus. Anfangs kamen jährlich ca. 100 000. Insgesamt kamen von 1950 bis 2010 ca. 2,5 Millionen sogenannte Aussiedler in die Bundesrepublik.

1. Nennt Gründe, aus denen Deutsche und ihre Familien im 18. Jahrhundert nach Russland auswanderten.
2. Erklärt, warum nach 1987 so viele Deutschstämmige in die Bundesrepublik auswanderten.

Wahlaufgaben

A. Informiert euch im Internet und den Medien über die gegenwärtige Lage der Deutschen in Russland und berichtet der Klasse.

B. Die Russlanddeutschen lebten im Osten immer als Minderheit, die weiterhin nach deutschen Sitten und Gebräuchen lebte und zusammenhielt. Diskutiert die Vor- und Nachteile dieser Form des Zusammenlebens.

Wie kamen Afrikaner nach Nordamerika?

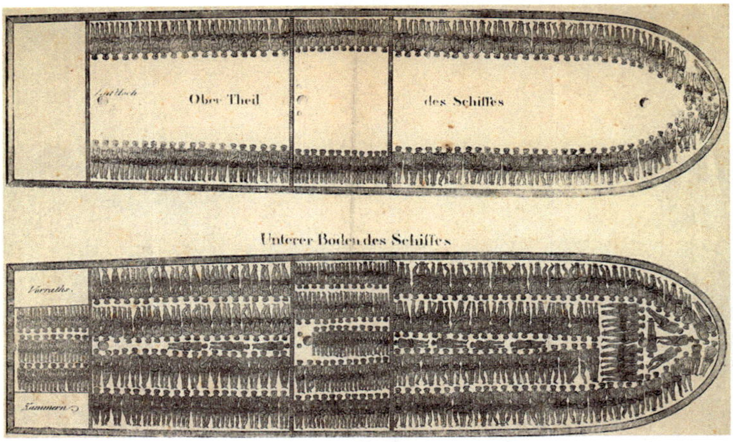

1 – Transportschiff für Sklaven aus Afrika. Kupferstich, 1825.

✲ **Sklaverei**, die
Zustand, in dem ein Mensch das Eigentum eines anderen ist.

✲ **Kolonie**, die
Im Zuge der Entdeckungsfahrten (↗ Seite 228–233) kam es zur Eroberung fremder Reiche und Gebiete. Die europäischen Staaten errichteten dort Kolonien. Kolonien sind von Europäern beherrschte Gebiete, ihre Einwohner sind politisch und wirtschaftlich von der jeweiligen Kolonialmacht abhängig.

✲ **Plantage**, die
Landwirtschaftlicher Großbetrieb, der sich meist auf ein Produkt spezialisiert hat.

Neben freiwilligen Migrationen gab es unter anderem im 17. bis 19. Jahrhundert auch erzwungene Formen der Migration, beispielsweise die Sklaverei.

✲Sklaverei in der Neuzeit
Zu einem Höhepunkt der Sklavenhaltung in der Neuzeit kam es nach der Entdeckung Amerikas. In den spanischen ✲Kolonien in Mittel- und Südamerika wurde anfangs die einheimische Bevölkerung zur Zwangsarbeit in den Silberbergwerken und auf den ✲Plantagen der europäischen Eroberer gezwungen (↗ S. 234/235). Auch in den englischen Kolonien in Nordamerika wurden vor allem auf den Baumwollplantagen Sklaven als Arbeitskräfte eingesetzt.
Zwischen 1500 und 1800 wanderten nur ca. 3 Millionen Europäer in Nord- und Südamerika ein, dagegen wurden 10 Millionen afrikanische Sklaven gewaltsam nach Amerika verschleppt.

Sklavenhandel
Die für den Sklavenhandel ausgewählten Männer und Frauen wurden in Westafrika von berufsmäßigen arabischen und afrikanischen Sklavenjägern gejagt und gefangen genommen. An der westafrikanischen Küste wurden sie von Europäern gekauft, die sie oft mit billigen Gebrauchsgütern bezahlten. Die Sklaven wurden auf europäischen Schiffen nach Amerika transportiert. Auf den Schiffen wurden so viele Sklaven wie möglich untergebracht. Sie lagen in Ketten dicht aneinander. Ein Kapitän empfahl, sie wie die Löffel alle auf der rechten Seite dicht nebeneinander zu legen, um den Raum gut auszunutzen (siehe Bild 1). Von den 300 Sklaven eines Transportes starben etwa 60 (20 %) bereits auf der Überfahrt aufgrund der unmenschlichen Bedingungen auf den Schiffen. Nach 1700 sank die Sterblichkeit auf etwa 10 Prozent.
Während vor 1700 etwa 2,2 Millionen Sklaven über den Atlantik nach Amerika gebracht wurden, stieg der „Sklavenexport“ aus Afrika im 18. und 19. Jahrhundert auf etwa 11 Millionen Sklaven an, besonders in die USA und nach Brasilien. Dort wurden sie auf großen Auktionen versteigert.

Q1 Der ehemalige Sklave Solomon Northrop beschrieb in seinen Erinnerungen aus dem Jahr 1835 den Verlauf einer Sklavenauktion:
... Mr. T. Freeman, Veranstalter des Sklavenmarktes in New Orleans, begab sich am frühen Morgen zu seinem „Vieh“. ... Zuerst wurden wir angewiesen, uns sorgfältig zu waschen, dann wurden wir neu eingekleidet – billig, aber sauber. Darauf wurden wir in einen großen Saal geführt, wo der „Markt“ stattfinden sollte. Dann trafen die Kunden ein, um Freemans „neuen Warenposten“ zu besichtigen. Freeman ließ uns den Kopf heben, während die Kunden unsere Hände, Arme und Körper abtasteten, uns herumdrehten und sich unsere Zähne zeigen ließen. An diesem Tag wurden die meisten Sklaven verkauft. Ein Mann kaufte auch den kleinen Randall. Seine Mutter Eliza rang die Hände und weinte laut, bat den Mann, sie selbst auch zu kaufen, der Mann antwortete, dass er dazu nicht in Lage sei ...

Alltag der Sklaven
Die meisten Sklaven lebten unter unmenschlichen Bedingungen. Ihre Besitzer behandelten sie wie Gegenstände. Kinder von

2 – Sklavenmarkt in Richmond (Virginia). Kolorierter Holzstich von Edmond Morin, 1861.

Sklaven wurden auch Sklaven. Strafen für das geringste Vergehen oder aus reiner Willkür gehörten zum Alltag. Der Katalog der Strafen reichte vom Essensentzug bis zur Markierung mit Brenneisen. Vor allem die Peitsche wurde von den Verwaltern auf den Plantagen oder von extra dafür eingesetzten „Auspeitschern" verwendet.
Erst 1807 verbot Großbritannien den Sklavenhandel, die Sklavenarbeit wurde in den USA nach dem amerikanischen Bürgerkrieg 1865 verboten.

Sklaven in Europa
In der Neuzeit gab es in Europa selbst keine Sklavenarbeit. Jedoch wurden auch hierhin Sklaven verschleppt. Afrikaner galten als etwas Besonderes. Deshalb hielten sich die Fürsten und Könige „Hofmohren" oder eine Kapelle mit afrikanischen Musikern. Der Kurfürst von Brandenburg wollte auch am Geschäft mit Kolonien und Sklaven teilhaben. Er ließ 1682 in Afrika die Kolonie Großfriedrichsburg gründen. In den 25 Jahren ihres Bestandes wurden von hier ca. 25 000 Sklaven nach Amerika verschleppt. Sich selbst ließ er aus Afrika einige seltene Tiere wie Affen und Papageien sowie ein halbes Dutzend junger Sklaven im Alter von vierzehn bis sechzehn Jahren – „von schöner Gestalt" sollten sie sein – schicken. Weil das Geschäft sich nicht lohnte, wurde die Kolonie 1717 verkauft. Zum Verkaufspreis gehörten 12 Negerknaben, die mit goldenen Ketten geschmückt sein sollten.

1. Beschreibt anhand von Q1 und den Bildern 1 und 2, wie der Sklavenhandel vor sich gegangen ist.
   ▶ *Versuche dir die Platzverhältnisse auf dem Schiff vorzustellen und versetze dich in die Menschen auf dem Sklavenmarkt hinein. Wie fühlen sich die Sklaven, wie die Käufer?*
2. Nennt die Sorgen der Mutter (Q1), deren Kind allein verkauft wird.
   ▶ *Welche Folgen kann die Trennung von der Mutter haben?*
3. Vergleicht die Behandlung der Sklaven mit den ersten Sätzen der amerikanischen Unabhängigkeitserklärung von 1776 (↗ S. 97).

Wahlaufgaben

A. Ein US-Verlag hat 2014 in einem Schulbuch die einst nach Amerika verschleppten Sklaven als „Arbeiter" bezeichnet. Daraufhin kam es zu massiver Kritik. Erklärt, warum die Formulierung missbilligt wurde und schlagt eine bessere vor.
B. Informiert euch in den Medien und im Internet, ob es heute noch Sklaverei gibt und entwickelt eine Mindmap zum Thema „Geschichte der Sklaverei".

Warum wanderten Europäer nach Amerika aus?

1 – Deutsche Auswanderer in Bremerhaven. Gemälde, 1880.

Die ersten Auswanderer
Schon kurz nach 1600 gelang es den ersten Siedlern aus Europa dauerhaft Fuß in Nordamerika zu fassen. Ging es den ersten Europäern noch um den Handel, folgten bald Siedler, die Europa verließen, weil sie unterdrückt oder in anderer Not waren. Die bekanntesten sind wohl die „Pilgerväter". Um religiöser Unterdrückung in England zu entgehen, wanderten sie 1620 aus und gründeten eine Kolonie, die sie selbst regieren wollten und in der für alle Siedler die gleichen Rechte gelten sollten.
Als 1709 wegen eines Krieges und eines besonders harten Winters die Menschen in Deutschland (Pfalz) zu verhungern drohten, wanderten 13 000 Menschen über Holland und England nach Nordamerika aus. Viele Tausend starben auf dem Weg, viele mussten umkehren.

Traumziel USA
Traumland vieler Auswanderer im 19. und frühen 20. Jahrhundert waren die USA.

Q1 Auswandererlied im19. Jahrhundert „Ach, wie viele schöne Sachen":
... Ach wie viele schöne Sachen hört man aus Amerika.
Dorthin wollen wir uns machen, das schönste Leben hat man da.
In Deutschland herrscht so große Not, hier hat man kaum ein Stückchen Brot;
Vollauf zu leben hat man da im schönen Land Amerika.
...
Und als zum Hafen wir gekommen,waren wir vor Kummer bleich! Alles, was wir mitgenommen, zahlten für die Fracht wir gleich. ...

Q2 Die Ehefrau eines Schmieds schrieb um 1850 aus den USA an ihre Verwandten in Ostfriesland:
... Tausendmal muss ich dem Herrn danken, dass er es so gefügt hat, dass ich mit all meinen Kindern in diesem Land bin. Wenn ich in Deutschland geblieben wäre, so wäre aus meinen Kindern nichts geworden als Sklaven bei Bauern, und hier können sie angesehene Bürger und Bauern werden und in eigenen Häusern wohnen. Meine älteste Tochter wird sich wohl gut verheiraten können, wenn sie nur etwas älter ist. ...

2 – Nachgestellter Schlafsaal auf einem Auswandererschiff um 1890 im Auswanderermuseum. Foto, 2009.

Q3 Gotthelf Willig schrieb 1852 aus Chicago an seinen Bruder:
Lieber Bruder, solltest Du Dich entschließen, zu mir nach Amerika zu kommen, so würde ich Dir raten – da Du und Deine Frau zu alt bist – das Geld, was die Reise kostet, in Deutschland in Frieden zu verzehren. ... Der alte Mensch ohne Sprachkenntnisse hat keinen Wert ...

Die USA – ein Einwanderungsland

Die Bevölkerung der USA wuchs von 4 Millionen im Jahr 1790 auf 31 Millionen im Jahr 1860. Bis zum Jahre 1815 bildeten die Europäer die größte Gruppe unter den Einwanderern, ab dann waren Menschen aus Lateinamerika und Asien die größte Gruppen. Als es in Irland zwischen 1845 und 1852 aufgrund der Kartoffelfäule zu Missernten und Hungersnöten kam, wanderten ungefähr 2 Millionen Iren aus, die meisten in die USA.
Aus Deutschland gab es im 19. Jahrhundert zwei große Auswanderungswellen. Von 1846 bis 1857 wanderten Deutsche aufgrund von Missernten und des Scheiterns der Revolution von 1848 (↗ S. 210–214) aus. Ab 1880 gab es eine neue Auswanderungswelle. Viele Auswanderer suchten in den USA ihr Glück und ein besseres Leben als in Deutschland.
In den Jahren zwischen 1848 und 1914 wanderten insgesamt 6 Millionen Deutsche in die USA aus.

1. Erläutert, aus welchen Gründen im 18. und 19. Jahrhundert Menschen aus Deutschland in die USA auswanderten.
2. Sucht im Atlas zehn Orte in den USA mit deutschen Ortsnamen.
3. Nennt die Gründe der Briefschreiberin von Q1, in die USA auszuwandern.
4. Erarbeitet aus den Quellen 1–3 die Gründe, die für und gegen die Auswanderung sprechen.
   ▶ *Legt eine Tabelle an.*
5. Nehmt Stellung zu den Empfehlungen Gotthelf Willigs (Q3).
   ▶ *Teilt ihr die Meinung Willigs?*

Wahlaufgaben

A. Informiert euch in den Medien und im Internet, aus welchen Gründen heute Deutsche auswandern und wohin.
B. Beschreibt Bild 1. Stellt euch vor, ihr hättet 1880 am Kai gestanden. Erzählt euren Mitschülerinnen und Mitschülern von euren Hoffnungen und Ängsten.
   ▶ *Als Wortmaterial könnt ihr nutzen: riesige Schiffswand, viele Gepäckstücke, Gedränge, aufgeregte Menschen, weinen, lachen ...*

Warum kamen Polen ins Ruhrgebiet?

1 – Grüße aus Habinghorst. Deutsch-polnische Ansichtskarte der Bergarbeiterkolonie Habinghorst bei Castrop-Rauxel. Postkarte, ca. 1895.

Nach der Reichsgründung 1871 entwickelte Deutschland sich zu einem Industriestaat. Das Zentrum der Industrialisierung war das Gebiet um Rhein und Ruhr. Im Steinkohlenbergbau und der Eisen- und Stahlindustrie wurden immer mehr Arbeitskräfte gebraucht (↗ S. 66/67).

Anwerbung neuer Arbeitskräfte

Dringend benötigte Arbeitskräfte konnten am leichtesten aus Ostpreußen und den ehemals *polnischen Gebieten Preußens und auch Österreichs geworben werden. Deutschland war von einem Auswandererland zu einem Einwanderungsland für Arbeitskräfte geworden.

Q1 Ein Augenzeuge beschreibt, wie die Werber der Bergwerke vorgingen:

... Bereits im Januar kommen die Werber nach West- und Ostpreußen, nach Posen, Oberschlesien, um diese Arbeiter für die westlichen Provinzen ... zu mieten. Zigarren, Bier und Schnaps werden von dem Werber unter die Arbeiter verteilt, jeder Angeworbene erhält 1 Mark *Angeld, und nachdem die Mietsverträge abgeschlossen sind, wird ein gemeinsames Tanzvergnügen von dem Unternehmer veranstaltet. ...

Q2 Auf einem Flugblatt an Bewohner der *Masuren stand:

... Masuren! In rheinländischer Gegend, umgeben von Feldern, Wiesen und Wäldern, ... liegt, ganz wie ein masurisches Dorf, abseits vom großen Getriebe des westfälischen Industriebezirks, eine reizende, ganz neu erbaute Kolonie der Zeche „Viktor“ bei Rauxel. ... Zu jeder Wohnung gehört ein guter und trockener Keller, sodass sich die eingelagerten Früchte, Kartoffeln usw., dort sehr gut erhalten werden. Ferner gehört dazu ein geräumiger Stall, wo sich ein jeder sein Schwein, seine Ziege oder seine Hühner halten kann. ...

Die sogenannten ‚Ruhrpolen‘

Diesen Anwerbungen folgten viele Menschen aus ländlichen Gebieten im Osten. Sie sprachen größtenteils kein Deutsch. 1861 lebten in den Provinzen Rheinland und Westfalen offiziell 16 Polen, 1914 waren es fast 350 000. Hinzu kamen ca. 150 000 Masuren. In den Augen der einheimischen Bevölkerung galten sie aber alle als ‚Ruhrpolen‘.

Ansiedlung in Kolonien

Die Einwanderer wurden in den kleinen Wohnhäusern der Werkssiedlungen ange-

---

* **polnische Gebiet,** das
Der Staat Polen war 1795 zwischen Russland, Österreich und Preußen aufgeteilt worden. Einen polnischen Staat gab es erst 1918 wieder.

* **Angeld,** das
Eine Anzahlung oder ein Vorschuss bei Vertragsabschluss.

* **Masuren,** die
Gebiet in Ostpreußen. Die Einwohner sprechen einen polnischen Dialekt.

* **Werkssiedlung,** die
Von großen Arbeitgebern errichtete Wohngebiete, in denen alle Beschäftigten des Betriebes zusammen lebten. Die Mieten waren günstig, allerdings waren die Bewohner an den Arbeitgeber gebunden.

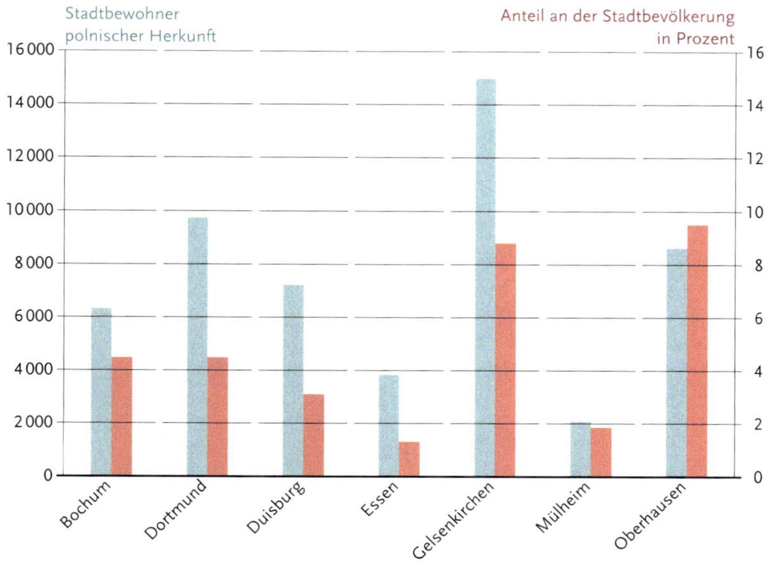

2–Anteile von Einwohnern polnischer Herkunft in ausgewählten Städten des Ruhrgebiets um 1890.

siedelt. Mit der Zeit bildeten sich hier polnische Kolonien heraus. In einigen Zechen und Industriebetrieben stellten die Polen mehr als die Hälfte der Belegschaft. Die polnischen Migranten gründeten eigene Sport- und Theatervereine, Gewerkschaften und Zeitungen. Anfangs galten die Arbeitsverträge nur für eine begrenzte Zeit. Erst später stieg auch die Zahl eingewanderter Frauen.

Einstellung der Kollegen und Behörden
An ihren Arbeitsplätzen wurden die polnischen Arbeiter von den deutschen Kollegen misstrauisch beobachtet, denn es bestand der Verdacht, dass sie eingestellt worden seien, um die Löhne aller zu drücken.

Q3 Der Oberpräsident der preußischen Provinz Westfalen äußerte sich 1896 in einem vertraulichen Schreiben:
... Die Anhäufung großer Arbeitermassen slawischer Abkunft bringt, da es sich um Elemente handelt, welche dem Deutschtum feindlich gegenüberstehen, ... mannigfache Schwierigkeiten mit sich; in Zeiten innerer oder äußerer Unruhe ... bedeutet sie eine ernste Gefahr.
Es entspricht dem wichtigsten Lebensinteresse des Staates, wenn diese Elemente möglichst rasch verschmolzen werden. ... Scharfe Überwachung der *Agitation und Vereinstätigkeit ..., Beschränkung des Gebrauchs der polnischen Sprache in öffentlichen Versammlungen, ausschließlich deutsche Schulbildung. ...

* **Agitation**, die
Feindliche Propaganda.

* **Integration**, die
Hier: Eingliederung einer Gruppe von Menschen in eine größere Gemeinschaft.

1 Erläutert mithilfe von Q1 und Q2, auf welche Weise und mit welchen Versprechungen die Arbeitskräfte angeworben wurden.
2 Beschreibt anhand von Bild 1 und dem Text, wie die polnischen Zuwanderer lebten. Vergleicht mit Q2.
3 Ermittelt anhand der Grafik 2 den Anteil der polnischen Einwohner in den Städten des Ruhrgebiets.
▶ *Nutzt hierfür die Methode „Statistische Darstellungen untersuchen“, S. 148/149.*
4 Fasst zusammen, wie Kollegen (Text) und Behörden (Q3) polnische Zuwanderer einschätzen.

Wahlaufgaben

A Verfasst den Brief eines Ruhrpolen, in dem er über seine Erlebnisse mit der deutschen Bevölkerung berichtet.
▶ *Berücksichtigt: Wohnsituation, Vereine, Erfahrungen mit Kollegen.*
B Diskutiert, wie die Chancen für eine gelungene *Integration der ‚Ruhrpolen' in die deutsche Bevölkerung waren. Vergleicht mit der Situation ausländischer Arbeitnehmer heute.

Das kann ich ...

Migrationen (Längsschnitt)

1 – Aus dem Neu-Ruppiner Bilderbogen. Kreidelithographie, um 1838.

2 – Aus dem Neu-Ruppiner Bilderbogen. Kreidelithographie, um 1838.

3 – Denkmal zur Ankunft der Hugenotten in Preußen. Das Relief befindet sich am Französischen Dom auf dem Gendarmenmarkt in Berlin. Relief von Johannes Boese, 1885.

Verstehen

1. Form der Zwangsmigration
2. Anderes Wort für „Befragung"
3. Jemand, der sich in einem anderen Land dauerhaft niederlässt.
4. Vereinigung von Rittern, die während des Mittelalters in Polen und im Baltikum die Christianisierung der Bevölkerung vorantrieb und große Landstriche eroberte.
5. Insel im italienischen Mittelmeer, die 2013 Ort einer Flüchtlingskatastrophe war.
6. Beliebtes Zielland für Auswanderer im 19. Jahrhundert.
7. Name der sich niederlassenden Siedler, die während der Ostsiedlung einige Vorrechte gegenüber der heimischen Bevölkerung genossen.
8. Name der Kolonie, die der Kurfürst von Brandenburg 1682 in Afrika gründete und von wo er 25 000 Sklaven nach Amerika verschleppen ließ.

4 – Rätsel zum Thema Migration.

Methoden anwenden

1 Erklärt euch gegenseitig die wichtigen Begriffe und schreibt die Bedeutung der Begriffe in euer Geschichtsheft.

2 Löst das Rätsel mithilfe des Kapitels und fügt die Anfangsbuchstaben eurer Lösungen zu einem Begriff der Migrationsgeschichte zusammen.

▶ *Nehmt den Silbenkasten zu Hilfe.*

3 Führt eine Zeitzeugenbefragung mit Flüchtlingen an eurem Schul- oder Wohnort durch.

Analysieren

4 Vergleicht Bild 3 mit Bild 1 auf Seite 80.

▶ *Untersucht die Gestaltung und die Wirkung auf den Betrachter.*

Deuten

5 Die „Neuruppiner Bilderbogen" waren im 19. Jahrhundert sehr beliebt. Vor allem auf dem Lande, wo Zeitungen selten gelesen wurden, dienten sie der Unterhaltung und Belehrung. Überprüft, welche Eindrücke der Zeichner mit Bild 1 und 2 hervorrufen wollte.

Wichtige Begriffe

Flucht
Fluchtursachen
Migration
Asylrecht
Hugenotten
Aussiedler
Sklavenhandel
Einwanderer
Auswanderer
Integration
Ruhrpolen

burg – den – deut – du – emi – fried – grant – groß – in – lam – ler -neu – or – pe – rei – richs – sa – scher – sied – skla – ter – usa – ve – view

6 Vergleicht die im Längsschnitt vorgestellten Anwerbungen von Siedlern und Arbeitskräften aus anderen Gebieten/Ländern.

▶ *Erstellt eine Tabelle*

Anwerbung

Zeit	*Epoche*	*Anwerber*	*Zielgruppe*	*Grund für die Anwerbung*	*Methoden*	*Erfolge*

Urteilen und sich orientieren

7 Beurteilt folgende Aussage: „Die Aufnahme von Migranten kann bei allen Schwierigkeiten dazu beitragen, die Not der Menschen in der Welt zu lindern". Setzt euch mit diesem Werturteil auseinander und begründet eure zustimmende oder ablehnende Meinung zu dieser Aussage.

8 Beurteilt, ob sich die auf den S. 78–89 dargestellten Gründe für die Auswanderung heute im Vergleich zu früher geändert haben.

Darstellen – historisch erzählen

9 Schreibt einen Bericht über eine der in diesem Kapitel vorgestellten historischen Migrationsbewegungen.

▶ *Benennt dabei die Ursachen und Auswirkungen.*

3 Epochenvertiefung: Die politischen Revolutionen

Am 14. Juli 1789 zogen etwa 7000 bewaffnete Männer und Frauen durch Paris. Sie forderten „Freiheit, Gleichheit, Brüderlichkeit". Sie stürmten das verhasste Staatsgefängnis, die Bastille (großes Bild). Dies war der Beginn der Französischen Revolution, die eine neue Epoche in Europa einleitete.
Wenige Jahre vorher hatten die Siedler in den englischen Kolonien Nordamerikas die Herrschaft ihres Königs abgeschüttelt (kleines Bild). Können die Bürger ihre politischen Vorstellungen dauerhaft umsetzen?

Epochenvertiefung: Die politischen Revolutionen

1776
Amerikanische Unabhängigkeitserklärung

1783
Verfassung der Vereinigten Staaten von Nordamerika

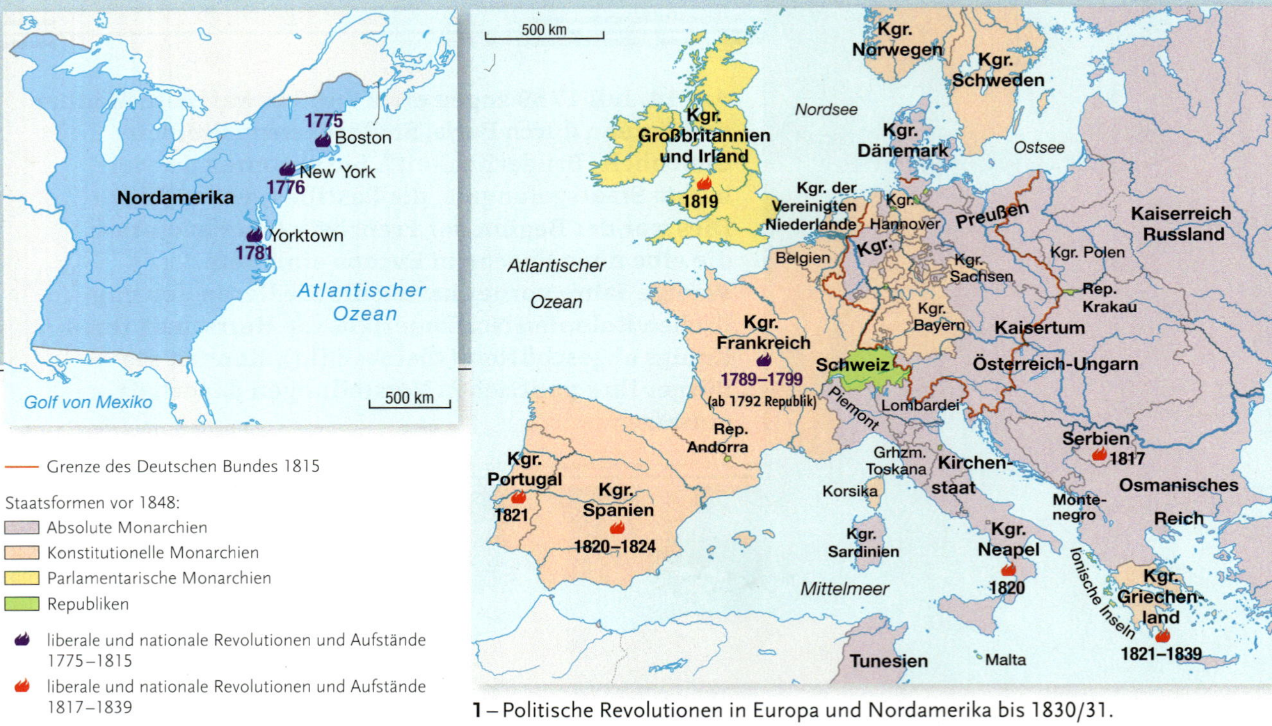

1 – Politische Revolutionen in Europa und Nordamerika bis 1830/31.

Im 18. Jahrhundert kritisierten Bürger und Bauern zunehmend die Herrschaft der Könige. Sie forderten, dass alle Menschen die gleichen Rechte und Anteil an der politischen Macht haben sollten. Mit diesem Ziel lösten sich die englischen Kolonien in Nordamerika vom Mutterland. In Frankreich kam es zu einer Revolution gegen die absolutistische Ordnung, die an den Privilegien des ersten und zweiten Standes festhielt. Die Gleichheit aller Menschen wurde ausgerufen.

Bei der Arbeit mit diesem Kapitel könnt ihr euch mit folgenden Fragen beschäftigen:

- Welche Vorteile brachten die Unabhängigkeit und die neue Verfassung den Siedlern in Nordamerika?
- Wie kam es zur Französischen Revolution?
- Welche Vorteile brachten die Menschenrechte und die Verfassung den Bürgern Fankreichs?
- Scheiterte die Revolution in Frankreich?

1 Beschreibt mithilfe der Karte die politische Situation im ausgehenden 18. Jahrhundert und zu Beginn des 19. Jahrhunderts in Nordamerika und in Europa.

2 Formuliert Fragen zu den Bildern 2 und 3.

3 Stellt Vermutungen darüber an, warum Frankreich 1886 den USA die Freiheitsstatue schenkte.

1789 Sturm auf die Bastille

1793–1794 Ballhausschwur

1793–1794 Terrorherrschaft

1804 Kaiserkrönung Napoleons

1815 Sturz Napoleons

2 – Die Hinrichtung König Ludwigs XVI. Radierung, 1793.

3 – Napoleon im Krönungsornat. Gemälde von Francois Gérard, 1805/1810.

4 – Die Freiheitsstatue – ein Geschenk des französischen Volkes, errichtet 1886. Die Inschrift auf dem Sockel der 95 m hohen Statue beginnt mit dem Satz: „Lasst zu mir kommen eure müden, armen, bedrängten Massen, die danach lechzen, in Freiheit zu atmen.“ …

Was veränderte die Amerikanische *Revolution?

1 – Boston-Tea-Party. Lithografie, 1846.

*Revolution, die
Umsturz, tiefgreifende, oft gewaltsame Veränderung einer bestehenden Ordnung.

*Verfassung, die
Eine Verfassung legt fest, welche Aufgaben und Rechte die Bürger haben und wer den Staat regiert.

Der Aufstand der englischen Siedler in den amerikanischen Kolonien Englands eröffnete das Zeitalter der politischen Revolutionen im letzten Drittel des 18. Jahrhunderts.
Die Ereignisse in den Kolonien wurden in Europa, besonders in Frankreich, aufmerksam verfolgt.

Selbstbewusste Kolonisten

Die englische Regierung wollte die Gewinne aus ihren Kolonien in Nordamerika steigern. Deswegen belegte sie den Handel der Kolonisten mit vielerlei Zöllen und Abgaben.
Auch aus diesem Grunde wurden die Siedler immer unzufriedener mit der Regierung in London. Sie waren es gewesen, die das Land erschlossen und eine erfolgreiche Selbstverwaltung aufgebaut hatten. Als ihnen 1765 neue Steuern auferlegt wurden, verweigerten die Siedler jede Zahlung mit dem Hinweis, dass sie im englischen Parlament nicht vertreten seien. Ihr Wahlspruch war: „No taxation without representation".

Boston-Tea-Party

Der englische König wollte jedoch zeigen, dass er das Recht habe, von den Siedlern jederzeit beliebige Steuern zu erheben. Der Zoll auf Tee wurde für ihn und die Kolonisten zu einer Grundsatzfrage. Als im Dezember 1773 drei Handelsschiffe mit mehreren hundert Teekisten an Bord im Hafen von Boston landeten, weigerten sich die Siedler, den Zoll zu zahlen. Stattdessen überwältigten einige als Indianer verkleidete Siedler die Schiffswachen und warfen die gesamte Teeladung ins Wasser.

Kampf um die Unabhängigkeit

Die „Boston-Tea-Party" war das Signal zum Aufstand. Der englische König schickte etwa 280 Kriegsschiffe und mehr als 32 000 Soldaten in die Kolonien. Sie trafen auf Kolonisten, die schlecht ausgerüstet und militärisch kaum ausgebildet waren. Dennoch hatten sie einen Vorteil: Sie kämpften um ihre Freiheit. Wichtigstes Ziel der Bürger war die völlige Unabhängigkeit der Kolonien von England und eine eigene *Verfassung.

Die Unabhängigkeitserklärung
Alle Proteste und Bittschriften der Siedler wurden von der Regierung in London jedoch abgelehnt.

Q1 Am 4. Juli 1776 erklärten die Vertreter der englischen Kolonien in Nordamerika ihre Unabhängigkeit:
... Folgende Wahrheiten erachten wir als selbstverständlich. Alle Menschen sind gleich geschaffen.
Sie sind von ihrem Schöpfer mit unveräußerlichen Rechten ausgestattet. Dazu gehören Leben, Freiheit und Streben nach Glück. Zur Sicherung dieser Rechte sind unter den Menschen Regierungen eingesetzt, die ihre rechtmäßige Macht aus der Zustimmung der Regierten herleiten. ...
Demnach verkünden wir, die im Allgemeinen Kongress von Amerika versammelten Vertreter, feierlich: dass diese vereinigten Kolonien freie und unabhängige Staaten sind, dass sie losgelöst sind von aller Pflicht gegen die britische Krone, dass jede politische Verbindung zwischen ihnen und dem Staate Großbritannien ein für alle Mal aufgehoben ist. ...

Die Verfassung der Vereinigten Staaten
Sieben Jahre nach der Unabhängigkeitserklärung hatten die Bürger der Kolonien im Jahre 1783 endgültig gesiegt. England musste die Unabhängigkeit seiner Kolonien anerkennen. Die dreizehn Einzelstaaten standen jetzt vor einer Entscheidung: Sollten sie Einzelstaaten bleiben oder sollte es eine Zentralregierung geben? Die Vertreter der Kolonien kamen nach ausgiebigen Beratungen zu folgender Lösung: Die Vereinigten Staaten wurden ein Bundesstaat mit einem Präsidenten an der Spitze.
Die Macht im Staat sollte geteilt werden in die:
- gesetzgebende Gewalt (Parlament),
- ausführende Gewalt (Präsident),
- richterliche Gewalt (Oberster Gerichtshof).

Frauen, Indianer, Sklaven und arme Männer blieben vom Wahlrecht ausgeschlossen.

2– Das Denkmal des englischen Königs Georg III. wurde am 9. Juli 1776 in New York gestürzt. Aus der Statue wurden Kanonenkugeln gegossen. Holzstich, 19. Jahrhundert, spätere Kolorierung.

1. Verfasst aus Sicht der Siedler ein Flugblatt.
   ► *Nutzt den Text und Bild 1.*
2. Erläutert den Ausdruck „Tea-Party". Ist die Bezeichnung aus eurer Sicht gerechtfertigt?
3. Fasst die Aussagen aus Q1 in euren Worten zusammen.
4. Nennt Vorteile, die die Verfassung den Bewohnern der Kolonien gebracht hat.
5. Beurteilt aus heutiger Sicht die Widersprüche, die sich aus der Unabhängigkeitserklärung (Q1) und den Bedingungen für alle Menschen nach der Verfassung (Text) ergeben.

Wahlaufgaben

A. Stellt euch vor, Auftraggeber für Bild 1 zu sein. Listet eure Wünsche an den Künstler auf.
   ► *Im Vordergrund soll ...*
B. Stellt mithilfe der S. 62/63 fest, welche zentralen Forderungen der Aufklärer sich auch in der Unabhängigkeitserklärung (Q1) wiederfinden.
C. Berichtet über die Entwicklungen in den nordamerikanischen Kolonien von der Auflehnung in Boston (Bild 1) hin zum Sturz der Monarchie (Bild 2).

Die Französische Revolution

Warum kam es zur Staatskrise in Frankreich?

1 – Ludwig XVI. wird nie satt! Karikatur, 1791.

* **Privileg**, das
Vorrecht, besonderes Recht.

* **Institutionen**, die
Einrichtungen

* **Stand**, der
Bezeichnung für eine gesellschaftliche Gruppe seit dem Mittelalter (↗ S. 18/19).

Aus einem Streit um die Zahlung neuer Steuern entwickelte sich in Frankreich eine bis heute wirkende Veränderung der politischen Verhältnisse in Europa und der Welt: das Bürgertum forderte die Beteiligung an der Macht im Staat und das Ende der Alleinherrschaft der Könige. Diesen tiefgreifenden Veränderungsprozess könnt ihr auf den folgenden Seiten erarbeiten.

König Ludwig XVI. – unersättlich

Als im Jahr 1774 Ludwig XVI. König von Frankreich wurde, übernahm er einen völlig verschuldeten Staat. Deshalb hofften viele Franzosen, dass der König das verschwenderische Leben am Hofe beenden würde. Aber sie sahen sich getäuscht. Auch er gab das Geld wie seine Vorgänger mit vollen Händen aus, und der Adel tat es ihm nach.

Die Bürger sollen zahlen

Für alle Staatsausgaben mussten die Angehörigen des dritten *Standes, also die Bauern und Bürger, aufkommen. Zum Luxus des Königs kamen die Kosten für die Armee und die zahllosen Kriege hinzu – sie betrugen in Friedenszeiten ein Drittel, im Kriegszustand über zwei Drittel der Staatseinnahmen. Adel und Geistlichkeit hatten das *Privileg der Steuerfreiheit.
Die Steuern, die der dritte Stand aufzubringen hatte, reichten für die Staatsausgaben schon lange nicht mehr aus. Deshalb wollte der König im Jahre 1776 auch vom ersten und zweiten Stand Steuern erheben.

Q1 1776 nehmen Vertreter des ersten und zweiten Standes zu den geplanten Steuern Stellung:
... Die Garantie der persönlichen Steuerfreiheit und die Auszeichnung, die der Adel zu allen Zeiten genossen hat, sind Eigenschaften, die den Adel besonders hervorheben; ... Diese Ordnung hat ihren Ursprung in göttlichen *Institutionen: Die unendliche und unabänderliche Weisheit hat Macht und Gaben ungleichmäßig verteilt. Die französische Monarchie besteht deshalb aus verschiedenen und getrennten Ständen. ...

Der Adel in der Kritik

Immer häufiger erschienen in Frankreich Flugblätter, die sich gegen die Vorherrschaft des Adels und dessen Privilegien richteten.

Q2 In einer Flugschrift aus Paris aus dem Jahr 1788 stand geschrieben:

... Steht auf gegen den *Klerus, den Adel. Duldet nicht, dass ungefähr 600 000 Menschen vierundzwanzig Millionen das Gesetz aufzwingen! Völker, denkt an die Lasten, die ihr tragt! Schaut euch um nach den Palästen, den Schlössern, die gebaut sind mit eurem Schweiß und euren Tränen! Vergleicht eure Lage mit der dieser *Prälaten und Großen. Sie nennen euch Gesindel! Lasst sie erkennen, dass Gesindel diejenigen sind, die auf eure Kosten leben und sich mästen an eurer Arbeit. ...

Q3 In einer anderen Flugschrift aus dem Jahre 1788 heißt es:

... Eigentlich gibt es in Frankreich nur zwei Stände, den Adel und das Volk. Ich für meinen Teil ... behaupte, dass der Adel ein Nichts ist. Auf den Adel kann der König verzichten, nicht aber auf das Volk. ... Vom Volk empfängt der Staat Unterhalt und Wohlstand, im Volk bestehen seine Kraft und sein Ruhm. ...

Verdreifachte Schuldenlast

Im Jahre 1788 wurde der Staatsbankrott erklärt. Die Schuldenlast des Staates hatte sich in den letzten 15 Jahren verdreifacht und betrug nun fünf Milliarden *Livres. Während die Einnahmen des Staates bei 503 Millionen Livres lagen, betrugen die Ausgaben 1788 rund 629 Millionen Livres. Ludwig versuchte erneut, Steuern beim Adel oder dem hohen Klerus einzutreiben. Aber er scheiterte am entschlossenen Widerstand von Adel und Kirche. Sie bestanden auf ihrem Privileg, keine Steuern zahlen zu müssen.

Die Armen hungern

Zu Beginn des Jahres 1789 herrschte in Frankreich eine große Hungersnot. 1789 verdiente ein Bauarbeiter 18 *Sous pro Tag, ein Viertelpfundbrot kostete aber schon 14,5 Sous. Wie sollte er seine Familie ernähren? In den Städten plünderten die Einwohner die Bäckerläden.

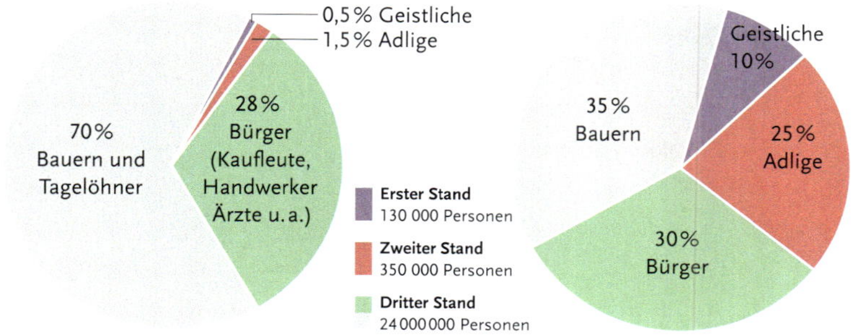

2 – Die Gliederung der Bevölkerung Frankreichs nach Ständen und die Verteilung des Grundbesitzes um 1780. Schaubilder.

1 Beschreibt die Karikatur 1. Wie bringt der Karikaturist die Maßlosigkeit des Königs zum Ausdruck?
► *Nehmt hierzu die Methode „Karikaturen entschlüsseln", S. 202/203 zu Hilfe.*

2 Erläutert mithilfe von Q1, wie der Adel seinen Anspruch auf seine Vorrechte rechtfertigt.

3 Gebt in eigenen Worten wieder, was in Q2 und Q3 kritisiert wird. Nennt die entscheidenden Unterschiede zur Sichtweise des Adels in Q1.

4 Schildert mit euren Worten die Lage in Frankreich 1788/1789. Nehmt dazu die Karikatur und die Schaubilder zu Hilfe.
► *Ihr könnt so beginnen: Im Jahre 1788/89 hatte die Finanzkrise ...*

* **Privilegien**, die
Sonderrechte, Vorrechte.

* **Klerus**, der
Bezeichnung für die Geistlichkeit.

* **Prälat**, der
Hoher kirchlicher Würdenträger, z. B. Bischof oder Kardinal.

* **Livre, Sou**, der
Damalige französische Währung.

Wahlaufgaben

A Entwerft ein Flugblatt, in dem ihr aus der Sicht eines einfachen Bauern Forderungen an den französischen König stellt.

B Verfasst ein Streitgespräch zwischen einem Adligen und einem Angehörigen des dritten Standes zur Frage „Wer soll Steuern zahlen?". Führt das Streitgespräch in der Klasse vor.

Webcode: EV644834-099

Warum erhoben sich Bürger und Bauern?

1 – Am 20. Juni 1789: Der Schwur im Ballhaus. Gemälde von I. Louis David, um 1790.

* **Generalstände**, die
Die Versammlung der Vertreter der drei Stände von ganz Frankreich. Sie waren seit 1614 nicht einberufen worden. Die Generalstände hatten vor allem das Recht der Steuerbewilligung.

* **Nationalversammlung**, die
Eine Versammlung von Abgeordneten, die die ganze Nation vertritt.

Einberufung der *Generalstände

Ludwig XVI. beschloss, die Vertreter der drei Stände nach Versailles einzuberufen, um die Finanzkrise des hochverschuldeten Staates zu lösen. Gemeinsam sollten die Stände über eine Lösung für die Finanzkrise beraten. Am 5. Mai 1789 – so ließ er im ganzen Land verkünden – sollten sich die Ständevertreter in Versailles treffen. Es kamen:

- 300 Abgeordnete des ersten Standes (120 000 Geistliche)
- 300 Abgeordnete des zweiten Standes (350 000 Adlige)
- 600 Abgeordnete des dritten Standes (24 Millionen Bürger und Bauern)

Die Vertreter des dritten Standes hatten die Beschwerden von Bauern und Handwerkern in Heften sammeln lassen. 60 000 solcher Beschwerdehefte übergaben sie dem König.

Die ersten Schritte

Voller Spannung warteten die Vertreter des dritten Standes, was der König zu den Beschwerden sagen würde. Doch der König sprach nicht von Reformen, er wollte nur die Zustimmung zu neuen Steuern.

Dann wurden die Stände entlassen. Sie sollten jetzt getrennt über die Steuervorschläge des Königs beraten und abstimmen. Jeder Stand sollte eine Stimme haben.
Gegen diese Anordnung des Königs wehrten sich die Vertreter des dritten Standes. Sie verlangten eine gemeinsame Beratung aller drei Stände und eine Abstimmung nach Köpfen. Doch das lehnten der König und die beiden anderen Stände ab.

Der Ballhausschwur

Als der König aus Empörung über das Vorgehen des dritten Standes den Sitzungsraum sperren ließ, versammelten sich die Abgeordneten daraufhin in einer Ballspielhalle, dem „Ballhaus". Einige Vertreter des ersten und zweiten Standes schlossen sich dem dritten Stand an.
Dort schworen sie am 20. Juni 1789, sich nicht zu trennen, bis sie Frankreich eine Verfassung gegeben hätten. Der König musste nachgeben, wenige Tage später schlossen sich die beiden anderen Stände der *Nationalversammlung an.

Webcode: EV644834-100-*Hoertext*

Q1 Am 17. Juni 1789 erklärten schließlich die Abgeordneten des dritten Standes:
... Wir sind die Vertreter von 24 Millionen Franzosen. Wir sind die einzigen und wahren Vertreter des französischen Volkes. Deshalb geben wir unserer Versammlung den Namen „Nationalversammlung". Wir werden Frankreich eine Verfassung geben, die allen Franzosen die gleichen Rechte garantiert. ...

Der Sturm auf die Bastille

In Paris herrschte am 14. Juli 1789 Unruhe. Das Brot war knapp und teuer. Als der König Truppen zusammenziehen ließ, zogen viele Bürger zur Bastille, dem verhassten Staatsgefängnis. Als mittags die Menge bis an das Tor vorrückte, verlor der Kommandant die Nerven und ließ auf die Menge schießen. Mehr als hundert Belagerer wurden getötet. Das wütende Volk beschaffte sich Kanonen und stürmte die Bastille. Bis heute ist der 14. Juli der Nationalfeiertag Frankreichs.

Die Revolution auf dem Lande

Von Paris aus griff die Revolution auf ganz Frankreich über. Die Bauern warteten schon seit Monaten vergeblich auf die Beantwortung ihrer Beschwerden. Außerdem ging das Gerücht um, dass sich die Adeligen gegen die Landbevölkerung verschworen hätten (Große Furcht). Daraufhin wurden die Bauern nun selbst aktiv. Sie zogen zu den Schlössern ihrer Grundherren, forderten die Übergabe der Urkunden, in denen ihre Abgaben und Dienste verzeichnet waren, und verbrannten sie. Vielerorts zündeten die Bauern die Schlösser an. Die Bauern weigerten sich, zukünftig Steuern und Abgaben zu zahlen.
Unter diesem Druck hob die Nationalversammlung am 4. August 1789 die *Leibeigenschaft auf. Die Grundherren waren nicht mehr die Richter auf dem Land. Jetzt durften die Bauern auch auf ihrem eigenen Grund und Boden jagen. Von den Abgaben mussten sie sich aber durch eine einmalige Zahlung freikaufen. Das war jedoch vielen armen Bauern nicht möglich.

2 – Der Sturm auf die Bastille am 14. Juli 1789. Kupferstich von J. B. Laminit, um 1790.

1. Nennt die Erwartungen des Königs und die Erwartungen der Vertreter des dritten Standes an die Versammlung der Generalstände.
2. Erklärt mithilfe von Q1 und dem Schaubild 2 auf S. 99, warum die Abgeordneten des dritten Standes beanspruchten, die ganze Nation zu vertreten.
3. Erläutert, warum die Forderung des dritten Standes, nach Köpfen abzustimmen, und der Schwur im Ballhaus als revolutionäre Schritte bezeichnet werden können.
4. Untersucht Bild 1. Wohin wird der Blick gelenkt und was will der Maler damit erreichen?

* **Leibeigenschaft,** die
Ein Leibeigener war abhängig von seinem Herrn. Er gehörte zum persönlichen Besitz des Grundherren (↗ S. 20/21).

Wahlaufgaben

A Legt einen Geschichtsfries zum Ablauf der Ereignisse seit dem 5. Mai 1789 an und vermerkt die wichtigsten Ereignisse. Kennzeichnet sie mit einem „roten R", wenn ihr sie als revolutionär anseht.

B „Majestät! Ungeheuerliches hat sich heute zugetragen" könnte ein Hofbeamter dem König berichtet haben. Setzt seinen Bericht über die Nationalversammlung fort.

Webcode: EV644834-101

Welche neuen Rechte erhielten die Bürger?

1 – Der Engel rechts oben deutet auf ein gleichseitiges Dreieck – vielleicht ein Symbol für die Gleichrangigkeit der drei Stände – und auf das „Auge der Vernunft". Der Spieß in der Mitte ist ein Zeichen für die Wehrhaftigkeit, die rote Mütze steht für „Freiheit". Die Person links oben stellt die französische Nation dar. Gemälde von Le Barbier aus dem Jahre 1790 mit dem Text der „Erklärung der Menschen- und Bürgerrechte". An Stelle der 17 Artikel in französischer Sprache wurden hier einige Artikel in deutscher Sprache eingesetzt.

Freiheit – Gleichheit – Brüderlichkeit
So lautete die Parole der Französischen Revolution und diese Forderung sollte möglichst bald für alle Menschen gelten. Am 26. August 1789 verkündete die Nationalversammlung die Menschen- und Bürgerrechte.

Q1 Aus der Erklärung der Menschenrechte 1789:

1. Die Menschen werden frei und gleich an Rechten geboren und bleiben es. ...
2. Der Zweck jeder politischen Vereinigung ist die Erhaltung der natürlichen und unantastbaren Menschenrechte. Diese sind das Recht auf Freiheit, das Recht auf Eigentum, das Recht auf Sicherheit und das Recht auf Widerstand gegen Unterdrückung. ...
4. Die Freiheit besteht darin, alles tun zu dürfen, was einem anderen nicht schadet. ... Diese Grenzen können nur gesetzlich festgelegt werden.
5. ... Da alle Bürger vor ihm (dem Gesetz) gleich sind, sind sie alle ... zu allen öffentlichen Würden, Ämtern und Stellungen zugelassen.
7. Kein Mensch kann anders als in den gesetzlich verfügten Fällen ... verhaftet werden.
10. Niemand soll wegen seiner Anschauungen, selbst religiöser Art, belangt werden, solange deren Äußerung nicht die durch das Gesetz begründete Ordnung stört.
11. Die freie Äußerung von Meinungen ist eines der kostbarsten Menschenrechte; jeder Bürger kann daher frei schreiben, reden und drucken, unter Vorbehalt des Missbrauchs dieser Freiheit. ...
17. Da das Eigentum ein unverletzliches und heiliges Recht ist, kann es niemandem genommen werden, außer im Falle einer öffentlichen Notwendigkeit unter der Bedingung einer gerechten und vorherigen Entschädigung. ...

Die Verfassung von 1791
Am 17. Juni 1789 hatten die Abgeordneten des dritten Standes beschlossen, Frankreich eine Verfassung zu geben (siehe Q1, S. 101). Zwei Jahre lang dauerten die Beratungen. Erst am 3. September 1791 trat die neue Verfassung in Kraft. Vorangestellt wurde ihr die Erklärung der Menschen- und Bürgerrechte von 1789.
Die Verfassung enthielt zwei wichtige Bestimmungen, nämlich über das Wahlrecht der Bürger und die Gewaltenteilung:

- Wahlberechtigt waren alle Männer über 25 Jahre ab einem bestimmten Einkommen. Sie wurden als Aktivbürger bezeichnet.
- Die gesetzgebende Gewalt lag allein bei der Nationalversammlung,
- Die ausführende Gewalt, die Exekutive, lag beim König,

– Die Richter sollten völlig unabhängig sein.

Die Macht des Königs war nun erheblich eingeschränkt, er war an die Verfassung und die Gesetze gebunden.

Die Einschränkung des Wahlrechts führte zu heftigen Auseinandersetzungen, denn von den etwa 26 Millionen Franzosen besaßen nur vier Millionen das Wahlrecht (Aktivbürger). Alle Frauen sowie jene Männer, die keine oder nur geringe Steuern zahlten, durften nicht wählen (Passivbürger).

Die Frauen fordern Rechte

Vor der Revolution waren die Frauen fast rechtlos. Selbst verheiratete Frauen durften ohne Zustimmung ihres Ehemannes keine Verträge abschließen. Der Ehemann verfügte über das Eigentum der Frau. Auch durch die Revolution veränderte sich die Lage der Frauen kaum. Zwar entstanden Frauenclubs, aber bereits 1793 wurden diese verboten. Eine der politisch aktiven Frauen war Olympe de Gouges (1748–1793). Ergänzend zu den Menschenrechten und der Verfassung verkündete sie die Rechte der Frau.

Q2 In der Erklärung der Rechte der Frau und der Bürgerin von Olympe de Gouges aus dem Jahr 1791 heißt es:

Art. 1: Die Frau ist frei geboren und bleibt dem Manne ebenbürtig in allen Rechten. ...
Art. 2: Das Ziel jeder politischen Vereinigung ist die Bewahrung der natürlichen und unverjährbaren Rechte von Frau und Mann: diese Rechte sind Freiheit, Eigentum, Sicherheit und vor allem Widerstand gegen Unterdrückung.
Art. 3: Jede Staatsgewalt wurzelt ihrem Wesen nach in der Nation, welche ihrem Wesen nach nichts anderes ist als eine Verbindung von Mann und Frau. ...
Art. 4: Freiheit und Gerechtigkeit bestehen darin, alles zurückzugeben, was einem anderen gehört. So hat die Ausübung der natürlichen Rechte der Frau keine Grenzen außer denen, die die ständige Tyrannei des Mannes ihr entgegensetzt. Diese Grenzen müssen durch die Gesetze der Natur und der Vernunft reformiert werden.

2 – Olympe de Gouges. Zeitgenössische Darstellung.

... Art. 16: Eine Verfassung, an deren Ausarbeitung die Mehrheit der Bevölkerung nicht mitgewirkt hat, wird null und nichtig. ...
Art. 17: Eigentum kommt beiden Geschlechtern zu, seien sie vereint oder getrennt.

Olympe de Gouges wurde 1793 hingerichtet, weil sie sich gegen die Entwicklung der Revolution zu einer blutigen *Diktatur wandte.

* Diktatur, die
Der Begriff beschreibt die Herrschaft eines mit allen Macht- und Gewaltmitteln regierenden Alleinherrschers oder einer Gruppe.

1 Gebt die Aussagen von Q1 mit euren Worten wieder.
2 Erklärt mithilfe des Textes, welche Menschen in Q1 gemeint sind und welche ausgeschlossen bleiben.
3 Vergleicht die Bestimmungen der Menschenrechte mit den Aussagen der amerikanischen Unabhängigkeitserklärung (S. 97).
4 Vergleicht Q1 und Q2 miteinander. Was fällt euch auf?
5 Erläutert, was an den Forderungen von Olympe de Gouges damals revolutionär war (Q2).

Wahlaufgaben

A Informiert euch im Internet oder den Medien über die Erklärung der Menschenrechte durch die Vereinten Nationen im Jahre 1948. Vergleicht sie mit den Menschenrechten von 1791 (Q1).
B Sucht weitere Informationen zu Olympe de Gouges und informiert die Klasse durch ein Referat oder eine Wandzeitung.

Webcode: EV644834-103

Methode

Ein Verfassungsschema lesen und verstehen

Was ist ein Verfassungsschema?
Eine Verfassung regelt die Machtverteilung in einem Staat. Sie ist das grundlegende Gesetz. Anhand eines Verfassungsschemas kann man erkennen, wie ein Land regiert wird. Es zeigt den Aufbau des Staates und seine wichtigsten Ämter und Einrichtungen (z. B. Präsident, Parlament). Außerdem lässt es erkennen, wer wählen darf oder von Wahlen ausgeschlossen ist und wer die Gesetze beschließt.

Folgende vier Schritte helfen euch, ein Verfassungsschema zu lesen und zu verstehen:

Schritt 1 **Den Aufbau untersuchen**	■ Wie kann man das Schema lesen? Die Pfeile helfen euch. – Von unten nach oben bzw. oben nach unten? – Von links nach rechts bzw. rechts nach links? ■ Was sind wichtige Bestandteile des Schaubildes? ■ Welche Ämter und Einrichtungen gibt es?
Schritt 2 **Aussagen erschließen**	■ Wer darf wählen? ■ Wie kommen Gesetze zustande? ■ Welche Aufgaben haben die Ämter und Einrichtungen?
Schritt 3 **Zusammenhänge herstellen**	■ Wie ist die Macht verteilt? Welches Amt hat besonders viel Macht? ■ Wer kontrolliert wen? Wessen Macht geht auf Wahlen zurück? ■ Wo wird die Einflussmöglichkeit des Volkes erkennbar? ■ Welche Gruppen sind von politischer Mitbestimmung ausgeschlossen?
Schritt 4 **Die Verfassung beurteilen**	■ Fasst noch einmal zusammen, ob und wie die Gewalten geteilt sind. ■ Beurteilt, ob es sich um eine demokratische Verfassung handelt. ■ Beurteilt, ob das Wahlrecht aus heutiger Sicht als demokratisch bezeichnet werden kann.

1 In der Erklärung der Bürger- und Menschenrechte heißt es in Artikel 1: „Die Menschen werden frei und gleich an Rechten geboren und bleiben es …“. Untersucht mithilfe von Schaubild 1, ob die Verfassung von 1791 diese Forderung erfüllt.

2 Notiert, an welchen Punkten diese Verfassung korrigiert werden müsste, damit sie in unserem heutigen Verständnis als „demokratisch“ bezeichnet werden könnte.

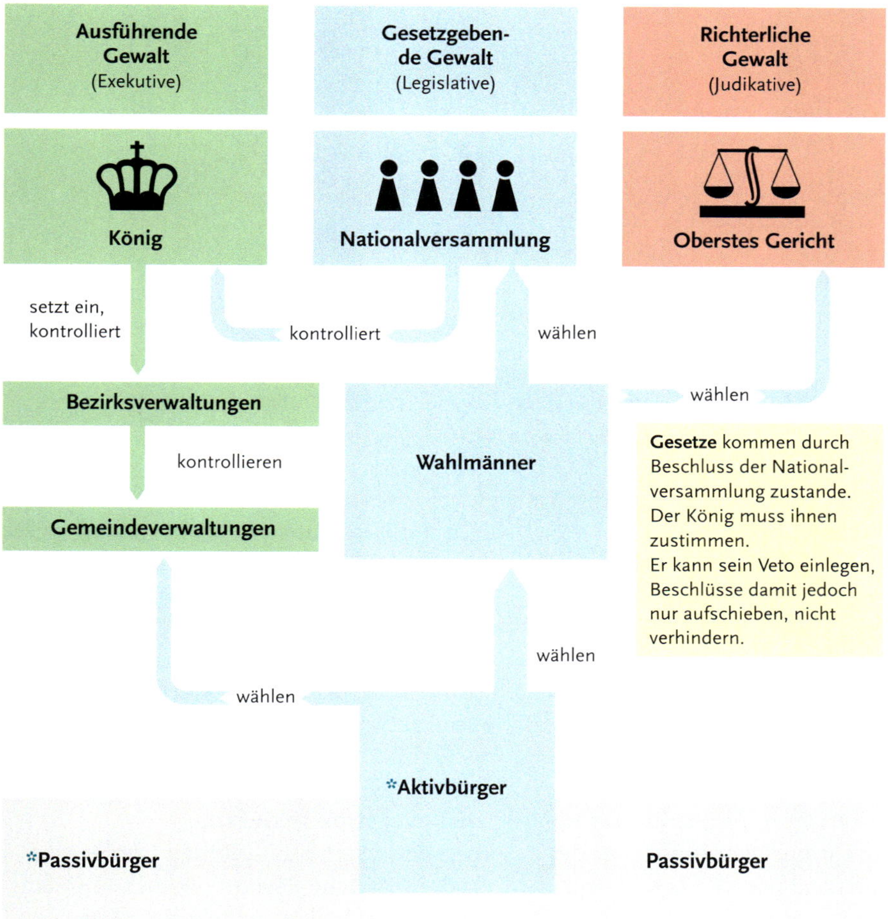

1 – Die Verfassung Frankreichs von 1791. Schaubild.

* Passivbürger
22 Mio. Bürgerinnen und Bürger ohne Wahlrecht. (Männer ohne Besitz, Frauen)

* Aktivbürger
4 Mio. Männer, die mindestens Steuern im Wert von drei Arbeitstagen zahlen.

Lösungsbeispiel:

Zum Schritt 1: Das Schema kann von unten nach oben gelesen werden. Wichtiger Bestandteil ist der graue Kasten unten: Wahlberechtigt sind nur die 4 Mio. Aktivbürger, 22 Mio. Bürgerinnen und Bürger sind von der Wahl ausgeschlossen. Von links nach rechts gelesen, sind drei wichtige Einrichtungen zu sehen: Exekutive (König), Legislative (Nationalversammlung) und Judikative (Richter). ...

Zum Schritt 2: Der graue Kasten unten zeigt, dass 1791 nur Männer, die Steuern zahlen, wahlberechtigt sind. Es wird deutlich, wie der Wille der Wahlberechtigten Einfluss auf die Regierung nimmt. Die Nationalversammlung beschließt die Gesetze. Der König muss ihnen zustimmen, damit sie in Kraft treten.

Zum Schritt 3: Die Macht ist zwischen König und der Nationalversammlung geteilt. Es gibt ein unabhängiges, von der Nationalversammlung gewähltes, oberstes Gericht. Von politischer Mitsprache ausgeschlossen sind die Mehrzahl der Menschen, arme Männer und Frauen insgesamt.

Zum Schritt 4: Die Teilung der Gewalten in Exekutive, Legislative und Judikative sprechen für eine demokratische Verfassung. Da das Wahlrecht aber damals nur Männer ausüben durften, die über ein bestimmtes Vermögen verfügten, ist diese Verfassung aus heutiger Sicht nicht demokratisch.

Musste der König sterben?

1 – Die Verhaftung König Ludwigs XVI. auf der Flucht 1791. Zeitgenössische Darstellung.

✲ **Republik**, die
(lat. res publica = die öffentliche Sache) Begriff für eine Staatsform mit einer gewählten Regierung, in der das Volk oder ein Teil des Volkes die Macht ausübt.

✲ **Jakobiner**, die
Ein politischer Klub während der Französischen Revolution, dessen Mitglieder sich erstmals in dem ehemaligen Pariser Kloster St. Jacob trafen. Der Name wurde für radikale Republikaner verwendet.

✲ **Terror**, der
(lat. terror = Schrecken). Politik der massiven Unterdrückung von Personen mit dem Ziel, die Menschen gefügig zu machen.

Der König auf der Flucht
1791 war die absolute Macht des Königs durch die Verfassung stark eingeschränkt worden. Er musste sich jetzt an die von der Nationalversammlung beschlossenen Gesetze halten und war nicht mehr der oberste Richter. Ludwig XVI. wollte sich nicht damit abfinden. Er nahm Kontakt zu französischen Adligen auf, die im Ausland lebten. In der Nacht vom 20. Juli 1791 floh der König mit seiner Familie, wurde aber vor der Grenze erkannt und nach Paris zurückgebracht.

Revolution und Krieg
Die europäischen Staaten außerhalb Frankreichs wurden von Königen und Fürsten regiert. Sie fürchteten, dass sich die Ideen der Revolution auch in ihren Ländern ausbreiten könnten.
Viele französische Adelige, die ins Ausland gegangen waren, verstärkten die feindselige Haltung gegenüber dem revolutionären Frankreich. Um einem Angriff der verbündeten Fürsten zuvorzukommen, beschloss die französische Nationalversammlung am 20. April 1792, dem König von Ungarn und Böhmen den Krieg zu erklären. Durch Bündnisse mit anderen Staaten (Koalitionen) waren automatisch weitere Länder, wie z. B. Preußen, an den kriegerischen Auseinandersetzungen beteiligt. Jetzt erfasste eine nationale Begeisterung die Franzosen. Mit dem Ruf „Das Vaterland ist in Gefahr!" meldeten sich Zehntausende Franzosen freiwillig zu den Waffen. Zu Beginn des Krieges waren die Berufsarmeen der verbündeten Österreicher und Preußen überlegen. Erst später eroberte die französische Revolutionsarmee zuerst Belgien und rückte dann bis Frankfurt am Main vor.

Die Revolution in Gefahr
Trotz der ersten militärischen Erfolge war die Französische Revolution noch in Gefahr. Die Wut des Volkes richtete sich gegen den König, der mit dem Feind gemeinsame Sache gemacht hatte. Im August 1792 stürmte die Menge das Schloss. Der König wurde für abgesetzt erklärt und verhaftet. Am 21. September 1792 wurde Frankreich eine ✲Republik.

Muss der König sterben?
Unter dem Druck des Krieges wurde die Stimmung im Nationalkonvent, so hieß die Nationalversammlung jetzt, immer radikaler. Den größten Einfluss in diesem Konvent hatte eine Gruppe besonders radikaler Abgeordneter, die ✲Jakobiner. Einer ihrer mächtigsten Männer war Robespierre. Er wollte die Revolution mithilfe von ✲Terror endgültig durchsetzen. Im Dezember wurde über das Schicksal des Königs beraten.

Q1 Während einer Rede am 3.12.1792 sagte Robespierre:
... Was mich angeht, so verabscheue ich die Todesstrafe, und für Ludwig habe ich weder Hass noch Liebe, nur seine Missetaten verabscheue ich. Aber ein König, dessen Name allein schon für unsere Nation den Krieg bedeutet, stellt für das öffentliche Wohl eine Gefahr dar. Mit Schmerz spreche ich die verhängnisvolle Wahrheit aus: Es ist besser, dass Ludwig stirbt, als dass 100 000 tugendhafte Bürger umkommen: Ludwig muss sterben, weil das Vaterland leben muss. ...

Am 17. Januar 1793 fällte der Nationalkonvent mit 387 zu 334 Stimmen das Todesurteil. Vier Tage später wurde Ludwig XVI. mit der *Guillotine hingerichtet.

Die Terrorherrschaft

Der König hingerichtet, die französischen Truppen im Kampf mit feindlichen Heeren und immer wieder Hungersnöte – Frankreich kam nicht zur Ruhe. Vielerorts kam es schon zu Aufständen gegen die Revolutionäre, die an diesem Elend schuld wären. Um kritische Äußerungen zu unterbinden, errichteten Revolutionäre 1793 eine Herrschaft des Schreckens. Jeder, der auch nur den Anschein erweckte, die Revolution nicht aus ganzem Herzen zu unterstützen, wurde verhaftet. Unterstützt wurden sie vor allem von radikalen Kleinbürgern, die fürchteten, aufgrund der politisch unsicheren Lage seien die Errungenschaften der Revolution gefährdet. Sie glaubten, die Ordnung müsse mit Gewalt aufrechterhalten werden. So gerieten angebliche Gegner der Revolution schnell in den Blick der radikalen Revolutionäre. Einige unbedachte Äußerungen genügten bereits, um als „Feind der Republik" überführt zu werden.
Täglich wurden Hunderte von den Revolutionsgerichten zum Tode verurteilt. Insgesamt wurden ungefähr 500 000 Menschen verhaftet, etwa 40 000 Menschen ohne ordentliches Gerichtsverfahren hingerichtet, darunter auch Kinder von zehn bis zwölf Jahren.

2 – Die Hinrichtung König Ludwigs XVI. Radierung, 1793.

1 Beschreibt die Stimmung, die in Bild 1 ausgedrückt wird.
2 Nennt die Gründe, aus denen Robespierre die Todesstrafe für den König fordert (Q1).
3 Nehmt Stellung zu der Begründung Robespierres.
4 Erklärt, warum es zur Terrorherrschaft kam.
▶ *Folgende Begriffe könnt ihr für eure Darstellung nutzen. Absolutismus – Verfassung – ausländische Adlige – Flucht – Hunger ...*
5 Findet ein Werturteil zu der Frage „Musste der König sterben?"
▶ *Nehmt hierzu die Methode „Ein persönliches Werturteil bilden", S. 166/167 zu Hilfe.*

* **Guillotine**, die
Fallbeil, benannt nach dem französischen Arzt Guillotine, der die Apparatur als humanere Methode der Hinrichtung vorgeschlagen hatte.

Wahlaufgaben

A Verfasst ein Streitgespräch zwischen einem Befürworter und einem Gegner der Hinrichtung des Königs. Führt das Streitgespräch in der Klasse vor.
B Führt eine Pro- und Kontra-Diskussion, ob es in Zeiten des Krieges und äußerer Not berechtigt ist, die Meinungsfreiheit einzuschränken.
▶ *Arbeitet mit einem Partner und einigt euch im Vorfeld, wer für und wer gegen die Einschränkung der Meinungsfreiheit ist. Sammelt dann eure Argumente und stellt sie in einer kleinen Podiumsdiskussion vor.*

Ende der Revolution

Napoleon: Zerstörer oder Vollender der Revolution?

1 – Napoleon 1807 mit Herrscherstab. Gemälde von Francois Gérard.

Das Ende des Terrors

Im Jahr 1794 konnten die zahlenmäßig überlegenen französischen Truppen ihre Gegner aus Frankreich vertreiben. Die Revolution schien gerettet. Die Mehrzahl der Abgeordneten im Nationalkonvent sprach sich jetzt gegen die Terrorherrschaft aus. Viele Bürger hatten auch Angst, selbst ein Opfer der Sondergerichte zu werden. Am 27. Juli 1794 ließen sie Robespierre verhaften und am nächsten Tag hinrichten.

Herrschaft Napoleons

Nachdem Robespierre gestürzt worden war, kamen die Vertreter des wohlhabenden Bürgertums an die Macht. Die eigentlichen Regierungsgeschäfte wurden einem Direktorium aus fünf „Direktoren" übertragen. Die Regierung des Direktoriums konnte die Not in weiten Teilen der Bevölkerung aber nicht beheben. Arbeitslosigkeit und Hunger herrschten noch immer vor. Die Preise für die rationierten Lebensmittel stiegen immer weiter.
Viele Franzosen sehnten sich in dieser Situation nach einem „starken Mann" und sie fanden ihn in dem jungen General Napoleon Bonaparte (1769–1821).
Beim Volk war Napoleon sehr beliebt. Von Anfang an hatte er auf Seiten der Revolutionäre gekämpft. In den Kriegen gegen die ausländischen Truppen führte er seine Soldaten durch rücksichtslosen Einsatz der Artillerie von Sieg zu Sieg.
Im November 1799 drang er mit seinen Soldaten in das Parlamentsgebäude ein, setzte die Regierung ab und übernahm selbst die Regierungsgeschäfte. Von jetzt an hielt er allein die Macht in seinen Händen. Die Teilung der Gewalten wurde aufgehoben, freie Wahlen und die Pressefreiheit abgeschafft. Die Verwaltung wurde zentral organisiert und reformiert. Alle Bürger mussten entsprechend ihres Vermögens Steuern zahlen. Napoleon entschied selbst, wie die höchsten Ämter in der Verwaltung, in der Polizei und in der Armee besetzt wurden.
1802 ließ er seine Herrschaft durch einen Volksentscheid auf Lebenszeit verlängern. Einige Rechte aus der Revolutionszeit ließ Napoleon aber unangetastet:
- die persönliche Freiheit,
- die Gleichheit vor dem Gesetz, und
- das Recht auf Eigentum.

Der „Code civil"

1804 erschien die erste Ausgabe einer Gesetzessammlung für Frankreich, die „*Code civil" genannt wurde. Die einzelnen Bücher des Code regelten die Rechte der Personen und Fragen des Eigentums. Mit dieser Gesetzessammlung wurde zum ersten Mal ein einheitliches geschriebenes Recht geschaffen, das für ganz Frankreich gültig war. Es löste 300 unterschiedliche Gesetzesbücher ab, die bis dahin galten. Der „Code civil" wurde zum Vorbild für ganz Europa.

Reformen

Um die schlechte wirtschaftliche Lage zu verbessern, erließ Napoleon zahlreiche Beschäftigungsprogramme: Kanäle und Häfen wurden gebaut, das Straßennetz erweitert. So fanden viele Menschen wieder

* Code civil, der Bürgerliches Gesetzbuch.

* Autorisation, die Erlaubnis.

2 – Europa unter der Herrschaft Napoleons 1804–1812.

Arbeit. Napoleon gab damit den Franzosen das Gefühl, sich wirklich um das Volk zu kümmern.
1804 krönte sich Napoleon im Beisein des Papstes selbst zum Kaiser und seine Frau zur Kaiserin der Franzosen.

Q1 Der Rechtsanwalt François de Jaubert, der 1789 Mitglied der Nationalversammlung gewesen war, erklärte in einer Rede am 2. Mai 1804:
... Was wollten wir 1789? Das Eingreifen unserer Vertreter bei der Festlegung der Steuern, die Abschaffung des *Feudalsystems, ... die Beseitigung der Missbräuche, ... die Garantie für den Wohlstand im Inneren und für unsere Achtung im Ausland: das sind die wahren Wünsche der Nation gewesen. ... Ja, wer könnte all die Wunder nennen, die er (Napoleon) seit seinem Aufstieg ... vollbracht hat! ...

Europa unter der Herrschaft Napoleons

Napoleon führte fast ununterbrochen Krieg und unterwarf bis auf Großbritannien fast alle Staaten Europas.
1813 konnten die verbündeten Staaten Russland, Preußen und Österreich Napoleon und seine Armeen entscheidend besiegen. 1815 erlitt er eine endgültige Niederlage wurde. Napoleon starb 1821 in der Verbannung auf St. Helena.

1 Schildert, wie Napoleon an die Macht kam und wie er das Regierungssystem Frankreichs umgestaltete.
2 Untersucht Q1 und erklärt, warum das Bürgertum Napoleon größtenteils unterstützte.
3 Untersucht die Karte 2 und beschreibt die Ausdehnung der französischen Herrschaft in Europa unter Napoleon.
▶ *Nehmt hierzu die Methode „Geschichtskarten auswerten", S. 248 zu Hilfe.*

Wahlaufgaben

A Führt ein Streitgespräch: Napoleon: Zerstörer oder Vollender der Revolution.
B Napoleon sagte einmal: „Von Freiheit verstehen die Franzosen nichts. Das Volk braucht einen Führer." Wie beurteilt ihr diese Aussage?

* **Feudalsystem**, das Herrschaft von Königen und Adel.

Das kann ich ...

Die politischen Revolutionen

1 – Am 20. Juni 1789: Der Schwur im Ballhaus. Gemälde von J. Louis David, um 1790.

2 – Schild eines Eiscafés auf der Insel Korsika. Foto, 2013.

Ausschnitt a

Ausschnitt b

Ausschnitt c

Ausschnitt d

Ausschnitt e

Ausschnitt f

3 – Sechs Ausschnitte aus Bildern aus diesem Kapitel.

Verstehen

Q1 Aus der Erklärung der Menschen- und Bürgerrechte 1789:
Die Vertreter des französischen Volkes ... haben unter der Berücksichtigung, dass die Unkenntnis, die Achtlosigkeit oder die Verachtung der Menschenrechte die einzigen Ursachen der öffentlichen Missstände und der Verderbtheit der Regierungen sind, beschlossen, die natürlichen, unveräußerlichen und heiligen Rechte der Menschen in einer feierlichen Erklärung darzulegen. ...
... 1. Die Menschen werden frei und gleich an Rechten geboren und bleiben es. ...
2. Der Zweck jeder politischen Vereinigung ist die Erhaltung der natürlichen und unantastbaren Menschenrechte. Diese sind das Recht auf Freiheit, das Recht auf Eigentum, das Recht auf Sicherheit und das Recht auf Widerstand gegen Unterdrückung.
3. Der Ursprung jeder Souveränität liegt ihrem Wesen nach beim Volk. Keine Körperschaft, kein Einzelner kann eine Gewalt ausüben, die nicht ausdrücklich von ihm ausgeht. ...

Wichtige Begriffe

Boston-Tea-Party
Finanzkrise
Generalstände
Ballhausschwur
Nationalversammlung
Menschenrechte
konstitutionelle Monarchie
Republik
Frauenrechte
Schreckensherrschaft
Herrschaft Napoleons
Unabhängigkeitserklärung

Methoden anwenden

1 Erklärt euch gegenseitig die wichtigen Begriffe (oben) und schreibt die Bedeutung der Begriffe in euer Geschichtsheft.

2 Betrachtet die Verfassung Frankreichs von 1791 (Seite 105) und erläutert, inwiefern in ihr die Gedanken der Aufklärung (S. 62) verwirklicht sind.

3 Findet die Bilder in diesem Kapitel, aus denen in M3 Ausschnitte zu sehen sind. Ordnet sie für einen Zeitfries und beschriftet sie.

Analysieren

4 Betrachte Bild 2. Handelt es sich um eine wissenschaftliche Darstellung? Begründe deine Entscheidung. Welchen Zweck soll die Darstellung möglicherweise erfüllen?

Deuten

5 Betrachtet Bild 1 und erläutert, welchen Eindruck der Maler mit seiner Darstellung hervorrufen wollte.
▶ *Nutzt hierzu die Methode „Bilder untersuchen", S. 245.*

6 Lest Q1 und prüft, wie sich die Erklärung der Menschen-und Bürgerrechte von 1789 in unserem Grundgesetz niedergeschlagen hat. Benutzt dazu den Text des Grundgesetzes im Anhang S. 261.

Urteilen und sich orientieren

7 „Für die Entwicklung der Demokratie in Deutschland war die Französische Revolution ein wichtiges Vorbild." Setzt euch mit diesem Werturteil auseinander und begründet eure zustimmende oder ablehnende Haltung zu dieser Aussage.

Darstellen – historisch erzählen

8 Erzählt mithilfe der Informationen dieses Kapitels, wie es zur Französischen Revolution kam und schildert ihren Verlauf und ihre Auswirkungen.

9 Entwerft einen kurzen Vortrag: „Die Bedeutung der Französischen Revolution für uns heute".

A BORSIG

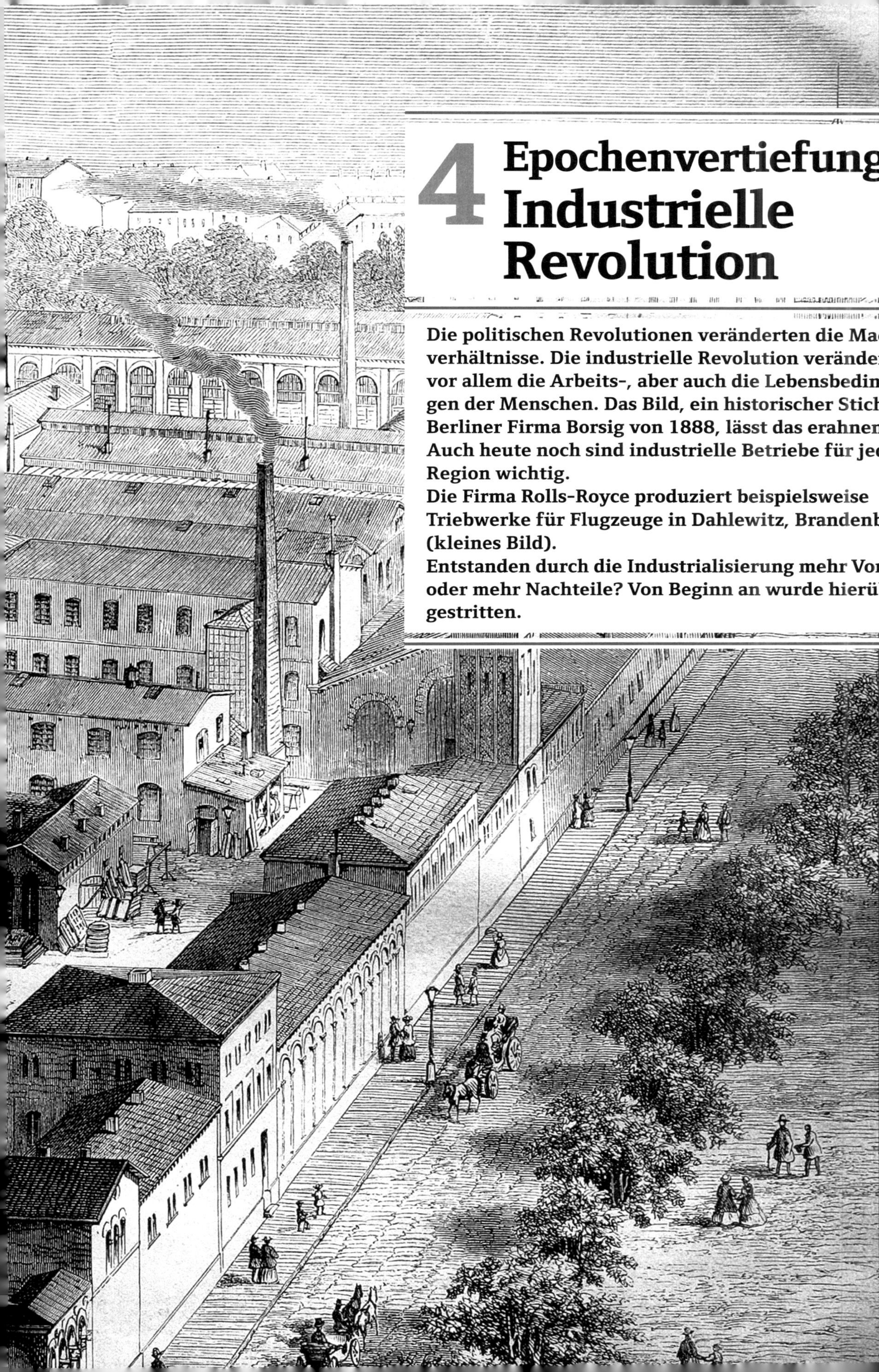

4 Epochenvertiefung: Industrielle Revolution

Die politischen Revolutionen veränderten die Machtverhältnisse. Die industrielle Revolution veränderte vor allem die Arbeits-, aber auch die Lebensbedingungen der Menschen. Das Bild, ein historischer Stich der Berliner Firma Borsig von 1888, lässt das erahnen. Auch heute noch sind industrielle Betriebe für jede Region wichtig.
Die Firma Rolls-Royce produziert beispielsweise Triebwerke für Flugzeuge in Dahlewitz, Brandenburg (kleines Bild).
Entstanden durch die Industrialisierung mehr Vor- oder mehr Nachteile? Von Beginn an wurde hierüber gestritten.

Epochenvertiefung: Industrielle Revolution

um 1764
Erste Maschine zur Herstellung von Fäden, Spinning Jenny

1769
Dampfmaschine von James Watt

1 – Wichtige Industrieregionen in Europa um 1850.

Jahrhundertelang hatte sich das Leben der Menschen nur wenig verändert: Der größte Teil der Bevölkerung lebte als Bäuerin und Bauer in kleinen Dörfern. Andere Menschen verdienten ihren Lebensunterhalt als Handwerker und Händler in Städten. Die wenigen Reichen gehörten dem Adel oder (seltener) dem gehobenen Bürgertum an. Mit dem Beginn der Industrialisierung änderte sich schlagartig vieles, vor allem im Arbeitsleben der Menschen. Man spricht deshalb auch von der „Industriellen Revolution".

Bei der Arbeit mit diesem Kapitel könnt ihr euch mit folgenden Fragen beschäftigen:

- Wie kam es zur Industriellen Revolution?
- Wie sah das Arbeitsleben der Arbeiterinnen und Arbeiter und ihrer Kinder aus?
- Wie und warum organisierten sich Arbeiter und Frauen?
- Welche Folgen hatte die Industrialisierung für die Umwelt?

1 Ordnet die Bilder auf der rechten Seite den Fragen für das Kapitel und/oder den Einträgen auf dem Zeitstrahl zu.

2 Berichtet, was ihr schon über die Industrialisierung wisst.

3 Beschreibt mithilfe der Karte 1 die Lage der frühen industriellen Gebiete.

1835
Erste deutsche Eisenbahnstrecke Nürnberg – Fürth

um 1840
Männer und Frauen arbeiten 14–16, Kinder ca. 10 Stunden täglich

1863
Gründung des Allgemeinen deutschen Arbeitervereins

1865
Gründung des ersten deutschen Frauenbildungsvereins

2 – Tausende Menschen begleiten die erste sechs Kilometer lange Fahrt der Adler-Lokomotive. Nachträglich kolorierter, zeitgenössischer Stich.

3 – Gewinnung von Steinkohle in Oberschlesien, F. W: Knippel, W. vin Rieden. Lithographie, um 1850.

4 – Die Essigfabrik Carl Kühne in der Brunnenstraße in Berlin-Wedding. Foto, um 1910.

5 – Louise Otto-Peters, sozialkritische Schriftstellerin und Mitbegründerin der bürgerlichen deutschen Frauenbewegung. Holzstich, 1892.

Wie kam es zur Industriellen Revolution?

1 – Dampfpflug im Einsatz. Dieser wird durch Auf- und Abwickeln eines zwischen zwei Lokomobilen gespannten Drahtseils hin- und herbewegt. Holzstich, koloriert, 1890.

*Agrarwirtschaft, die
Fachwort für Landwirtschaft.

*Fruchtwechselwirtschaft, die
Ein regelmäßiger Wechsel von Halmfrüchten, Getreide und Blattfrüchten, z. B. Rüben. Der Wechsel verbessert die Bodenfruchtbarkeit.

Mit der Agrarrevolution fing es an

Seit etwa 1800 kam es zu neuen Entwicklungen in der *Agrarwirtschaft in Europa. Diese Agrarrevolution machte die Industrielle Revolution erst möglich. Dazu gehörten:

- die Abschaffung der Dreifelderwirtschaft: Jetzt konnten alle Flächen durch bessere Düngung und *Fruchtwechselwirtschaft genutzt werden.
- neue Nahrungs- und Futterpflanzen, wie Rüben, Klee, Mais, Kohl und Kartoffeln.
- bessere Geräte mit stabilen Eisenteilen.
- die gezielte Auswahl von Saatgut und Zuchttieren und dadurch höhere Ernten und mehr Tiere.
- der Einsatz von Pferden in der Landwirtschaft. Die Pflugleistung stieg von 0,4 auf 0,8 ha pro Tag.

Auswirkungen und weiterer Wandel

In der Folge konnten mehr Menschen besser ernährt werden. Fortschritte gab es auch in der Hygiene (Sauberkeit in den Haushalten) und in der Medizin, z. B durch Pockenschutzimpfungen. Die Bevölkerungszahlen stiegen in Europa. In England steigerte sie sich zwischen 1750 und 1850 von etwa 7 Millionen auf fast 21 Millionen. Immer mehr Arbeitskräfte standen zur Verfügung.

Die industrielle Produktion begann in England

Mehr Menschen benötigen auch mehr Kleidung. Bisher wurden in Heimarbeit Garn und Stoffe am Webstuhl hergestellt, oft neben der Landwirtschaft. Die Produktion reichte aber nicht mehr aus. Man brauchte viel mehr und möglichst preisgünstige Stoffe.

Ein Wettbewerb von 1761 sollte alles beschleunigen. Vertraut war den Menschen das Spinnen von Wolle zu einem Faden mit einem Spinnrad. Nun wurde ein Erfinder einer Maschine gesucht, die es möglich machte, nicht einen, sondern sechs Fäden aus Wolle, Flachs, Hanf oder Baumwolle gleichzeitig zu spinnen. Der Sieger, James Hargreaves, lieferte 1764 eine Maschine, die sogar 16 Fäden gleichzeitig spinnen konnte. Er benannte die Maschine nach seiner Tochter „Jenny“.

Erste Proteste halten die Industrialisierung nicht auf

In der Zeit der Industrialisierung gab es immer auch Bedenken gegen die neuen Entwicklungen. So wurde die Werkstatt, die Hargreaves mit seinem Preisgeld einrichtete, zerstört. Aufgebrachte Spinner und We-

2 – Zerstörung der Spinning Jenny durch Arbeiter und Technikgegner während der Aufstände zwischen 1811 und 1816. Illustration, 1935.

Erfinder und Entdecker:
Benz · Edison · Fulton · Daimler · Koch · Liebig · Otto · Pasteur · Siemens · Daguerre · Thomas Newcomen

Erfindungen und Entdeckungen:
Glühbirne · Bekämpfung der Cholera · Entdeckung der Bakterien · erstes Automobil · Dynamo · Viertaktmotor · Kunstdünger · Benzinmotor · Fotografie · Dampfschiff · erste echte verwendbare Dampfmaschine

3 – Erfindungen und Entdeckungen im 19. Jahrhundert.

ber sorgten sich um ihre Arbeit und ihr Einkommen. Auch Zeitungen forderten das Verbot von Maschinen, die die Arbeit der Menschen überflüssig mache. Solche Proteste hielten die Industrialisierung jedoch nicht auf.

Mit Volldampf in die Zukunft

Muskel-, Wasser- und Windkraft reichten nicht mehr aus, die zahlreichen Maschinen, die erfunden wurden, anzutreiben. Vor allem im Bergbau mussten Pumpen angetrieben werden, um das einströmende Wasser zu entfernen. An den schon vorhandenen Dampfmaschinen wurden immer mehr Verbesserungen vorgenommen und James Watt entwickelte eine Form, die in der Folge in fast allen Wirtschaftsbereichen zum Einsatz gelangte. Um die vielen Maschinen zu betreiben, wurde wiederum mehr Kohle gebraucht, sodass immer mehr Arbeitskräfte für den Bergbau benötigt wurden.

Waren Erfinder immer Männer?

Für eine neue Erfindung wird, auch heute noch, ein Patent angemeldet. Dies sichert dem Erfinder zu, dass die Erfindung mit seinem Namen verknüpft bleibt und dass auch das Geld, das damit verdient werden kann, zu ihm gelangt. Wenn eine Frau eine neue Idee oder eine Erfindung entwickelte, konnte sie diese nicht anmelden. Frauen standen immer unter der *Vormundschaft ihrer Väter oder Ehemänner. Auch ihr gesamtes Eigentum gehörte ihrem Mann. Im Falle einer Erfindung konnte eine Frau diese folglich nur unter dem Namen ihres Mannes oder Vormunds verkaufen.

*Vormund, der
Ein Vormund, z. B. der Vater, übernimmt die rechtliche Fürsorge und trifft Entscheidungen, auch in Fragen des Eigentums.

1. Erstellt eine Wandzeitung, in der die Voraussetzungen für die Industrielle Revolution vorgestellt werden.
2. Beschreibt mithilfe von Bild 1 und der Informationen im Text die Veränderungen in der Landwirtschaft.
3. Formuliert für das Bild 2 Gedanken oder Ausrufe der abgebildeten Menschen.
4. Erklärt, warum für die Zeit der Industrialisierung keine Frauen als Erfinderinnen zu finden sind.

Wahlaufgaben

A. Verfasst mithilfe des Internets Berichte über die Erfinder und Entdecker (Übersicht 3).
▶ *Macht Angaben zur Person, der Erfindung und deren Bedeutung.*

B. Zieht Erkundigungen über ein Technikmuseum in Brandenburg, z. B. das Textilmuseum in Forst oder das Deutsche Technikmuseum in Berlin, ein. (Siehe Umschlagkarte: Exkursionsziele, Industrialisierung in Brandenburg-Preußen).
▶ *Plant einen Besuch mithilfe der Methode „Ein Museum besuchen", S. 174/175.*

C. Recherchiert mithilfe des Webcodes weitere Proteste, vor allem gegen industrielle Maschinen, und ihre Auswirkungen. Stellt sie vor.

Webcode: EV644834-117

Wie sahen die Arbeitsbedingungen in einer Fabrik aus?

1 – Arbeiterinnen und Arbeiter der *AEG. Foto, um 1900.

2 – Französische Karikatur über die Industriearbeit, um 1910.

*AEG
(Allgemeine Elektrizitäts-Gesellschaft) Das Unternehmen wurde 1883 in Berlin gegründet und 1910 bereits weltweit tätig. Es wurden elektrische Beleuchtung, Maschinen und selbst Kraftwerke hergestellt.

*Arbeitsteilung, die
Eine Arbeitsaufgabe, z. B. die Herstellung eines Produktes, wird in mehrere Teilaufgaben zerlegt, die von unterschiedlichen Arbeitern ausgeführt werden.

*haftbar sein
Für den Schaden aufkommen, ihn bezahlen.

Was ist eine Fabrik?

Hört man einen Begriff, so verbindet man damit eine Vorstellung. Sie ist meist mit der eigenen Zeit, den eigenen Erfahrungen verknüpft.
In den Anfängen, so kann man in einem Lexikon von 1788 nachlesen, wurde in einer Fabrik außer mit den Händen auch mit Feuer, dem Hammer und ähnlichen Werkzeugen gearbeitet. Es kommen die *Arbeitsteilung, aber auch die Spezialisierung von Arbeiterinnen und Arbeitern auf einen bestimmten Arbeitsgang hinzu. Neben Arbeitern gibt es den Direktor oder z. B. auch den Laufjungen.
Mit der Zeit wachsen die Produktmengen (höhere Stückzahlen) und die Anzahl der Arbeiterinnen und Arbeiter pro Fabrik. Im 19. Jahrhundert veränderte vor allem der wachsende Einsatz von Maschinen die Arbeit.

Wie entstanden Fabriken?

Maschinenfabriken entwickelten sich eher langsam aus meist schon bestehenden Werkstätten. Ein Kaufmann oder Handwerker baute z. B. seinen Familienbetrieb immer weiter aus.
Textilfabriken wurden meist von Beginn an als Großbetriebe für Hunderte von Arbeiterinnen und Arbeitern geplant und gebaut.

Der Fabrikant, ein strenger Herrscher

Q1 August Borsig (1804–1854) hatte ein Großunternehmen zum Bau von Dampflokomotiven aufgebaut. Der „Berliner Volkskalender" schrieb 1855 nach seinem Tod:
... Er übte ein Regiment unerbittlicher Strenge aus, wo es sich um Redlichkeit und Pflichterfüllung handelte. Pünktlichkeit, Fleiß und Redlichkeit waren die einzigen Fürsprecher bei ihm. Das Gegenteil hatte die augenblickliche Entlassung ohne Ansehen der Person zur Folge. ...

Borsig war mit seinen Regeln und Erwartungen kein Einzelfall. Es gab fast überall ein Überangebot an Arbeitskräften, so konnten Fabrikbesitzer geringe Löhne zahlen und strenge Vorschriften erlassen.

Q2 In der Fabrikordnung der Baumwollspinnerei Staub & Söhne in Altenburg von 1853 stand z. B.:
... Wenn in einem Arbeitssaal während der Arbeitszeit ... ein Gegenstand beschädigt wird, und der Täter ... nicht zu ermitteln ist, so sind die Arbeiter des ganzen Saales bis zum Nachweis des Täters für den Schaden *haftbar. ...

3 – Stehausschank nach der Fabrikarbeit, Treffpunkt mit Kollegen oder Freunden nach der Arbeit. Foto, 1913.

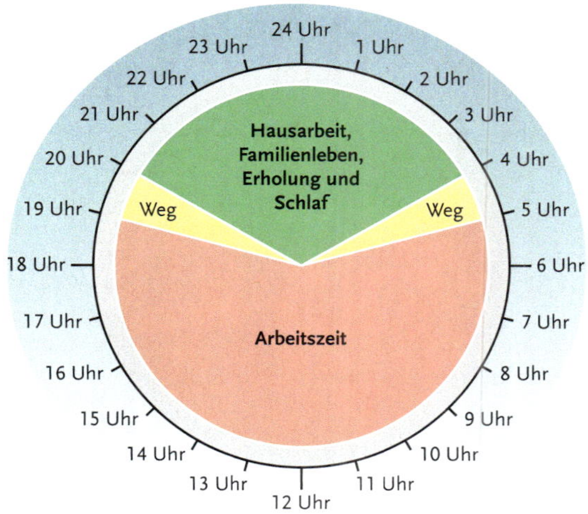

4 – Tagesablauf von Arbeiterinnen/Arbeitern in der Industrie um 1860. Schaubild.

Arbeiterinnen sind doppelt belastet

Nur wenige Frauen von Arbeitern konnten sich allein dem Haushalt und den Kindern widmen. Meist waren sie zur Mitarbeit gezwungen. Nur so reichte das Familieneinkommen. Ihr Arbeitstag war in der Regel um Stunden länger als der der Männer. Unternehmen stellten Frauen gern als Arbeitskräfte ein. Es war üblich, dass sie viel weniger Lohn als ihre männlichen Kollegen erhielten. Oft war es nur die Hälfte.

Q3 In dem Bericht einer *Gewerbeaufsicht aus dem Jahre 1899 heißt es:

... Es gibt viele Arbeiterinnen, die täglich zehn bis zwölf Kilometer zu Fuß zur Fabrik zurücklegen müssen. Ist die Entfernung zur Fabrik nicht so weit, eilt sie in der Mittagspause im Schnellschritt heim, macht Feuer ..., wärmt das vorher fertiggestellte Essen auf und isst mit den Angehörigen. Abends dasselbe: Abendessen, Schularbeiten der Kinder, Flicken und Waschen der Kleider und Wäsche, Vorbereitung des Essens für den anderen Tag. Vor neun Uhr abends endet der Arbeitstag nie ..., oft erst nach 23 Uhr. ...

1 Untersucht die Karikatur 2.

▶ *Nehmt hierzu die Methode „Karikaturen entschlüsseln“, S. 202/203 zu Hilfe.*

2 Schreibt zur Karikatur 2 in Sprechblasen Gedanken und Gefühle der Arbeiter auf.

3 Erläutert anhand von Q3 und Schaubild 4, inwiefern die Arbeiterinnen doppelt belastet waren.

4 Erstellt eine Mindmap oder ein Schaubild zum Thema „Fabrikarbeit“ mit den Informationen der Doppelseite.

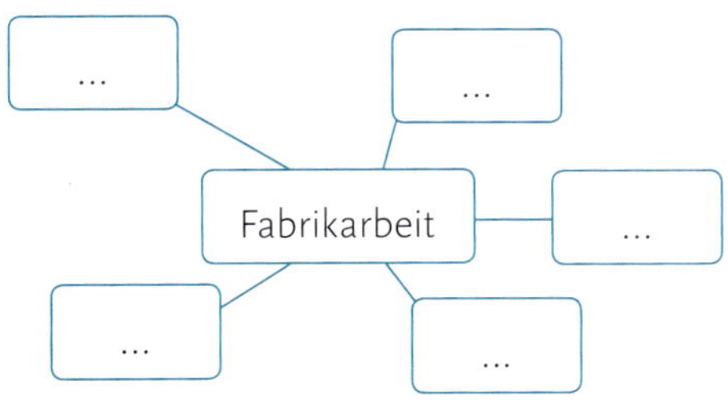

* Gewerbeaufsicht, die Behörde, die die Arbeitsbedingungen in Betrieben überwacht.

Wahlaufgaben

A Erstellt zu den Firmen AEG und Borsig eine Reportage. Erzählt darin die Firmengeschichte.

B Schreibt für eine zeitgenössische Zeitung (zur Zeit der Industriellen Revolution) einen Artikel.

▶ *Mögliche Themen: Arbeitsbedingungen, Unterschiede zwischen Arbeiterinnen und Arbeitern ...*

Arbeiterinnen und Arbeiter, Arbeiterkinder und Angestellte

1 – Die Lohnauszahlung in einem Großbetrieb erfolgte jeden Freitagabend vor Arbeitsschluss. Aus dem Lohnbüro kam dafür ein Angestellter mit weißem Kragen und Krawatte und brachte das Geld. Foto, 1911.

2 – Kinder an den Spinnmaschinen einer Tuchfabrik. Foto, um 1900.

Arbeiterinnen und Arbeiter

Q1 Ernst Abbe (1840–1905), Mitinhaber der Zeiss-Werke in Jena, erzählte von seinem Vater, der um 1850 als Vorarbeiter in einer Spinnerei arbeitete:
... Die Arbeitszeit währte 14–16 Stunden. Mittagspause gab es nicht. An eine Maschine gelehnt oder auf eine Kiste gekauert, verzehrte mein Vater sein Mittagessen aus dem Henkeltopf mit aller Hast, um mir dann den Topf geleert zurückzugeben und sofort wieder an die Arbeit zu gehen. Mein Vater war eine Hünengestalt [sehr großer Mann] von unerschöpflicher Robustheit, aber mit 48 Jahren in Haltung und Aussehen ein Greis, seine weniger starken Kollegen waren aber mit 38 Jahren Greise. ...

Arbeiterkinder

Q2 Über ihr Leben als 10-Jährige in Wien im Jahre 1879 berichtete Adelheid Popp in ihren Erinnerungen 1909:
... Ich wurde in einer Werkstätte aufgenommen, wo ich Tücher häkeln lernte; bei zwölfstündiger fleißiger Arbeit verdiente ich 20 bis 25 Kreuzer im Tage. Wenn ich noch Arbeit für die Nacht nach Hause mitnahm, so wurden es einige Kreuzer mehr. Wenn ich frühmorgens um 6 Uhr in die Arbeit laufen musste, dann schliefen andere Kinder meines Alters noch. Und wenn ich um 8 Uhr abends nach Hause eilte, dann gingen die anderen gut genährt und gepflegt zu Bette. ... (N)ur ein heißer Wunsch überkam mich immer wieder: mich nur einmal ausschlafen zu können. Schlafen wollt ich, bis ich selbst erwachte, das stellte ich mir als das Herrlichste und Schönste vor. ...

Q3 Aus dem Regulativ über die Beschäftigung jugendlicher Arbeiter in Fabriken, März 1839:
... § 1. Vor zurückgelegtem neunten Lebensjahr darf niemand in einer Fabrik oder bei Berg-, Hütten- und Pochwerken (mit Maschinen werden Erze zerkleinert) zu einer regelmäßigen Beschäftigung angenommen werden.
§ 2. Wer noch nicht einen dreijährigen regelmäßigen Schulunterricht genossen hat, oder durch ein Zeugnis des Schulvorstandes nachweiset, dass er seine Muttersprache geläufig lesen kann und einen Anfang im Schreiben gemacht hat, darf vor zurückgelegtem sechszehnten Jahre zu einer solchen Beschäftigung in den genannten Anstalten nicht angenommen werden. Eine Ausnahme hiervon ist nur da gestattet, wo die Fabrikherren durch Errichtung und Unterhaltung von Fabrikschulen den Unterricht der jungen Arbeiter sichern. ...

3 – Angestellte der Firma AEG. Foto, um 1906.

Angestellte

M1 Der Historiker Wolfgang Ruppert schrieb 1983 über die neue Gruppe der Angestellten:
Seit etwa 1900 begann sich die Bezeichnung „Angestellte" für alle diejenigen durchzusetzen, die als „Kopfarbeiter" im Büro saßen. Ihnen war gemeinsam und zur täglichen Pflicht gemacht, mit weißem Kragen und mit Krawatte und Anzug im Büro zu erscheinen. Dennoch gab es auch große Unterschiede in der Qualität ihrer Kleidung, etwa zwischen den feinen Stoffen, die die Buchhalter, und den etwas gröberen, die die Handlungsgehilfen in der Nachkalkulation ... trugen. Dies ist auch nicht verwunderlich, da die Gehaltsunterschiede beträchtlich waren ... (Der Anteil der Angestellten) an den abhängig Beschäftigten wuchs fortlaufend bis in die Gegenwart ...

Auch der Anteil der Frauen wuchs seit 1890 immer weiter an. Sie arbeiteten oft als Schreibkräfte an den neu eingeführten Schreibmaschinen. Es entstand auch ein neuer Beruf, der der Stenotypistin: Sie nimmt Diktate in einer Kurzschrift auf.

Wahlaufgaben

Bearbeitet in Gruppen eine der drei folgenden Aufgaben. Nutzt die Materialien dieser Doppelseite und haltet im Kapitel Ausschau nach weiteren Informationen in Bild und Text.

Arbeiterinnen und Arbeiter

A Versetzt euch in die Lage eines Arbeiters bzw. einer Arbeiterin (Bild1) beim Warten mit der Lohntüte auf die Auszahlung. Schreibt Gedanken (Hoffnungen, Sorgen ...) auf. Bezieht auch die in Q1 geschilderten Arbeitsbedingungen mit ein.

Arbeiterkinder

B Verfasst für die seit 1892 wöchentlich erscheinende „Berliner Illustrirte Zeitung" einen Artikel über Arbeiterkinder und einen Leserbrief, in dem ihr Stellung bezieht.

Angestellte

C Erstellt in der Gruppe eine Liste von Argumenten, die dafür sprachen, nach 1900 Angestellte oder Angestellter statt Arbeiterin oder Arbeiter zu sein.

Das Eisenwalzwerk

Schauplatz Geschichte

Dieses Gemälde von Adolph Menzel zeigt ein Walzwerk in Königshütte, Oberschlesien. Hier wurden Eisenbahnschienen gefertigt.

Wahlaufgaben

Bildet verschiedene Arbeitsgruppen und bearbeitet eine der folgenden Aufgaben:

A Schaut euch das Bild genau an. Beschreibt die verschiedenen Szenen, die es zeigt.

▶ *Die folgenden Stichwörter helfen euch: Walze, weiß-glühendes Eisen, Zangen, Funkenflug, Pause, Korb, Schichtwechsel …*

B Stellt euch vor, das Bild wäre die Vorlage für eine Filmszene. Gebt Regieanweisungen. Beschreibt hierfür auch die Geräusche und die Arbeit in der Fabrikhalle und entwerft kleine Dialoge.

▶ *Beginnt so: Für die die Szene in der Fabrikhalle benötigen wir: …*

C Sucht euch eine Person auf dem Gemälde aus. Erarbeitet eine Erzählung zu ihrem Alltag. Nutzt dafür auch die bisherigen Seiten aus diesem Kapitel.

▶ *Beginnt so: Ich bin … In der Fabrik bin ich, weil … Ich höre/sehe/rieche/…*

1 – Adolph Menzel: „Das Eisenwalzwerk", 1875. Ölbild, 1,58 m × 2,54 m. Das Gemälde kann in Berlin in der Alten Nationalgalerie (Museumsinsel) angesehen werden.

Wie organisierten sich die Arbeiter?

1 – **Schutzhülse für eine Streichholzschachtel.** Der „Grundstein" des Deutschen Bauarbeiterverbandes. Um 1910.

2 – **Der Streikredner,** Gemälde von Emilio Longoni, 1891.

In der Mitte des 19. Jahrhunderts entwickelten sich revolutionäre Strömungen. Auch in Berlin kam es zu Aufständen (↗ S. 210–213). Dies hatte auch Auswirkungen auf die Arbeitswelt.

✲ **Proletarier, die** (lat. Proletarius). „Der untersten Volksschicht angehörend". Im Römischen Reich die Landlosen, in der Industriellen Revolution die Angehörigen der Arbeiterklasse.

1848 – Vieles gerät in Bewegung

Immer mehr Arbeiterinnen und Arbeiter erkannten, dass auch sie nur gemeinsam und mit Druckmitteln Forderungen und Rechte gegen die Unternehmer durchsetzen konnten. Am 11. April 1848 gründete in Berlin eine Versammlung das „Central-Komité" für Arbeiter. Sie wollten „die Übelstände der Arbeiter" erforschen und auf „Abhilfe derselben" hinwirken. Ebenfalls 1848 gründete sich in Deutschland die erste Gewerkschaft (für Buchdrucker) in Mainz.

Gewerkschaften

Die Unternehmer sahen es als Bedrohung an, dass sich die Arbeiter in Vereinen und Gewerkschaften zusammenschlossen. Sie sorgten für gesetzliche Verbote. Erst 1872 wurden Gewerkschaften in ganz Deutschland zugelassen. Zu ihren Zielen und Forderungen gehörten u.a.
- höhere Löhne,
- eine Arbeitszeit von nicht mehr als zehn Stunden täglich; acht Stunden bei Schwerarbeit.
- Schutz und Unterstützung bei Krankheit, Unfällen und Arbeitslosigkeit.

Als ein Mittel zur Durchsetzung ihrer Ziele organisierten Gewerkschaften Streiks. Die „Streikkassen" sorgten dafür, dass die Familien der Streikenden nicht hungern mussten.

Politische Vordenker

Karl Marx und Friedrich Engels verfassten 1847/48 gemeinsam das „Kommunistische Manifest". Das ✲Proletariat werde unterdrückt und daher müsse die verantwortliche Klasse – das Bürgertum – entmachtet werden, so die Forderung.

Die Entstehung der SPD

Ferdinand Lassalle (1825–1864) war der Meinung, dass sich die Lage der Arbeiter nur verbessern lasse, wenn sie ihre Interessen selber im Parlament vertreten könnten. Er gründete 1863 den „Allgemeinen Deutschen Arbeiterverein". 1869 war eine zweite Arbeiterpartei gegründet worden. Aus dem Zusammenschluss beider entstand schließlich 1875 die „Sozialistische Arbeiterpartei Deutschlands", die seit 1890 „Sozialdemokratische Partei Deutschland" (SPD) heißt.

3 – **Ein Streik bricht aus.** Gemälde von Robert Köhler, 1886.

Lieder für Arbeiter

Q1 Die Internationale, ein verbreitetes Arbeiter-Kampflied von 1871:
Wacht auf, Verdammte dieser Erde, die stets man noch zum Hungern zwingt!
Das Recht wie Glut im Kraterherde nun mit Macht zum Durchbruch dringt. Reinen Tisch macht mit dem Bedränger! Heer der Sklaven, wache auf! Ein Nichts zu sein, tragt es nicht länger, alles zu werden, strömt zuhauf!
Ref.: Völker, hört die Signale! Auf zum letzten Gefecht! Die Internationale erkämpft das Menschenrecht ...

Nicht nur gemeinsame Organisationen wirkten für die Arbeiterschaft verbindend. Auch Lieder trugen durch Texte und Melodien zu einem Gefühl der Einheit und Stärke bei. So entstanden ab der Mitte des 19. Jahrhunderts viele Arbeiterlieder. 1871 schrieb der französische Dichter Eugène Pottier den französischen Originaltext der „Internationale“, ein Belgier vertonte das Lied und die deutsche Fassung stammt von Emil Luckhardt, einem Arbeitersohn.

1. Sucht euch eine Person auf einem der Bilder aus und formuliert für sie Gedanken oder das, was sie sagen könnte.
2. Betrachtet die Darstellung der Arbeiter in der Kunst (Bilder 1–3).
   ▶ *Erstellt eine vergleichende Tabelle:*

Wie sind einzelne Arbeiter dargestellt?	*Welche Rolle haben Frauen auf den Bildern?*	*Wie wirken die Personen auf den Betrachter?*

3. Übertragt den Liedtext (Q1) in die heutige Sprache. Benennt dabei, wer jeweils gemeint ist.
4. Diskutiert, warum gemeinsame Lieder für die Arbeiterbewegung vermutlich wichtig waren.

Wahlaufgaben

Informiert euch und haltet zu einem der folgenden Themen ein Kurzreferat:

A. Gewerkschaften.
B. Geschichte der SPD.
C. Die Internationale (Q1).
D. Karl Marx und Friedrich Engels.

Methode

Fotos analysieren

Fotos sind aus unserem täglichen Leben nicht wegzudenken. Seit es Fotografien gibt (etwa seit 1840), gelten sie als wertvolle Quellen.
Fotos können nicht die objektive „Wahrheit" über Ereignisse oder Menschen wiedergeben, aber uns eine Momentaufnahme liefern. Wie durch ein „Guckloch" bekommen wir Einblicke in die Vergangenheit, die durch weitere Informationen ergänzt werden müssen.

Folgende Schritte helfen euch, Fotografien zu untersuchen:

Schritt 1
Der erste Eindruck

Wie ist euer erster Eindruck?
- Was seht ihr auf dem Foto?
- Welche Gedanken, welche Gefühle habt ihr beim Betrachten des Fotos?

Schritt 2
Die Bildbeschreibung

Was ist alles zu sehen und zu entdecken?
- Was genau wird dargestellt?
- Wie ist die Darstellung: Welche Farben gibt es? Wie sind die Lichtverhältnisse? Gibt es eine auffällige Bildkomposition? Wie ist der Ausschnitt des Bildes gewählt (Nahaufnahme / Totale)?
- Handelt es sich um eine Collage oder Montage (verschiedene Elemente werden kombiniert)?
- Ist die Bildlegende informativ? Was verrät sie und was nicht?

Schritt 3
Die Analyse

Wofür steht das Foto?
- Welche Absichten verfolgt der Fotograf vermutlich? Wofür wurde das Foto gemacht (Nachricht, Werbung, privat)?
- Ist das Foto gestellt oder handelt es sich um einen Schnappschuss?
- Sehen wir das Foto heute mit anderen Augen als zu seiner Entstehung?
- Wie kann man die Bildaussage zusammenfassen?
- Hat das Foto eine Bedeutung über die konkrete Situation hinaus, ist es typisch für ein bestimmtes Ereignis, ein Problem ...?

Schritt 4
Erweiterung

Wie kann man das Foto „erweitern"?
- Was ereignete sich zeitlich vor und nach der Aufnahme?
- Welche Fragen habt ihr? Welche Materialien benötigt ihr?

1 Vervollständigt die Musterlösung zu Foto 1.

2 Bildet Arbeitsgruppen, um für Schritt 4 zu recherchieren.

3 Bearbeitet die Fotos 2 und 3 mithilfe der drei Schritte.

1 – **Arbeiter der Lokomotivenfabrik in Esslingen (Baden-Württemberg) mit einer fabrikneuen Lokomotive.** Foto, 1864.

Musterlösung zu Foto 1:

Zum Schritt 2: Eine neue, saubere Lokomotive ... auf Schienen, sechs Räder ..., acht Arbeiter in sauberer Kleidung befinden sich ... alle lehnen an ihr oder berühren sie ... Körperhaltung zeigt Stolz an. ...

Zum Schritt 3: Vermutlich ist das Foto zu Werbezwecken aufgenommen worden. ... Es steht für die Produktivität und Qualität der Produkte des Esslinger Werkes. ...

Zum Schritt 4: Vermutlich wurde die Lokomotive extra für das Foto hier hingeschoben und die Arbeiter mit sauberer Kleidung für das Foto bestellt. ...

2 – **Junger Grubenarbeiter in den USA,** Ausschnitt. Auch in den europäischen Minen zerstießen meist junge Arbeitskräfte die Kohlebrocken untertag. Foto, 1908.

3 – **Frauen beim Wickeln von Spulen für Elektromotoren.** Maschinensaal der AEG in Berlin. Foto, um 1890.

Welche Ziele hatte die Frauenbewegung?

1 – Bei einer Arbeiterinnenversammlung treffen sich sozialdemokratische Frauen, um über ihre Interessen zu diskutieren. Holzstich von Carl Koch. Leipziger „Illustrirte Zeitung", 1890.

Frauen in der Industriegesellschaft
Frauen waren vor der Industrialisierung in der Landwirtschaft ebenso am Arbeitsleben beteiligt wie Männer. Auch jetzt trugen sie, vor allem in der Arbeiterschaft, zum Familieneinkommen bei. Sie arbeiteten in der Fabrik oder als Dienstmädchen in Bürgerhaushalten. In der wohlhabenderen Schicht der Bürger übernahmen die Frauen in der Regel häusliche und erzieherische Arbeiten. Als Berufstätige wurden sie z. B. Lehrerin oder erlernten Bürotätigkeiten. Weiterführende Schulen und ein Universitätsstudium blieben für Frauen bis zum Ende des 19. Jahrhunderts verboten. Sie durften in den meisten deutschen Ländern auch nicht Mitglied in einem politischen Verein sein.

Was ist „männlich", was ist „weiblich"?
In weiten Teilen der Gesellschaft gab es feste Vorstellungen darüber, was „natürliche" Eigenschaften von Frauen und von Männern seien. Auf der einen Seite zählten dazu „Empfindung", „Abhängigkeit" und „Bescheidenheit", auf der anderen „Vernunft", „Kraft" und „Selbstständigkeit".

Q1 Der Dichter Friedrich Schiller schrieb 1799/1800 in seinem Gedicht „Das Lied von der Glocke" über die Rolle der Geschlechter:
... Der Mann muss hinaus ins feindliche Leben, muss wirken und streben und pflanzen und schaffen, erlisten, erraffen ...
Und drinnen waltet die züchtige Hausfrau, die Mutter der Kinder, und herrschet weise im häuslichen Kreise ... und ruhet nimmer. ...

Die Frauenbewegung entsteht
Mit den politischen Revolutionen setzte auch die Frauenbewegung ein (↗ Olympe de Gouges, S. 103). In Deutschland und anderen europäischen Ländern gründeten Frauen im Zuge der Revolution von 1848/49 (↗ S. 211) Vereine. Der erste deutsche Frauenbildungsverein wurde 1865 in Leipzig gegründet. Louise Otto-Peters war eine treibende Kraft, sie setzte sich vor allem für Bildungschancen der Frauen ein (siehe Briefmarke, S. 115). So, wie es in der Gesellschaft eine Trennung zwischen der Arbeiterschaft und dem Bürgertum gab, so auch in der Frauenbewegung: Es gab eine proletarische und eine bürgerliche. Übereinstim-

mend forderten sie Gleichberechtigung in der Gesellschaft und der Politik ein, das Wahlrecht für Frauen, gleiche Löhne für Männer und Frauen und kürzere Arbeitszeiten.

Q2 **Die österreichische Fabrikarbeiterin Adelheid Popp (1869–1937), sie setzte sich auch international für die Gleichberechtigung von Frauen ein, schrieb:**
... alle Aufforderungen meiner Parteizeitung (SPD) waren immer nur an die Arbeiter, an die Männer gerichtet. ... Auch wurde in den Versammlungen nur für Männer gesprochen. Keiner der Redner wendete sich auch an die Frauen. Es schien alles nur Männerleid und Männerelend zu sein. ...

Q3 **Die *Sozialistin Ottilie Baader (1847–1925) schreibt in ihren Lebenserinnerungen „Ein steiniger Weg" 1921 über die Frauenbewegung der Arbeiterinnen:**
Frauenbildungsvereine wurden an vielen Orten ins Leben gerufen ... Und trotz all dieser Beschränkungen (z. B. das Verbot, politisch aktiv zu werden) verstanden es die *Genossinnen, sich Einrichtungen zu schaffen, um unter den Frauen politisches Wissen und Aufklärung ... zu verbreiten. Das war nicht so ganz leicht. Es fehlte ja den Frauen in der Hauptsache noch an den allereinfachsten Begriffen über allgemeine Wirtschaftsfragen. ... Als dann im Jahre 1893 der elfstündige Arbeitstag für die erwachsenen Fabrikarbeiterinnen eingeführt wurde, erkannten sie erst die Richtigkeit dieser Forderung. ...

Q4 **In den Hamburger Nachrichten erschien 1902 folgender Artikel:**
... Schon viel zu lange hat man dem Treiben dieser radikalen Frauenrechtlerinnen tatenlos zugeschaut. Es ist höchste Zeit, dass man diese hysterischen Weiber, welche politische Gleichberechtigung fordern, endlich an die Kette legt ...

2 – Den Frauen ihr Recht. Plakat zum Frauenwahlrecht, 1913.

* **Sozialistin**, die Anhängerin des Sozialismus (vgl. Lexikon).

* **Genossin**, die Anhängerin einer sozialistischen Partei.

1. Sammelt mithilfe der Quellen die Gründe, die es den Frauen schwer oder unmöglich machten, Gleichberechtigung zu erreichen.
2. Verfasst für die Rednerin in Bild 1 eine Rede und tragt sie vor.
3. Bearbeitet die Bilder 2 und 3 mithilfe der Methode „Bilder untersuchen", S. 245 und vergleicht sie miteinander.
4. Findet eine Erklärung für den Titel der Lebenserinnerungen Ottilie Baaders (Q3).

Wahlaufgaben

A Recherchiert zu einer der folgenden Frauenrechtlerinnen: Louise Otto-Peters, Ottilie Baader, Adelheid Popp, Clara Zetkin, Hedwig Dohm, Helene Lange.
▶ *Lebensläufe, Ziele, Bekanntheit und was sie erreichen konnten.*

B Schreibt einen Leserbrief an die Hamburger Nachrichten (Q4).

Webcode: EV644834-129

Welche Folgen ergaben sich für Mensch und Natur?

1 – Krupp-Werke in Essen, vom Rathausturm aus fotografiert. Foto, 1893.

Q1 Alfred Krupp, Besitzer großer Industrieanlagen im Ruhrgebiet, schrieb in einem Brief über Fotografien, 1867:
„Für die Pariser Ausstellung und für einzelne Geschenke ... müssen wir neue Fotografien im Mai, wenn alles grünt ... ausführen. ... Ich würde vorschlagen, dass man dazu Sonntage nehme, ... Es ist nachteilig, wenn zu viel Dampf die Umgebung unklar macht, es wird aber sehr hübsch sein, wenn an möglichst vielen Stellen etwas weniger Dampf ausströmt. ...

Auswirkungen auf die Umwelt

Die Industrialisierung hatte viele Folgen, positive und auch negative. Umweltbedingte Krankheiten (z. B. die Lungenkrankheit Tuberkulose, Atemwegserkrankungen), Unfälle in Fabriken und Bergwerken und eine frühe Sterblichkeit gehörten zum Alltag der Menschen.

Folgen für die Luft

Die industrielle Fabrikation erzeugte innerhalb und außerhalb der Fabriken viel Rauch und Schadstoffe. Durch die schnell wachsenden Industrien (Eisen, Stahl, Chemikalien) wurden giftige Abgase, z. B. Schwefeldioxid, produziert. Sie gelangten nicht nur direkt in die (Atem-)Luft, sondern auch als saurer Regen zurück auf die Erde. Die Folgen waren u. a. Atemswegserkrankungen beim Menschen, Verunreinigungen von Nutzpflanzen, Waldsterben und auch ein schnelles „Zerfressen“ von Gebäuden, Brücken und Denkmälern.

Folgen für Städte und Verkehrswesen

Die industrielle Produktion zog viele Menschen an, denn sie bot Arbeitsplätze. Für die wachsende Bevölkerung der Städte wurden mehr Wohn- und dann auch wieder neue Arbeitsplätze notwendig. Es wurde dicht an dicht gebaut. Daraus erwuchs wiederum ein großer Bedarf an Holz und Kohle. Maschinen brauchten Energie und Häuser mussten beheizt werden. Immer größere zusammenhängende Gebiete wurden zugebaut. Die Rohstoffe für die Produktion mussten heran – und die fertigen Waren weggeschafft werden. Dafür waren neue Verkehrswege – vor allem Eisenbahnschienen – und Transportmittelmittel notwendig. Das Bild der Städte und Landschaften veränderte sich schnell.

Folgen für Boden und Gewässer

Giftige Chemikalien (Blei, Quecksilber, Cadmium u.a.) gelangten aus den Fabriken z. B. durch ungeklärte Abwässer direkt in den Boden (Grundwasser) und in Flüsse. Die Versorgung mit Trinkwasser erfolgte noch oft direkt aus den Flüssen.
So gelangten Giftstoffe, auch über den Verzehr der Fische, in den menschlichen Organismus.

2 – Walzwerk Neustadt-Eberswalde. Ölbild von Carl Blechen, 1830.

3 – Pfui Deibel! (Teufel riecht am Fabrikschornstein). Zeichnung von Heinrich Kley, Tinte, 1909.

Q2 Professor Baumeister/Karlsruhe schrieb 1878 in der „Vierteljahresschrift für öffentliche Gesundheit“:

... Die Flüsse und Seen sind die natürlichen Wege zur Beseitigung allen Unrathes, aufgelöst oder mit fortgeschwemmt. Es liegt nichts näher, als sich dieser Gewässer ... zu bedienen, wie denn von diesem natürlichen Recht überall Gebrauch gemacht worden ist, so lange die Welt besteht. ... (Eine Umkehrung würde) ... eine so große Menge an Verlegenheiten, Kosten und Uebelständen erzeugen, dass unsere ganze Lebensweise auf den Kopf gestellt würde. ...

Q3 In Berichten von 1880/81 über den Stand und die Verwaltung des Medicial- und Sanitätswesen, Wiesbaden:

... (hier bieten die) Rücksichtslosigkeit, der Egoismus und die Abneigung der Fabrikbesitzer, zum Wohle ihrer Mitmenschen Opfer zu bringen, oft sehr schwer zu beseitigende Hindernisse.“ ...

„Es ist keinem Zweifel unterworfen, dass durch die *Fabrikeinläufe, insbesondere durch Farbeneinläufe, das Wasser des Mains und Rheines an vielen Stellen für das Vieh, ökonomische (wirtschaftliche) Zwecke, für die Fischzucht und selbst für Bäder nicht mehr zu gebrauchen ist.“ ...

1 Beschreibt mit euren Worten, was Alfred Krupp bemängelt und was er fordert (Bild 1 und Q1). Diskutiert: Wie steht ihr dazu?

2 Nennt die Auswirkungen der Industrialisierung, die im Bild des Malers Carl Blechen zu entdecken sind.

3 Erklärt mit euren Worten, was der Künstler Kley mit der Zeichnung 3 ausdrücken will.

▶ *Die Bildunterschrift hilft euch.*

4 Q2 und Q3 sind fast zeitgleich entstanden. Vergleicht die Aussagen und die Sichtweisen der Autoren.
Erklärt, wie die Unterschiede zustande kommen.

▶ *Nehmt hierzu die Methode „Textquellen vergleichen“, S. 232/233 zu Hilfe.*

*Fabrikeinläufe, die Einleitungen von Abwässern einer Fabrik in Flüsse oder andere Gewässer.

Wahlaufgaben

A Schreibt den Autoren von Q2 und 3 einen Brief aus eurer Sicht.

B Erstellt für die einzelnen Bereiche Mindmaps mit verschiedenen Zweigen, die ihr beschriftet (Beispiel „Boden und Gewässer“: – Einleitungen, – Auswirkungen, Einschätzungen damals – unsere Einschätzungen heute ...).

C Erstellt mithilfe der Materialien einen zusammenfassenden Artikel zur leitenden Fragestellung dieser Seite. Benutzt folgendes Wortmaterial: Luft, Boden, Gewässer, Grundwasser, Wachstum, Menschen, Waren, Städte, Bodenversiegelung, Eisenbahnschienen, Wälder, Nutzpflanzen, Tiere, Fische, Nahrungskette, Atemwege, Krankheiten ...

Das kann ich …

Industrielle Revolution

1 – Mit dem Dampfschmiedehammer veränderte sich in den Werken von Alfred Krupp 1861 die Stahlverarbeitung. Ein Eisenklotz von 50 Tonnen Gewicht donnerte jetzt auf den Gussstahlblock. Das Werkstück wurde dadurch in eine Form gepresst. „Fritz“ funktionierte 50 Jahre lang und hatte fast 2 Millionen Mark gekostet.

2 – Comicausschnitt zum Thema Industrialisierung. Entwickelt in einem Seminar der Pädagogischen Hochschule Karlsruhe.

Verstehen

Wer weiß Bescheid?

Wer oder was ist gemeint? Findet die Lösung:

Ⓐ Sie war eine wichtige Vertreterin der proletarischen Frauenbewegung. Selbst Arbeiterin, setzte sie sich für die Bildung von Frauen ein. Auch in Fragen der Wirtschaft sollten Frauen ihrer Meinung nach Bescheid wissen.

Ⓑ Schriftstück, in dem für eine Fabrik das Arbeitsverhältnis und vor allem Rechte und Pflichten der Arbeiterinnen und Arbeiter geregelt sind.

Jetzt ist die Lösung vorgegeben. Findet eine knappe, passende Beschreibung:

Ⓐ Ferdinand Lassalle

▶ *Er setzte sich für die Arbeiter ein und ...*

Ⓑ Fabrikant

▶ *Ein anderes Wort für ...*

3 – Quiz zur Industriellen Revolution.

Wichtige Begriffe

Industrielle Revolution
Fabrikarbeit
Arbeiterinnen- und Arbeiteralltag
Maschinen
Kinderarbeit
Frauenbewegung
Umweltfolgen
Arbeiterorganisationen
Proletarier

Methoden anwenden

1 Schreibt die wichtigen Begriffe auf eine Karte und findet für die Rückseite eine kurze Erklärung. Ergänzt weitere Begriffe und Erläuterungen. Nutzt die Karten, um euch gegenseitig abzufragen.

2 Ergänzt das Quiz (M 3) mit eigenen Beiträgen nach dem vorgegebenen Muster. Bereitet auch ein Lösungsblatt für das Spiel mit euren Mitschülerinnen und Mitschülern vor.

Analysieren

3 Schaut euch M2 an. Analysiert den Comic und seine Machart.

▶ *Entsprechen die Inhalte des gezeigten Comicausschnitts dem, was ihr gelernt habt? Begründet eure Entscheidung und benennt Verbindungen zwischen den Unterrichtsinhalten und dem Comic.*

4 Eine Universität schlägt vor, dass Jugendliche wie ihr einen Comic (wie in M2) im Geschichtsunterricht selbst entwickeln. Schreibt ein Storyboard (Skizze in Wort und Bild) für einen Comic zur Industriellen Revolution. Sucht euch hierfür ein Thema einer Doppelseite aus und stellt euch eure Ergebnisse vor. Fragt nach, ob ihr eure Idee im Kunstunterricht umsetzen könnt.

▶ *Weitere Informationen siehe Webcode-Hinweis.*

Deuten

5 „Quellen können immer nur einen Ausschnitt aus der Vergangenheit zeigen". Schaut euch Bild 1 an und diskutiert, inwiefern das Foto ein Beispiel für diese Aussage darstellt.

6 Wählt ein Gemälde aus diesem Kapitel aus und vergleicht es mit dem Foto auf dieser Doppelseite (Bild 1). Berichtet darüber, was ihr an Unterschieden und Gemeinsamkeiten feststellen könnt.

▶ *Vergleicht Entstehungszeit und Zeitpunkt des Abgebildeten, die Bildauswahl und die Bildaussage.*

Urteilen und sich orientieren

7 Denkt über die Vor- und die Nachteile der Industriellen Revolution für das Arbeitsleben und das Leben der Menschen insgesamt nach. Erläutert euren Mitschülerinnen und Mitschülern, wie euer Urteil aussieht und begründet es.

Darstellen – historisch erzählen

8 Verfasst einen Text über die Veränderungen in der Arbeitswelt aus Sicht einer Arbeiterin/eines Arbeiters und beschreibt die Bedingungen während der industriellen Revolution.

KÖNIG
del. ad nat.

5 Fächerverbindendes Modul: Armut und Reichtum (Längsschnitt)

Armut und Mangel im Kontrast zu Reichtum beschäftigen schon seit jeher die Menschheit. Dabei ist, je nach Zeit und Gesellschaftsform, Armut unterschiedlich geprägt. Während Obdachlosigkeit, wie auf diesen beiden Bildern dargestellt, schon immer Ausdruck von Armut war, änderte sich das Verständnis von Armut und der Umgang damit im Laufe der Geschichte.

Armut und Reichtum (Längsschnitt)

um 1220
Elisabeth von Thüringen kümmert sich um die Armen

1594
Berlin erlässt eine Armenordnung

1,2 – Armut und Reichtum. Links die Wohnküche eines Arbeiters in Berlin, rechts das Wohnzimmer einer großbürgerlichen Wohnung in Berlin. Fotos, beide um 1910.

Menschen zwischen Armut und Reichtum

Armut und Reichtum, wie auf den Bildern 1 und 2, hat es in der Geschichte schon immer gegeben. Menschen wurden plötzlich arm, wenn zum Beispiel eine Naturkatastrophe ihre Weiden zerstörte – oder sie durch einen Krieg ihr ganzes Hab und Gut verloren. Die Mehrzahl der Menschen war arm, selbst dann wenn sie Arbeit hatten, da diese schlecht bezahlt wurde. Nur wenige Menschen waren reich.
Obwohl sich Armut und Mangel von der Frühgeschichte bis heute durch alle Epochen ziehen, hat sich der Umgang mit Armut im Laufe der Geschichte verändert. Auch das Verständnis, wer überhaupt als arm angesehen wird, änderte sich im Laufe der Zeit.

Bei der Arbeit mit diesem Kapitel könnt ihr euch mit folgenden Fragen beschäftigen:

- Wie wurde Armut im Laufe der Geschichte bewertet?
- Wie wurde mit Armen umgegangen?
- Was haben Arme gegen ihre Situation unternommen?
- Wer hat was gegen Armut unternommen?

1 Notiert Begriffe, die euch zum Thema Armut und Reichtum einfallen.
2 Vergleicht die Bilder 1 und 2 miteinander.
3 Ordnet die Bilder 1 – 5 entsprechend ihrer Jahreszahlen den folgenden Epochen zu: „Mittelalter“, „Frühe Neuzeit“, „Zeitalter der Revolutionen“
4 Zählt auf, welche Elemente der Armenfürsorge im Bild 5 dargestellt sind.

16. Jh.	1846	um 1850	ab 1883
Armenhäuser werden gegründet	Kartoffelrevolution in Berlin	Gründung des späteren Kolpingwerkes	Einführung staatlicher Sozialversicherungen in Deutschland

3 – Die Armenspeisung des Heiligen Benedikt (um 480–547). Gemälde, um 1490.

4 – Ein Fest beim Herzog von Berry. Französische Buchmalerei, um 1416.

5 – Die sieben Werke der Barmherzigkeit. Gemälde, wahrscheinlich von Pieter Brueghel d. J., Anfang 17. Jh.

Was verstehen wir unter „arm“ und „reich“?

1 – Ein hungerndes Kind in Somalia. Foto, 07.05.2012.

2 – Deutschland: Ein neunjähriger Junge sucht im Müll nach Pfandflaschen. Foto, 13.08.2009.

Was bedeutet Armut heute?

Armut hat viele Gesichter. Daher ist es unmöglich von „der“ Armut zu sprechen. Die Weltbank sagt, dass jemand arm ist, wenn ihm täglich weniger als 1,90 US-Dollar zur Verfügung stehen. Das entspricht in Deutschland einem Warenwert von ungefähr 1,70 Euro. Mehr als eine Milliarde Menschen leben heute weltweit am Rande dieses Existenzminimums.Wer ein geringes Einkommen hat, kann sich meistens auch nur schlecht ernähren. Deshalb ist Hunger ein häufiges Merkmal von absoluter Armut. Aber auch schlechte Bildung, mangelhafte Gesundheitsversorgung und mangelnde Hygiene sind Ausdruck von Armut.

Armut – nicht nur ein Problem der armen Länder

Armut ist nicht nur ein Problem der sogenannten *Entwicklungsländer. Auch Menschen in *Industrieländern sind von Armut betroffen. Obwohl Deutschland zu den reichsten Ländern der Erde gehört, ist Armut auch hier ein Problem. Fast 13 Millionen Menschen (2015) sind in Deutschland von Armut gefährdet. Das ist fast jeder sechste Bürger. Aber was bedeutet es, in einem Land wie Deutschland arm zu sein? Innerhalb reicher Länder gilt eine Person als arm, wenn sie viel weniger Einkommen hat, als die meisten anderen in ihrem Land.

Armutsbekämpfung als Ziel der *Vereinten Nationen

Am 9. September 2000 beschlossen die Regierungs- und Staatschefs von 189 Staaten in der *Millenniumserklärung einen Katalog wichtiger Ziele für das neue Jahrtausend. Sie verpflichteten sich, diese Ziele zu verfolgen und bis zum Jahr 2015 zu erfüllen.

Q1 Die Millenniumsziele der Vereinten Nationen vom 9. September 2000 im Einzelnen:

... 1. den Anteil der Weltbevölkerung, der unter extremer Armut und Hunger leidet, halbieren,

* **Entwicklungsland**, das
Länder, in denen der wirtschaftlich-technische Entwicklungsstand und der damit verbundene Lebensstandard niedrig/sehr niedrig (Massenarmut, Unterernährung) sind, werden als Entwicklungsländer bezeichnet.

* **Industrieland**, das
Die reichen Länder Europas und Nordamerikas, Japan, Neuseeland und Australien werden häufig als Industrieländer bezeichnet. Der Wohlstand dieser Länder beruhte ursprünglich auf einer starken Industrie. Heute entsteht ein Großteil des Wohlstandes auch durch Dienstleistungen.

* **Vereinten Nationen / United Nations Organisation (UNO)**, die
Die Vereinten Nationen sind ein Zusammenschluss fast aller Staaten der Erde. Das Ziel der Vereinten Nationen ist, das friedliche Zusammenleben aller Nationen zu sichern.

* **Millennium**, das
Jahrtausend.

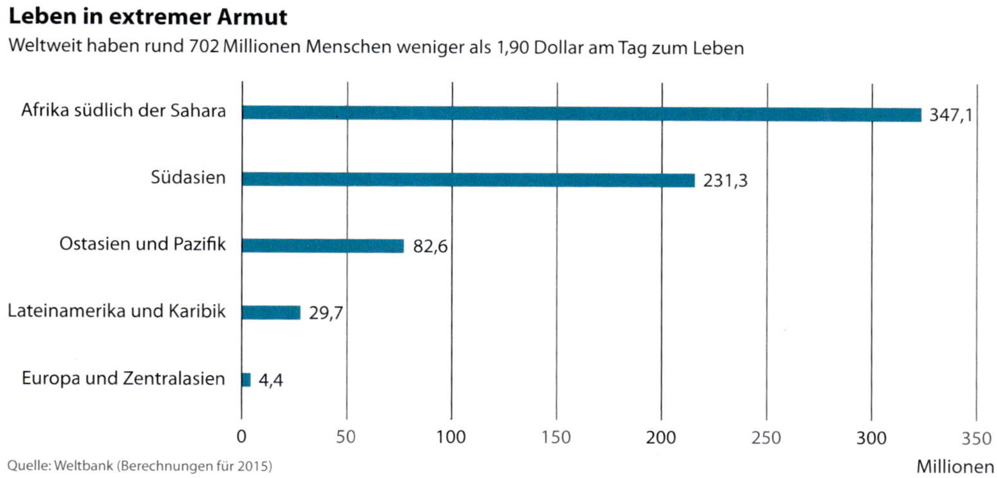

3 – Weltweite Personenzahl, mit weniger als 1,90 US-Dollar pro Tag. Grafik 2015.

2. allen Kindern eine Grundschulausbildung ermöglichen,
3. die Gleichstellung der Geschlechter fördern und die Rechte von Frauen stärken,
4. die Kindersterblichkeit verringern,
5. die Gesundheit der Mütter verbessern,
6. HIV/Aids, Malaria und andere übertragbare Krankheiten bekämpfen,
7. den Schutz der Umwelt verbessern ...

Reichtum

Während ein Großteil der Weltbevölkerung unter Armut leidet, gibt es einen kleinen Personenkreis reicher Menschen.
Nach Berechnungen aus dem Jahr 2014 verfügen allein die 85 reichsten Menschen der Welt zusammen über mehr Vermögen, als die 3,5 Milliarden ärmsten Menschen teilen.
Das private Vermögen von Bill Gates, einem der reichsten Menschen der Welt, war 2013 genauso hoch wie das *Bruttoinlandsprodukt von Aserbaidschan.
In Deutschland verfügen die reichsten 10 % der Haushalte allein über fast 50 % des privaten Vermögens.

1. Beschreibt, welchen Eindruck die Bilder 1 und 2 auf euch machen.
   ▶ *Nehmt die Methode „Fotos analysieren“, S. 126/127 zu Hilfe.*
2. Diskutiert, was einem Menschen fehlt, wenn er als arm gilt.
   ▶ *Beachtet auch Q1.*
3. Erklärt, warum die Millenniumsziele 2–8 auch etwas mit der Bekämpfung von Armut zu tun haben.
4. Analysiert die Grafik 3.
   ▶ *Nehmt die Methode „Statistische Darstellungen untersuchen“, S. 148/149 zu Hilfe.*
5. Recherchiert die 10 reichsten Personen der Welt.

* **Bruttoinlandsprodukt,** das
Das Bruttoinlandsprodukt (BIP) ist die Summe von allem, was in einem Land pro Jahr hergestellt und erarbeitet wurde.

Wahlaufgaben

A. Besorgt euch Prospekte von Supermärkten und stellt einen gesunden Essensplan für eine Woche zusammen. Ihr habt pro Tag und Person 1 € zur Verfügung.
   ▶ *Überlegt vorher, was zu einem gesunden Essen gehört und wie viele Mahlzeiten ihr benötigt, um satt zu werden.*
B. Überlegt gemeinsam, welche Ursachen es für Armut gibt.
   ▶ *Bezieht alle Materialien der Doppelseite mit ein.*

Brauchten die Reichen die Armen?

1 – Bettler in einer mittelalterlichen Stadt. Almosenvergabe an einheimische Bettler im Hintergrund, an wandernde, fremde Bettler im Vordergrund. Francesco Petrarca. Holzschnitt, 1520.

Pest, die
Eine sehr ansteckende Krankheit, die vor allem durch Ratten und Flöhe auf Menschen übertragen wird. Im Mittelalter verlief die Pest fast immer tödlich und wurde deshalb auch als schwarzer Tod bezeichnet.

Stand, der
Bezeichnung für eine gesellschaftliche Gruppe im Mittelalter (↗ S. 18).

Almosen, die
Eine Gabe (z. B. Geld oder Essen) für Bedürftige ohne eine Gegenleistung.

Seelenheil, das
In der christlichen Vorstellung die Erlösung der Seele von Sünde und Schuld.

Formen der Armut im Mittelalter

Im frühen Mittelalter waren Arme keine besondere gesellschaftliche Gruppe. Armut bezeichnete in erster Linie die Lebensumstände einer Person im Vergleich zu anderen Personen ihres *Standes. So gab es arme Bauern, arme Ritter, arme Bürger und arme Geistliche. Es gab Witwen und Waisen, Blinde, die nicht arbeiten konnten oder arme Handwerker, die nicht genug Aufträge hatten.
Unter diesen Armen gab es Menschen, die so arm waren, dass sie das Lebensnotwendigste kaum oder gar nicht aufbringen konnten. Wenn niemand in der Familie für sie sorgen konnte, mussten sie betteln.

Arme als anerkannter Teil der Gesellschaft

Arme waren im Mittelalter ein fester und vor allem selbstverständlicher Teil der Gesellschaft. Durch *Almosen versuchte man zwar, die Not von Armen zu lindern, aber niemand wäre auf die Idee gekommen, etwas gegen Armut im Allgemeinen unternehmen zu müssen. Arme waren ein Ausdruck der gottgewollten Gesellschaftsordnung (↗ Seite 18). Deshalb waren Arme an ihrem Schicksal nicht schuld.
Der Platz der Armen in der Gesellschaftsordnung war aus mittelalterlicher Sicht sogar sehr wichtig. Denn erst durch die Gabe von Almosen konnten Reiche ihre religiöse Pflicht erfüllen und somit etwas für ihr eigenes *Seelenheil tun.

Q1 Gedicht am „Platz der Bettler“ an der Kathedrale von Bourges, 15. Jahrhundert:

... Die Armen, die Geduld haben
und die nach ihrem Gewissen leben
und die Liebe und Eintracht wahren,
die ihre Not aushalten
und sie als Buße auffassen,
sie werden Barmherzigkeit erlangen. ...
Ihr alle, gebt großzügig um Gottes willen
den Armen
denn beim Jüngsten Gericht
wird Unser Vater [= Gott] es euch vergelten
[= belohnen].
Durch häufige Almosen
wird kein Mensch verarmen ...

Der Umgang mit Armen im Spätmittelalter

Im frühen Mittelalter lag die Aufgabe der Armenfürsorge hauptsächlich in den Händen der Familie und der Klöster. Durch das enorme Bevölkerungswachstum ab dem 10. Jahrhundert und die Hungerkatastrophen im 13. und 14. Jahrhundert wuchs auch die Zahl der Armen. In dieser Zeit war in vielen deutschen Städten fast jeder Fünfte auf Almosen und Fürsorge angewiesen. Die Hälfte der Einwohner lebten an der *Armutsgrenze. Die Klöster konnten diese enorme Zahl nicht mehr alleine unterstützen. So wurde immer häufiger den Gemeinden, Städten und *Zünften die Aufgabe übertragen, für die Armen zu sorgen.
Am Ende des Mittelalters entstand in der Bevölkerung immer mehr Misstrauen gegenüber „faulen“ Bettlern, die sich krank oder behindert stellten. Armut wurde zunehmend als Problem wahrgenommen. Es wurde gefordert, Armut zu bekämpfen, die Bedürftigkeit von Armen zu überprüfen und eine Arbeitspflicht für Arbeitsfähige durchzusetzen.
Viele Städte erließen Bettelordnungen, um den „unberechtigten Bettel“ zu verhindern, und vergaben bestimmte Kennzeichen für „berechtigte“ Bettler.

Elisabeth von Thüringen

Zum Beginn des 12. Jahrhunderts fanden vor allem Adlige Gefallen daran, einen Teil ihres Reichtums an Arme zu spenden. Einige von ihnen widmeten sogar einen großen Teil ihres Lebens der Armenfürsorge.
Ein Beispiel war die Landgräfin Elisabeth von Thüringen (1207–1231). Bereits mit etwa 14 Jahren begnügte sie sich nicht mehr mit dem Geben von Almosen. Sie begann, sich um Arme und Bedürftige zu kümmern. Elisabeth webte mit ihren Dienerinnen z. B. Tücher und verteilte diese an Bedürftige. Im Gegensatz zu vielen Zeitgenossen scheute Elisabeth auch nicht den Körperkontakt zu den Armen. Sie wusch und bekleidete Verstorbene. Sie spielte auch mit schmutzigen und verkrüppelten Kindern und berührte sie. Dieser Kontakt wurde von den Zeitgenossen als entwürdigend angesehen und Elisabeth wurde am Hof ihres Mannes von vielen angefeindet. Bereits vier Jahre nach ihrem Tod, wurde sie für ihre Taten heiliggesprochen.

2 – Die heilige Elisabeth (1207–1231) verteilt Almosen. Holzstich, 1860.

1 Beschreibt, wie in den Bildern 1 und 2 Bettler dargestellt wurden.

2 Erklärt mithilfe des Textes und Q1, warum reiche Menschen Almosen gaben.

▶ *Reiche waren in der mittelalterlichen Ordnung verpflichtet Almosen zu geben, weil …*

3 Vermutet, welche Personen aus spätmittelalterlicher Sicht „berechtigt“ waren, zu betteln.

*Armutsgrenze, die
Personen, die von Armut stark gefährdet sind, leben an der Armutsgrenze.

*Zunft, die
Zünfte sind Zusammenschlüsse von Handwerkern eines Handwerks (z. B. Bäcker), mit den Aufgaben, sich gegenseitig zu helfen und abzusichern.

Wahlaufgaben

A Teilt eure Gruppe gleichmäßig in „Arme“ und „Reiche“ auf. Die „Armen“ müssen versuchen, die „Reichen“ zu überzeugen, ihnen Almosen zu geben. Tauscht nach der Hälfte der Zeit eure Rollen.

B Recherchiert über die Heilige Elisabeth von Thüringen und stellt ihr Leben und ihre Werke in einem kurzen Referat dar.

Wie wurde gegen Armut vorgegangen?

1 – Bettlerzeichen aus Halberstadt. Die Inschrift um das Wappen herum lautet „Der Armen Zeichen 1653".

2 – Neues Hospital (Armenhaus) in der Wallstraße, Berlin 1802. 1799 als königliche Stiftung gegründet für arbeitsunfähige, unverheiratete Personen beiderlei Geschlechts. Postkarte, 1907.

* **Hospital**, das
Eine veraltete Bezeichnung für Pflege- und Altenheime.

* **Landstreicher**, der
Eine Person ohne festen Wohnsitz. Häufig wanderten Landstreicher aus Armut von Ort zu Ort, um zu betteln oder sich auf andere Weise ihren Lebensunterhalt zu verdienen.

Bettelordnungen und Bettelzeichen

Im damaligen Kurfürstentum Brandenburg entstanden zwischen 1565 und 1735 über 50 Verordnungen und Erlasse über den Umgang mit Armen und Bettlern. 1594 erließ auch die Doppelstadt Berlin-Cölln eine Bettelordnung.

Q1 In der Verordnung des Brandenburgischen Kurfürsten gegen das Herumstreichen und Betteln von 1574 heißt es:

... Wir, Johann Georg, von Gottes Gnaden, Markgraf zu Brandenburg ... (haben) folgende Verordnung zu machen: Zum Ersten nämlich, dass fortan keinen herumstreichenden Landsknechten, auch keinen fremden Bettlern und Nichtstuern in unserem Lande mehr was gegeben, noch sie behaust oder beherbergt werden, noch sonst in anderem Wege Förderung geschehe, sondern sie mit allem Ernst verfolgt werden sollen. Zum Anderen, legen wir fest und ordnen wir an, dass alle herumstreichenden Landsknechte, auch andere fremde Bettler unser Land schnell räumen, und sich des Herumtreibens und Bettelns darin gänzlich enthalten.

... Zum Vierten, setzen und wollen wir, dass alle Obrigkeiten in Städten, Flecken und Dörfern unseres Kurfürstentums, ... (die einheimischen) Armen, welche wegen ihrer Gebrechlichkeit oder Leibesschwachheit und aus Not ihren Lebensunterhalt zu suchen gezwungen ... durch tägliche Almosen ... ernähren und unterhalten sollen. ... Doch sollen sie jenen, die ihres Leibes wegen in der Lage sind, dass sie ihr Brot selbst verdienen könnten, das Betteln nicht gestatten, vor allem aber darauf gute Achtung geben, dass die Armen ihre Kinder nicht zum Betteln ziehen, sondern so bald sie Leuten nütze sein können, sie als Handwerker dienen lassen. ...

Diese Bettelordnung unterschied zwischen Waisen, Insassen von *Hospitälern und einheimischen, ehrbaren Bettlern auf der einen Seite sowie fremden Bettlern und *Landstreichern auf der anderen Seite. Einheimische Arme wurden überprüft, ob sie wirklich nicht arbeiten konnten. Zur Erkennung bekamen sie dann ein Bettelzeichen, mit dem sie zu festgelegten Zeiten betteln durften. Fremden und Arbeitsfähigen war das Betteln verboten.

Armen- und Arbeitshäuser
Im 16. Jahrhundert glaubten immer mehr Menschen daran, dass die Armen an ihrer Situation selber Schuld seien. Aus diesem Grund errichteten viele Städte Armen- und Arbeitshäuser (auch als Zuchthäuser bezeichnet). Die Insassen der Armenhäuser wurden auf der einen Seite mit dem Lebensnotwendigsten versorgt und auf der anderen Seite aus dem Blick der Öffentlichkeit entfernt. Häufig wurden auffällige Bettler auch in das Armen- oder Arbeitshaus gezwungen. In Arbeitshäusern waren die als arbeitsfähig eingestuften Insassen verpflichtet, zu arbeiten. Das waren meistens leichte, aber langweilige Arbeiten. So wurde zum einen die Arbeitskraft zur Finanzierung des Hauses genutzt und zum anderen erhoffte man sich eine Umerziehung der „faulen" Bettler.

1 Lest Q1 und beantwortet die Fragen:
- Was sollte mit fremden Bettlern passieren?
- Wie sollte mit einheimischen Armen umgegangen werden, die nicht arbeiten konnten?
- Was sollte mit einheimischen Armen passieren, die in der Lage waren zu arbeiten?

2 Notiert Gründe, weshalb Armen- und Arbeitshäuser eingerichtet wurden.
► *Beachtet auch Bild 2.*

3 Vergleicht den Umgang mit Bettlern in der Frühen Neuzeit und heute.
► *Berichtet, was heutzutage in Einkaufspassagen oder Einkaufscentern mit Bettlern passiert.*
► *Tragt zusammen, welche Meinungen ihr zu Bettlern aus den Medien und dem Freundeskreis kennt.*

4 Recherchiert, welche Formen von Unterstützung es heute für Arme gibt.

5 Stellt Vermutungen an, warum besonders darauf geachtet werden sollte, dass Kinder nicht betteln (Q1).

3 – Die Bestrafung der „Faulen" im Hamburger Zuchthaus. Aus einem hochgezogenen Korb müssen sie zusehen, wie die Fleißigen essen. Kupferstich, um 1780.

6 Beurteilt aus damaliger und heutiger Sicht, inwiefern Bettelordnungen und Arbeitshäuser das Problem der Armut gelöst haben.

7 Beurteilt die Bestrafung der „Faulen", wie sie in Bild 3 zu sehen ist.

Wahlaufgaben

A Erstellt mithilfe des Textes und Q1 eine Mindmap über die Lage der Armen in der Frühen Neuzeit.

B Stellt euch vor, ihr seid Stadträte einer brandenburgischen Stadt im 17. Jahrhundert. Entwickelt ein Streitgespräch, ob in eurer Stadt ein Arbeitshaus gebaut werden sollte.
► *Sammelt zuerst Argumente für und gegen den Bau eines Arbeitshauses.*

Die Kartoffelrevolution

Schauplatz Geschichte

1 – Sturm auf die Kartoffelstände in Berlin.
Lithografie von Vinzenz Katzler, um 1847.

Nach schweren Missernten im Jahr 1846 stiegen in Berlin die Kartoffelpreise um ein Vielfaches. Im April 1847 explodierte die aufgeladene Stimmung der notleidenden Berliner Bevölkerung. Es kam zu einem drei Tage dauernden Aufstand. Zuerst plünderte die wütende Menge die Kartoffelstände auf dem Gendarmenmarkt. Anschließend wurden auch andere Märkte, Fleischereien und Bäckereien das Ziel der immer größer werdenden Menge.

Wahlaufgaben

A Analysiert das Bild und erläutert die Stimmung, die es ausdrückt. Achtet auch auf Einzelheiten, z. B. auf die Kleidung, auf die Menschen im Hintergrund und darauf was die Menschen in den Händen halten.

▶ *Nehmt die Methode „Bilder analysieren", Seite 245 zu Hilfe.*

B Beschreibt, was ein Kaufmann beim Anblick der Situation gedacht haben könnte.

C Recherchiert über den genauen Verlauf und den Ausgang der Kartoffelrevolution. Gestaltet aus euren Rechercheergebnissen einen Brief eines Aufständischen.

D Stellt euch vor, ihr habt an dem Aufstand mitgewirkt und steht deswegen jetzt vor Gericht. Schreibt eine Verteidigungsrede.

▶ *Sehr geehrtes Gericht, ich bin mir bewusst, dass die Gewaltanwendung eine Verfehlung war, aber sie müssen verstehen …*

Wer linderte die Not der Arbeiterfamilien?

1 – Arbeiterbaracken in Berlin. Holzstich, 1872.

*Schlafbursche, der
Person, die stundenweise ein Bett mietet (vgl. Bild 2).

Große Veränderungen
Im 19. Jahrhundert veränderte sich die Situation in Deutschland grundlegend. Durch medizinische und landwirtschaftliche Fortschritte nahm die Bevölkerungszahl sprunghaft zu und verdreifachte sich zwischen 1800 und 1900. Mit dem industriellen Fortschritt (↗ S. 116/117) entstanden in Städten immer mehr Fabriken. Auf der Suche nach Arbeit zogen viele Menschen vom Land in die Städte. Auf der anderen Seite entstand eine Gruppe sehr reicher Menschen – die Fabrikbesitzer.

Armut trotz Arbeit
Die Arbeiter, die in den neu entstandenen Fabriken arbeiteten, waren von den Fabrikbesitzern abhängig. Die Arbeitsbedingungen in den Fabriken waren schlecht (↗ S. 118 – 121). Wenn ein Arbeiter arbeitslos oder krank wurde und nicht mehr arbeiten konnte, bekam er kein Geld. Es gab keine Altersvorsorge und keinen Unfallschutz. Auch die Wohnverhältnisse waren miserabel. Um die Miete bezahlen zu können, mussten viele Familien in ihren kleinen, überfüllten Wohnungen noch Zimmer weiter vermieten oder *Schlafburschen aufnehmen.

Q1 In einem Bericht über die Wohnsituation einer Arbeiterfamilie in Berlin hieß es 1890:

... Außer einem Bett befand sich nur wenig ärmlicher Hausrat in dem unwohnlichen Raum ... Der geringe Kleidervorrat der Familie hing an den Wänden ... Außer der Frau und ihrem Manne lebten in dieser Küche noch drei Kinder ... Das sogenannte „Zimmer" war weitervermietet worden, die Küche kostete ihnen danach noch ungefähr 8 bis 9 Mark im Monat. Wie die Familie schlief? Mann und Frau in dem einzigen Bett. Die Kinder wurden auf ausgebreiteten Kleidungsstücken untergebracht und durften erst dann ins Bett kriechen, wenn Vater und Mutter, gewöhnlich vor 5 Uhr morgens, aufgestanden waren ...

In den Städten wurden *Mietskasernen (↗ S. 190/191) gebaut, um die Massen an neuen Arbeitern aufnehmen zu können. Hier war es eng, dunkel, nass und stickig. Einige Arbeiter konnten sich nicht einmal solche Wohnungen leisten und lebten in Holzbaracken am Rande der Stadt (Bild 1).

Die *„soziale Frage"

In der Tradition der Armenfürsorge waren es kirchliche Vertreter, die sich als erstes mit der Frage beschäftigten, wie man die Lebensverhältnisse der Arbeiter verbessern könne. So gründete der katholische Priester Adolph Kolping (1813–1865) überall in Deutschland „Kolpinghäuser". Hier erhielten Handwerksgesellen günstige Unterkunft und Verpflegung. Außerdem organisierte er eine kostenlose Krankenpflege für mittellose Kranke.
Auch einzelne Unternehmer erkannten die Notwendigkeit, das Elend ihrer Arbeiter zu mildern. So wurden von ihnen Unfallkassen, Betriebskrankenkassen, Arbeiterpensionskassen und Kindergärten gegründet. Um gegen das Mietelend und die Wohnungsnot vorzugehen, gründeten einige Unternehmer *Werkssiedlungen.

Q2 In der Zeitung „Social-Demokrat" hieß es 1865 über diese Art der Fürsorge:

... *Humanität einzelner Fabrikanten gegen ihre Arbeiter ist ohne Zweifel eine höchst nennenswerte Sache, aber mit der sozialen Frage haben diese Dinge nichts zu tun. Hierfür ist es ganz gleichgültig, ob es edle Fabrikanten gibt oder nicht, denn es handelt sich nicht darum, im Kleinen, sondern im Großen andere Zustände herzustellen, und nicht darum, die Gnade oder den guten Willen einzelner Fabrikanten in Anspruch zu nehmen, sondern die Rechte ... der Arbeiter zu erkämpfen ...

Die Beweggründe der Fabrikbesitzer für diese Fürsorge waren sehr unterschiedlich. Teilweise handelten sie dabei aus Menschlichkeit oder christlicher Überzeugung, jedoch spielten fast immer auch politische und wirtschaftliche Interessen eine Rolle. So fürchteten zum Beispiel viele Fabrikanten, die Arbeiter könnten mit Gewalt eine Verbesserung ihrer Lage erzwingen.

2 – „Schlafstelle zu vermieten". Eine Familie vermietet ihr Bett an einen Schlafburschen. Zeichnung von Heinrich Zille, um 1912.

1. Beschreibt mithilfe der Texte und der Bilder die Situation der Arbeiter in eigenen Worten.
2. Stellt Vermutungen an, welche Nachteile es hatte, wenn die Fürsorge in den Händen der Fabrikbesitzer lag.
3. Erläutert den Standpunkt des Autors Q2.
   ▶ *Der Autor möchte mit dem Artikel ...*
4. Diskutiert gemeinsam, wie man die Lage der Arbeiter hätte verbessern können.

* **Mietskaserne**, die
Mehrstöckige Mietshäuser mit vielen kleinen Wohnungen aus der Zeit der Industrialisierung. Mietskasernen hatten meistens nur kleine Innenhöfe und die Mietparteien mussten sich die Toiletten etagenweise teilen.

* **Werkssiedlung**, die
Siedlungen für Arbeiter, die auf Initiative von Vereinen oder Fabrikanten gegründet wurden, um preiswerten Wohnraum für Arbeiter zu schaffen.

* **Humanität**, die
Menschlichkeit.

Wahlaufgaben

A Steckt im Klassenraum eine ca. 12 m^2 große Fläche ab. Versucht diese „Wohnung" für 5 Personen einzurichten.
▶ *Nehmt Q1 und Bild 2 zur Hilfe.*

B Recherchiert über die Fabrikbesitzer Alfred Krupp und Ernst Abbe und stellt dar, wie sie mit der sozialen Frage umgingen.

Webcode: EV644834-147

Methode

Statistische Darstellungen untersuchen

Statistische Darstellungen können dabei helfen, Zahlen und Daten besser zu verstehen und mit anderen Daten zu vergleichen. Statistische Darstellungen begegnen uns in Zeitungen, im Fernsehen aber auch im Internet. Sie sind nicht immer auf den ersten Blick verständlich oder können manipuliert worden sein. Deshalb ist es wichtig zu lernen, statistische Darstellungen zu untersuchen und auszuwerten.

Folgende Schritte helfen euch, statistische Darstellungen zu untersuchen:

Schritt 1 **Orientieren**	■ Was ist dargestellt (Informationen zum Thema der Darstellung findet ihr in Überschriften, Unterschriften, Legenden und anderen Beschreibungen)? ■ Welcher Zeitraum ist dargestellt? ■ Welche Orte, Länder oder sonstige Räume werden in die Statistik einbezogen?
Schritt 2 **Die Darstellung verstehen**	■ Welche Form der Darstellung wird genutzt (z. B. Tabelle, Säulendiagramm, Liniendiagramm, Kreisdiagramm, Flächendiagramm)? ■ Welche Größen und Maßeinheiten werden verwendet (z. B. Anteile in Prozent, Bevölkerung in Millionen Einwohnern, Zeit in Jahren)? ■ Wie viele verschiedene Sachverhalte werden dargestellt (z. B. wird die Bevölkerungsentwicklung eines Landes oder mehrerer Länder dargestellt)?
Schritt 3 **Informationen entnehmen**	■ Welche besonderen Informationen kann man entnehmen (z. B. größter Wert / kleinster Wert, starke oder plötzliche Veränderungen)? ■ Welche Entwicklungen kann man ablesen (z. B. Zunahme, Abnahme, Stabilität)?
Schritt 4 **Auswerten und interpretieren**	■ Welche Vorkenntnisse kann man in Bezug zu der Darstellung bringen? ■ Welche Folgerungen kann man aus den Daten ziehen?

1. Vervollständigt die Musterlösung für die Untersuchung der Darstellung M1.
2. Untersucht die Statistik M2 nach dem selben Schema.
3. Vergleicht die Darstellungen der Bevölkerungsentwicklung (M1 und M2) miteinander. Welche Darstellungsform ist besser geeignet? Begründet eure Entscheidung.
4. Recherchiert die Bevölkerungsentwicklung für Berlin oder für Brandenburg der letzten 100 Jahre. Vergleicht die Bevölkerungsentwicklung zwischen 1800 und 1900 sowie der letzten 100 Jahre miteinander.

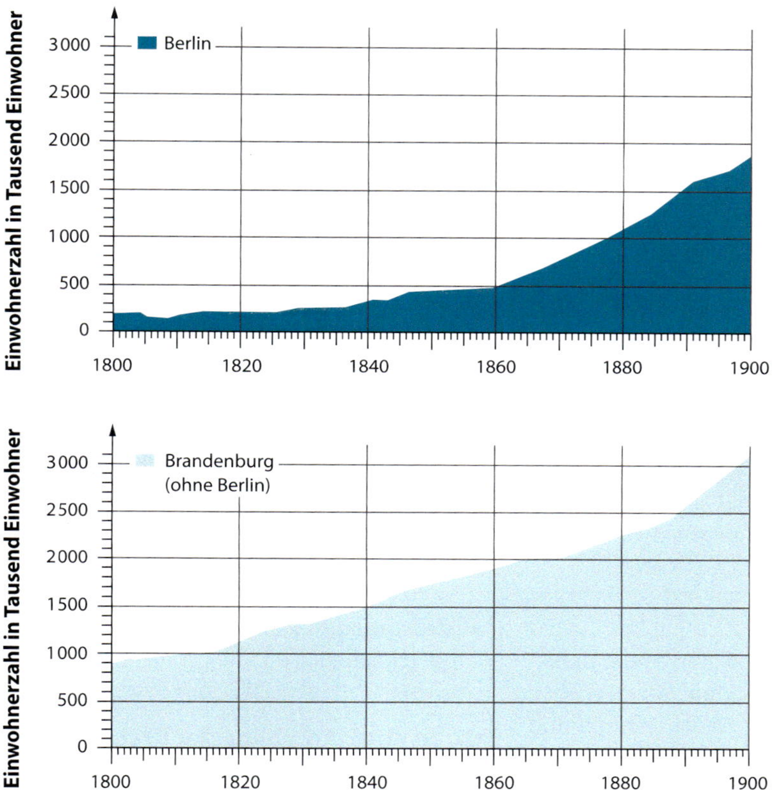

1 – Die Bevölkerungsentwicklung in Berlin und Brandenburg zwischen 1800 und 1900.

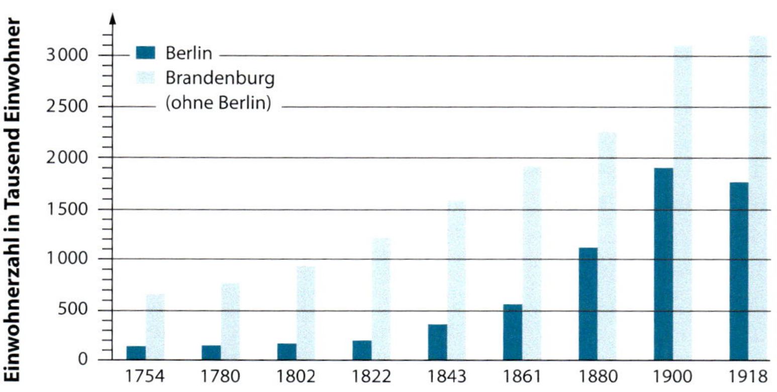

2 – Die Bevölkerungsentwicklung in Berlin und Brandenburg zwischen 1754 und 1918.

Musterlösung:

Zum Schritt 1: Die Darstellungen in M1 zeigen in zwei verschiedenen Diagrammen die Bevölkerungsentwicklung von Berlin und Brandenburg im Zeitraum von 1800 bis 1900. Das erste Diagramm stellt die Einwohnerentwicklung Berlins dar, im zweiten Diagramm ...

Zum Schritt 2: Die Angaben werden als ... dargestellt. Dabei werden verschiedenen Jahren die jeweilige Einwohnerzahl in Tausend Einwohner zugeordnet.

Zum Schritt 3: In beiden Graphiken ist ein starker Bevölkerungsanstieg zu erkennen. Im ersten Diagramm (Berlin) ist auffällig, dass ab etwa 1860 die Bevölkerung besonders stark stieg. Im zweiten Diagramm (Brandenburg) ist ein besonders starker Bevölkerungsanstieg ab etwa 1885 zu verzeichnen. Insgesamt wuchs die Bevölkerung in Berlin in diesen 100 Jahren um etwa 1,7 Millionen auf 1,9 Millionen Einwohner. In Brandenburg wuchs die Bevölkerung im selben Zeitraum um etwa 2,2 Millionen auf 3,1 Millionen Einwohner ...

Zum Schritt 4: Die Statistiken zur Bevölkerungsentwicklung in Berlin und Brandenburg spiegeln den Bevölkerungsanstieg in Deutschland im 19. Jahrhundert wieder. Vor allem Städte waren von dem enormen Bevölkerungswachstum betroffen. Die Bevölkerung Berlins verzehnfachte sich in dieser Zeit. Die brandenburgische Bevölkerung wuchs auf mehr als das Dreifache.

Welche Antworten gab es auf die soziale Frage?

1 – Ein Fabrikant weist ein Anliegen seiner Arbeiter zurück. Gemälde von Stanisław Lenz, 1895.

* Cichorientrank, der Kaffeähnliches Getränk. Das Pulver hierfür wird aus den Wurzeln der Gemeinen Wegwarte gewonnen.

Armut ohne Ende

Die Maßnahmen von Kirchen und einzelnen Unternehmern reichten jedoch nicht aus, um die Notlage der Arbeiterinnen und Arbeiter entscheidend zu verbessern. Viele Unternehmer lehnten Bitten und Forderungen der Arbeiter um bessere Bedingungen ab (Bild 1). Obwohl in amtlichen Berichten immer wieder das Elend und die Armut der Menschen über Jahrzehnte fast gleichlautend beschrieben wurde, veränderte sich die Situation der Arbeiterinnen und Arbeiter kaum.

Q1 1853 berichtete der Regierungsrat Carl Hermann Bitter über den Besuch in einer Arbeiterhütte in Senne bei Bielefeld:

... Man trete in die Hütten hinein! In kleinen elenden Gemächern von Rauch geschwärzt, ohne Hausrat und irgend welche Zeichen eines Besitzes, ... erblickt man einen Kreis blasser Menschen, Männer, Frauen, Mädchen, Kinder am Spinnrade sitzen ... Vergebens sucht das Auge während der Mittagszeit nach den Zeichen des nothdürftigsten Mahles, nach einem Brode, nach dem Kartoffelbrei oder nach dem braunen *Cichorientrank, dem steten Nahrungsmittel der armen Bevölkerung in übersetzten Landstrichen. ...

Q2 In einer Erhebung der Berliner Kinderschutzkommission heißt es noch 1910:

... „Die Familie, die ich zu kontrollieren hatte“, meldete eine Genossin, „besteht aus acht Personen, davon sechs Kinder im Alter bis zu 11 Jahren, abgemagert und bleich aussehend, zwei Kinder im Alter von 9 bis 11 Jahren tragen mit der Mutter Frühstück aus und erhalten dafür monatlich zusammen 9 Mk. Beim Betreten der Wohnung dieser Familie grinst einem das nackte Elend ins Gesicht. Die Mutter erzählt unter Tränen: Zwei Kinder befinden sich im Krankenhaus, eins liegt krank zu Hause. Der Mann mit dem geringen Verdienst von 28 Mk. kann nicht alles erhalten.“ ...

Vor dem Hintergrund der schlechten sozialen Lage und angesichts der ständig wachsenden Zahl von Arbeiterinnen und Arbeitern gewann die Partei der Arbeiter, die „Sozialistischen Arbeiterpartei Deutschlands“, bei den Wahlen immer mehr Stimmen.

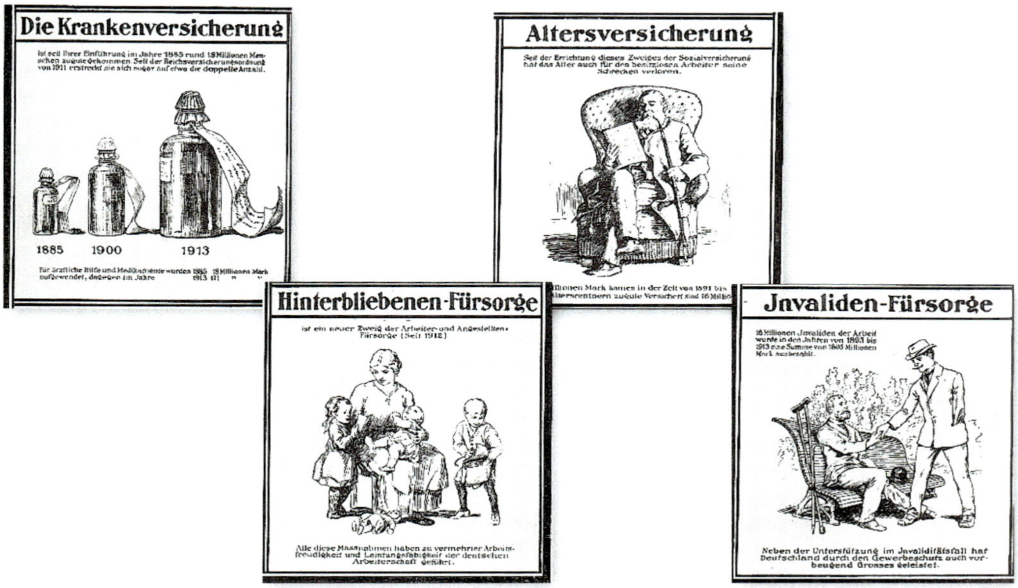

2 – Die deutsche Sozialversicherung. Ausschnitte aus einem Plakat der Reichsregierung, 1913.

Die Sozialgesetzgebung des Staates
Reichskanzler Otto von Bismarck (1815–1898) sah in dem Erstarken der Arbeiterpartei eine Bedrohung der politischen Verhältnisse und ließ die Sozialdemokraten als Staatsfeinde durch das *Sozialistengesetz verfolgen.
Um die Arbeiterschaft auf die Seite der Regierenden zu ziehen und den Einfluss der Arbeiterparteien zu schwächen, wurden von 1883 bis 1889 verschiedene Sozialversicherungsgesetze verabschiedet.
Während diese neue Sozialpolitik im Ausland bewundert wurde, kritisierten die Sozialdemokraten die geringen Leistungen der Versicherungen. So bestand ein Rentenanspruch zum Beispiel erst ab 70 Jahren und betrug höchstens 40 Prozent des letzten Einkommens.

Q3 Otto von Bismarck begründete die geplanten Sozialgesetze 1882 im Reichstag mit den Worten:
... Für den Arbeiter ist es immer eine Tatsache, dass der Armut und Armenpflege zu verfallen gleichbedeutend ist mit Elend. Diese Unsicherheit macht ihn feindlich und misstrauisch gegen die Gesellschaft. ...

1 Untersucht Bild 1. Achtet dabei auch auf Kleidung, Haltung und Gesichtsausdruck der Personen.
▶ *Nehmt hierzu die Methode „Bilder untersuchen“, S. 245 zu Hilfe.*

2 Fasst anhand des Textes sowie Q1 und Q2 die Lage der Arbeiter zusammen.

3 Erklärt die Beweggründe des Reichskanzlers Otto von Bismarck, Sozialversicherungen für die Arbeiterschaft einzuführen.
▶ *Ursachen für die Einführung der Sozialversicherungen waren ...*

4 Beurteilt, ob die Sozialgesetze ausreichten, um die Forderungen der Arbeiter zu erfüllen.

*Sozialistengesetz, das Bezeichnung für das „Gesetz gegen die gemeingefährlichen Bestrebungen der Sozialdemokratie“. Es untersagte sozialistische und sozialdemokratische Organisationen und deren Aktivitäten im Deutschen Reich.

Wahlaufgaben

A Wie könnte das in Bild 1 dargestellte Gespräch zwischen Arbeitgeber und Arbeitern abgelaufen sein. Entwickelt in Vierergruppen eine Spielszene.

B Recherchiert, welche Pflichtversicherungen es heute gibt, und vergleicht sie mit den Bismarckschen Sozialversicherungen (Bild 2).

Das kann ich …

Armut und Reichtum (Längsschnitt)

1 – Der Besuch des Vermieters: „Na so schlimm ist's wohl noch nicht, da sind ja noch Goldfische …" . Zeichnung von Heinrich Zille, um 1910.

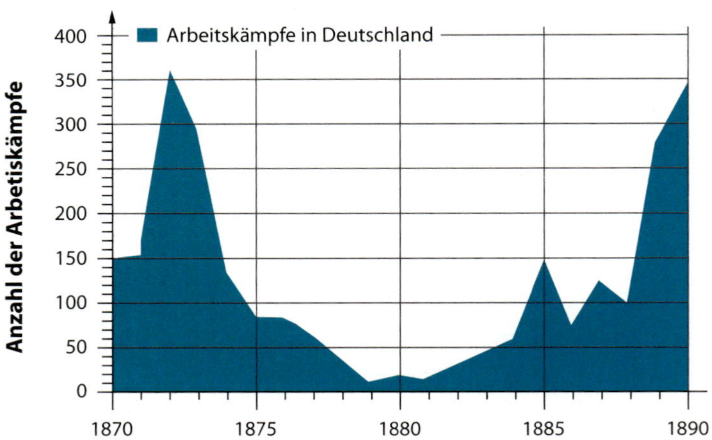

2 – Arbeitskämpfe in Deutschland zwischen 1870 und 1890.

Silbenrätsel

1. Reiche gaben Almosen, um etwas für ihr … zu tun.
2. Damit konnten Arme im späten Mittelalter nachweisen, dass sie berechtigt waren, zu betteln.
3. Einige Fabrikanten bauten … um etwas gegen die Wohnungsnot zu unternehmen.
4. In diesen engen und stickigen Häusern mussten viele Arbeiter wohnen.
5. Die erste politische Arbeiterpartei in Deutschland.
6. Eine der ersten Sozialversicherungen.

all – ar – ar – bei – bei – bett – che – chen – deut – ein – ge – gen – heil – ka – ken – kran – len – ler – lun – mei – miets – ne – ner – rung – scher – see – ser – si – sied – ter – ter – ver – ver – zei

Verstehen

Q1 Auszug dem Jugendroman „1848. Die Geschichte von Jette und Frieder" von Klaus Kordon, 1997:

... Die Mutter! Schon wieder ruft sie. Frieder schiebt sich das letzte Stück Brot in den Mund und trinkt noch einen Schluck Wasser, dann tritt er zum vierten oder fünften Mal an diesem Morgen an ihr Bett.
Sie sieht schlimm aus. Ganz mager, faltig, trockene weiße Haut, dunkle Augenränder. „Jungchen! Wenn du auf den Markt gehst, achte aufs Geld, ja? Ist alles so teuer geworden" ...
Es ist seine Schuld, dass die Mutter so früh alt und krank geworden ist. Nur weil er wie der Vater unbedingt Zimmermann werden wollte, hat sie sich so abgerackert und viele Jahre für ihn hungern müssen. Tagsüber arbeitete sie als Waschfrau, nachts als Näherin. Und das ihr halbes Leben lang. Er hatte hinzuverdient, des Nachts als Botenjunge für die Elisabeth-Apotheke, im Winter als Schneeschipper für den Flatow. Das meiste aber konnte er ihr nicht abnehmen; Wohnung, Kleidung, Essen, sein Werkzeug – weil sie Vaters in der schlimmen Zeit verkauft hatte – und das Lehrgeld, alles musste bezahlt werden. ...

Wichtige Begriffe

Almosen
Armenfürsorge
Armutsgrenze
Armenhaus
Arbeitshaus
Bettelordnung
Industrielle Revolution
Mietskaserne
Schlafbursche
Soziale Frage
Gewerkschaft
Arbeiterparteien
Sozialgesetze
Pflichtversicherung

Methoden anwenden

1. Löst das Silbenrätsel (links).
2. Untersucht die Statistik zu den Arbeitskämpfen in Deutschland (Bild 2).
   ▶ *Nehmt hierfür die Methode „Statistische Darstellungen untersuchen", S. 148/149 zu Hilfe.*
3. Erklärt euch gegenseitig die wichtigen Begriffe (oben) und schreibt die Bedeutung der Begriffe in euren Geschichtsheft.

Deuten

4. Untersucht, was der Maler Zille in seine Zeichnung aufnimmt, um die Armut der Familie darzustellen (Bild 1).
5. Beschreibt, wie in den verschiedenen Epochen bis heute Armut wahrgenommen wurde.
6. Erläutert, welche Bedeutung die Einführung der Sozialversicherungen für Arbeiter hatte.
7. Erklärt, warum im Mittelalter nicht versucht wurde, Armut abzuschaffen.
8. Heinrich Zille bezog mit seinen Zeichnungen Stellung. Erläutert mithilfe von Bild 1 seine Position und seine Kritik.

Analysieren

9. Bei dem Text in Q1 handelt es sich um einen modernen Jugendroman, der in der Zeit der Revolutionen spielt. Untersucht, inwieweit sich die Beschreibungen von Q1 mit eurem Wissen über die Situation der armen Leute in der Zeit der Revolutionen decken.

Urteilen und sich orientieren

10. Beurteilt den Erfolg der Einführung der Sozialgesetze.

Darstellen – historisch erzählen

11. Erzählt mithilfe von Bild 1 über die Wohnsituation der Arbeiter in der Zeit der Industrialisierung.

6 Wahlmodul: Juden, Christen und Muslime (Längsschnitt)

Jerusalem, eine besondere Stadt: Eine heilige Stadt für die drei großen monotheistischen (an einen Gott glaubenden) Religionen der Juden, Christen und Muslime. Nie kam sie zur Ruhe. Schon im Mittelalter wurde sie umkämpft und von den Kreuzrittern eingenommen (kleines Bild) und noch heute ist die Stadt ein Brennpunkt für Konflikte.

Juden, Christen und Muslime (Längsschnitt)

ca. 2000 v. Chr. Stammvater Abraham

313 n. Chr. Christentum wird Staatsreligion im Römischen Reich

1 – Ausbreitung von Judentum, Christentum und Islam von 750 bis 1650. Karte.

Die Anhänger aller drei Religionen haben viel gemeinsam: Sie glauben an nur einen Gott und verfügen alle über eine heilige Schrift. Sie berufen sich auf den gleichen Stammvater, nämlich Abraham (bzw. Ibrahim im Koran) und ihre Religionen sind in der gleichen Region (im Nahen Osten) entstanden. Die Geschichte ihrer Anhänger und des Umgangs untereinander ist geprägt von gegenseitigem Respekt, von Begegnung und Austausch, aber auch von Verleumdungen, Vertreibungen, von Hass, Verfolgung, Krieg und Terror. Dabei ging und geht es nicht nur um den Glauben, sondern auch um Ansprüche auf Gebiete, heilige Orte, Rechte, Fremdheit, Vorurteile und vieles mehr.

Bei der Arbeit mit diesem Kapitel könnt ihr euch mit folgenden Fragen beschäftigen:

- Wodurch ist der Umgang der Religionsanhänger miteinander heute geprägt?
- Welche Begegnungen und Auseinandersetzungen gab es im Mittelalter, in der Frühen Neuzeit und im 19. Jahrhundert zwischen Juden, Christen und Muslimen?

1. Berichtet, was ihr schon über die drei Religionen wisst.
2. Ordnet die Bilder 2, 4 und 5 dem Zeitstrahl zu.
3. Benennt mithilfe einer Atlaskarte die heutigen Länder, in denen die drei Weltreligionen um 1200 und um 1650 verbreitet waren.
4. Erkundigt euch nach der Bedeutung der Symbole (Bild 3) der Religionen und erläutert diese.
5. Informiert euch in den aktuellen Nachrichten über das Mit- bzw. Gegeneinander der Religionen.

632–715	1095–1291	1453	1481–1683	ab 1812
Religiöse und politische Ausbreitung des Islam	Zeitalter der Kreuzzüge	Eroberung Konstantinopels durch Muslime	Ausbreitung des Osmanischen Reiches	Juden erhalten in den deutschen Staaten nach und nach Gleichberechtigung

2 – Die Eroberung Konstantinopels durch die Osmanen unter Sultan Mehmet II, 1453. Gemälde.

3 – Symbole der drei Weltreligionen: Davidstern – Judentum (oben), Kreuz – Christentum (links), arabisch: Allah – Islam (rechts).

4 – Kreuzritter des Templerordens und ihre Bewaffnung, Miniatur, 13. Jahrhundert.

Edikt

betreffend

die bürgerlichen Verhältnisse

der Juden

in dem Preußischen Staate.

De Dato Berlin den 11ten März 1812.

Breslau,
gedruckt bei Wilhelm Gottlieb Korn.

5 – Edikt betreffend die bürgerlichen Verhältnisse der Juden im Preußischen Staate. Kupferstich, 18. 3. 1812.

Ein tolerantes Miteinander?

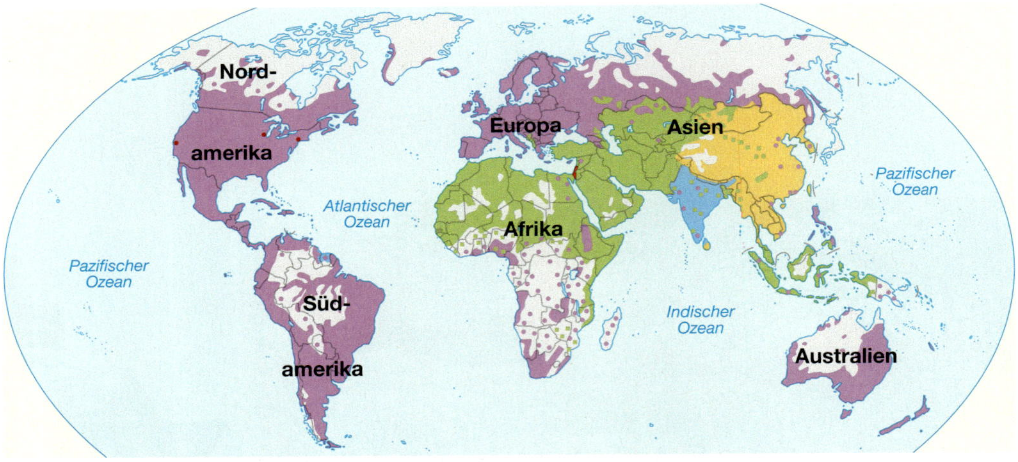

1 – Karte: Verteilung der Weltreligionen heute.

*extremistisch (lat. äußerst, gefährlichste). Extremisten halten sich nicht an Gesetze und versuchen, ihre Ziele mit Gewalt durchzusetzen.

Normalität versus Gewalt
In vielen Gebieten der Erde leben heute Anhänger vieler verschiedener Religionen friedlich nebeneinander. Die Nachrichten berichten jedoch vor allem von den Konflikten, die im Namen eines Gottes stattfinden. Hinter jeder dieser Schlagzeilen steckt eine zum Teil sehr lange Geschichte. Welche (heiligen) Orte und Gebiete stehen wem zu? Wer hat wem welches Unrecht angetan? Hinzu kommt, dass es auch innerhalb mancher Religionen Gruppierungen gibt, die sich untereinander Gewalt antun.

Terror verunsichert die Menschen weltweit
Seit den Anschlägen am 11. September 2001 in den USA löst eine Nachricht über Terrorangriffe die nächste ab. *Extremistische Minderheiten versuchen durch diese Gewaltakte auf sich und ihre zum Teil religiösen Ziele aufmerksam zu machen. In den letzten Jahren waren es überwiegend Terroreinheiten des IS (Islamischer Staat), die weltweit Terroranschläge verübten. Mit der Begründung, nur sie seien die wahren Muslime und alle anderen Ungläubige, machen sie Muslime, Juden, Christen und andere Menschen zum Ziel von Verfolgung und Mordanschlägen. In Paris wurden im Januar 2015 zielgerichtet islamkritische Karikaturisten und Juden ermordet, im November fanden an fünf Orten der Stadt fast gleichzeitig Attentate statt, denen 130 Menschen zum Opfer fielen.

M1 Der Journalist Thomas Assheuer schrieb zum Thema „Religionen und Gewalt" am 5. 2. 2015 in ZEIT Online:
Wer in diesen Tagen Zeitung liest oder Fernsehen schaut, der muss sich sehr erschrecken: Menschen ermorden Menschen im Namen Gottes. Religiöse Fanatiker töten unschuldige Bürger nur deshalb, weil sie angeblich ungläubig sind. Oder weil sie an den „falschen Gott" glauben. In Paris wurden Juden umgebracht, nur weil sie Juden waren. Im Irak verfolgt eine Gruppe, die sich „Islamischer Staat" nennt, Andersgläubige mit unvorstellbarer Grausamkeit und richtet sie hin. Im christlichen Schweden wurden mehrere islamische Gotteshäuser in Brand gesetzt. ...
Gläubige müssen sich lautstark wehren, wenn ihre Religion missbraucht wird. Wenn mit der Religion Feindschaften geschürt werden sollen oder noch schlimmer: wenn im Namen der Religion Gewalt ausgeübt wird. Gewalt ist Gotteslästerung. Gläubige Menschen wissen das. ...

2 – Bundespräsident Jochim Gauck im Gespräch mit Imam Abdallah Hajjir. Er nahm mit seiner Lebensgefährtin Daniela Schadt in Berlin an einem öffentlichen muslimischen *Fastenbrechen teil. Foto, 13.6.2016.

3 – Die Initiatoren des House of One (von links): Pfarrer Gregor Hohberg, Rabbiner Tovia Ben Chorin, Imam Kadir Sanci. Foto, 2015.

Religionen in Deutschland

In Deutschland betrug 2016 der Anteil der Christen in der Bevölkerung etwa 60 %, der der Muslime etwa 5 % (etwa 4 Millionen Menschen). Alle anderen Religionsgemeinschaften machten etwa 1% der Bevölkerung aus, zu ihnen zählen ca. 200 000 Juden. Etwa 34 % der Bevölkerung gehören keiner Religion an.
Nur wenige der Muslime stehen den extremistischen Gruppen positiv gegenüber. Dennoch sind viele Bürgerinnen und Bürger in Sorge, von „den Muslimen" gehe eine Gefahr aus.

Drei Religionen – ein Haus

In Berlin gibt es ein neues Projekt: Initiatoren der drei Religionen wollen auf dem Petriplatz, hier standen im Laufe der Jahrhunderte mehrere evangelische Kirchen, ein gemeinsames Bet- und Lehrhaus bauen. 2008 entstand die Idee dafür, seit 2013 werden Spenden für das Projekt gesammelt.

M2 Auf der Homepage des Projekts „The House of one" heißt es (15.9.2015):

... In Berlin entsteht etwas weltweit Einmaliges: Juden, Christen und Muslime wollen hier ein Haus errichten, unter dessen Dach eine Synagoge, eine Kirche und eine Moschee vereint sind. In ihrer Mitte verbindet sie ein zentraler Raum der Begegnung. Ein Haus des Gebets und des Austauschs über die Religionen – offen für alle ...

1 Erstellt mithilfe der Karte 1 eine Tabelle zu der Verteilung der Religionen in der Welt.
▶ *Juden, Christen, Muslime ... Anteil an der Weltbevölkerung in %, Erdteile/Länder*

2 Diskutiert, welche Wirkung die Teilnahme eines Bundespräsidenten am Fastenbrechen der Muslime hat (Bild 2 und M2).

3 Setzt euch mit dem Artikel von Thomas Assheuser (M1)auseinander. Diskutiert, ob ihr euch seiner Meinung anschließt und darüber, wie es aussehen könnte, wenn sich Gläubige lautstark wehren.

*Fastenbrechen, das Muslime fasten während des Fastenmonats Ramadan. Von Sonnenauf- bis Sonnenuntergang verzichten die Gläubigen auf Nahrung und Wasser. Nach dem Sonnenuntergang und am Ende der Fastenzeit treffen sie sich zum gemeinsamen Essen, dem Fastenbrechen.

Wahlaufgaben

A Erkundigt euch über den aktuellen Stand zum House of One und berichtet.

B Sucht nach weiteren Beispielen friedlicher Zusammenarbeit von Juden, Christen und Muslimen.
▶ *Nehmt den Webcode für die Recherche zu Hilfe.*

Webcode: EV644834-159

Kriege im Namen Gottes?

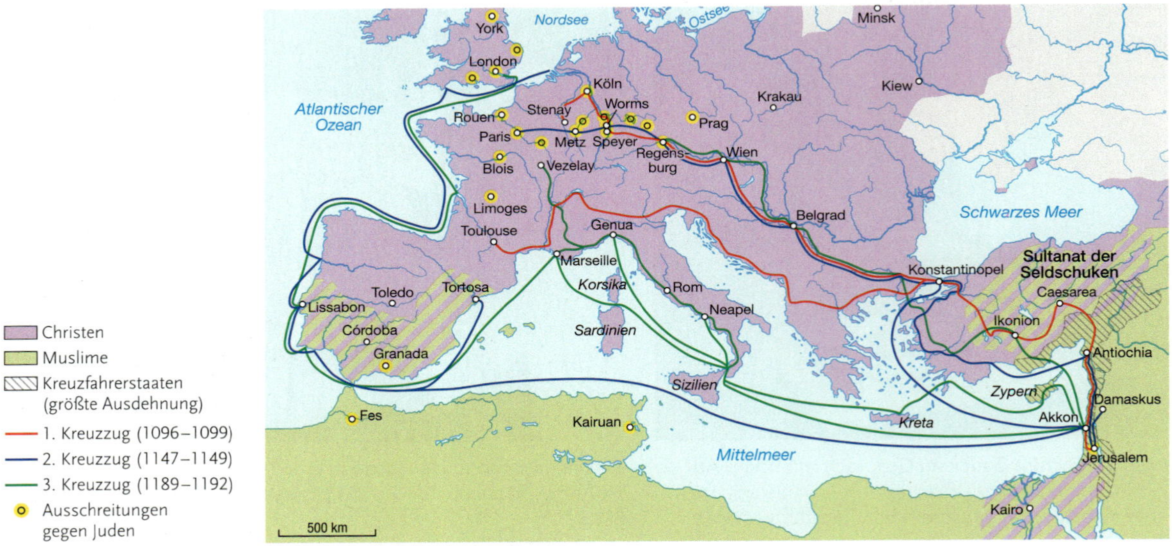

1 – Die Wege der Kreuzzüge im 11. und 12. Jahrhundert.

* **Pilgerreise**, die Gläubige unternehmen sie zu einem heiligen Ort oder um ein Gebot zu erfüllen.

Der Islam breitet sich aus

Der Islam begründet sich auf den Propheten Mohammed, der von 570 bis 632 n. Chr. lebte. Schnell breitete sich der neue Glaube aus. Unter Mohammeds Nachfolgern, den Kalifen, wuchs ein islamisches Reich. Dies reichte bis in große Teile Spaniens (siehe Karte 1). In den meisten der eroberten Gebiete lebten Muslime, Christen und Juden friedlich miteinander. Im 11. Jahrhundert jedoch wurde die für die Christen heilige Grabeskirche in Jerusalem zerstört. Bald darauf eroberte ein türkisches Reitervolk, die Seldschuken, Kleinasien und Jerusalem. Daraufhin rief Papst Urban II. dazu auf, den Christen in Jerusalem zu helfen.

Q1 Die Rede von Papst Urbans II. wurde 1107 durch den Mönch Robert von Reims festgehalten:

... „Ihr Volk der Franken ... Aus dem Land Jerusalem ... kam schlimme Nachricht ... Ein fremdes Volk, ein ganz gottfernes Volk ... hat die Länder der dortigen Christen besetzt, durch Mord, Raub und Brand entvölkert und die Gefangenen teils in sein Land abgeführt, teils elend umgebracht ... Ihr überaus tapferen Ritter, ... Tretet den Weg zum Heiligen Grab an, nehmt das Land dort dem gottlosen Volk, macht es euch untertan! ... Jerusalem ist der Mittelpunkt der Erde, das fruchtbarste aller Länder. ... Schlagt also diesen Weg ein zur Vergebung eurer Sünden; nie verwelkender Ruhm ist euch im Himmelreich gewiss." Als Papst Urban dies ... vorgetragen hatte, führte er die Leidenschaft der Anwesenden ... zu einem Willen zusammen, dass sie riefen: „Gott will es, Gott will es!" ...

Die Kreuzzugsidee gewinnt Anhänger

Viele Gläubige aus ganz Europa schlossen sich verschiedenen *Pilgerreisen zur Befreiung und Eroberung Jerusalems an. Könige, Adlige, Ritter wie Bauern, Handwerker, Frauen und sogar Kinder zogen los. Religiöse Gründe, Abenteuerlust, die Aussicht auf Reichtum und Landeroberungen spielten eine Rolle.

Gewalt gegen Juden

Nach der Vertreibung der Juden aus Palästina (durch die Römer, 70 n. Chr.), hatten sie sich an vielen Orten in Europa angesiedelt. Diese jüdischen Gemeinden waren die ersten Opfer auf dem langen Weg der Heere ins Heilige Land. Allein in den Städten Worms und Speyer wurden über 1000 jüdische Einwohner umgebracht. Tatenlos sahen die christlichen Bürger in den Städten dabei zu oder beteiligten sich beim Plündern jüdischer Häuser (Bild 2).

Q2 In jüdischen Berichten aus dieser Zeit heißt es:
... Als die Kreuzfahrer durch die Städte kamen, in denen Juden wohnten, sprachen sie in ihrem Herzen: „Wir ziehen dahin, das Heilige Grab aufzusuchen, und Rache an den Muslimen zu üben, und hier sind die Juden, die Jesus umgebracht und gekreuzigt haben. Lasst uns zuerst an ihnen Rache nehmen und sie austilgen, sodass sie kein Volk mehr bilden; oder sie sollen sich zu unserem Glauben bekennen." Sie überfielen die Juden in ihren Häusern und brachten sie um, Männer, Frauen und Kinder, Jünglinge und Greise. ... Sie nahmen die heilige *Thora und traten sie in den Straßenkot. ...

Eroberungen und Gewalt

Während des ersten Kreuzzuges benötigten die Kreuzfahrer drei Jahre bis zu ihrem Ziel. In Jerusalem angekommen, eroberten sie die Stadt 1099 nach heftigem Widerstand. In der Folgezeit gab es immer neue Kämpfe, Eroberungen und Rückeroberungen.

Q3 Erzbischof Wilhelm von Tyrus (1130–1186) schrieb in seiner Chronik:
... Alle Feinde ... streckten sie mit der Schärfe des Schwertes nieder. ... Und es lagen überall so viele Erschlagene und solche Haufen abgehauener Köpfe umher, dass man keinen anderen Weg ... mehr finden konnte als über Leichen. ... Es geschah ... nach dem gerechten Urteil Gottes, dass die, welche das Heiligtum des Herrn mit ihren abergläubischen Bräuchen entweiht ... hatten, es mit ihrem eigenen Blut reinigen ... mussten...

Q4 Der arabische Chronist Ibn al-Athir (1160–1233) berichtete:
... (I)n der Alaksa-Moschee ... töten die *Franken mehr als 70000 Muslime, unter ihnen viele ... Religionsgelehrte. Die Flüchtlinge erreichten Bagdad. ... In der Kanzlei des Kalifen gaben sie einen Bericht, der die Augen mit Tränen füllte und die Herzen betrübte. ...

2 – **Ermordung von Juden während der Kreuzzüge.** Jüdische Chronik, 15. Jahrhundert.

* **Thora**, die
Erster Teil des Tanach, der heiligen Schrift der Juden. Sie enthält die fünf Bücher Mose und bildet die Grundlage des jüdischen Gottesdienstes.

* **Franken**, die
Hier: Sammelbegriff für die Kreuzfahrer aus muslimischer Sicht, auch wenn nicht alle Franken waren.

1. Beschreibt die Land- und die Seewege der Kreuzfahrer mithilfe der Karte 1.
2. Nennt alle Argumente aus Q1, mit denen der Papst seine Zuhörer für den Kreuzzug gewinnen will.
3. Erläutert, welches Bild der Papst von den Muslimen entwirft und vermutet, warum er sie so darstellt.
4. Vergleicht Q3 und Q4 miteinander. Erklärt, woran ihr die jeweilige Sichtweise der Autoren erkennen könnt.
   ► *Nehmt hierzu die Methode „Textquellen vergleichen", S. 232/233 zu Hilfe.*

Wahlaufgaben

A. Fasst zusammen, was die Kreuzzüge für die Juden in Europa bedeuteten (Karte 1, Text, Bild 2 und Q2).

B. Verfasst einen Bericht über den Auftakt der Kreuzzüge und ihren Verlauf.
   ► *Nutzt hierzu auch Informationen aus dem Webcode.*

Webcode: EV644834-161

Wie lebten Christen und Muslime in Palästina?

1 – Ein Christ und ein Muslim schließen Freundschaft. 13. Jahrhundert.

2 – *Kreuzzugspropaganda: Muslime beschmutzen eine Kirche. Miniatur von 1325.

* **Propaganda**, die Verbreitung politischer Ansichten mit dem Ziel, die öffentliche Meinung in bestimmter Weise zu beeinflussen.

Kreuzfahrer richten sich in der Fremde ein

Die Kreuzfahrer gründeten Kreuzfahrer-Staaten, bauten Festungsanlagen und Burgen. Etwa 100 000 Westeuropäer kamen und blieben. Schon untereinander und besonders mit den Muslimen bildeten sie so etwas wie eine multikulturelle Gesellschaft. Neben der Landwirtschaft lebten sie von den Pilgern und vom Handel.

Q1 Kreuzritter Fulcher von Chartres (1059–1127) schrieb:

... Wir, die wir Abendländer waren, sind Orientalen geworden; ... Wir haben schon unsere Geburtsorte vergessen; ... Manche von uns besitzen in diesem Land Häuser und Diener, die ihnen gehören wie nach Erbrecht; ein anderer hat eine Frau geheiratet, ... eine Syrierin oder Armenierin oder sogar eine Sarazenin, ... der eine bebaut Weingärten, der andere Felder; sie sprechen verschiedene Sprachen und haben es doch alle schon fertiggebracht, sich zu verstehen.

M1 Die Historikerin Kristin Skottki schrieb 2015 über die Kontakte zwischen Christen und Muslimen:

... Selbst in den Kreuzfahrerchroniken sind die Grenzen zwischen „uns" und den „Anderen" nicht so trennscharf und undurchlässig, wie man das ... glauben würde. ... Dass die Kreuzfahrer ... mit muslimischen Herrschern Verträge abschlossen und teilweise sogar mit Muslimen gegen andere Christen kämpften, ist gut belegt. ...

Q2 Der muslimische Pilger Ibu Bashir aus Spanien kam auf seiner Reise 1183/85 nach Mekka durch Kreuzfahrergebiete, er schrieb:

... (Bei der großen christlichen Festung gab es viele muslimische Bauern,) die in Harmonie mit den Franken leben. Möge Gott uns vor solcher Versuchung bewahren! ...

3 – Saladin. Muslimische Buchmalerei, etwa 1180.

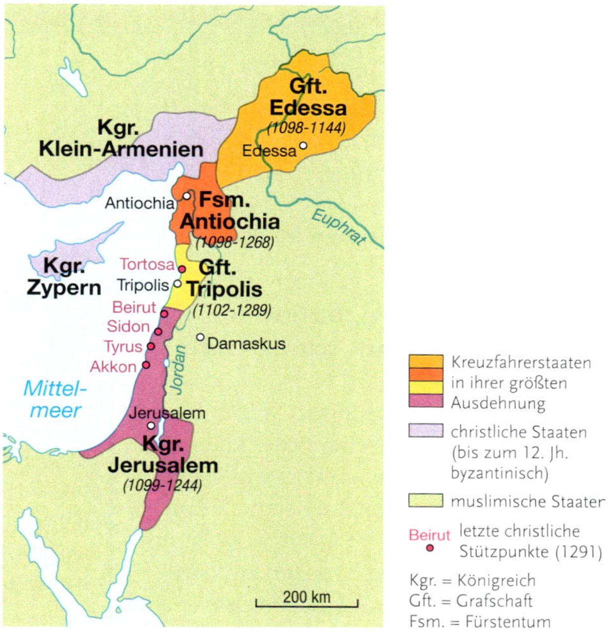

4 – Die Kreuzfahrerstaaten.

Die Muslime erobern ihre Gebiete zurück

Solange die Muslime untereinander zerstritten waren und sich gegenseitig bekämpften, dehnten sich die Kreuzfahrerstaaten aus. Doch *Sultan Saladin (1137–1193) rief erfolgreich zum geeinten Kampf auf. Wieder kam es zu Grausamkeiten auf beiden Seiten. 1187 begann Saladin mit der Belagerung Jerusalems. Noch im gleichen Jahr übergaben die Christen die Stadt kampflos. Wer ein hohes Lösegeld zahlen konnte, durfte ungehindert abziehen, etliche gerieten jedoch in die Sklaverei.

Saladin – ein weiser Herrscher?

Saladin verbot Plünderei und Mord, es wurde keine Rache für die durch die Christen getöteten 3000 Muslime genommen. Saladin verzichtete auch darauf, die neu errichtete Grabeskirche zu zerstören. Die Stadt war wieder für Muslime, aber auch für Juden und Christen zur Verehrung ihrer heiligen Stätten frei zugänglich. Auch jüdische Familien ließ Saladin wieder in Jerusalem ansiedeln.

Saladin wurde zum Vorbild für einen weisen Herrscher und die Verständigung zwischen den Religionen.

1. Vergleicht die Bilder 1 und 2 miteinander. Achtet auf die Bildinhalte, die -aussage und die -wirkung.
2. Bild- und Textquellen zeigen immer nur einen Ausschnitt, nie die ganze Geschichte. Überprüft die Aussage anhand der Quellen und Texte und tauscht euch darüber aus.
3. Tragt aus den Quellen und Texten Belege für friedliche Kontakte und für Konflikte zusammen.
4. Gefolgsleute von Saladin machten ihm Vorwürfe, er sei zu milde gegenüber den besiegten Christen. Formuliert eine mögliche Antwort Saladins.

* Sultan, der
Titel für einen islamischen Herrscher.

Wahlaufgaben

A. Für das Gebiet, das die Kreuzfahrer eroberten, und die gesamte Region gab und gibt es viele Bezeichnungen: Palästina, Heiliges Land, Naher Osten, Orient, Kleinasien … Informiert euch über Herkunft, Bedeutung und Unterschiede.

B. Recherchiert und berichtet über die „Ringparabel“ in Lessings Drama „Nathan der Weise“ (1779) und die Rolle Saladins darin.

Die Kreuzzüge – eine reine Männersache?

Auch Frauen nahmen an den Kreuzzügen teil. Über sie könnt ihr auf dieser Doppelseite einiges erfahren.

Gründe für die Teilnahme von Frauen an den Kreuzzügen

Q1 Anna Komnena (1083–1154), Tochter des christlich-byzantinischen Kaisers, schrieb etwa 1135 über den ersten Kreuzzug:

... Es entstand damals eine Bewegung von Männern und Frauen, wie man sie seit Menschengedenken nicht gesehen hatte: die einfachsten Leute waren von der Sehnsucht erfüllt, am Heiligen Grab zu beten. ... Eine unübersehbare Menge von Männern aus dem Volk, mit Frauen und Kindern, alle mit roten Kreuzen auf den Schultern, ... die aus allen Ländern herbeiströmte. ...

M1 Die Historikerin Christine Dernbecher schrieb 2003:

... Des Weiteren ist in Betracht zu ziehen, dass Frauen aus Liebe beziehungsweise aus einem Gefühl der Zusammengehörigkeit heraus bereit waren, die Strapazen auf sich zu nehmen, und deshalb ihren Ehemännern in den Osten folgten. ... Als ein weiterer Beweggrund kam vielleicht auch ein gewisses Maß an Abenteuerlust oder Neugierde hinzu. ... Nicht nur die Ehefrauen der Kreuzfahrer begleiteten das Heer, sondern auch Nonnen, Dienerinnen, Waschfrauen sowie Marketenderinnen (Händlerinnen, auch für Kranke und Verwundete zuständig) oder Prostituierte. ...

Frauen als Sündenböcke?

Frauen werden in zeitgenössischen Quellen wiederholt kritisiert, wenn sie an den Kreuzzügen teilnahmen. In diesen Quellen steht, dass sie während der Kämpfe stören, weil man z. B. gleichzeitig für ihren Schutz sorgen müsse.

Päpste und Bischöfe sprachen sich außerdem grundsätzlich gegen die Teilnahme von Frauen an den Kreuzzügen aus, weil sie für das zügellose Leben der Kreuzfahrer verantwortlich gemacht wurden. Vor allem wenn es zu Niederlagen im Heiligen Krieg gekommen war, sah man in den Frauen die Schuldigen. Man sagte, dass die Niederlagen eine Strafe Gottes für das unmoralische Leben im Heerlager waren. Weil daran angeblich allein Frauen die Schuld trugen, wurden verheiratete und unverheiratete Frauen manchmal aus dem Heer vertrieben.

1 – Während des ersten Kreuzzugs werden Frauen aus dem christlichen Heerlager von Antiochia vertrieben. Buchmalerei, um 1490, Ausschnitt.

2 – Eroberung Jerusalems durch die Kreuzfahrer. Zeitgenössische Buchmalerei, Ausschnitt.

Teilt euch in Gruppen auf und bearbeitet jeweils eines der drei Themen mithilfe der Fragen:

Wahlaufgaben

Gründe für die Teilnahme an den Kreuzzügen

A Legt mithilfe der Materialien (Q1, M1) eine Mindmap an und benennt darin die Gründe, warum Frauen am Kreuzzug teilnahmen, und ihre Aufgaben.

Frauen als Sündenböcke?

B Untersucht mithilfe des Textes und Bild 1, warum und von wem Frauen zu „Sündenböcken" gemacht wurden.

▶ *Notiert eure Ergebnisse.*

Frauen und Kriegshandlungen

C Tragt in der Gruppe zusammen, wie sich Frauen direkt am Kampfgeschehen beteiligten (Bild 2, Q2, Q3, Text).

▶ *Fertigt hierzu Notizen an.*

Frauen und Kriegshandlungen

Q2 Der arabische Geschichtsschreiber Abu Sama (1203–1267) schrieb Mitte des 13. Jahrhunderts über die Belagerung von Akkon 1189:

... Auch eine andere große und reiche Frau langte zur See an, mit fünfhundert Reitern, Pferden, ... Ausrüstung; ... jene Frau ritt mit aus und beteiligte sich bei den Angriffen. In dem Heer der Feinde gab es auch noch sonstige Weiber zu Pferde mit Panzer und Eisenhelm, welche nach Männerweise kämpften; ... der Tatbestand trat erst zu Tage, als sie geplündert und entkleidet wurden. ...

Q3 Ein unbekannter Autor schrieb 1099 – vermutlich im Auftrag des Fürsten Bohemund von Tarent – eine Chronik der Geschehnisse. Dort heißt es:

... Wir hatten keine Aussichten, ... der Wucht des Angriffs so vieler Feinde standhalten zu können. Die Frauen im Lager waren an diesem Tag eine große Hilfe für uns, denn sie brachten unseren Kämpfern Wasser zum Trinken und ermunterten die Streiter und Verteidiger. ...

Historikerinnen fanden außerdem heraus, dass Frauen auch Gräben aushoben und am Bau von Belagerungsmaschinen sowie dem Errichten von Barrikaden beteiligt waren. Sie übernahmen Wachdienste, löschten Feuer und schleppten Proviant und Munition zu den Kämpfenden. Nachgewiesen ist auch, dass es zu einer direkten Beteiligung am Kampf vor allem bei der Abwehr von Angriffen kam.

Methode

Ein persönliches Werturteil bilden

In einem Werturteil kommt zum Ausdruck, was und wie wir heute über eine Sache denken. Es kann z. B. Zustimmung oder Ablehnung, Sympathie oder Antipathie ausdrücken.

Ein Werturteil über Menschen und ihr Handeln in der Vergangenheit zu bilden, hilft uns auch, uns in der Gegenwart zu orientieren.

Folgende Schritte helfen euch, zu einem begründeten, persönlichen Werturteil zu gelangen:

Schritt 1
Klären, was oder wer beurteilt werden soll

- Welche Einstellungen oder Handlungen von Menschen sollen beurteilt werden?
- Welche Fragestellung ist leitend? Halten wir z. B. das Handeln von Menschen für
  - gerechtfertigt oder ungerechtfertigt?
  - vorbildhaft oder abschreckend?
  - Erfolg versprechend oder zum Scheitern verurteilt?
  - wertvoll/Werte schaffend oder wertlos/Werte vernichtend? ...

Schritt 2
Einen Maßstab heranziehen und offenlegen

- Was kann mir für mein Urteil als Maßstab dienen, z. B. die Menschenrechte, das Grundgesetz, eine Religion ...?

Schritt 3
Ein begründetes Werturteil formulieren

- Das Werturteil muss nicht immer eindeutig sein, ihr könnt auch abwägen (einerseits – andererseits). Eine Begründung gehört auf jeden Fall dazu!

Schritt 4
Urteile vergleichen

- Zu welchen Urteilen sind Mitschüler/-innen oder andere Menschen gekommen?
- Weisen sie überzeugende Einstellungen und Argumente nach?
- Unterschiedliche Menschen beurteilen oft verschieden. Respektiert die anderen Meinungen.

1 Bearbeitet mithilfe der vier Schritte und der Materialien zu den Kreuzzügen folgende Urteilsfrage: Wie beurteilt ihr das Vorgehen der Kreuzritter aus heutiger Sicht? Schlagt die Seiten 160–165 nach.

2 Bearbeitet mithilfe der Materialien auf den S. 160–165 auch die folgende Werturteilsfrage: Wie denkt ihr über Kriege, die im Namen eines Gottes geführt werden?

M1 Zu den Grundrechten heißt es im Artikel 4 des Grundgesetzes der Bundesrepublik Deutschland von 1949:

...
(1) Die Freiheit des Glaubens, des Gewissens und die Freiheit des religiösen und weltanschaulichen Bekenntnisses sind unverletzlich.
(2) Die ungestörte Religionsausübung wird gewährleistet.
(3) Niemand darf gegen sein Gewissen zum Kriegsdienst mit der Waffe gezwungen werden. ...

Anregungen für Lösungsmöglichkeiten:

Zum Schritt 1: Wie beurteile ich das Vorgehen der Kreuzritter aus heutiger und persönlicher Sicht?

Zu den Schritten 2 und 3: Lösungsmöglichkeiten findet ihr unter M2 und Wortmaterial zur Unterstützung unter M3.

M2 Lösungsbeispiele von Schülerinnen und Schülern:

Hassan schreibt:
Zum Schritt 2:
... Ich bin mit dem Koran erzogen worden, er ist für mich wichtig. ...
Zum Schritt 3:
... Die Kreuzritter haben den Glauben der Muslime mit den Füßen getreten und viele Muslime ermordet. Das ist für mich ungerecht. Es sorgt bis heute für Feindschaft zwischen Muslimen und Christen. ... So sind die Kreuzritter ein schlechtes Beispiel dafür, wie man mit Menschen umgeht, die eine andere Religion haben. ...

Lena schreibt:
Zum Schritt 2:
... Um die Frage zu beantworten, schließe ich mich unserem Grundgesetz an. Jeder sollte seine Religion haben dürfen und den anderen ihre Freiheit lassen.
Zum Schritt 3:
Ich kann verstehen, dass die Kreuzritter für die Pilger freien Zugang zu den heiligen Stätten wollten, aber das rechtfertigt überhaupt nicht ihr Vorgehen. Sie haben unterwegs (den Juden gegenüber) und am Ziel (den Muslimen gegenüber) menschenverachtend gehandelt. Die Frauen machten sie zu Sündenböcken. Das kann ich nur ablehnen. ...

Tom schreibt:
Zum Schritt 2:
... Im Konfirmandenunterricht haben wir uns mit den 10 Geboten und mit der Bergpredigt von Jesus beschäftigt. Ich würde anderen Menschen auch gern wie Jesus begegnen.
Zum Schritt 3:
Gar nicht verstehe ich, wie die Kirchenleute die Kreuzritter auffordern konnten, Gewalt anzuwenden. Das passt meiner Meinung nach nicht mit der Bibel zusammen. Ich finde, das Vorgehen der Kreuzritter ...

M3 Wortmaterial zu eurer Unterstützung:
Leitend für meine Meinung ist ... Nach meiner Überzeugung ... Ich denke zu der Frage ... Meine Sicht ist ... Ich komme zu dieser Ansicht, weil ... Dabei hat mich überzeugt, dass ... Einerseits ..., andererseits ... Obwohl ich auch Verständnis für ..., überwiegt dennoch ...

1 – Schüler im Meinungsaustausch. Foto, 2011.

Jüdisches Leben in Europa

Wie erging es Juden in Europa?

1 – Juden erleiden in Köln den Flammentod. Holzschnitt aus der Schedelschen Weltchronik von 1493.

2 – Jüdischer „Hausierer". Er bietet Töpfe, Schaumkellen und Teekannen zum Kauf an. Kupferstich, 1790.

*Wucherer, der
Er bietet eine Leistung, z. B. Geld und fordert deutlich zu hohe Gegenleistungen, z. B. in Form von Zinsen.

*Pogrom, das
Ein Pogrom ist eine gewaltsame Ausschreitung gegen Menschen aufgrund ihrer Zugehörigkeit zu einer (z. B. religiösen) Minderheit.

*Rat, der
Der Rat einer Stadt bestand aus Männern aus der Oberschicht. Sie regelten Stadtangelegenheiten, z. B. die Überwachung von Maßen und Gewichten oder Steuererhebungen.

*Hausierer, der
Er zieht mit Waren von Dorf zu Dorf und verkauft sie an der Haustür.

Judenfeindschaft in Europa

Nachdem sich das Christentum als vorherrschende Religion durchgesetzt hatte, wurden Juden vor allem im Mittelalter (↗ S. 38) zu Außenseitern erklärt. Ihre Rechte wurden stark beschnitten. So waren sie von Landbesitz und Ackerbau, von Kaufmannsgilden und Handwerkszünften (↗ S. 35) ausgeschlossen. Der Verleih von Geld war den Christen verboten. Für die Juden blieb dies eine Möglichkeit, Geld zu verdienen. Geldverleih und Zinseinnahmen führten jedoch zu neuem Hass und weiteren Beschimpfungen (*Wucherer). Wie absurd auch manche Vorwürfe gegen Juden waren, viele der meist ungebildeten Menschen glaubten sie. Juden mussten in vorgeschriebenen Wohnvierteln leben (Judengassen, Ghettos) und Kleiderordnungen einhalten (z. B. gelber Judenring, Bild 3).

Q1 Über die Pest und die *Pogrome gegen Juden in Straßburg 1349 berichtet der Priester und Geschichtsschreiber Jakob Twinger:

... Als man das Jahr 1349 zählte, war das größte Sterben, das je zuvor gesehen war ... Über den Grund konnten alle weisen Gelehrten und Ärzte nichts anderes sagen, als dass es Gottes Wille sei. ... Es kam auch nach Straßburg ... und es starben hier ungefähr 16 000 Leute. Wegen des Sterbens wurden die Juden in der Welt verleumdet und überall beschuldigt, sie hätten es durch Gift bewirkt, das sie ins Wasser und in die Brunnen getan hätten. Deshalb wurden die Juden verbrannt ... Am Samstag ... waren es ihrer 2000. Das bare Geld aber nahm der *Rat und teilte es unter den Zünften nach ihrem Verhältnis. Das Geld war auch die Ursache, dass die Juden getötet wurden. Wären sie arm und die Landesherren ihnen nichts schuldig gewesen, so wären sie nicht verbrannt worden. ...

Handelten und urteilten alle Christen gleich?

Es gab auch Landesherren, die Juden, meist in den Städten, Schutz gewährten. Die Juden zahlten in der Regel Abgaben, um in Ruhe und nach ihrer Religion leben zu können.

Papst Clemens VI. argumentierte 1348, die Pest wüte auch dort, wo keine Juden lebten, und töte alle Menschen, auch die Juden.

Juden als „Fremde" und Nachbarn

Auch in der Frühen Neuzeit änderten sich die Lebensbedingungen für Juden kaum. Sie organisierten sich in Gemeinden mit ei-

3 – Jude und Jüdin im 16. Jahrhundert in Worms in typischer Kleidung. Als Erkennungszeichen tragen sie den gelben Judenring. Zeitgenössische Darstellung.

4 – Titelbild der ersten antijüdischen Schrift Luthers: „Von den Juden und ihren Lügen“. Holzschnitt, 1543.

gener Führung und eigenem Gericht. Ihren christlichen Nachbarn begegneten sie z. B. als Händler, *Hausierer oder Bettler. Viele lebten in Armut, wenige verdienten als Fernhändler gutes Geld oder waren als Kreditgeber an den Höfen von Herrschern gern gesehen.

Antijüdische Strömungen in der Frühen Neuzeit

In Deutschland verfasste der Reformator Luther (vgl. S. 49) zunächst Schriften, mit denen er Kritik am Verhalten der Christen gegenüber den Juden übte. Nicht als Menschen, sondern wie Hunde seien die Juden behandelt worden, „Narrenwerk“ sei über sie verbreitet worden. Luthers Versuche, die Juden für den christlichen Glauben zu gewinnen, trugen jedoch keine Früchte. Seine Freundschaft schlug in späteren Schriften in Gegnerschaft und Hass um.

Juden in Brandenburg-Preußen

Der Herrscher in Brandenburg-Preußen beurteilte Juden anders. Sein Land war nach einem Krieg verarmt und hatte zu wenig Bewohner. Daher entschloss sich der Große Kurfürst Brandenburgs, Friedrich Wilhelm I., 1671 zu einem *Edikt. Er nahm fünfzig jüdische Familien auf, die aus Wien vertrieben worden waren. Sie mussten ein Mindestvermögen von 10 000 Talern nachweisen. Der Kurfürst nahm auch andere neue Siedler auf, jedoch ohne vergleichbare Bedingungen.

Q2 Aus dem Edikt des Großen Kurfürsten, 1671:

... Es soll ihnen zwar nicht gestattet sein, eine *Synagoge zu haben. Aber sie mögen in ihren Häusern zusammenkommen, dort ihr Gebet und ihre Feier halten, doch ohne den Christen Ärgernis zu geben. ...

1. Fasst Vorurteile und Maßnahmen gegen Juden und die Einschränkungen, unter denen sie leben mussten, zusammen.
2. Erstellt eine Liste mit den Berufen und Einnahmequellen, die für Juden möglich waren.
3. Erklärt, welche Rolle Geld und Besitz der Juden für die Obrigkeit spielten (Q1, Text).

*Edikt, das (↗ S. 80)

*Synagoge, die Jüdisches Gotteshaus.

Wahlaufgaben

A Informiert euch im Längsschnitt „Geschichte der Stadt am Beispiel Brandenburg-Preußen“ vertiefend über den Großen Kurfürsten und seine Politik und berichtet darüber.

B Beurteilt, wie Christen mit Juden in Europa umgingen.

▶ *Nehmt hierzu die Methode „Wie bilde ich mir ein Urteil?, S. 248 zu Hilfe.*

Furcht vor den Osmanen

Reale Gefahr oder willkommenes Feindbild?

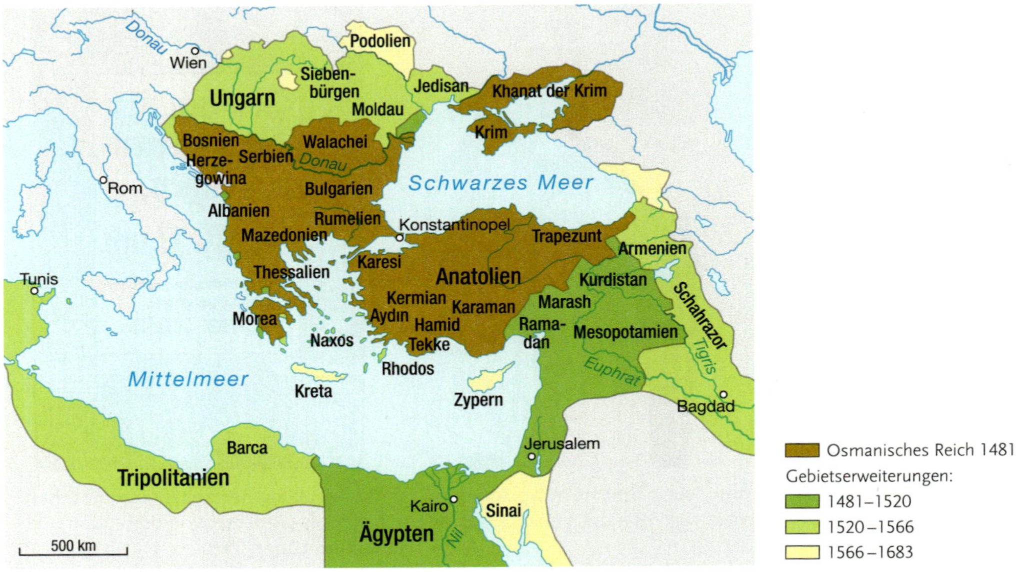

1 – Europa und Osmanisches Reich zwischen 1481 und 1681.

*Osmanen, die Bewohner des Osmanischen Reiches, heute die Türkei. Benannt nach dem Herrscherhaus Osman.

In der Frühen Neuzeit fühlte sich das christliche Europa immer mehr durch ein neues Reich bedroht: Den muslimischen *Osmanen gelang es, ihr Herrschaftsgebiet immer weiter nach Westen auszudehnen.

Türkengefahr und Türkenfurcht

Die Geschichte von Osmanen und Europäern ist wechselvoll, immer wieder gab es Kriege. Die jeweils „Anderen" waren die „Fremden" und ihre Religion wurde kritisch betrachtet und als Bedrohung angesehen. 1453 eroberten die Osmanen unter Führung ihres Sultans das zuvor christliche Konstantinopel. Das löste im christlichen Westen einen Schock aus. Der Ruf „Die Türken kommen" verbreitete Angst und Schrecken.
Als die Osmanen mit ihrem Herrscher Sultan Süleyman I. und ihren Truppen schließlich vor den Toren der Stadt Wien lagerten, kam es 1529 zum ersten Türkenkrieg.

Q1 Auf einen Bildrand schrieb ein osmanischer Geschichtsschreiber im 16. Jahrhundert.

... Sultan Süleyman Chan kam ... in Wien an. Nachdem er die Vorstadt erobert und unterworfen hatte, kehrte er wegen des hinderlichen Winters zurück ...

Propaganda

Von den Osmanen ging für Teile Europas eine reale Gefahr aus. Zusätzlich wurde die Angst vor ihnen geschürt. Sowohl die Herrscher in Westeuropa als auch die christlichen Kirchen trugen hierzu bei. Über die Türken wurde gepredigt, erzählt und geschrieben: Sie sind alle treulos, grausam und wortbrüchig.
Die christlichen Untertanen sollten bereit sein, in den Kampf zu ziehen, und Steuererhöhungen (Türken- und Kriegssteuern) mussten begründet werden.

2 – **Osmanischer Soldat mit gefangenen Bauern und aufgespießtem Kind.** Flugblatt, 16. Jh.

3 – **Maria Adelaide von Frankreich (Tochter Ludwigs XV.) im türkischen Kostüm.** Gemälde von Jean Etienne Liotard, 1753.

Q2 Aus einem Kirchengebet von 1595:
... Der türk hat sich gemachet auf, mit starker hand und großem hauf, mit mord und feur zu kämpfen, und traut auf seine grausamkeit, rhumpft auch sein gwalt und hochkünheit, will Christi lehre dämpfen. ... Er ist unser Feind in gemein, er ist auch der widersacher dein ...

1683 kam es ein zweites Mal zur Belagerung der Stadt Wien. Auch dieses Mal konnten die Angreifer abgewehrt werden. Die Verluste der Türken werden auf 3000 bis 5000 Mann geschätzt. Sie zogen sich zurück.

Der Orient kommt in Mode

Nach dem Rückzug der Osmanen gab es keinen Grund mehr zur Furcht. Am Hof des französischen Königs Ludwig XIV. (↗ Seite 56/57) und bald auch an anderen europäischen Höfen wurde es nun „modern", sich orientalisch zu kleiden. Im Theater und in der Literatur traten jetzt muslimische Helden auf und die Übersetzungen der Märchen aus „1001 Nacht" wurden gelesen und geliebt.

1. Beschreibt die Ausdehnung des Osmanischen Reiches (Karte 1).
2. Zählt die Ereignisse auf, die durch die Eroberungen und Belagerungen zur Furcht vor den Osmanen führten.
3. Übertragt Q2 in modernes Deutsch und begründet, wie das Gebet und das Flugblatt (Bild 2) die Türkenfurcht stützten.
4. Fasst zusammen, warum und wie Türkenfurcht verbreitet wurde.
   ▶ *Berücksichtigt den Text, Q2 und Bild 2.*

Wahlaufgaben

A. Recherchiert zu der Ausstellung „Panorama 1453" in Istanbul. Berichtet darüber und diskutiert, welche Bedeutung die Eroberung der Stadt hatte.

B. Nehmt Stellung zur Ausgangsfrage: Furcht vor den Osmanen – Reale Gefahr oder willkommenes Feindbild?

Juden im 19. Jahrhundert

Gleiche unter Gleichen?

1 – Walther Rathenau in Uniform. Er war Industrieller, Politiker, Schriftsteller (1867–1922, ermordet). Foto, 1890/91.

2 – Rahel Varnhagen, geb. Levin (1771–1833), Schriftstellerin. Gemälde, um 1870.

* Emanzipation, die
Unter Emanzipation versteht man die rechtliche, aber auch z. B. die soziale Gleichstellung, hier von Juden.

Juden hatten jahrhundertelang in vielen Staaten Benachteiligung erfahren, auch in Deutschland. Im 19. Jahrhundert gab es hier noch viele Herrschaftsgebiete und keine einheitliche Regierung.

Ein langer Weg zu gleichen Rechten
Erst nach langen Verhandlungen erreichten deutsche Juden die *Emanzipation.
In Preußen erließen König Friedrich Wilhelm III. und sein Staatskanzler Hardenberg vergleichsweise früh, 1812, ein sogenanntes „Emanzipationsedikt".

Q1 Edikt betreffend die bürgerlichen Verhältnisse der Juden in dem preußischen Staate, 11. 3. 1812:
... § 1. Die in unsern Staaten jetzt wohnhaften ... Juden und deren Familien sind für Inländer und preußische Staatsbürger zu achten.
§ 7. Die ... Juden ... sollen ... gleiche bürgerliche Rechte und Freiheiten mit den Christen genießen.
§ 9. Inwiefern die Juden zu ... öffentlichen ... Staatsämtern zugelassen werden können, behalten Wir Uns vor, in der Folge der Zeit gesetzlich zu bestimmen. ...

Jüdische Entscheidungen: Anpassung
Trotz weitgehender rechtlicher Gleichstellung wurden Juden auch weiterhin Probleme bereitet, beruflich erfolgreich zu sein.

Q2 Walther Rathenau (Bild 1) schrieb noch 1911 über Juden in „Staat und Judentum":
... Die Universitätsprofessur ist ihm durch stille Vereinbarung versperrt, die Regierungs- und Militärlaufbahn, der höhere Richterstand durch offizielle Maßnahmen. In den Jugendjahren eines jeden deutschen Juden gibt es einen schmerzlichen Augenblick, an den er sich zeitlebens erinnert: Wenn ihm zum ersten Male voll bewusst wird, dass er als Bürger zweiter Klasse in die Welt getreten ist, und dass keine Tüchtigkeit und kein Verdienst ihn aus dieser Lage befreien kann. ...

Etwa 22 000 Juden entschieden sich im 19. Jahrhundert zur Taufe. Der deutsche, jüdische Dichter Heinrich Heine ließ sich taufen und sprach von der Taufe als Eintrittskarte zur europäischen Kultur.
Auch die Schriftstellerin Rahel Levin (Bild 2) ließ sich taufen, um den Heiratsantrag eines Christen annehmen zu können. Sie

galt als klügste Frau Deutschlands und bildete den Mittelpunkt des gebildeten Berlins. Neben Börne und Heine war sie auch mit Grillparzer, Tieck und den Brüdern Humboldt befreundet und unterhielt in der Jägerstraße, der Französischen Straße und später in der Mauerstraße einen *Salon, in dem der freie Geist der Aufklärung herrschte (↗ S. 62/63).
Die Erfahrung, als Jude oder Jüdin benachteiligt zu werden, führte auch zu vielen Anträgen auf Namensänderungen. ...

Q3 Im Antrag auf Namensänderung von Wolff Itzig aus Flatow hieß es:
... Mein Sohn legt mir ... zur Last und bis heute ist es ihm nicht gelungen, eine Stellung zu bekommen und zwar lediglich seines anstößigen Namens wegen. ...

Jüdische Entscheidungen: Auswanderung

Schätzungsweise 70 000 bis 113 000 Juden reisten zwischen 1845 und 1871 aus. Sie verließen Deutschland vor allem in Richtung Amerika. Ein berühmter Vertreter war der 1829 in Bayern geborene Löb Strauss. Nach seiner Auswanderung nannte er sich Levi. Gemeinsam mit Jacob Davis meldete er 1873 das Patent für eine Arbeitshose an: Der Siegeszug der Jeans begann.

Berlin – ein Magnet

Die Großstadt bot vielen Menschen mehr und bessere Möglichkeiten als das Land. Allein zwischen 1860 und 1870 zählte die Stadt gut 17 000 jüdische Neuberliner. Im Bezirk Mitte wurde 1866 die Neue Synagoge eingeweiht (Bild 3).

Juden bringen sich ein

„Auf dem Papier" waren ab 1871 alle rechtlichen Benachteiligungen für Juden aufgehoben. In der Realität erlebten sie anderes (Q 2). Trotz aller Schwierigkeiten brachten sich viele Juden im Staat und in der Gesellschaft ein. Viele erlangten Berühmtheit, wie Walther Rathenau, Rahel Varnhagen oder Heinrich Heine.

3 – Die Neue Synagoge an der Oranienburger Straße im Bezirk Mitte, eingeweiht 1866. Foto, ca. 1880.

1. Fasst wichtige rechtliche Schritte auf dem Weg zur Gleichberechtigung von Juden zusammen (Text, Q1).
2. Erstellt eine Tabelle mit anhaltenden Benachteiligungen für Juden und ihre Reaktionen.
3. Viele Juden ließen sich in Uniformen fotografieren (Bild 1). Diskutiert, warum ihnen das vermutlich wichtig war.
4. Diskutiert, welche Bedeutung der Synagogenbau (Bild 3) hatte.

*Salon, der
Als Salon bezeichnete man vom 17. bis zum 19. Jahrhundert Gesellschafts- bzw. Empfangszimmer, in denen sich Bürgerinnen und Bürger, Gelehrte und Künstler regelmäßig trafen und über politische und kulturelle Themen sowie die Ideen der Aufklärung diskutierten.

Wahlaufgaben

A. Recherchiert und referiert über die Lebensgeschichte und Bedeutung jüdischer Persönlichkeiten wie Rahel Varnhagen, Walther Rathenau, Sigmund Freud, Samuel Fischer, Albert Einstein und Marie Curie.
B. Informiert euch über die Geschichte der Synagoge in Berlin-Mitte und Brandenburger Synagogen und erstellt Plakate.

Methode

Ein Museum besuchen

Der Besuch eines Museums bietet besondere Chancen, sich anhand vieler Originale, Rekonstruktionen (wieder hergestellte, nachvollzogene Dinge) und Erläuterungen mit der Geschichte intensiv zu beschäftigen.

Folgende Schritte helfen euch, den Museumsbesuch durchzuführen:

Schritt 1
Organisatorische Vorbereitung des Museumsbesuchs

Um die Organisation kann sich eine Arbeitsgruppe kümmern.

- Ruft die Internetseite des Museums auf oder führt ein Telefonat und beschafft euch so Informationen über das Museum.
- Wann hat das Museum geöffnet?
- Wie kommt ihr zu dem Museum und kostet es Eintritt?
- Welche Themen werden im Museum behandelt? Gibt es eine Sonderausstellung?
- Gibt es Führungen, Vorführungen, Workshops, Expertengespräche, Filme oder ein anderes pädagogisches Angebot? Ist das mit Kosten verbunden?
- Kann/muss man sich als Gruppe anmelden?

Schritt 2
Inhaltliche und methodische Vorbereitung des Museumsbesuchs

Bei einem Besuch kann man sich meist nicht alles anschauen.

- Entscheidet, ob ihr den Besuch als gemeinsame Gruppe zu einem Thema durchführen wollt (welches?) oder ob ihr verschiedene Bereiche des Museums in Gruppen besucht.
- Formuliert zum gewählten Thema eure Fragen für den Besuch.
- Sprecht ab, wie der Besuch verlaufen soll. Beispielsweise Führung, Workshop, Erkundungsbogen, Fotoausstellung vorbereiten, Experte bzw. Expertin im Museum für ein Exponat (Ausstellungsstück) werden und sich gegenseitig im Museum führen, Befragung von Expertinnen oder Experten oder von Besucherinnen und Besuchern ...

Schritt 3
Der Museumsbesuch

Je besser die Vorbereitung ist, desto ertragreicher wird der Besuch.

- Orientiert euch, wo sich was befindet.
- Besichtigung, wie geplant.
- Verhaltet euch so, dass ihr gern gesehene Gäste seid.

Schritt 4
Auswertung des Museumsbesuchs

Die Auswertung des Besuchs rundet das Vorhaben ab.

- Was war für euch besonders interessant oder überraschend?
- Was sind die Antworten auf eure Fragen?
- Wie wollt ihr die Ergebnisse dokumentieren? Beispielsweise Wandzeitung, Fotoausstellung, Eintrag ins Portfolio ...
- Hat sich der Besuch gelohnt; wart ihr gut vorbereitet?
- Welche Rückschlüsse zieht ihr für einen nächsten Museumsbesuch?

1 – Blick in die Ausstellung des Jüdischen Museums Berlin. Foto, 2011.

2 – Archivworkshop mit Eugen und Dorothea Merzbacher im Jüdischen Museum Berlin. Foto, 30.09.2010.

1 Bereitet mithilfe der vier Schritte einen Besuch im Jüdischen Museum in Berlin vor.

2 Erkundigt euch über den Architekten des Museums und die besondere Bauweise und berichtet darüber.

3 Informiert euch, welche vielfältigen Berufe Menschen, die in einem historischen Museum arbeiten, haben können und haltet ein Referat darüber.

Das kann ich ...

Juden, Christen und Muslime (Längsschnitt)

1 – Bilderrätsel.

2 – Reenactment: Laienschauspieler aus mehreren Ländern treffen sich, um eine historische Situation, meist eine kriegerische Handlung, möglichst genau nachzuspielen. Es kommt den Darstellern auf den richtigen Ort, die richtige Kleidung und Ausstattung und den richtigen Ablauf an. Hier wird in Varna, Bulgarien, eine Schlacht gegen die Türken von 1444 nachgestellt. Foto, 2014.

Verstehen

Q1 Ein Kirchenrat forderte, die Juden sollten sich für ihre bürgerliche Gleichstellung zuvor taufen lassen. Der Rechtswissenschaftler Gabriel Risser erwiderte in einer Streitschrift 1831:
... Uns vorzuhalten, dass unsere Väter vor Jahrhunderten oder vor Jahrtausenden eingewandert sind, ist so unmenschlich, als es unsinnig ist. Wir sind nicht eingewandert, wir sind eingeboren, und weil wir es sind, haben wir keinen Anspruch anderswo auf Heimat; wir sind entweder Deutsche, oder wir sind heimatlos. ...

Gabriel Risser wurde 1860 als erster Jude in Deutschland Richter, am Obergericht Hamburg.

Wichtige Begriffe

Kreuzzüge
Kreuzfahrerstaaten
Islam
Türkenfurcht
Judenemanzipation
Osmanen
Pogrom

Methoden anwenden

1 Erklärt euch gegenseitig die wichtigen Begriffe. Notiert ihre Bedeutung in eurem Geschichtsheft und ergänzt weitere Begriffe aus dem Längsschnitt, die eurer Meinung nach von zentraler Bedeutung für das Thema sind.

2 Lest die Angaben zu den Materialien auf dieser Seite und schaut euch weitere aus dem Längsschnitt an. Überlegt und begründet, warum Quellenangaben wichtig sind.
▶ *Quellenangaben geben Auskunft über die Autorin oder den Autor, ... Mithilfe der Quellenangaben kann man eine Aussage über ... treffen.*

3 Fasst zusammen, welche Recherchen in der Arbeit an diesem Längsschnitt ihr durchgeführt habt (z. B. Internetrecherche, Museumsbesuch, Interview ...). Sammelt in Tabellen zum einen die Stärken und zum anderen die Probleme der jeweiligen Informationssuche.
▶ *Z. B.: Stärken von Recherchemethoden*

Internetrecherche	*Museumsbesuch*	*Interview*
+ schneller Zugriff auf viele Informationen *+ ...*	*+ große Auswahl an originalen Überresten aus der Vergangenheit* *+ ...*	*+ Möglichkeit des Nachfragens im Gespräch* *+ ...*

Analysieren

4 Schaut euch Bild 2 an und zieht Erkundigungen zu weiteren Reenactments zu den Themen dieses Längsschnitts ein. Tragt zusammen, warum solche nachgestellten Szenen aufgeführt werden. Überlegt, wie ihr dazu steht und diskutiert darüber.

Deuten

5 Findet heraus und begründet, bei welchen Bildern in Material 1 es sich um eine historische Quelle und bei welchen es sich um eine Darstellung aus der Gegenwart handelt.

6 Fasst kurz den Inhalt von Q1 zusammen. Erläutert die Perspektive, aus der die Streitschrift geschrieben ist und begründet, wodurch dies deutlich wird.

Urteilen und sich orientieren

7 Mit welchen besonderen Schwierigkeiten müssen und mussten Juden, Christen und Muslime in Gegenwart und Geschichte umgehen? Je nach Perspektiven wird die Antwort unterschiedlich ausfallen. Sucht Antworten und Begründungen aus den drei Sichtweisen.

Darstellen – historisch erzählen

8 Verfasst einen Text für ein Jugendsachbuch zum Thema „Das Zeitalter der Kreuzzüge“. Macht auch Vorschläge zum Bildmaterial.

1. Prætor: Regium Schönhausen. 2. Templ. Suburb. Spandau. 3. Prætor: Regium Monbijou. 4.
Templ. S. Georgii. 5. Templ. milit. præsidiar. 6. Xenodochium ad Spirit. S. 7. Templ. S. Mariæ.
8. Monast. in carum. 9. Templ. Paroch. 10. Xenodoch. Frideric. Magn. 11. Templ. Arcis et
Cathedr. 12. Curia Berol. 13. Apotheca Curial. 14. Templ. S. Nicolai. 15. Arx Reg. 16. Armamen
17. Stabulū et Observat. Reg. 18. Templ. S. Petri. 19. Xenodoch. S. Gertrud. 20. Templ. in Suburb.
Colon. 21. Templ. Hierosolimit. 22. Templ. in Foro. 23. Templ. Gallican. 24. Templ. Bohemor.
25. Templ. S. Trinit. 26. Templ. Civit. novæ. 27. Pons sub aggere salicet. 28. Chausse sive Agger.

7 Die Geschichte der Stadt am Beispiel Brandenburg-Preußen (Längsschnitt)

Berlin damals und heute: Beide Abbildungen zeigen einen Ausschnitt des Stadtzentrums. Das Hauptbild zeigt einen historischen Stich von 1730/1740, das kleine Bild stammt aus dem Jahr 2010. Auch wenn einige bekannte Gebäude heute noch existieren, so ist doch erkennbar, wie sich Berlin in den Jahrhunderten verändert hat. Was hat zu den Veränderungen geführt?

Darum geht es …

Die Geschichte der Stadt am Beispiel Brandenburg-Preußen

ab 1100
Blütezeit der Städtegründungen

1237
Gründung der Stadt Berlin

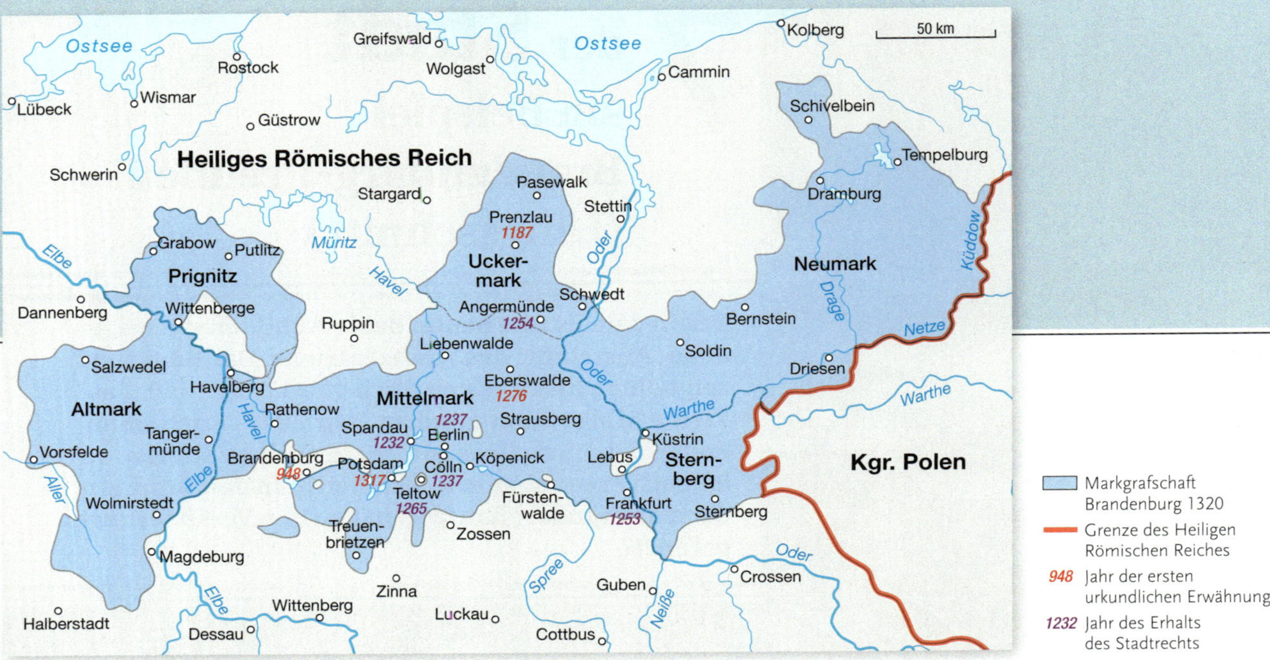

1 – Die Mark Brandenburg, um 1320.

Städte hatten schon früh in der Geschichte eine besondere Bedeutung. Bereits in der Antike bauten vor allem die Römer und Griechen Städte. Ab dem Jahr 900 begannen sich in Europa nach und nach Städte herauszubilden (↗ S. 32/33). Vor allem um Burgen, kaiserliche Pfalzen und Klöster entstanden neue Siedlungen, da die Wirtschaft wuchs und die Bevölkerungszahl zunahm. Die mittelalterlichen Städte folgten einem bestimmten Aufbau, in dessen Zentrum sich der Marktplatz befand. Im 14. Jahrhundert änderte sich dieser Aufbau, da die Fürsten Schlossanlagen/Residenzen errichteten. Diese lagen aufgrund ihrer Größe häufig außerhalb der Stadtmauern. Damit änderten sich auch die Grundrisse der Städte. Ab dem 18. Jahrhundert bewirkten ein erneutes Bevölkerungswachstum und die vielen neu gebauten Fabriken einen weiteren Wandel der Städte. Bis heute sind diese Entwicklungen noch im Stadtbild erkennbar.

Bei der Arbeit mit diesem Kapitel könnt ihr euch mit folgenden Fragen beschäftigen:

- Welche Gründe hatten und haben Menschen, in die Stadt zu ziehen?
- Wie war das Leben in einer mittelalterlichen Stadt, wie das in einer industrialisierten?
- Wie sahen Städte außerhalb Europas aus?
- Welche Funktionen konnten frühneuzeitliche Städte haben?

1 Nennt Städte aus der Region Berlin-Brandenburg, die ihr kennt. Findet sie auf der Karte.

2 Betrachtet die Karte und stellt Vermutungen an, weshalb die Städte an diesen Stellen gegründet wurden. Findet Begründungen.

▶ *Nehmt eine aktuelle Karte der Region zu Hilfe.*

3 Schlagt in einem Lexikon die Begriffe „Residenzstadt" und „Garnisonstadt" nach. Gebt die Erläuterungen mit eigenen Worten wieder.

1304
Erste Erwähnung Potsdams als Stadt

1701
Berlin wird Residenzstadt und Hauptstadt des Königreichs Preußen

1713
Potsdam wird Garnisonstadt

1740
Ausbau Potsdams zur Residenzstadt

1871
Berlin wird Hauptstadt des Deutschen Reiches

2 – Berlin um 1500. Stich nach Rekonstruktionszeichnung von E. Müller, 1837.

3 – Schloss Sanssouci. Erbaut 1745–1747, Umbau Erweiterung 1841/1842. Foto, 2013.

Landflucht in der Gegenwart

Die Stadt – Chance auf ein besseres Leben?

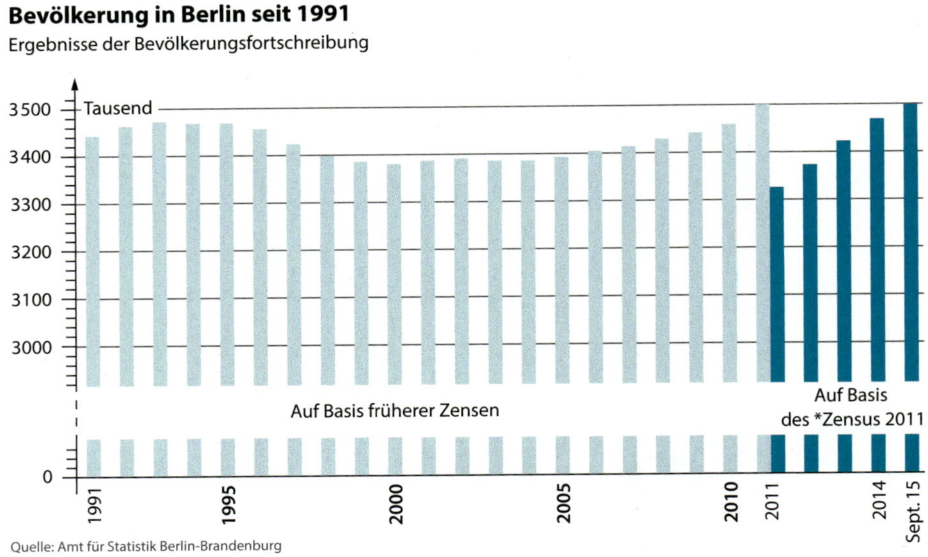

1 – Die Bevölkerung in Berlin seit 1991. Statistik, 2015

*Zensus, der
Volkszählung

*Landflucht, die
Eine Entwicklung, bei der viele Landbewohner in die Städte ziehen.

*Infrastruktur, die
Institutionen, die die Versorgung und die Nutzung eines bestimmten Gebiets ermöglichen, z. B. Einkaufsmöglichkeiten, öffentlicher Nahverkehr oder medizinische Versorgung.

*Anonymität, die
Bedeutet, nicht bekannt zu sein, z. B. für Nachbarn oder die Personen, denen man täglich in der Umgebung begegnet.

*Landflucht

„Landflucht: Immer mehr Deutsche zieht es in die Städte“ lautet eine Schlagzeile, wie sie in vielen Zeitungen zu finden ist. Noch bis zum Jahr 2000 lebten die Menschen in Deutschland lieber im Umland als in der Stadt. Seither hat sich das umgekehrt und auch junge Familien zieht es vom Land in die Städte. Diese Entwicklung nennt man Landflucht.
Vor allem die Stadt Berlin verzeichnet einen Bevölkerungszuwachs. So sind zwischen 2006 und 2011 etwa 180 000 neue Einwohner nach Berlin gezogen, die zwischen 18 und 30 Jahre alt waren. Das Land Brandenburg verlor im gleichen Zeitraum 73 000 Menschen dieser Altersgruppe. Das entspricht etwa der Einwohnerzahl einer ganzen Stadt, wie z. B. Brandenburg/Havel.

Gründe für das Leben in der Stadt

Forscher haben herausgefunden, dass zunächst viele junge Menschen nach ihrem Schulabschluss in die Städte ziehen, um dort ein Studium oder eine Ausbildung zu beginnen. Da die Mietpreise für Wohnungen oft noch bezahlbar sind, bleiben diese Menschen auch nach ihrer Ausbildung dort. Die Chancen auf Arbeit sind hier vergleichsweise höher. Sie gründen Familien und nutzen die Nähe zur Arbeit und die bessere *Infrastruktur. Hinzu kommt ein interessanteres Freizeitangebot, das den Städtern ebenfalls sehr wichtig ist.
Weiterhin werden oft folgende Vorteile des Lebens in der Stadt genannt:
- kulturelle Einrichtungen,
- der gute öffentliche Nahverkehr,
- das gesundheitliche Versorgungsnetz,
- Bildungseinrichtungen, Jobs und Karrieremöglichkeiten,
- die Chance der *Anonymität,
- die Möglichkeiten, leicht neue Menschen kennen zu lernen,
- die Einkaufsmöglichkeiten.

Gleichzeitig gibt es aber auch Nachteile für das Leben in der Stadt; hierzu zählen:
- Lärm, starker Verkehr und Umweltverschmutzung mit Folgen für die Gesundheit,
- Überbevölkerung,
- höhere Kriminalität,
- größere Wohnungsnot und teurere Mieten.

2 – Leer stehende Häuser in Brandenburg seit der Landflucht. Foto, um 2015.

3 – Berlin heute. Foto, 2010.

M1 Aussagen verschiedener Personen über ihr Leben in der Stadt:

Ina, 31 Jahre: „Ich komme aus Bayern und bin nach Berlin gezogen, um Arbeit zu finden. Das kulturelle Angebot der Stadt ist nur ein willkommener Nebeneffekt.“

Ralph, 45 Jahre: „Viel Abwechslung und neue Eindrücke Tag für Tag .... Kulturell wird auch sehr viel geboten. Die Verkehrsverbindungen sind engmaschig und vorbildlich. Berlin ist sehr tolerant, so dass jeder leben kann, wie er mag.“

Manuela, 56 Jahre und ihr Mann Thorsten, 58 Jahre, zogen zurück in die Stadt: „Vorher waren mir vor allem die Kinder wichtig, da war das Landleben perfekt. Aber jetzt sind sie aus dem Haus. Ich hatte mir schon lange vorgenommen, einen Yoga-Kurs zu machen, jetzt habe ich hier genau das passende Angebot gefunden und gleich losgelegt. Auch der Weg zur Arbeit ist kürzer als vorher. Und wenn wir in ein paar Jahren nicht mehr arbeiten, können wir noch mehr unternehmen. Auch, wenn wir später nicht mehr ganz so mobil sind, ist man doch in einer Stadt viel besser aufgehoben, wo man vieles einfacher erreichen kann.

Folgen für den ländlichen Raum

Je mehr Menschen eine dünn besiedelte Gegend verlassen, desto weniger Geld können Gemeinden in die Infrastruktur investieren. Damit erhöht sich die Landflucht.

Landflucht – ein internationales Phänomen

Ganz ähnlich wie in der Region Berlin-Brandenburg und Deutschland zieht es auch im Rest der Welt viele Menschen vom Land in die Stadt. Auch sie, so ein Wissenschaftler, ziehen in die Städte „auf der Suche nach Bildung, Arbeit und Kultur“. Damit stehen Städte vor der Herausforderung, dass sie keinen Platz für alle Zuziehenden haben. Daher sagen die Forscher voraus, dass „ein bis zwei Milliarden Menschen in Elendsvierteln landen könnten“.

1. Beschreibt anhand der Materialien das Phänomen der Landflucht in Deutschland und international mit eigenen Worten.
   ▶ *Analysiert hierzu auch die Statistik mithilfe der Methode auf S. 148*
2. Nennt Vor- und Nachteile des Lebens in der Stadt. (Bilder 2, 3 und M1)
3. Entwickelt Ideen, wie das Landleben für Menschen wieder attraktiver gemacht werden kann.

Wahlaufgaben

A. Befragt Freunde und Familie über ihre Eindrücke vom Leben in der Stadt. Gestaltet dazu eine Umfrage und stellt die Ergebnisse der Klasse vor.

B. Stellt euch vor, ihr seid nach eurem Schulabschluss vom Umland nach Berlin gezogen. Schreibt eine E-Mail an eure Familie oder Freunde, in der ihr von euren Erwartungen und Erfahrungen in der Stadt berichtet.

Wie lebten die Menschen in einer mittelalterlichen Stadt in Brandenburg?

1 – Auf dem Markt. Rekonstruktionszeichnung.

* **Scheffel**, das
Ein altes Raummaß für Schüttgut (z. B. Getreide), dessen Größe von der Region abhängig war.

* **Elle**, die
Altes Längenmaß, das ursprünglich von der Länge des Unterarms abgeleitet wurde. Daher variierte sie sehr stark.

* **Schilling**, der
Währungseinheit.

Der Markt als Mittelpunkt der Stadt
Die mittelalterlichen Städte in der Region Brandenburg waren wie in anderen mitteleuropäischen Städten aufgebaut. Zu den ältesten gehören Brandenburg/Havel, Frankfurt/Oder und auch Berlin. In ihren Zentren lag der Markt. In Berlin war das der so genannte „Olde Markt" (hochdeutsch: der alte Markt), später Molkenmarkt genannt. Er war wahrscheinlich der erste Wochenmarkt Berlins. Er lag nahe der Nikolaikirche südöstlich des Nikolaiviertels, das auch heute noch existiert. Der Markt verband die Handelsstraßen miteinander, die durch die Stadt hindurch liefen. Hier schlugen die Kaufleute ihre Stände auf und verkauften ihre Waren. Der geordnete Betrieb des Marktes war durch eine Rechtsordnung, den so genannten Marktfrieden, geregelt. Das Recht Markt abzuhalten wurde den Städten verliehen.

Q1 Ein Beispiel aus der „Mitteilung an Frankfurt /Oder zur Berliner Markt- und Gewerbeaufsicht von 1253" zur Marktordnung:
... Die Stadt Berlin theilt der Stadt Frankfurt ihrer Stiftungsurkunde zu Folge brandenburgisches Recht mit, wie dasselbe auf sie übertragen ist.
... Falschen *Scheffel, unrechtes Gewicht und unrichtige *Elle verbieten wir; wer aber überwiesen wird, solcherlei falsches Maaß unter sich gehabt zu haben, soll dem Spruche der Rathmannen verfallen, indem er den Rathmannen zur Strafe und Genugthuung 36 *Schillinge zahlt. ...
Auch sollen Obermeister der Bäcker von den Rathmannen bestellt werden, und nach ihrem Beschlusse zwei Rathmannen, welche mit den Obermeistern zuweilen das Brot besichtigen. Wenn irgend Jemandes Brot weniger gut ist, so können sie nach ihrem Ermessen bestimmen, wie ihnen rathsam zu sein scheint. Wenn derselbe aber auch dann sich nicht bessern will, soll er zur Strafe 5 Schillinge an die Rathmannen zahlen. ...

Vor allem wurden Waren des täglichen Bedarfs wie Getreide, Fleisch oder Holz angeboten. Besonders der Berliner Roggen war auswärtig sehr beliebt. Aber auch Künstler boten ihre Dienste an: Gaukler, Schausteller oder Sänger. Der Markt war somit ein sehr lebhafter und lauter Ort. Zu laute Marktschreier konnten aber auch bestraft werden.

2 – Das Rathaus von Brandenburg/ Havel mit der Rolandsfigur als Symbol für das Stadtrecht. Davor ist der Marktplatz erkennbar. Foto, um 2000.

Die Bewohner der Stadt und ihre Berufe
Der Markt war umgeben von Häusern. Dort wohnten die nicht reisenden Händler. Neben den Kaufleuten gab es weitere Berufsgruppen, die in der Stadt lebten und arbeiteten: die Handwerker. Beide schlossen sich bald zu organisierten Gruppierungen zusammen, die sich innerhalb ihrer Gemeinschaft gegenseitig unterstützten. Die Kaufleute bildeten die Gilde. Die Handwerker gründeten Zünfte. Der Zusammenschluss ganzer Handelsstädte war die Hanse, zu der auch die Doppelstadt Berlin-Cölln seit 1360 gehörte.
Die reiche Oberschicht Berlins und Cöllns waren Fernhändler und Großkaufleute. Sie stellten die Ratsherren und regierten die Stadt. Doch auch die Zünfte der Fleischer, Bäcker, Tuchmacher und Schuster verlangten eine Beteiligung in der Stadtverwaltung. Sie bekamen sie nicht.

Das Leben in der Stadt
Das Leben in der Stadt war nicht unbedingt leichter als das auf dem Land. Viele Menschen, die wenige oder gar keine Rechte besaßen, kamen in die Stadt, um freie Bürger zu werden. Dies gelang – wie in anderen Städten außerhalb der Region – nur wenigen Menschen. So galt das Motto „Stadtluft macht frei" auch hier nicht für viele Bürger. Mehr als die Hälfte der Bevölkerung besaß kein Bürgerrecht. Diese waren meist Dienstleute und Tagelöhner.
Der Wohnraum innerhalb der Stadt war durch die Stadtmauern begrenzt. Die Straßen stanken nach den Abfällen und *Fäkalien der Menschen. Die Häuser waren dunkel und eng. Die Menschen lebten und arbeiteten in ihnen. Nur die Wohlhabenden konnten sich Häuser aus Stein leisten. Diese Bedingungen führten zu vielen Krankheiten, denn Nutztiere lebten mit in den Häusern.

* **Fäkalien**, die
Von Menschen und Tieren ausgeschiedener Kot und Harn.

1 Beschreibt mithilfe des Textes die Lebensbedingungen in einer mittelalterlichen Stadt und vergleicht sie mit den heutigen.
▶ *Beachte besonders den Aufbau der Stadt, die Gebäude, die Bewohner und ihre Berufe.*

2 Erläutert die Bedeutung des Marktes für eine mittelalterliche Stadt. Bezieht dabei auch die Marktordnung mit ein. (Bild 1 und Q1).

Wahlaufgaben

A Recherchiert vor Ort, in der Bibliothek oder im Internet nach Spuren aus dem Mittelalter in eurer Heimatstadt. Das können z. B. alte Gebäude, Kirchen, Ruinen, Mauerreste, Straßennamen und Plätze sein. Bereitet eine Ausstellung dazu in eurer Schule vor.

B Bereitet ein kurzes Rollenspiel vor, in dem ihr als Mitglieder der Handwerkszünfte um mehr Beteiligung in der Stadtverwaltung einfordert. Notiert euch Argumente für eure Position.

Wie lebten die Menschen in verschiedenen Städten der Welt um 1500?

1 – **Konstantinopel um 1500.** Buchmalerei, um 1420.

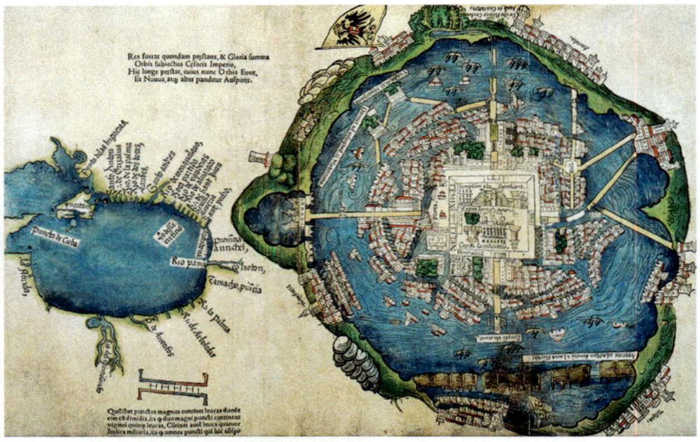

2 – **Tenochtitlán.** Karte, um 1500.

*Minarett, das
Der Turm einer Moschee.

*Azteken, die
Angehörige einer mächtigen Hochkultur in Mittelamerika, dem heutigen Mexiko. (↗ S. 228–231)

Wie die Städte Konstantinopel und Tenochtitlán entstanden
Um das Jahr 1500 gab es noch keine Stadt in der Welt, die eine Million Einwohner hatte. Die vier bevölkerungsreichsten Städte lagen nicht in Europa, sondern in China, in der heutigen Türkei, in Indien und dem heutigen Ägypten (siehe Tabelle 4).

Die Stadt Konstantinopel wurde um 660 v. Chr. unter dem Namen Byzantion gegründet. 330 n. Chr. machte der römische Kaiser Konstantin der Große sie zu seiner Hauptresidenz. So wurde sie Hauptstadt des Oströmischen Reichs. Der Ort lag günstig, denn sowohl die Flüsse Donau als auch der Euphrat waren nicht weit entfernt. Die Stadt wurde auf das Fünffache der ursprünglichen Fläche vergrößert, und angeblich auf sieben Hügeln errichtet. Nach dem Tod von Kaiser Konstantin 337 wurde die Stadt offiziell in Constantinopolis umbenannt. Später wurde sie unter dem Namen Istanbul die Hauptstadt des Osmanischen Reichs. Inzwischen veränderten die muslimischen Herrscher das Stadtbild. Zahlreiche Kirchen, deren bedeutendste die Hagia Sophia war, wurden um *Minarette ergänzt und zu Moscheen umgebaut. Am 14. September 1509 wurde die Stadt durch ein schweres Erdbeben erschüttert, bei dem ganze Stadtteile unbewohnbar wurden.

Tenochtitlán war vom 14. bis Anfang des 16. Jahrhunderts die Hauptstadt des Reiches der *Azteken. Der Zeitpunkt der ersten aztekischen Besiedelung wird auf die Zeit zwischen 1320 und 1350 vermutet. Dieser Ort lag auf einer Insel im Westteil des Texcoco-Sees, wo man die Stadt zu errichten begann. Ihre Überreste sind fast vollständig von der heutigen mexikanischen Hauptstadt Mexiko-Stadt überbaut.

Q1 Cortéz berichtete 1520 über die aztekische Hauptstadt Tenochtitlán:
...Die Hauptstadt Tenochtitlán liegt in einem salzigen Landsee, und von jedem Punkte des Festlandes, von welcher Seite man auch kommen möge, sind es zwei Leguas (etwa 11 km). Sie hat vier Zugänge, alle über Steindämme führend, die von Menschenhand erbaut und etwa zwei Reiterlanzen breit sind. ... Ihre Hauptstraßen sind sehr breit und gerade, einige sind zur Hälfte fester Boden, zur anderen Hälfte aber Wasser, auf dem die Boote fahren. Alle Straßen sind in größeren Zwischenräumen durchschnitten, sodass zwischen ihnen eine Wasserverbindung besteht. Alle diese Durchschnitte, wovon einige sehr breit sind, haben ihre Brücken aus starken zusammenfügbaren Balken, sodass zehn Reiter in Front darüberziehen können. ...

3 – Angkor Thom heute. Luftaufnahme, 2015.

Rang	Stadt	Einwohnerzahl
1	Peking/China	670 000
2	Konstantinopel (Istanbul)/ Osmanisches Reich	550 000
3	Vijayanagar/Indien	500 000
4	Kairo/Mamlukenreich (Ägypten)	400 000
9	Tenochtitlán/Aztekenreich (Mexiko)	200 000
–	Berlin	12 000

4 – Großstädte der Welt um 1500

Wie entstand Angkor Thom?
Im 9. Jahrhundert errichtete das Volk der *Khmer ein Reich, das große Teile Südostasiens, Laos' und Vietnams einnahm. Die Hauptstadt dieses Reiches war Angkor, die 889 gegründet wurde. Im 12. Jahrhundert regierte Jayavarman VII. dieses Gebiet und ließ auf dem Territorium der vorher zerstörten Stadt Angkor eine neue Stadt bauen: Angkor Thom (deutsch: die „Große Stadt von Angkor"). Angkor Thom wurde von einer acht Meter hohen Stadtmauer umfasst, die eine Fläche von 9 km^2 umschloss (Berlin hat heute eine Fläche von 892 km^2).In dieser Zeit sollen innerhalb dieser Mauern ca. 750 000 Einwohnern (andere Schätzungen gehen gar von fast einer Million Bewohnern aus) gelebt haben. In der Mitte jeder der vier Mauerseiten gab es ein großes Eingangstor, das in je eine Himmelsrichtung zeigte. Im Zentrum der Stadt stand ein Regierungstempel, der sogenannte Bayon-Tempel mit 54 Türmen. Alle Gebäude der Stadt waren mit zahllosen *Reliefs und Götterstatuen des *Buddhismus verziert. Dass die Khmer gut entwickelte wasserwirtschaftliche Fähigkeiten besaßen, zeigt ihr System der Wasserversorgung und der Abwasserentsorgung: die stadtumfließenden Kanäle dienten aber auch dem Verkehr. An der am tiefsten gelegenen Stelle gab es ein Staubecken zur Abwasserentsorgung. Jedes Stadtviertel war durch ein Wegenetz miteinander verbunden.

1 Erstellt mithilfe der Tabelle 4 ein Säulendiagramm und fasst die Inhalte in eigenen Worten zusammen.
2 Tragt mithilfe der Abbildungen und Texte in einer Tabelle alle Informationen über Angkor Thom, Konstantinopel und Tenochtitlán zusammen.

	Angkor Thom	*Konstantinopel*	*Tenochtitlán*
Gründung			
Lage			
…			

*Khmer, die
Waren ein Volk, das auf dem Gebiet des heutigen Kambodscha in Südostasien lebte.

*Relief, das
Oberflächengestalt eines Geländes oder Gebäudes.

*Buddhismus, der
Eine fernöstliche (hauptsächlich asiatische) Religion,

Wahlaufgaben
A Wenn du um das Jahr 1500 gelebt hättest, welchen der beschriebenen Orte hättest du besuchen wollen? Begründe deine Antwort.
B Stell dir vor, du hättest um das Jahr 1500 einen der drei Orte besucht. Schreibe einen Dialog, in dem du deiner Familie von deinen Eindrücken berichtest. Was hat dich am meisten beeindruckt?

Potsdam – eine besondere Stadt?

1 – Schloss Sanssouci, 1745–47 erbaut von Georg Wenzeslaus von Knobelsdorff. Foto, 2013.

* **Residenzstadt**, die
  Stadt, in der ein Fürst oder Staatsoberhaupt wohnt.

* **Hohenzollern**, die
  Ein bedeutendes Adelsgeschlecht, das seit Beginn des 15. Jahrhunderts die Mark Brandenburg beherrschte und später die preußischen Könige und Kaiser stellte.

* **Architektur**, die
  Das planvolle Entwerfen, Gestalten und Konstruieren von Bauwerken.

Die Anfänge der Stadt Potsdam

Die Geschichte der Stadt Potsdam reicht zurück bis in das Jahr 993. Unter dem Namen „Poztupimi“ wurde sie zum ersten Mal in einer Urkunde erwähnt. Die schnelle Entwicklung des Ortes hing vor allem mit der Lage an dem Fluss Havel zusammen. Im Laufe der Jahrhunderte erlebte Potsdam einige Rückschläge in seiner Entwicklung. Große Teile der Stadt Potsdam wurden 1536 durch einen schlimmen Brand verwüstet. Der Dreißigjährige Krieg zerstörte die Stadt erneut (↗ S. 54/55) und verringerte ihre Einwohnerzahl. 1660 lebten in Potsdam nur noch 50 Steuern zahlende Hausbesitzer.

Potsdam als *Residenzstadt

1640 übernahm Kurfürst Friedrich Wilhelm (1620–1688) die Regierung von Brandenburg. Er fand Gefallen an Potsdam und machte sie neben der Hauptstadt Berlin zu seiner zweiten Residenz. Ab 1662 wurde die bereits verfallene Potsdamer Burg zu einem Schloss mit *barockem Lustgarten ausgebaut (Stadtschloss). Ab jetzt wurde Potsdam zu einer Residenzstadt der *Hohenzollern-Herrscher ausgebaut. Friedrich II. von Preußen (1712–1786) – auch als Friedrich der Große bekannt – verwandelte Potsdam in eine repräsentative Residenzstadt. Er war ein vielseitig interessierter und gebildeter Herrscher, dessen Ideen in der *Architektur noch heute das Bild und den Charakter der Stadt bestimmen. 1744 wurde mit den Ausbauarbeiten im Stadtschloss und im darauffolgenden Jahr mit dem Bau von Schloss Sanssouci begonnen. Die Pläne für das Schloss stammten von Friedrich II. Es galt als Symbol für Preußens Macht.

Q1 Der Historiker H. C. P. Schmidt schrieb 1825 über Potsdam als Residenzstadt:

... Potsdam verändert seine Gestalt. Aus den Hütten werden Paläste, aus den Sümpfen ... freie und üppige Plätze, mit den Meisterwerken der Kunst geziert, aus ein Paar Reihen Bürgerhäuser eine königliche Residenz, in der Tausende gebildeter Menschen ein fröhliches und gedeihliches Leben führen, und aus dem Aufenthalte voll täglicher Angst ... wächst eine Freistätte edler Künste und Wissenschaften empor. – Nach Verlauf von drittehalbhundert [dreieinhalb] Jahren steht Potsdam als eine der schönsten Städte Europa's da. ...

Potsdam als *Garnisonstadt

Dem Vater Friedrichs II., König Friedrich Wilhelm I. (1688–1740) – auch „Soldatenkönig“ genannt – war seine Armee sehr wichtig. Obwohl er sehr sparsam lebte, gab er viel Geld für das Militär aus. Die vielen Sol-

2 – Großes Militärwaisenhaus in Potsdam. Friedrich Wilhelm I. ließ das Waisenhaus 1722–24 errichten, um für Kinder gefallener, verstorbener oder verarmter Soldaten zu sorgen. Foto, 2014

daten benötigten Unterkünfte. Dafür mussten neue Häuser gebaut werden. Um Platz für neue Bürgerhäuser zu schaffen, wurde das alte Potsdam dafür abgerissen. Viele der damals neu erbauten Häuser stehen heute noch im Holländischen Viertel. Die Soldaten wurden bei den Potsdamer Familien einquartiert. So hatte jedes dieser neuen Häuser bereits eine Stube zu enthalten, in der vier Soldaten schlafen konnten. Der Eigentümer des Hauses erhielt für die Soldaten *Quartiergeld. Er hatte für Unterkunft und Verpflegung zu sorgen und ein Auge darauf zu haben, dass die Soldaten des Königs nicht *desertierten. Um das zu vermeiden, wurde 1722 auch eine Stadtmauer errichtet – Potsdam wurde *Garnisonsstadt.

Q2 Der Historiker H. C. P. Schmidt schreibt 1825 über Potsdam als Garnisonsstadt:
... Friedrich II. vermehrte die *Garnison bis auf 9000 Mann; ... Die meisten dieser Truppen liegen zwar in Kasernen, z. B. sämtliche *Kavallerie, ... aber dessenohngeachtet bringen sie der Stadt wesentlichen Vorteil, denn sie müssen ja viele Lebensmittel und dergleichen mehr aus ihr beziehen. ...

1 Fasst die Merkmale der beiden Stadttypen zusammen. Wie veränderte sich das Stadtbild Potsdams im Laufe der Jahrhunderte. (Bild 1 und 2, Q1 und Text)?

2 In Q2 wird von einigen Vorteilen der vielen Soldaten gesprochen. Nennt mögliche weitere. Stellt Vermutungen an, welche Nachteile sich für die Bevölkerung ergeben haben könnten.

3 In der Regierungszeit des Soldatenkönigs kommt ein Gast nach Potsdam. Er wundert sich über die vielen Soldaten in der Stadt. Erklärt ihm, welche Regelungen zu deren Unterkunft getroffen wurden. Geht dabei auch auf das Waisenhaus ein.

*Garnison, die
Standort militärischer Truppen.

*desertieren
Sich unerlaubt aus der Armee entfernen

*Quartiergeld, das
Eine Art Miete.

*Kavallerie, die
Zu Pferd kämpfende Truppe.

Wahlaufgaben

A Versetzt euch in die Lage einer Potsdamer Familie, die einem Soldaten Unterkunft geben soll. Spielt in einem Rollenspiel die Diskussion in der Familie durch, wie sie sich die nächste Zeit mit dem Soldaten vorstellt.

▶ *Stellt euch so genau wie möglich vor, wie sich ihr Leben verändern wird.*

B Plant eine Exkursion/einen Ausflug nach Potsdam und besucht Sehenswürdigkeiten, die von Potsdams Rolle als Garnisonsstadt und als Residenz preußischer Könige erzählen. Erstellt ein Fotoalbum mit eigenen Fotos.

Wie entstand Berlin?

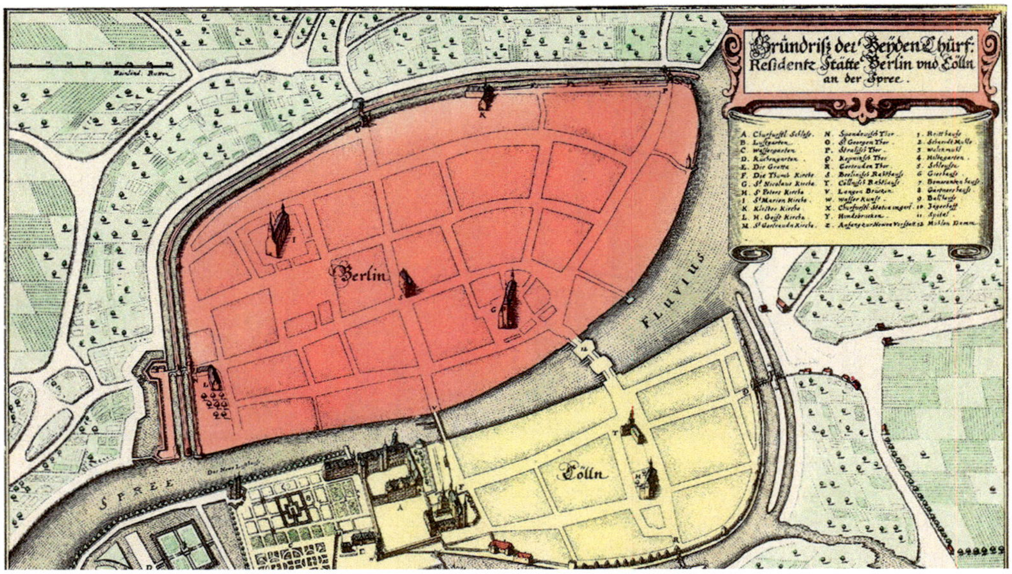

1 – Ältester Stadtplan von Berlin und Cölln von Johann Gregor Memhardt. Rot markiert ist Berlin, gelb zeigt Cölln. Karte, 1652.

Furt, die
Bereich in einem Bach- oder Flusslauf, an der das Gewässer zu Fuß oder mit Fahrzeugen durchquert werden kann.

Ratmann, der
Mitglied des Stadtrates.

Aus zwei Siedlungen wird ein Ort: Die Entstehung Berlins

Städte im Mittelalter entstanden aus verschiedenen Gründen (↗ S. 32). Die heutige Stadt Berlin entwickelte sich Ende des 12. Jahrhunderts aus den beiden Kaufmannssiedlungen Berlin und Cölln, gelegen zu beiden Seiten der Spree im heutigen Bezirk Mitte. Mit dem Markgraf Albrecht dem Bären entstanden in der Region eine ganze Reihe von Burgen und Klöstern, wie z. B. auch in Spandau und Köpenick. Um diese beiden Festungen ließen sich im 12. Jahrhundert erstmals dauerhaft Siedler nieder, denn die trockenen Flächen auf beiden Seiten einer *Furt über die Spree eigneten sich als günstige Siedlungsplätze. Auf der rechten, nördlichen Uferseite entstand Alt-Berlin, auf der Spreeinsel direkt gegenüber Cölln. In den Urkunden wurde Cölln zum ersten Mal 1237 und Berlin im Jahr 1244 erwähnt. 1307 gründeten die beiden Städte eine Union und bauten ein gemeinsames Rathaus. Berlin-Cölln wurde nach 1448 zunehmend als Residenzstadt der brandenburgischen Markgrafen und Kurfürsten betrachtet. 1451 bezog Friedrich II. seine neue Residenz in Cölln.

Q1 Aus der Urkunde des Markgrafen Hermann dem Langen 1307:

...Wir, Hermann, von Gottes Gnaden Markgraf zu Brandenburg und zu Lausitz und Herr von Henneberg, wollen es durch diesen Brief zu allgemeiner Kenntnis bringen, dass die ehrbaren und vorsichtigen Leute, unsere Bürger zu Berlin und Cölln, unsere Lieben und Getreuen, vor uns übereingekommen sind, dass aus der Stadt Berlin zwei Drittel der *Ratmannen jedes Jahr erwählt werden sollen und ein Drittel der Ratmannen der Stadt Cölln auch jedes Jahr erwählt werden soll. ... Auch sollen die Bürger von Cölln mit ihrem Zins ihre Stadt befestigen und bauen, und ebenso sollen die Bürger von Berlin mit ihrem Stadtzins ihre Stadt Berlin befestigen und bessern ...

Berlin wird zur Residenzstadt

1415 belehnte der deutsche König Sigismund von Luxemburg Friedrich I. von Hohenzollern mit der Mark Brandenburg. Von nun an regierte diese Familie bis 1918 in Berlin als Markgrafen und Kurfürsten von Brandenburg und ab 1701 auch als Könige in bzw. von Preußen.

Im so genannten „Berliner Unwillen“ im

2 – Neujahrsempfang am Berliner Stadtschloss. Gravur, 1787.

Jahr 1448 *revoltierten Einwohner von Berlin gegen den Schlossneubau des Kurfürsten Friedrich II. Dieser Protest war jedoch nicht erfolgreich, sodass die Stadt viele ihrer mittlerweile ersessenen politischen und ökonomischen Freiheiten verlor. Kurfürst Johann Cicero erklärte 1486 Berlin zur Hauptresidenzstadt des brandenburgischen Kurfürstentums.
Der Dreißigjährige Krieg zwischen 1618 und 1648 hatte für Berlin schlimme Auswirkungen: Ein Drittel der Häuser wurde beschädigt, die Hälfte der Bevölkerung starb. Friedrich Wilhelm, auch als der Große Kurfürst bekannt, übernahm 1640 die Regierungsgeschäfte von seinem Vater. Er begann eine Politik der Immigration und der religiösen Toleranz. In den darauf folgenden Jahren wurden die Vorstädte Friedrichswerder, Dorotheenstadt und Friedrichstadt gegründet.
Mit dem Edikt von Potsdam 1685 lud Friedrich Wilhelm die französischen *Hugenotten nach Brandenburg ein. Von den 15 000 Franzosen ließen sich 6 000 in Berlin nieder. Als Friedrich I. zum König in Preußen gekrönt wurde, erlangte Berlin 1701 die Stellung der preußischen Hauptstadt, was durch das Edikt zur Bildung der Königlichen Residenz Berlin durch Zusammenlegung der Städte Berlin, Cölln, Friedrichswerder, Dorotheenstadt und Friedrichstadt am 17. Januar 1709 amtlich wurde. Danach entstanden neue Vorstädte, die Berlin weiter vergrößerten.

1. Erstellt mithilfe der Karte 1, des Verfassertextes und Q1 eine Zeitleiste mit zentralen Daten zur Geschichte Berlins.
2. Lest die Q1 und findet heraus, welches Ereignis, das im Sachtext dargestellt ist, hier beschrieben wird.
3. Nehmt euch einen aktuellen Stadtplan zur Hand und versucht die im Text erwähnten Orte Berlins zu finden.

* **revoltieren**
Sich gegen etwas auflehnen.

* **Hugenotten**, die
Der Name geht auf das alemannische Wort eygenot für Eidgenosse zurück. Es wurde die gebräuchliche Bezeichnung für die französischen Protestanten. (↗ Seite 80/81)

Wahlaufgaben

A. Stellt euch vor, Freunde, die nicht aus Berlin stammen, kommen euch besuchen. Bereitet eine kleine Stadtführung vor, bei der ihr ihnen einige historische Gebäude zeigt und vorstellt.
B. Recherchiert über die Geschichte eures Stadtteils oder eures Heimatortes. Schreibt eine kurze Chronik darüber.

Wie lebte es sich zwischen Mietskaserne, Fabrik und Ballhaus?

1 – Küche in einer Mietskaserne in der Seestraße 27 im Wedding. Foto, 1908.

* Pionierunternehmen, das
Ein Unternehmen, das besonders am Anfang einer Entwicklung beteiligt ist.

Berlin während der Industrialisierung

In Berlin setzte gegen 1830 die Industrialisierung ein (↗ S. 66/67). Schnell wuchs die Stadt zum größten Industriezentrum Deutschlands heran. Vor allem wurde Stahl für Eisenbahnen verarbeitet. Bis Mitte des 19. Jahrhunderts entstanden in Berlin und seinen Vorstädten industrielle Pionierunternehmen, z. B. die Eisengießerei und Maschinenbau-Anstalt Borsig, Siemens und AEG, die Berlins Stadtteile z. T. bis heute noch prägen.
Zu dieser Zeit war das Leben in der Stadt geprägt von Schmutz durch Fabriken, durch Lärm in den Straßen sowie Enge und Platzmangel in den Wohnhäusern.

Arbeit und Wohnen in der Stadt

Doch wie sah das tägliche Leben der Menschen, vor allem das der Fabrikarbeiter aus? Der Alltag der Arbeiterinnen und Arbeiter wurde von der Fabrik bestimmt. Auch Kinder mussten bereits bis zu 14 Stunden am Tag in der Fabrik oder zuhause arbeiten, um zum Einkommen der Familie beizutragen. Die reichen Fabrikbesitzer lebten im Vergleich dazu in großem Luxus. Der Unterschied zwischen diesen beiden Gruppen, auch Klassen genannt, wurde im 19. Jahrhundert immer größer.

Manche der Unternehmen bauten für die wachsende Zahl an Fabrikarbeitern eigene Wohnsiedlungen, die Straßen, Brücken und Verkehrsverbindungen hatten. So sind auch heute noch Borsigwalde in Tegel und „Siemensstadt“ bekannte Stadtgebiete. Um der Zahl der Bevölkerung gerecht zu werden, mussten in der gesamten Stadt schnell Wohnungen gebaut werden. In den Hinterhöfen entstanden für die fast vier Millionen Einwohner immer mehr Mietskasernen. Die Wohnverhältnisse waren, wie ihre Bewohner, ärmlich. So lebten z. B. 1895 43,7 Prozent der Berliner Bevölkerung in Wohnungen mit nur einem beheizbaren Zimmer, das oft gleichzeitig Küche, Wohn- und Schlafraum war.

Q1 In einer Veröffentlichung des Architekten-Vereins zu Berlin stand 1847 über die Mietskaserne Meyer's Hof:
„Ein Beispiel der ... für spezifische Arbeiter-Kasernen beliebten Art gibt ... ‚Meyer 's Hof‘ – zur Zeit wohl diejenige Miethaus-Anlage Berlins, welche die größte Einwohnerzahl auf einem Grundstücke vereinigt. Dieselbe ist ... 1874 von einem Bankier Meyer ausgeführt und in der Acker-Straße No. 132/33 gelegen; sie besteht aus nicht weniger als 6 viergeschossigen Häusern

2 – Blick in die sechs Höfe der Mietskaserne Meyers's Hof in Berlin. Ackerstr. 132/33, Berlin Wedding. Foto, um 1900.

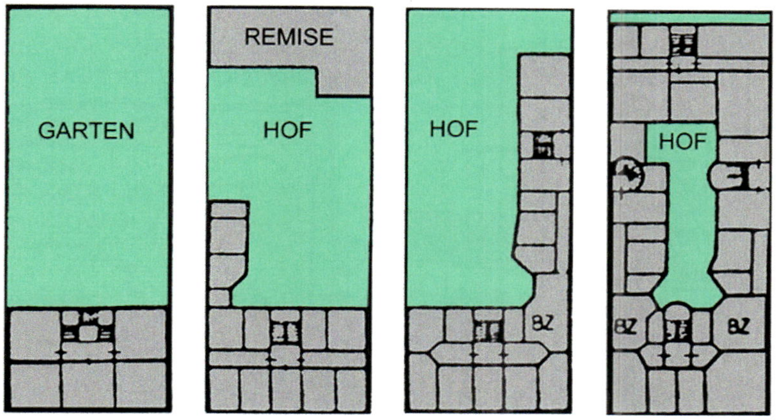

3 – Entwicklung der Grundstücksbebauung durch Mietskasernen, Schaubild, 2007.

von 12 m Tiefe, die in Abständen von 10 m aufeinander folgen und im Erdgeschoss mit breiten Durchfahrten geöffnet sind ... Jedes Haus enthält etwa 50, das ganze Grundstück demnach gegen 300 solcher Wohnungen, die mit einer Bevölkerung von mehr als 2000 Köpfen – also der Einwohnerzahl einer kleinen Stadt – besetzt sind ...

Q2 Aus dem am 15. Juni 1876 verfassten Gutachten eines *Sanitätsrats über eine in der Chausseestraße 22 gelegene Kellerwohnung:

... Die Besichtigung ergibt, dass die Wohnung sich durch Feuchtigkeit auszeichnet, dass Schimmelvegetationen entstanden sind ...

Der Aufenthalt in geschlossenen Räumen, welche einen so hohen Grad von Feuchtigkeit enthalten, ... erzeugt zunächst am häufigsten *katarrhalische und *rheumatische Leiden, bei längerer Dauer krankhafte Ausscheidungen der Nieren und Darmschleimhaut. Diese Wohnung ist daher in der gegenwärtigen Beschaffenheit für gesundheitsschädlich zu erklären, zum Aufenthalt von Menschen nicht geeignet. ...

Berliner Freizeitaktivitäten

Vor allem die reichen Bürger Berlins konnten sich teure Vergnügungen leisten. Dazu gehörten Theaterbesuche, Tanzabende bei Tee oder Vergnügungsparks. Das Umland Berlins nutzten sie an den Wochenenden, um sich im Grünen zu erholen.
Auch wenn die meisten Berliner nur wenig Geld für Freizeitaktivitäten zur Verfügung hatten, boten auch die Arbeiterviertel im Norden und Osten Vergnügungsmöglichkeiten. Vor allem gingen sie in die Musikkneipe zum *Schwof, ins *Possentheater oder auf den Rummelplatz.

1 Gebt stichwortartig wieder, welche Auswirkungen die Industrialisierung auf die Stadt Berlin hatte. (Text, Bild 3).

2 Beschreibt anhand der Fotos und Quellen die Wohnbedingungen der Fabrikarbeiter.

* **Sanitätsrat**, der
Offizieller Titel für Ärzte im 19. Jahrhundert.

* **Katarrh**, der
Entzündung der Schleimhäute .

* **Rheuma**, das
Entzündung des Bewegungsapparates beim Menschen.

* **Schwof**, der
Berliner Dialekt für Tanz.

* **Possentheater**, das
Ein komisches Bühnenstück.

Wahlaufgaben

A Stellt euch vor, ihr seid ein ausländischer Besucher der Stadt Berlin im Jahre 1850. Berichtet in einem Brief an eure Familie, wie ihr das Leben in dieser Stadt empfindet.

► *Geht dabei auf die beschriebenen Bereiche und die verschiedenen Bevölkerungsgruppen ein.*

B Vergleicht die heutige Situation eines zwölfjährigen Kindes aus deiner Schule mit dem Leben eines gleichaltrigen Arbeiterkindes am Ende des 19. Jahrhundert. Schreibt einen Bericht über die Gemeinsamkeiten und Unterschiede.

Das kann ich …

Geschichte der Stadt

1 – Auszug aus dem Comic „Weltreiche erblühten und fielen“ über die Geschichte Rixdorfs und Neuköllns. Comic, 2010.

2 – „Posieren im alten Berlin“. Foto von Heinrich Zille, 1896.

Q1 **In dem Lied „Berlin ist ja so groß“ von Otto Reutter aus dem Jahr 1913 heißt es:**

1.Berlin wird immer größer,
Es hat Peripherie'n,
Die immer weiter weichen
Im Weichbild von Berlin.
Lebt man auch dort jahrein, jahraus,
Man kennt sich niemals ständig aus.
Berlin ist ja so groß – so groß – so groß –
Denkt man, man kennt Berlin,
Dann ist's schon wieder größer,
Als wie es früher schien.
…
7. Es kommen Anverwandte
Zu Krauses nach Berlin –
Sie gehn in die Museen –
In alle Galerie'n.
Sie sag'n zu Krause: „Du hast's fein,
Du sahst schon alles?“ Der sagt: „Nein.
Berlin ist ja so groß – so groß – so groß –
Die Wege sind so weit –
Ick wohn erst zwanzig Jahre hier
Und hatt' noch keene Zeit.

Verstehen

M1 Erdachter Bericht eines reisenden Kaufmanns ins mittelalterliche Berlin:
Der Fischhändler reiste von der Hansestadt Lübeck im Norden durch die Mark Brandenburg in die Doppelstadt Berlin-Brandenburg. Er erinnerte sich noch, dass beide im Jahr 1307 eine Union gebildet hatten. Seit ungefähr 10 Jahren war Berlin nun Mitglied des bekannten Handelsbundes die Winze.
Der Händler war auf dem Weg zum Fischmarkt nahe der Havel, um vor allem seinen haltbaren, eingesalzenen Hering zu verkaufen. Wenn das geschafft war, wollte er sich bei seinen Handelskollegen erkundigen, wie es ihnen nach dem großen Brand ergangen war. Dieser Brand hatte vor wenigen Wochen große Teile der Stadt zerstört. Vielleicht konnte er ihnen etwas beim Wiederaufbau helfen. Mitglieder des Handelsbundes halfen sich schließlich gegenseitig! Als er durch das Brandenburger Tor hindurch in die Stadt einfuhr, entrichtete er dort seine Zölle. Schon von Weitem konnte er den Fernsehturm sehen. Während er mit seinem Wagen weiterfuhr, ritt der preußische König Friedrich Wilhelm I. an ihm vorbei. Das beeindruckte den Händler so sehr, dass er beinahe vergaß, weshalb er gekommen war.

Wichtige Begriffe

- **Landflucht**
- **Mietskaserne**
- **Garnison**
- **Residenz**
- **Rathsmann**
- **Bürger**
- **Markt**
- **Gilde**
- **Zünfte**
- **Hanse**

Methoden anwenden

1. Erklärt euch gegenseitig die wichtigen Begriffe und schreibt ihre Bedeutung in euren Geschichtshefter.
2. Untersucht den Liedtext und benennt Aspekte des Berliner Alltagslebens, die dort angesprochen werden. Sind sie positiv oder negativ? Begründet.
3. Erklärt euch gegenseitig die wichtigen Begriffe und schreibt ihre Bedeutung in euren Geschichtshefter.

Analysieren

4. Lest euch den erdachten Text über einen Händler durch, der im Jahre 1380 von Lübeck aus nach Berlin reist. Findet 7 Fehler in der Beschreibung und korrigiert sie. Begründet.
5. Benennt die historische Epoche und die Ereignisse, die in dem Comic dargestellt sind.

Deuten

6. Untersucht das Bild 2 und stellt Vermutungen darüber an, welche Absichten Zille mit diesem Foto verfolgte.
7. Vergleicht die Aussage von Bild 2 mit dem Liedtext 3 miteinander.

Urteilen und sich orientieren

8. Beurteilt mithilfe der Materialien die Frage, ob die Stadt die Chance auf ein besseres Leben bietet. Berücksichtigt dabei euer Wissen aus den im Kapitel behandelten Epochen und Regionen.

Darstellen – historisch erzählen

9. Schildert, woran in Potsdams Architektur deutlich wird, dass es in der Vergangenheit eine Garnisonsstadt war.
10. Beschreibt anhand von Bild 2 das Leben in Berliner Arbeiterwohnvierteln zur Zeit der Industrialisierung.

انجاح المسار الديمقراطي .. واجب وطني
GAME
OVER

8 Schritte zur modernen Demokratie (Längsschnitt)

Menschen auf den Straßen von Tunis, Tunesiens Hauptstadt, im Januar 2013: Kinder wie Jugendliche, Männer wie Frauen feiern den zweiten Jahrestag der Revolution. In einem Prozess, der „Arabischer Frühling" genannt wird, hatten sie in diesem Zusammenhang den jahrelang herrschenden Diktator abgesetzt. Bereits im Mittelalter forderten immer wieder Menschen mehr Rechte ein (vgl. kleines Bild).

1215

Magna Charta

Schritte zur modernen Demokratie (Längsschnitt)

1 – Der Zug auf das Hambacher Schloss am 27. Mai 1832. Kolorierte Radierung, 1832.

Unsere moderne Demokratie ist in vielen kleinen Schritten über Jahrhunderte gewachsen. Es brauchte mutige Menschen, die bereit waren, für ihre Vorstellungen von mehr Mitbestimmung und Beteiligung an der Regierung einzutreten. Es ist dieser Wunsch nach mehr Teilhabe, für den auch heutzutage Menschen auf die Straße gehen.

Bei der Arbeit mit diesem Kapitel könnt ihr euch mit folgenden Fragen beschäftigen

- Wann und wie forderten Menschen mehr Rechte?
- Gab es einen „geraden Weg“ zur Demokratie?
- Welche Rolle spielt der Begriff Revolution?

1 Sammelt im Unterrichtsgespräch alles, was ihr mit dem Begriff „Demokratie“ verbindet.

2 Beschreibt den Eindruck, den Bild 1 auf euch macht, mit drei geeigneten Adjektiven.

3 Vermutet, was auf dem Hambacher Fest (Bild 1) gefeiert wurde.

4 Stellt Fragen zu den Ereignissen, die auf den Bildern 2–4 dargestellt werden.

1688	1689	1789	1849/49	1871
Glorious Revolution	Bill of Rights	Beginn der Französischen Revolution	Europäische Revolutionen	Gründung des Deutschen Reiches

2 – König John unterzeichnet die Magna Charta. Holzschnitt, Mitte 19. Jahrhundert.

3 – Begrüßung des neuen englischen Königs, Wilhelm III. von Oranien. Zuvor war König James II. im Zuge der Glorious Revolution gestürzt worden. Kolorierter Holzschnitt, 19. Jahrhundert.

4 – Jubelnde Revolutionäre nach den Barrikadenkämpfen in der Breiten Straße, Berlin-Mitte. Kreidelithographie, um 1848.

Der „Arabische Frühling“ heute

Wo und wie kämpfen Menschen heute für Demokratie?

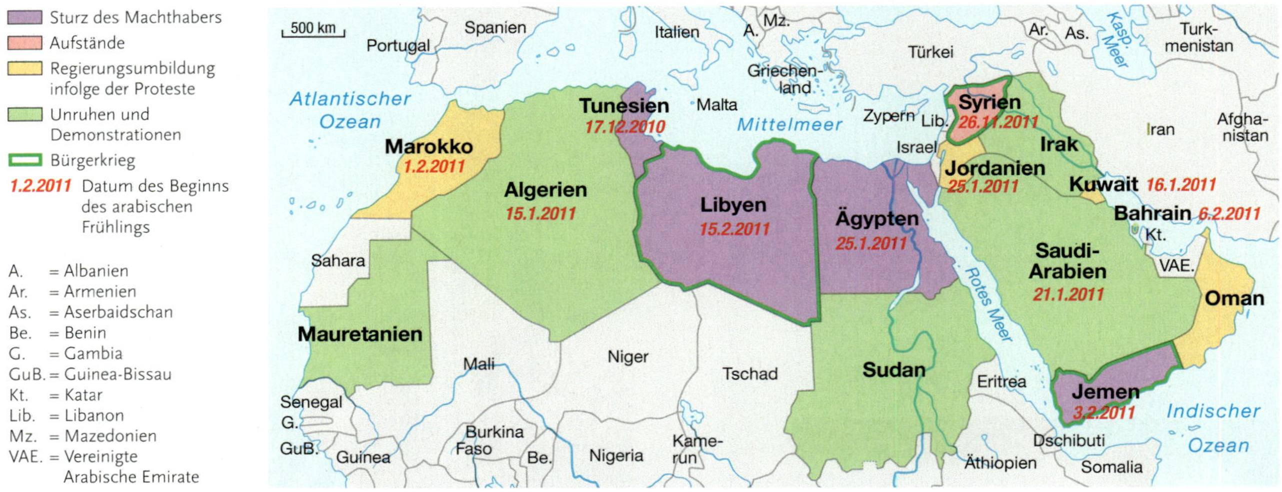

1 – Staaten des „Arabischen Frühlings“. Karte, Stand 2015.

*autoritär
Ein Staat ist autoritär, wenn er die Bevölkerung einschränkt, eine Berichterstattung behindert und andere politische Meinungen nicht akzeptiert.

*korrupt
Lässt sich jemand, der eine wichtige Stellung im Staat oder der Verwaltung ausübt, mit Geld oder anderen Vorteilen bestechen, so ist diese Person korrupt.

*Zensur, die
Der Begriff beschreibt den Versuch des Staates oder einzelner Machthaber im Staat, die Informationen in den Medien zu kontrollieren und ggf. zu entfernen.

*Revolution, die
Der meist gewaltsame Umsturz einer bestehenden politischen und gesellschaftlichen Ordnung.

Arabischer Frühling?

Seit Dezember 2010 kam es in Nordafrika und dem Nahen Osten in vielen Staaten zu Aktionen der Bürger gegen die *autoritär herrschenden Staatsführer. Diese Aktionen werden unter dem Begriff „Arabischer Frühling“ zusammengefasst. Je nach Staat kam es zu friedlichen Protesten über Aufstände bis hin zu Bürgerkriegen.

Es begann in Tunesien

Die ersten Proteste in Tunesien löste am 17. Dezember 2010 der Selbstmord des 26-jährigen Gemüsehändlers Mohamed Bouazizi aus. Er konnte seine Familie nicht mehr ernähren und zündete sich selbst an. Viele junge Tunesier konnten sich mit ihm identifizieren, denn sie hatten dieselben Probleme wie er: Die Lebensmittelpreise waren stark gestiegen und es herrschte hohe Arbeitslosigkeit. Selbst mit einer guten Ausbildung gab es für junge Tunesier kaum eine Chance auf einen Arbeitsplatz.
Die Regierung Tunesiens galt als *korrupt. Sie kontrollierte die Medien des Landes und ließ Berichte über die Demonstrationen geheim halten oder löschen. Trotz dieser *Zensur gelang es den Tunesiern mithilfe von sozialen Netzwerken, wie Facebook und Twitter, auf die Demonstrationen und ihre Forderungen aufmerksam zu machen. Auf die immer lauter werdenden Proteste reagierte die Regierung mit Gewalt. Sie ließ protestierende Bürger von den Plätzen vertreiben und einsperren. Die Lage verschärfte sich und an vielen Orten in Tunesien lieferten sich die Demonstranten Straßenschlachten mit der Polizei und dem Militär. Am 14. Januar 2011 gab das Staatsfernsehen die Flucht des bis dahin regierenden Präsidenten Ben Ali bekannt. Bereits einen Tag später wurden ein Übergangspräsident gewählt und Neuwahlen angesetzt.
Die Presse im Ausland fand für die Ereignisse schnell einen Begriff: „Jasminrevolution“, (Jasmin = Nationalpflanze Tunesiens).

M1 Auszug aus der Rede zur Verleihung des Friedensnobelpreises 2015 an das „*Tunesische Nationale Dialogquartett“:
... Diese Organisationen vertreten verschiedene Bereiche und Werte in der tunesischen Gesellschaft: Arbeitsleben und Wohlfahrt, Grundsätze der Rechtsstaatlichkeit und Menschenrechte. Auf dieser Grundlage hat das Quartett seine Rolle als Vermittler und Antreiber mit großer moralischer Autorität wahrgenommen, um eine friedliche demokratische Entwicklung in Tunesien voranzubringen. ...

2 – Anstehen für die erste freie Wahl am 23.11.2011. Foto, Tunis 2011.

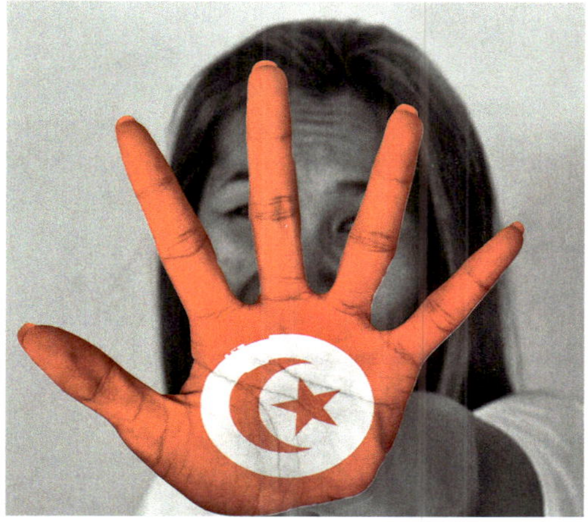

3 – Werbekampagne, um Frauen in Tunesien zur Wahl zu bewegen. Plakat, 2014.

Probleme in Ägypten

In den arabischen Staaten führten die *Revolutionen nicht in allen Fällen direkt zu mehr Rechten für die Bürger. In Ägypten beispielsweise kam es nach dem Sturz der Militärregierung von Präsident Mubarak zur Verfolgung religiöser Minderheiten und kritischer Reporter durch die neue Regierung. Diese zeigte sich wenig kompromissbereit. Deshalb wurde auch sie kurz darauf vom Volk gestürzt. Seit 2014 herrscht eine neue Militärregierung unter Präsident Abd al-Fattah as-Sisi in Ägypten.

Folgen der Revolution in Tunesien

Tunesien galt als Beispiel für eine gelungene Revolution. Mit den ersten demokratischen Wahlen in einem arabischen Land im Jahr 2011 hatte Tunesien einen entscheidenden Schritt in Richtung Demokratie getan. Viele der Forderungen, für die die Bürger demonstriert hatten, wurden umgesetzt. Die Wirtschaft des Landes erholte sich immer weiter und die Sicherheit im Land nahm zu.
Trotz dieser positiven Entwicklungen gab es auch neue Probleme. Terroranschläge störten den begonnenen Vermittlungsprozess und schreckten Urlauber ab. Der Tourismus, eine der Haupteinnahmequellen des Landes, kam zum Erliegen. Nur langsam kehrten die Urlauber in das Land zurück. Viele Tunesier, die im Tourismus arbeiteten, mussten sich nach neuen Arbeitsplätzen umsehen.

1. Nennt mithilfe von Karte 1 die Länder, die vom „Arabischen Frühling“ betroffen sind.
2. Untersucht anhand der Rede M1, wie mit den politischen Kräften in Tunesien umgegangen wird.
3. Erläutert Probleme, die sich als Folge der Revolution in Tunesien ergeben haben.
4. Versetzt euch in die Lage einer der abgebildeten Personen in Bild 2. Erläutert, wie sich diese Person eurer Meinung nach fühlten könnte.

Wahlaufgaben

A. Recherchiert im Internet, wie der Stand der Entwicklung in einem anderen Land des „Arabischen Frühlings“ ist. Erstellt einen kurzen Nachrichtenbeitrag.
B. Zum Jahrestag der „Jasminrevolution“ gehen noch heute Tunesier auf die Straße, um an das Ereignis zu erinnern. Gestaltet ein Plakat mit Forderungen für Tunesien:
▶ *Wir fordern/wünschen uns …“*

* **Tunesisches Nationales Dialogquartett**, das
Das Dialogquartett ist ein Zusammenschluss der vier größten politischen Kräfte in Tunesien von 2013: der Gewerkschaft UGTT, dem Verband von Industrie, Handel und Handwerk (UTICA), der Liga für Menschenrechte (LTDH) und dem Nationalen Anwaltsverein.

Karikaturen entschlüsseln

Karikaturen sind ein verbreitetes Mittel, eine „Botschaft“ zu transportieren, ohne viele Worte zu verwenden. Karikaturen zeigen Personen, Ereignisse oder Situationen in einer häufig übertriebenen oder belustigenden Darstellung. Sie haben oft nur einen kurzen oder gar keinen Text. Der Karikaturist möchte mit seiner Karikatur etwas kritisieren und anderen seine persönliche Meinung näherbringen. Karikaturen beziehen sich in der Regel auf einen gerade aktuellen Zusammenhang.

Die folgenden Arbeitsschritte und Leitfragen sollen euch die Arbeit mit Karikaturen erleichtern:

Schritt 1 **Die Karikatur beschreiben**	Der erste Eindruck: ■ Notiert, was euch beim Betrachten zuerst auffällt. ■ Welche Personen, Tiere, Gegenstände sind zu sehen? ■ Wie sind sie dargestellt? (realistisch, übertrieben, lächerlich, aggressiv, gefährlich ...) ■ Gibt es einen Text zu der Karikatur? ■ Beschreibt so genau wie möglich, welche Personen und Sachverhalte abgebildet sind: Achtet auf Gesichtsausdruck, Körperhaltung, Kleidung und Gegenstände. Bezieht auch die Texte (z. B. Sprechblasen) und die Bildunterschrift mit ein.
Schritt 2 **Die Bedeutung verstehen**	■ Welche Bedeutung haben die dargestellten Personen, Tiere oder Gegenstände? ■ Welches Problem bzw. welche Situation wird dargestellt?
Schritt 3 **Den Zusammenhang und die Absicht des Karikaturisten benennen**	■ In welchem Zusammenhang ist die Karikatur zu sehen? ■ Was muss der Betrachter wissen, um die Karikatur verstehen zu können? (geschichtliches Hintergrundwissen, wie beispielsweise bestimmte Ereignisse, die Bedeutung von Symbolen) ■ Was will der Zeichner kritisieren? ■ Zieht er etwas ins Lächerliche? Wenn ja, was?
Schritt 4 **Die Karikatur beurteilen**	■ Welche Position bezieht der Karikaturist? ■ Haltet ihr die Karikatur für gelungen?

1 Ergänzt den Text zu den einzelnen Schritten bei der Beschreibung von Bild 1 auf der nächsten Seite.

► *Beachtet dabei die Fragen, die ihr auf dieser Seite unter den Schritten 1–4 findet.*

2 Untersucht anschließend Bild 2 anhand der Methodenschritte.

3 Sucht aus Zeitschriften, Zeitungen oder dem Internet weitere Karikaturen heraus. Wählt eine Karikatur aus, die euch besonders überzeugt und stellt sie euch gegenseitig vor. Erläutert, weshalb ihr euch gerade für diese Karikatur entschieden habt.

1 – Unterdrückung – Revolution – Reformen. Karikatur von Khalid Albaih, Qatar 2011.

2 – Re-Revolution – Was kommt nach dem gestürzten Machthaber? Karikatur von Shreif Arafa, Ägypten 2012.

Lösungsbeispiel zu Bild 1:

Zu Schritt 1: Es sind drei Personen nebeneinander abgebildet. Die drei Personen sind durch Striche getrennt. Die linke und die rechte Person sehen komplett gleich aus. Bei beiden ist der Mund ...
Die Person in der Mitte hat kein Tuch. Sie streckt ihre zur Faust geballte Hand in die Luft, um ...
Über jeder Person ist ein Wort abgedruckt. Die Überschriften lauten ...

Zu Schritt 2: Die drei Personen sollen ein und dieselbe Person zu unterschiedlichen Zeitpunkten darstellen. Das Tuch über dem Mund steht für die Zensur des Staates, die die Menschen daran hindert ...
Die linke und rechte Person sehen gleich aus, um zu zeigen, dass nach der Revolution ein ähnlicher Zustand herrscht, wie davor. ...

Zu Schritt 3: Die Karikatur steht im Zusammenhang mit dem Arabischen Frühling (↗ S. 205) und den Reformen, die den Menschen versprochen wurden. Es wird kritisiert, dass diese Reformen ...

Zu Schritt 4: Die Karikatur zeigt als Bildquelle, wie die Bürger in einigen arabischen Staaten das Ergebnis des „Arabischen Frühlings" bewerten. ...

Wie bekam der Adel mehr Rechte?

1 – Die Magna Charta von 1215. Fotografie aus der Britischen Staatsbibliothek.

Spannungen zwischen der Regierung und der Bevölkerung sind keine Besonderheit unserer heutigen Zeit. Bereits im Mittelalter kam es dazu, dass eine Gruppe von Menschen mehr Rechte einforderte. Dabei erreichten sie ein Ergebnis, das bis heute große Bedeutung besitzt.

Prinz John „ohne Land" und der Adel

Prinz John „ohne Land", stand jeher im Schatten seines Bruders, Richard „Löwenherz". Dieser war seit 1189 König von England und im Volk sehr beliebt. Da er als Ritter in den *Kreuzzügen (↗ S. 160 – 163) kämpfte, war er jedoch nur selten in England anwesend. Während dessen musste John das Land verwalten und Steuern eintreiben. Um den Krieg zu finanzieren, erhöhte John immer wieder die Steuern, was ihn beim Volk sehr unbeliebt machte. Hiervon berichtet auch die Geschichte um „Robin Hood".

König John in Bedrängnis

Überzeugt von seiner Macht und seinen Möglichkeiten geriet er kurz darauf mit Papst Innozenz III. in einen heftigen Streit um die Ernennung Stephen Langtons zum Erzbischof von Canterbury, dem höchsten Kirchenamt Englands. John war mit dieser Wahl nicht einverstanden. Das Ergebnis dieses Streites war für John fatal: Der Papst belegte ihn im Jahr 1209 mit dem *Kirchenbann. Für König John war dies ein scherwiegendes Problem, denn als verbannte Person, war ihm kein Adliger in England mehr Treue schuldig. Um den Kirchenbann zu lösen, übertrug er sein Reich an den Papst und erhielt es im Mai 1213 als *Lehen zurück (↗ S. 17) – eine öffentliche Demütigung.

Die Adligen drohen

Im Jahr 1213 rief John die Adligen in St. Albans zusammen. Diese waren verärgert über den König, da sie ungefragt die Kosten für einen Feldzug tragen sollten. Unter Führung von Stephen Langton erinnerten sie den König daran, dass dieser sich bei der Aufhebung seines Kirchenbanns verpflichtet hatte, die alten Rechte der Adligen zu achten. Als John 1214 erneut für eine Schlacht in Frankreich Geld von den Adligen forderte, traf sich eine Gruppe unzufriedener Adliger und drohte offen mit einem Bürgerkrieg.
Am 6. Januar 1215 traten die bewaffneten Adligen vor den König und forderten ihre Rechte ein. Der König versuchte zunächst einzelne Adlige durch Versprechungen auf seine Seite ziehen, gab sich aber nach einer Belagerung geschlagen. Um einen Bürgerkrieg zu verhindern, traf John die aufständischen Adligen auf einer Wiese vor London und unterschrieb die 63 Paragraphen umfassende Magna Charta.

*Kreuzzüge, die
Die Kreuzzüge beschreiben eine Abfolge von Kriegen, die zwischen 1095 und 13. Jh. stattfanden. Der 1. Kreuzzug begann nach dem Aufruf Papst Urbans II., das heilige Land von den Muslimen zu befreien.

*Kirchenbann, der
(↗ Seite 50)

2 – Den König in die Knie gezwungen. Auszug aus einem Comic von W. M. Goods. Abgebildet sind (v. l. n. r.): Drei Adlige, der Bischof von Canterbury, der kniende König, zwei Geistliche. Comic, 1906.

Q1 Auszüge aus der Magna Charta von 1215:

... Art. 14: Die Erzbischöfe, Bischöfe, Äbte, Grafen und größeren Barone werden gemeinsam mit dem König über die Erhebung eines *Hilfsgeldes ... beraten. ...
Art. 38: Kein Beamter darf einen Mann vor Gericht bringen, ohne dass er glaubwürdige Zeugen für die Wahrheit der Anschuldigungen beibringen kann. ...
Art. 40: Niemandem werden wir Recht oder Gerechtigkeit verkaufen, niemandem verweigern oder verzögern. ...
Art. 46: Kein freier Mann soll verhaftet, gefangen gesetzt, seiner Güter beraubt, geächtet, verbannt oder sonst angegriffen werden; noch werden wir ihm etwas zufügen oder ihn ins Gefängnis werfen lassen, als durch das gesetzliche Urteil von Seinesgleichen oder durch das Landesgesetz. ...

Große Freiheiten für alle in Europa?

Die Magna Charta gilt heute als Meilenstein und als Grundlage der modernen englischen Verfassung. Das Dokument sicherte einigen wenigen Menschen für das Mittelalter bemerkenswerte Rechte und Freiheiten zu. Allerdings konnten sich nur freie Männer auf die Regelungen der Magna Charta berufen. Der Großteil der Bevölkerung Englands, Männer wie Frauen, lebten im Mittelalter jedoch als Unfreie in Abhängigkeit von ihren adligen Herrn (↗ S. 20).
Die Adligen in anderen Ländern Europas verfolgten mit großem Interesse die Ereignisse in England, konnten jedoch gegenüber ihren Königen keine vergleichbaren Forderungen durchsetzen.

*Hilfsgeld, das
Im Falle eines Feldzugs/Krieges konnte der König von den Adligen eine finanzielle Beteiligung einfordern. Dies setzte voraus, dass die Adligen zuvor dem Feldzug/Krieg zugestimmt hatten.

1. Erstellt einen Zeitstrahl für die Ereignisse bis zur Entstehung der Magna Charta.
2. Fasst die Artikel der Magna Charta (Q1) in eigenen Worten zusammen.
3. Stellt mithilfe von Q1 eine Vermutung auf, welche der abgedruckten Artikel König John besonders gestört haben könnten.
4. Beurteilt die Aussage: „Die Magna Charta brachte allen Menschen mehr Freiheit."

Wahlaufgaben

A. Bild 2 stammt aus dem „Comic Book of English History". Erstellt für die abgebildeten Personen passende Sprech- oder Gedankenblasen.

B. Angenommen, die Regelungen der Magna Charta würden in der heutigen Zeit im Internet veröffentlicht. Fasst die Artikel mittels Hashtags (#) zusammen: z. B. Art. 14 #KeineBeratung KeinGeld.

Ein gerader Weg zur Mitbestimmung?

1 – Die Krönung Wilhelms III. und Marias. Die unterschriebene „Bill of Rights“ war die Voraussetzung für die Krone und ist direkt daneben abgebildet. Kupferstich.

Der englische König unter Druck

Rund 300 Jahre später kam es erneut zu einer wichtigen Entwicklung in Bezug auf die Rechte des englischen Volkes. Der damalige König Jakob II. (1685–1688) war sehr unbeliebt: Er ließ z. B. willkürlich Bürger ohne einen Prozess verhaften und verurteilen. Er verstieß immer wieder gegen die Magna Charta und als das Gerücht aufkam, Jakob wolle alle Engländer zum katholischen Glauben zwingen, regte sich Widerstand. Einige Mitglieder des *englischen Parlaments kontaktierten den Schwiegersohn Jakobs, den Prinzen der Niederlande, Wilhelm III. von Oranien. Sie boten ihm an, Jakob abzusetzen und stattdessen ihn zum König Englands zu ernennen.

Durch Unterschrift zum Königsthron

Um an die englische Krone zu kommen, sollte Wilhelm III. ein Dokument unterzeichnen, die „Bill of Rights“. Dieses Dokument bestätigte die bereits bestehenden Regeln der Magna Charta. Dazu kamen weitere Befugnisse für das Parlament. Der König hatte die Pflicht, das Parlament regelmäßig einzuberufen, Steuern konnten nur mit Zustimmung des Parlaments erhoben werden. In Friedenszeiten durfte ein Heer nur mit Zustimmung des Parlaments aufgestellt werden. Zudem wurde den Mitgliedern des Parlaments *politische Immunität zugesichert. Wilhelm III. akzeptierte und die „Bill of Rights“ trat in Kraft.

Die „Bill of Rights“

Q1 Am 23. Oktober 1689 trat die Bill of Rights in Kraft und regelte beispielsweise:

... Und daraufhin haben sich ... die Lords und die Gemeinen in ... vollzähliger und freier Vertretung versammelt und erklären ... zur Verteidigung ihrer Rechte und Freiheit vor allem das Folgende: ...

5. dass die Untertanen das Recht haben, Petitionen an den König zu richten, und dass eine jede Verhaftung oder gerichtliche Verfolgung wegen der Einreichung solcher Petitionen ungesetzlich ist; ...

8. dass die Wahl der Parlamentsmitglieder frei sein soll; ...

9. dass die Freiheit der Rede sowie der Inhalt von Debatten oder Verhandlungen im Parlament an keinem anderen Gerichtshof oder Orte außerhalb des Parlamentes unter Anklage oder in Frage gestellt werden sollte; ...

* englische Parlament, das
Der durch die Magna Charta (vgl. S. 204/205) dauerhaft eingerichtete königliche Rat entwickelte sich langsam zum Parlament. In diesem Parlament saßen zum damaligen Zeitpunkt nur Adlige.

* politische Immunität, die
Politische Immunität schützt einen Amtsträger oder ein Staatsoberhaupt für die Dauer seines Amts vor Strafverfolgung. Bis heute genießen hohe Würdenträger vieler Länder diese Immunität. Sie darf heutzutage nur in wenigen Ausnahmefällen aufgehoben werden.

2 – Der Gesandte aus Genua. Ludwig XIV. empfängt 1685 mit seinen Beratern den Gesandten am Hof von Versailles. Ölgemälde, um 1700.

Ein Parlament wie heute?

Die „Bill of Rights“ beeinflusst bis heute unser Verständnis von einem Parlament. Von unserem heutigen *Parlamentarismus war dieses englische Parlament jedoch weit entfernt. So gab es z. B. noch keine freien und gleichen Wahlen für alle Bürger. Die meisten Bürger Englands hatten noch immer keine Möglichkeit, sich aktiv an den politischen Entscheidungen zu beteiligen. Dies blieb Sache der Adligen. Die Regierung des Landes lag noch immer beim König, der aber durch das Parlament kontrolliert und beraten wurde. Diese Staatsform heißt konstitutionelle Monarchie.

Die Ereignisse werden oft als „Glorious Revolution“ bezeichnet, da die „Bill of Rights“ neue Rechte sicherte, ohne dass es zu Blutvergießen gekommen war.

Der französische Absolutismus

Auf dem europäischen Festland hingegen, entwickelte sich kein Parlamentarismus, sondern ein anderes System: der Absolutismus. Zwischen 1598 und 1789 nutzten die absolutistischen Könige in Frankreich (↗ Seite 56/57) ihre Macht, um im Staat *Reformen durchzuführen. Besonders wichtig war die Einführung des *Beamtentums. Aufgaben, die früher Adlige ausgeübt hatten, wurden auf gut ausgebildete Beamte übertragen. Sie stammten aus der Bürgerschicht und verwalteten im Namen des Königs das Land sowie die Steuereinnahmen.

In Schloss Versailles liefen alle Fäden der Macht zusammen – alles wurde von hier aus geregelt. Man spricht deshalb von einem zentralisierten Staat. Die Adligen, die ihre Aufgaben verloren hatten, durften in Versailles am aufwändigen Leben des Königs teilnehmen. Sie hatten viel Macht an die Beamten verloren. Für den Großteil der Untertanen änderte sich durch die Reformen wenig. Sie hatten noch immer keine Rechte. Die stetig wachsende Unzufriedenheit führte schließlich zur Französischen Revolution (↗ S. 64/65, 100–108).

1. Diskutiert, welcher der drei Punkte aus Q1 den Menschen damals am wichtigsten war.
2. Stellt eine Vermutung an, weshalb es dem Künstler in Bild 1 wichtig war, die „Bill of Rights“ neben der Krone abzubilden.
3. Beschreibt den Eindruck, den Bild 2 auf den Betrachter macht.
4. Untersucht, wer in England und Frankreich mehr Macht erhielt und wer noch immer keine Möglichkeit hat, sich zu beteiligen.

Wahlaufgaben

A. Stellt euch vor, dass Bild 1 auf der Titelseite einer Zeitschrift wäre. Entwerft eine Überschrift, die dazu passt.

B. Recherchiert im Internet die fehlenden zehn Artikel der „Bill of Rights“. Fasst jeden Artikel in euren eigenen Worten unter einem Spiegelstrich zusammen.

*Parlamentarismus, der
Parlamentarismus bedeutet, dass eine Versammlung von Vertretern, die vom Volk gewählt wurde, über die Gesetzgebung bestimmen.

*Reform, die
Eine Reform bezeichnet eine gezielte Umgestaltung des bestehenden (politischen) Systems.

*Beamtentum, das
Beamte bilden eine Personengruppe in der öffentlichen Verwaltung. Sie sind meist mit besonders wichtigen Aufgaben betraut und unterliegen einer besonderen Treuepflicht gegenüber ihrem Dienstherrn. Bis heute üben in Deutschland z. B. Richter oder Polizisten solche sog. „hoheitlichen“ Aufgaben aus.

Webcode: EV644834-207

Wogegen protestierten deutsche Bürger 1817 und 1832?

1 – Der Deutsche Bund 1815.

— Grenze des Deutschen Bundes 1815

1 Hzm. Lauenburg
2 Grhzm. Mecklenbg.-Strelitz
3 Fsm. Schaumburg-Lippe
4 Fsm. Lippe
5 Hzm. Braunschweig
6 Hzm. Anhalt
7 Jülich-Kleve-Berg
8 Fsm. Waldeck
9 Lgft. Hessen-Homburg
10 Fsm. Hohenzollern
11 Fsm. Liechtenstein
12 Vorarlberg

Anders als in England und in Frankreich war die Situation im Deutschen Reich. Es gab keinen großen *Nationalstaat, sondern viele kleine Einzelstaaten. Diese schlossen sich 1814 auf dem *Wiener Kongress zu einem losen Bund zusammen, dem Deutschen Bund.

Enttäuschte Hoffnungen – viele Wege

Die Menschen in Deutschland waren vom Wiener Kongress enttäuscht. Nach den hunderttausenden Opfern der *Befreiungskriege wollten die Menschen Veränderung. Sie hatten gehofft, dass aus den vielen kleinen Einzelstaaten ein einheitlicher deutscher Nationalstaat entstehen würde. Doch die befürchteten Machtverlust. Es bildeten sich politische Gruppen, die verschiedene Ziele verfolgten. Die *Liberalen forderten z. B. die Anerkennung der Menschenrechte sowie die Beteiligung der Bürger an politischen Entscheidungen.
Eine andere Gruppe forderte die Bildung eines demokratischen Nationalstaats mit freier Wahl der Volksvertreter. Am stärksten zeigten Studenten, wie unzufrieden sie mit den politischen Verhältnissen waren. Sie gründeten 1815 in Jena die deutsche Burschenschaft. Die Farben ihrer Verbindung waren: Schwarz, Rot und Gold.

Studenten auf der Wartburg

Im Oktober 1817 luden Jenaer Studenten zu einer Gedenkfeier auf die Wartburg ein. Dort sprachen sie von Freiheit, Einheit und von den Menschen, die dafür gekämpft hatten. In einem Feuer wurden Dokumente und Bücher der verhassten Fürsten öffentlich verbrannt. Die Fürsten reagierten und setzten die Studenten und Lehrer mit den Karlsbader Beschlüssen unter Druck.

Die Karlsbader Beschlüsse

Q1 Auf einer Konferenz in Karlsbad beschlossen die Vertreter der deutschen Staaten 1819:

(Es) ... dürfen Schriften, die in der Form täglicher Blätter erscheinen (oder) ... die nicht über 20 Bogen (320 Seiten) im Druck stark sind, in keinem deutschen Bundesstaate ohne Vorwissen ... der Landesbehörde zum Druck befördert werden.
Die Bundesregierungen verpflichten sich ... Universitäts- und andere öffentliche Lehrer, ... die (ihr Amt gebraucht haben zur) Verbreitung ... Staatseinrichtungen untergrabender Lehren, von den Universitäten ... zu entfernen. ...

Die Beschlüsse wirkten: Die Menschen hatten Angst, bespitzelt, verhört oder sogar verhaftet zu werden.

---

* **Nationalstaat**, der
  Ein Staatswesen, in dem sich die Angehörigen als einheitliche Nation fühlen und bekennen.
* **Wiener Kongress**, der
  Politische Versammlung von Herrschen und Gesandten aus fast 200 Staaten in Wien. Sie berieten nach dem Sieg über Napoleon über eine europäische Friedensordnung.
* **Befreiungskriege**, die
  Zwischen 1813 und 1815 stattfindende kriegerische Auseinandersetzung unter der Führung Russlands und Preußens mit dem Ziel, Napoleon zurückzuschlagen. (↗ S. 109)
* **Deutsche Bund**, der
  Loser Zusammenschluss aus 35 Fürstentümern und vier freien Städten.
* **Liberalismus**, der
  (von lat. liber = frei) Politische Lehre, die seit dem Ende des 18. Jahrhunderts für die politische und wirtschaftliche Freiheit der Bürger eintrat.

Das Hambacher Fest
Im Jahr 1832 kam es zur ersten demokratischen Massenveranstaltung in der deutschen Geschichte: Mehr als 30 000 Demonstranten versammelten sich bei Schloss Hambach in der Pfalz und trugen dabei *schwarz-rot-goldene Fahnen.
Bilder der Fürsten wurden verbrannt, die Teilnehmer sangen: „Fürsten zum Land hinaus, jetzt kommt der Völkerschmaus!“

Die Unterdrückung wird verschärft
Die Fürsten reagierten wieder mit Unterdrückung: Die Zensur der Presse wurde verschärft und die Rede- sowie Versammlungsfreiheit massiv eingeschränkt. Mehrere hundert *Oppositionelle wurden in Gefängnisse gebracht. Tausende flohen ins Ausland, vor allem nach Amerika. In dieser Zeit entstanden Protestlieder, in denen die Unterdrückung kritisiert wurde.

Q2 „Die Gedanken sind frei“ in der Fassung von 1800:

2. Die Gedanken sind frei
Wer kann sie erraten?
Sie fliehen vorbei
Wie nächtliche Schatten;
Kein Mensch kann sie wissen,
Kein Kerker verschließen
Wer weiß, was es sei?
Die Gedanken sind frei.
...
6. Ja fesselt man mich
Im finsteren Kerker,
So sind doch das nur
Vergebliche Werke.
Denn meine Gedanken
Zerreißen die Schranken
Und Mauern entzwei:
Die Gedanken sind frei.

2 – Der Zug auf das Hambacher Schloss am 27. Mai 1832. Kolorierte Radierung, 1832.

1. Erläutert anhand von Karte 1, weshalb der Deutsche Bund auch „Flickenteppich“ genannt wurde.
2. Diskutiert, gegen welche unserer modernen Grundrechte die Karlsbader Beschlüsse verstoßen.
   ▶ *Verwendet das Grundgesetz im Anhang, S. 262.*
3. Beschreibt die Stimmung des Gemäldes (Bild 2).
4. Erklärt anhand von Q2, welche Probleme das Lied „Die Gedanken sind frei“ kritisiert.

* **schwarz-rot-goldene Fahne,** die
Wurde schon 1815 von der Jenaer Burschenschaft benutzt. Sie wurde in den folgenden Jahren zum Symbol der nationalen und demokratischen Bewegung in Deutschland.

* **Opposition,** die
(von lat. opposition = Entgegensetzung). Politische Gegenspieler der herrschenden Gruppe / Regierung / Partei.

Wahlaufgaben

A Vergleicht die Forderungen aus Q 2 mit der dritten Strophe des Deutschlandlieds, unserer heutigen Nationalhymne (siehe Webcode). Fasst zusammen, welche der Forderungen sich darin wiederfinden.

B Mit Liedern wie „Ein Hoch auf uns“ von Andreas Bourani gibt es noch heute Lieder, die uns verbinden. Begründet, welches Lied ihr für das Hambacher Fest auswählen würdet, wenn es heute stattfände.

Webcode: EV644834-209

Die Revolution von 1848/1849

Was treibt die Menschen auf die Barrikaden?

Grenze des Deutschen Bundes 1815

Staatsformen vor 1848:
- Absolute Monarchien
- Konstitutionelle Monarchien
- Parlamentarische Monarchien
- Republiken

- Hauptzentren der Revolution vor Oktober 1848
- liberale und nationale Revolutionen und Aufstände 1848/49

1 Kfsm. Hessen
2 Grhzm. Hessen
3 Thüringische Staaten
4 Kgr. Württemberg
5 Grhzm. Baden

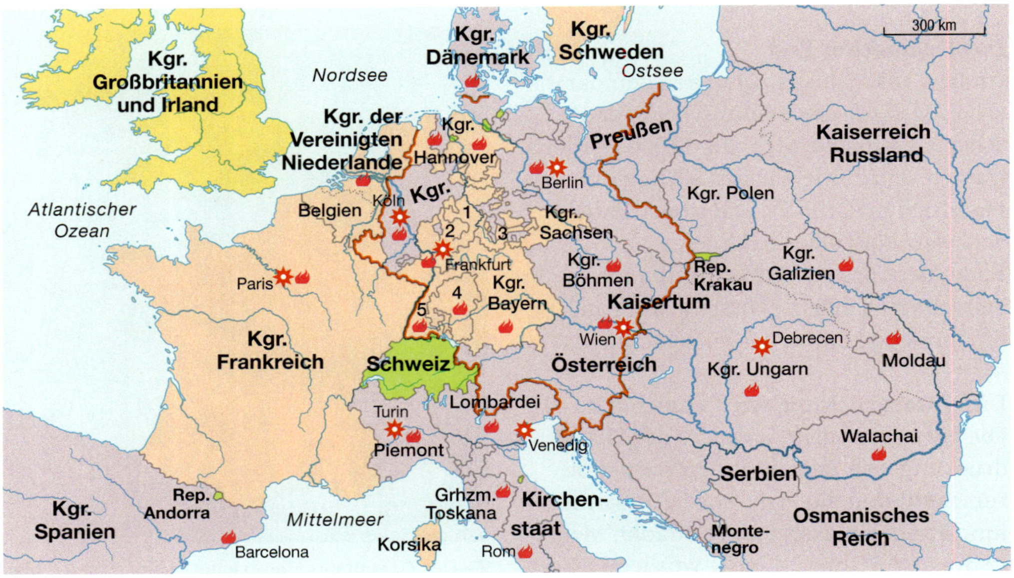

1 – Revolutionen und Aufstände in Europa 1848/1849. Karte.

*Tagelöhner, der Arbeiter, der keinen festen Arbeitsplatz hat und von seinen wechselnden Arbeitgebern täglich meist schlecht bezahlt wird.

Revolutionen in Europa

In Paris demonstrierten im Februar 1848 die Menschen gegen die Monarchie und unter anderem für ein neues Wahlrecht, das alle Schichten berücksichtigte. Als ein Minister „Dann werdet doch reiche Leute!" rief, fühlten sich die Arbeiter, *Tagelöhner und Handwerker verhöhnt. Ende Februar 1848 stürmten sie den Königspalast. Der König floh und das Volk rief die Republik aus.

Die Revolutionen, die seit dem Frühjahr 1848 die Zentren Europas erfassten, wurden von zwei verschiedenen Bevölkerungsgruppen getragen. Anfangs waren es vor allem Bürger, die mit Hunger und Arbeitslosigkeit zu kämpfen hatten. Später waren es wohlhabendere Bürger, Liberale, die ihre bürgerlichen Rechte einforderten.

Forderungen mit Tradition

Im Deutschen Bund erfasste die Revolution als erstes die an Frankreich grenzenden Staaten, Baden und das Rheinland. Wie auf dem Hambacher Fest (↗ S. 209) erhoben die Menschen ihre Forderungen. Die Arbeiter verlangten Maßnahmen gegen die Arbeitslosigkeit. Bürger, Studenten und Arbeiter forderten außerdem gemeinsam Presse-, Rede- und Versammlungsfreiheit, eine freiheitliche Verfassung für alle Deutschen sowie ein gemeinsames Parlament. Der preußische König wollte nicht nachgeben und schickte Truppen nach Berlin, um die Versammlungen aufzulösen. Aus Angst vor einem Bürgerkrieg gab der preußische König – wie viele andere Herrscher – aber letztlich dem Druck der Straße nach.

Barrikaden in Berlin

Am 18. März 1848 versammelten sich etwa 10 000 Berliner vor dem Schloss, um ihrem König für die Zusage zu einer Verfassung zu danken. Als zwei Schüsse fielen, fühlten sich die Bürger betrogen. In aller Eile bauten sie Straßenbarrikaden auf (↗ S. 218/219). Auf ihnen wehten schwarz-rot-goldene Fahnen. Die Bürger wehrten die gut ausgebildeten Armeeeinheiten ab. Um weiteres Blutvergießen zu verhindern, zog der König die Truppen ab. Am folgenden Tag trugen die Bürger die Leichen von 150 Barrikadenkämpfern vor das königliche Schloss. Der König musste sich vor den Särgen der Ge-

2 – Feierlicher Einzug der Mitglieder des *Vorparlaments in die Frankfurter Paulskirche vom 31. März 1848. Holzstich von Fritz Bergen, 1896.

fallenen verneigen. Mit einer schwarz-rot-goldenen Armbinde ritt er anschließend durch die Stadt. Die Revolution hatte gesiegt.

Die Abgeordneten der Paulskirche

Der Erfolg der Revolution griff auf die anderen deutschen Staaten über und zwang fast überall Regierungen zum Rücktritt. Das öffentliche Leben blühte auf. Erstmals fanden in ganz Deutschland allgemeine und gleiche Wahlen zu einer Nationalversammlung statt. Diese sollte eine Verfassung für einen neuen gemeinsamen Staat erarbeiten und eine *Lösung für die Frage nach den Staatsgrenzen finden.. Fast zwei Drittel der 573 Abgeordneten waren *Akademiker, die übrigen Vertreter der Wirtschaft. Arbeiter und Frauen fehlten hingegen. Die Nationalversammlung tagte erstmals am 18. Mai 1848 in Frankfurt am Main. Sie erarbeiteten eine Reichsverfassung mit Grundrechten, die aber nie in Kraft trat.

Die Grundrechte

Q1 Am 28. März 1849 verabschiedete Reichsverfassung legte unter anderem folgende Grundrechte fest:

... § 137 Vor dem Gesetz gilt kein Unterschied der Stände. Der Adel als Stand ist aufgehoben. Alle Standesvorrechte sind abgeschafft. Die Deutschen sind vor dem Gesetz gleich.

§ 138 Die Freiheit der Person ist unverletzlich. ...

§ 140 Die Wohnung ist unverletzlich.

§ 143 Jeder Deutsche hat das Recht, ... seine Meinung frei zu äußern. ...

§ 144 Jeder Deutsche hat volle Glaubens- und Gewissensfreiheit. ...

§ 161 Die Deutschen haben das Recht, sich friedlich und ohne Waffen zu versammeln; einer besonderen Erlaubnis bedarf es nicht. ...

§ 164 Das Eigentum ist unverletzlich. ...

Die Lage der Frauen

Bereits am Hambacher Fest 1832 hatten viele Frauen teilgenommen. Auch während der Revolution engagierten sie sich für mehr Rechte. An den Wahlen zur Nationalversammlung durften Frauen jedoch nicht teilnehmen: Sie besaßen weder das *aktive noch das *passive Wahlrecht. Doch die interessierten Frauen ließen sich nicht ausschließen und fanden andere Möglichkeiten, sich an der Politik zu beteiligen. Einige besuchten regelmäßig die Sitzungen in der Paulskirche, andere richteten Veranstaltungen in ihren Wohnungen aus, um dort politische Probleme zu diskutieren.

1. Notiert mithilfe der Karte, in welchen Ländern/Städten es im Frühjahr 1848 zu Aufständen kam.
2. Schlagt nach, ob die in Q1 genannten Grundrechte auch in unserem Grundgesetz stehen.
   ▶ *Nutzt hierfür das Grundgesetz im Anhang, S. 262*
3. Beschreibt die Möglichkeiten von Frauen, sich heute politisch zu beteiligen.

*Vorparlament, das
War eine Versammlung von 574 Männern. Sie sollte die Wahl der Frankfurter Nationalversammlung vorbereiten.

*Akademiker, der
Person mit Hochschulabschluss

*Lösung, die
Hier: Bei der Frage nach den Grenzen des neuen Staates wurden zwei verschiedene Lösungen diskutiert: Die „großdeutsche Lösung" (inkl. Österreich-Ungarn) und die „kleindeutsche Lösung" (unter der Führung Preußens, ohne Österreich-Ungarn).

*aktives Wahlrecht, das
Aktives Wahlrecht besitzt eine Person, die für jemand anderen eine Stimme abgeben darf, um ihn zu wählen.

*passives Wahlrecht, das
Passives Wahlrecht besitzt eine Person, die von anderen Menschen in ein Amt gewählt werden kann.

Wahlaufgaben

A. Als sich der König vor den Gefallenen der Barrikadenkämpfe verneigte, soll die Königin ihm zugeflüstert haben: „Jetzt fehlt nur noch die Guillotine". Erklärt, was sie damit gemeint haben könnte.

B. Es gibt viele Lieder zur Revolution von 1848. Findet Tonbeispiele im Internet und stellt sie vor.

Barrikadenkämpfe in Berlin

Schauplatz Geschichte

Der Titel des 1848 erschienenen großen Bildes lautet: „Die Barricade an der Kronen- und Friedrichstraße am 18./19. März 1848".

Die Gedenktafel hängt heute an dieser Kreuzung und erinnert an den hier gefallenen Gustav von Lensky. Das Feuer im Vordergrund dient dem Gießen von Kugeln aus dem Blei der Fenster.

Wahlaufgaben

A Betrachtet das Bild und notiert die ersten drei Adjektive, mit denen ihr den Eindruck beschreiben würdet, den das Bild auf euch macht.

B Betrachtet das Bild genauer und achtet auf Einzelheiten, z. B. die Bewaffnung, die Fahnen, die handelnden Gruppen, die Menschen im Hintergrund.

► *Nehmt die Methode „Bilder untersuchen" von S. 245 zu Hilfe.*

C Einer der Jungen in der Bildmitte schreibt später einen Brief an einen Freund und berichtet, was er in den Barrikadenkämpfen erlebt hat. Bezieht das Bild als Grundlage ein.

D Exkursionsauftrag: Besucht den „Friedhof der Märzgefallenen" im Volkspark Friedrichshain. Findet dort ähnliche Inschriften wie die oben links im Bild. Notiert diejenige, die ihr für besonders geeignet haltet, um an das Ereignis zu erinnern.

Das Kaiserreich – eine „Demokratie von oben“?

1 – „Das Volk ist mir zum Kotzen“. Karikatur zu Friedrich Wilhelm IV. Lithografie, 1847.

Auf der Suche nach einem Kaiser

In der Nationalversammlung wurde hitzig über die Staatsform des Deutschen Reichs diskutiert: Republik oder Monarchie? Am Ende fiel die Entscheidung zugunsten einer konstitutionellen Monarchie. Die Abgeordneten beschlossen, einen Kaiser zu wählen, der dann gemeinsam mit dem Parlament die Gesetze erlassen sollte.
Nach hitzigen Diskussionen fiel die Wahl der Abgeordneten auf König Friedrich Wilhelm IV. von Preußen, der „Kaiser der Deutschen“ werden sollte. Am 3. April 1849 reisten Gesandte an den preußischen Hof. Doch der preußische König lehnte die Kaiserkrone ab.

Q1 Friedrich Wilhelm IV. in einem privaten Brief an seinen Freund Bunsen, April 1849:

Die Krone, die ein Hohenzollern nehmen dürfte, ... ist keine, die revolutionäre Saat in sich trägt, ... sondern eine, die den Stempel Gottes trägt. ...
So einen ... Reif aus Dreck gebacken soll ... nun gar der König von Preußen sich geben lassen? ... Ich sage es Ihnen rund heraus: Sollte die tausendjährige Krone der deutschen Nation ... wieder einmal vergeben werden, so bin ich es und meinesgleichen, die sie vergeben. Und wehe dem, der sich anmaßt, was ihm nicht zusteht. ...

Das Scheitern der Revolution

Ohne Macht, um ihre Beschlüsse durchzusetzen, verließen immer mehr Abgeordnete die Nationalversammlung. Das schrumpfende Parlament wurde durch württembergische Truppen im Juli 1849 endgültig aufgelöst. Die Revolution von 1848/49 war gescheitert. Doch der Gedanke an einen deutschen Nationalstaat lebte in den Köpfen weiter.

Kampf um die Vorherrschaft

Bereits wenige Jahre später griff der preußische *Ministerpräsident Bismarck das Ziel eines Nationalstaats wieder auf. Im Krieg von 1866 gegen Österreich entschied Preußen den Kampf um die Vorherrschaft für sich. Bismarck fand nun immer mehr Unterstützer. Die Bildung eines deutschen Nationalstaats schien zum Greifen nah. Dieses Ziel war so wichtig geworden, dass die Wünsche nach Freiheit und Demokratie für viele Menschen in den Hintergrund traten.
Im Jahr 1870 provozierte Bismarck bewusst *Erbstreitigkeiten mit Frankreich. Schnell erfasste eine antifranzösische Stimmung die deutschen Länder. Am 19. Juli erklärte Frankreich den deutschen Staaten den Krieg. Der rasche Sieg unter preußischer Führung ermöglichte die Gründung des Deutschen Kaiserreichs.

Das Kaiserreich eine Demokratie?

Am 18. Januar 1871 riefen die deutschen Fürsten den preußischen König im *Spiegelsaal von Versailles zum Kaiser aus. Der erste deutsche Nationalstaat, das Kaiserreich, wurde somit „von oben“, von den Fürsten gegründet.
Die Freude über die Reichsgründung war in der Bevölkerung überwältigend groß. Doch besonders die Demokraten, deren Staatsgründung „von unten“ 1848/49 gescheitert

* **Ministerpräsident**, der
Der Ministerpräsident ist der Regierungschef in einem parlamentarischen Staat. In Preußen wurde er jedoch nicht gewählt, sondern vom König ernannt.

* **Erbstreitigkeiten**, die
Bei Erbstreitigkeiten geht es darum zu klären, wer nach dem Tod einer Person seinen Besitz erbt. Im Fall von Königen ging es oftmals auch im die Frage, wer sein Nachfolger werden könnte.

* **Spiegelsaal von Versailles**, der
Das Schloss Versailles war zu diesem Zeitpunkt der Sitz des französischen Königs, Napoleon III. Indem die Krönung des deutschen Kaisers im Spiegelsaal dieses Schlosses stattfand, wollte man den besiegte Franzosen die Überlegenheit Preußens demonstrieren.

2 – Die Ausrufung des deutschen Kaiserreiches am 18. Januar 1871 im Spiegelsaal von Schloss Versailles.
Gemälde von Anton von Werner, 1882.

war, zeigten sich enttäuscht. In der neuen Verfassung fehlten viele Grundrechte, die in der Paulskirchenverfassung von 1849 noch enthalten gewesen waren. Die oberste Gewalt lag beim Kaiser, der auch den Reichskanzler ernannte. Dieser war somit kein gewählter Volksvertreter, sondern ein Vertrauter des Kaisers. Zudem konnte der Kaiser den Reichstag einberufen und auch jederzeit auflösen.
Trotz des *allgemeinen Männerwahlrechts, war das Kaiserreich kein demokratischer Staat. Doch die erfüllte Sehnsucht nach dem Nationalstaat ließ viele Kritiker verstummen. Stattdessen machte sich bald ein neues Gefühl breit: Nationalismus.

M2 Der Historiker Thomas Nipperdey beschrieb 1992 dieses neue Gefühl des Nationalismus:
... Die Besonderheit der deutschen Nation ... wird ohne Bedenken ... vor und über die Besonderheiten anderer Nationen gestellt; man ist natürlich stolz ..., die Deutschen sind besser als die anderen, sie sind einzigartig. ...

1. Analysiert die Karikatur 1 mithilfe der Methodenseite „Karikaturen entschlüsseln“, S. 202/203. Diskutiert den Eindruck, der beim Betrachten entsteht.
2. Fasst die Position Friedrich Wilhelms IV. aus Q1 in eigenen Worten zusammen.
3. Legt einen Zeitstrahl an und tragt die wichtigsten Etappen auf dem Weg zum deutschen Nationalstaat ein.
4. Analysiert Bild 2 mithilfe der Methode „Bilder untersuchen“, S. 245. Welchen Eindruck wollte der Künstler beim Betrachter hervorrufen?
   ▶ *Wie gelingt ihm dies? Achtet auf die Anordnung der Personen und die Bekleidung.*
5. Beurteilt die Aussage: „Das Kaiserreich war eine Demokratie von oben“.
6. Erklärt den Begriff „Nationalismus“ mit euren Worten. Notiert eine kurze Definition.

Wahlaufgaben

A. Versetzt euch in die Lage eines Gesandten, der nach Berlin gereist ist, um Friedrich Wilhelm IV. die Kaiserkrone anzubieten. Verfasst einen Tagebucheintrag für den 3. April 1849.
B. Wählt eine Person von der Schauplatz-Seite (S. 212/213) aus. Schreibt aus ihrer Perspektive ein Flugblatt, auf dem ihr eure Meinung zum neu gegründeten Kaiserreich kund tut.

* **allgemeines Männerwahlrecht,** das
Die Reichsverfassung von 1871 sah vor, dass alle wahlberechtigten Bürger alle drei Jahre die 397 Abgeordneten des Reichstags wählten. Wahlberechtigt waren nur Männer über 25 Jahren. Alle Stimmen waren gleich viel wert.

Das kann ich …

Schritte zur modernen Demokratie (Längsschnitt)

***Hinweis:** Bitte nicht im Buch ausfüllen, sondern die Lösungen unter der jeweiligen Nummerierung im Hefter oder auf einem gesonderten Zettel notieren.*

waagerecht

5. Personengruppe in der öffentlichen Verwaltung.
6. Staatswesen, in dem sich alle als einheitliche Nation fühlen und bekennen.
8. Demokratische Revolution in der Region Nordafrika.
10. Staatenbund mit 41 Mitgliedstaaten.
11. Staatsform in der alle Bürger mitbestimmen.

senkrecht

1. politische Lehre
2. Eine Versammlung gewählter Volksvertreter bestimmen über die Gesetze.
3. Große Massenveranstaltung von 1832.
4. Rechtsdokument, das Wilhelm III. die englische Krone einbrachte.
7. Englisches Rechtsdokument von 1215
9. Ort der ersten deutschen Nationalversammlung

1 – Kennst du die wichtigen Begriffe? Kreuzworträtsel.

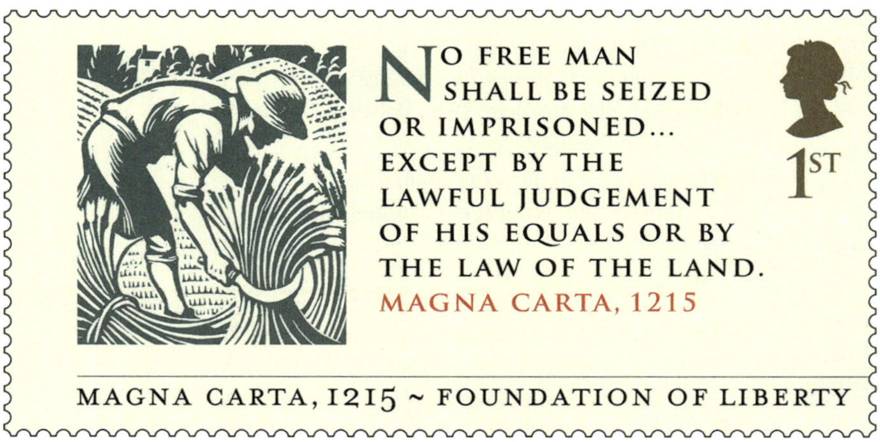

2 – Kein freier Mann soll verfolgt oder verhaftet werden ... außer durch ein gerechtes Urteil von seinesgleichen oder durch das Gesetz des Landes. Sonderbriefmarke zum 800. Jubiläum der Magna Charta, England, 2015.

Verstehen

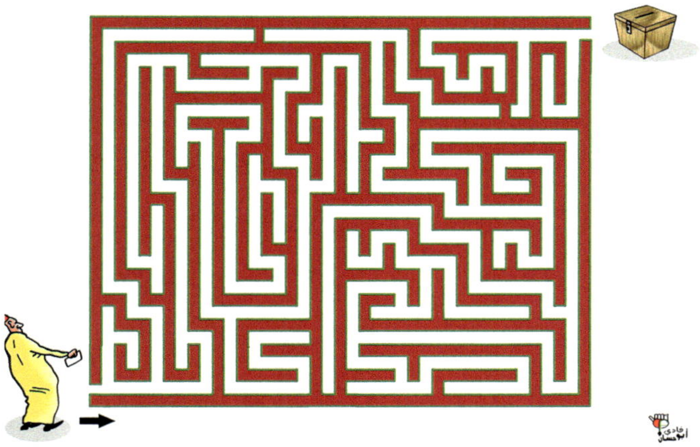

3 – **Der Pfad zur Demokratie.** Karikatur von Fadi Abou Hassan. Norwegen, 2011.

Wichtige Begriffe

- Demokratie
- Arabischer Frühling
- Magna Charta
- Bill of Rights
- Parlamentarismus
- Nationalstaat
- Wartburgfest
- Hambacher Fest
- Schwarz-Rot-Gold
- Barrikadenkämpfe

Methoden anwenden

1 Löst das Kreuzworträtsel 1.

2 Erklärt euch gegenseitig die wichtigen Begriffe und schreibt ihre Bedeutung in euer Geschichtsheft.

3 Legt einen Zeitstrahl mit den eurer Meinung nach drei wichtigsten Schritten auf dem Weg zur Demokratie an. Vergleicht eure Auswahl.

4 Beschreibt, welches Problem der Karikaturist in Karikatur 3 anspricht.
▶ *Nehmt hierzu die Methode „Karikaturen entschlüsseln" von S. 202/203 zu Hilfe.*

5 Sucht heraus, aus welcher Quelle dieses Kapitels der Satz stammt: „Denn meine Gedanken zerreißen die Schranken". Gebt die Fundstelle an.

Analysieren

6 Nennt Gründe, weshalb die englische Post 2015 die als Bild 2 abgedruckte Sonderbriefmarke herausgebracht hat.

7 Erläutert – mit Blick auf die von der Magna Charta betroffenen Personengruppen – welchen historisch falschen Schluss der Betrachter der Briefmarke ziehen könnte.

Deuten

8 Untersucht, wie sich die Möglichkeiten, sich an der Politik zu beteiligen, für den Adel in England und Frankreich veränderten.

9 Stellt euch vor, Preußenkönig Friedrich Wilhelm IV. (siehe S. 214) bekäme als Zeitreisender aus dem Jahr 1848 unser modernes Grundgesetz in die Hände. Gebt Aspekte an, über die der Zeitreisende verwundert bzw. erfreut wäre. Begründet eure Wahl.
▶ *Nutzt hierzu das im Anhang, S. 262 abgedruckte Grundgesetz. Berücksichtigt die Reaktion des Königs auf die revolutionären Erhebungen in Berlin und Q1, S. 214.*

Urteilen und sich orientieren

10 Nehmt Stellung zu der Aussage: „Die Geschichte lehrt uns, dass die Demokratie etwas ist, für das man kämpfen muss."

Darstellen – historisch erzählen

11 Verfasst einen Artikel über die Schritte zur Demokratie in Deutschland – ausgehend vom Wiener Kongress bis hin zur Reichsgründung 1871.

9 Europäische Expansion und Kolonialismus (Längsschnitt)

Seefahrer hatten schon immer davon geträumt, sich auf das weite Meer hinauswagen zu können. Die Möglichkeit gab es seit dem 15. Jahrhundert auf Grund neuer Erfindungen. Die Entdeckungsfahrten waren der Beginn der Ausdehnung der Herrschaft der Europäer über fremde Völker in den neu entdeckten Kontinenten. Eine neue Zeit brach an, in der viele Menschen in Mittel- und Südamerika Not und Elend erlitten (kleines Bild).

Europäische Expansion und Kolonialismus (Längsschnitt)

1492

Kolumbus startet seine Entdeckungsreise

1 – Europäische Entdeckungsfahrten im 15./16. Jahrhundert.

Die Entdeckungsfahrten eröffneten den Blick auf eine fremde Welt. Dienten sie der Verbindung zwischen den Menschen oder bedeuteten sie den ersten Schritt der europäischen Eroberung fremder Welten? In diesem Längsschnitt könnt ihr dieser Frage nachgehen und die Motive und die Praxis der Europäer untersuchen.

Bei der Arbeit mit diesem Kapitel könnt ihr euch mit folgenden Fragen beschäftigen:

- Welche Erfindungen ermöglichten die Reisen der großen Entdecker wie z. B. Kolumbus?
- Welche Interessen verfolgten die Europäer bei den Entdeckungsfahrten?
- Welche Folgen hatten die Entdeckungen für die einheimische Bevölkerung und ihre Kultur?
- Wie war es möglich, Menschen aus Afrika als Sklaven nach Südamerika zu verbringen?
- Warum versuchten die europäischen Großmächte im 19. Jahrhundert die Welt unter sich aufzuteilen?

1 Ermittelt mithilfe der Karte und eines Atlas', Ausgangs- und Zielpunkte für Entdeckungsfahrten im 15. und 16. Jahrhundert.

2 Erzählt, was ihr über die Entdeckungen im 15. und 16. Jahrhundert schon wisst. Die Bilder auf der rechten Seite helfen euch dabei.

3 Formuliert mithilfe der Bilder eigene Fragen zum Thema dieses Längsschnittes.

1521

Zerstörung des Aztekenreichs

ab 1550

Verkauf von Afrikanern als Sklaven nach Südamerika, beginnender Welthandel

ab 1850

Europäische Mächte erweitern ihren Herrschaftsbereich in Afrika und Asien

ab 1884

Deutschland gründet Kolonien in Afrika

2 – Landung des Kolumbus auf der Insel Guanahani 1492. Kupferstich von Theodor de Bry, 1594.

3 – Aztekisches Schmuckstück, um 1480. Foto.

4 – Ein Deutscher in Togo lässt sich von einheimischen Trägern in einer Hängematte transportieren. Foto, um 1885.

Folgen des Kolonialismus

Welche Folgen hatte die Kolonialherrschaft für Afrika?

Anteil der unterernährten Menschen an der Gesamtbevölkerung
- über 35 %
- 25–35 %
- 15–25 %
- 5–15 %
- unter 5%
- keine Angaben

1 – Hunger in Afrika 2011–2013.

2 – Kriegsflüchtlinge kommen im Lager Doro im Südsudan an. Foto 2016.

* **Kolonie, Kolonialherrschaft**, die
Betraf vor allem Gebiete in Afrika und Asien, die im 18. und 19. Jahrhundert von europäischen Mächten militärisch besetzt und durch sie verwaltet wurden.

Hunger und Krieg

Weltweit leiden Millionen Menschen unter Hunger. 232 Millionen von ihnen leben in Afrika. In Afrika ist der Anteil der Hungernden an der Bevölkerung mit 20 Prozent am höchsten. Die Ursachen hierfür sind neben Faktoren wie dem Klimawandel auch Nachwirkungen der *Kolonialherrschaft. Im Jahr 2015 gab es 19 Kriege und 24 kleinere bewaffnete Konflikte in den Ländern südlich der Sahara. Millionen von Menschen in Afrika sind seit Jahrzehnten auf der Flucht vor Hunger und Krieg. Sie leben in Flüchtlingslagern, in denen bis zu 350 000 Menschen untergebracht sind. Für einige arme Staaten in Afrika ist das eine zusätzliche Belastung, die sie kaum bewältigen können. Kenia will deshalb 2016 zwei Lager mit insgesamt ca. 600 000 Flüchtlingen schließen und die Menschen in ihre Heimat schicken. Da sie dort Krieg und Elend erwartet, wird ein großer Teil in anderen Staaten oder in Europa Schutz suchen.

Koloniale Ursachen

1960 endete für 17 Staaten in Afrika die *Kolonialherrschaft. Bürgerkriege und militärische Konflikte zerstörten die Hoffnung, dass die neu entstandenen Staaten in Frieden ihre Wirtschaft und Gesellschaft aufbauen konnten.

Die Berliner Kongokonferenz 1884–1885

Bevor die europäischen Staaten Kolonien in Afrika einrichteten, gab es im Gebiet südlich der Sahara nur wenige Staaten mit festen Grenzen, einer Hauptstadt und einer Verwaltung. Die Menschen lebten in größeren oder kleinen Völkergruppen zusammen, die durch Verwandtschaft und die gleiche Sprache bestimmt waren (Völker siehe Karte 3). Um Konflikte zwischen den europäischen Staaten zu vermeiden, kamen die Staaten 1884–1885 in der sogenannten „Kongokonferenz" in Berlin zusammen und teilten Afrika unter sich auf. Vertreter der Afrikaner waren nicht dabei. Da die Europäer das Innere Afrikas nur ungenau kannten, zogen sie die Grenzen ohne Rücksicht auf die Zusammengehörigkeit der Menschen und bestehende Wirtschaftsverbindungen (Karte 4).

3 – Afrika um 1850.

4 – Afrika um 1914.

Die Ausrichtung der Kolonien
In diesen künstlich geschaffenen Gebieten errichteten die Europäer ihre Kolonien. Sie zerstörten die einheimischen Herrschaftsstrukturen und bauten eine Verwaltung nach ihrer Vorstellung auf. Zwischen den verschiedenen Völkern förderten sie Konflikte und Neid, um sie wegen der Uneinigkeit leichter beherrschen zu können. Missionare führten das Christentum ein und unterdrückten einheimische Religionen. Englisch, Französisch und Deutsch wurden die Amtssprachen in den Kolonien. Die Wirtschaft stellten die Kolonialmächte auf ihre Bedürfnisse um. Es wurden Produkte angebaut, die in Europa gebraucht wurden, z. B. Kaffee, Tee, Zuckerrohr und Baumwolle. Die Ernährung der einheimischen Bevölkerung interessierte weniger. Wo es wertvolle Rohstoffe gab, wurden diese abgebaut und exportiert. Die Erlöse kamen der Kolonialmacht zugute, nicht der Bevölkerung der Kolonie.

Die Folgen der Kolonialherrschaft
Als die Kolonien unabhängig wurden, behielten die neuen Staaten diese Grenzen bei. Ein Nationalgefühl konnte aber nur schwer entstehen. Schnell führten die Spannungen zwischen den Bevölkerungsgruppen zu Konflikten und blutigen Bürgerkriegen. Ein Großteil der Bevölkerung lebt heute in Armut. Durch den einseitigen Anbau wurden die Böden ausgelaugt und konnten bald nicht mehr genutzt werden. Große Landstriche wurden so für die Landwirtschaft unbrauchbar.
Vom Export neu gefundener Rohstoffe profitieren vor allem eine kleine Oberschicht und die Industriestaaten.

1 Nennt anhand von Karte 1 die Staaten, die am stärksten von Hunger bedroht sind.

3 Beschreibt anhand der Karten 3 und 4 sowie des Textes das Vorgehen der Kolonialmächte bei der Kongokonferenz.

3 Diskutiert, ob nach mehr als hundert Jahren die Teilnehmer der Kongokonferenz noch Verantwortung tragen für die heutigen Probleme Afrikas.

Wahlaufgaben

A Informiert euch im Internet und den Medien über die Kongokonferenz 1884–1885 in Berlin. Berichtet darüber in der Klasse.

B Sucht auf Karte 4 die ehemaligen deutschen Kolonien. Wählt eine und erstellt eine Wandzeitung zur Geschichte dieses Gebietes seit 1914.

Frühneuzeitlicher Kolonialismus

Entdeckte Kolumbus Indien?

1 – Rekonstruktionszeichnung der Weltkarte des Paolo Toscanelli (1397–1482) um 1470. Die Umrisse Amerikas (grau) wurden nachträglich eingezeichnet.

Um 1500 begann sich das Bild von der Welt zu verändern (vgl. S. 42–45). Man begann sich für naturwissenschaftliche Fragen zu interessieren, wollte alles genau wissen und erforschen und gelangte auf diese Weise zu zahlreichen Erfindungen und Entdeckungen. Eine neue Zeit begann.

Auf dem Seeweg nach Indien?

Europäsche Kaufleute hatten lange Zeit über Konstantinopel regen Handel mit Indien und China betrieben. 1453 eroberten die Türken Konstantinopel, das heutige Istanbul. Damit war der Handelsweg nicht mehr frei verfügbar und man machte sich Gedanken über einen Seeweg nach Indien nach. Portugiesische Seeleute versuchten, Afrika zu umsegeln. Christoph Kolumbus, 1451 in Genua geboren, dachte an eine andere Möglichkeit. Er hatte viele Jahre mit portugiesischen Schiffen die afrikanischen Küsten befahren. Auf diesen Fahrten lernte er die technischen Neuerung und Erfindungen seiner Zeit kennen. All dies machte ihn zu einem erfahrenen Seefahrer. Anders als die Portugiesen wollte Kolumbus Indien ereichen, in dem er nicht in östlicher Richtung segelte, sondern immer nach Westen.

Q1 Der Arzt und Astronom Paolo Toscanelli schrieb in einem Brief an Kolumbus (ca. 1480):

... Ich habe Kenntnis genommen von deinem hochherzigen und großartigen Plan, auf dem Weg nach Westen, den dir meine Karte zeigt, zu den Ländern des Ostens zu segeln. Besser hätte er sich mithilfe einer runden Kugel klar machen lassen.
Es freut mich, dass du mich richtig verstanden hast. Der genannte Weg ist nicht nur möglich, sondern wahr und sicher ...

Aufbruch in ferne Länder

Als Kolumbus 1485 den spanischen König bat, ihm eine kleine Flotte auszurüsten, lehnte dieser ab. Er war zu sehr mit dem Kampf gegen die muslimischen Araber in seinem Land beschäftigt. Erst nach dem Sieg über die muslimischen Heere 1492 erhielt Kolumbus eine Zusage. Am 3. August 1492 verließ er mit drei Schiffen und 100 Mann Besatzung den spanischen Hafen Palos.

Eine Fahrt bis an das Ende der Welt?

Die Schiffe von Kolumbus fuhren wochenlang westwärts. Die Vorräte wurden knapp, die Schiffsbesatzung unruhig. Eine Meuterei drohte. Doch Kolumbus hielt an seinem

2 – Kolumbus wird, als er zum ersten Mal in Indien angekommen, von den Einwohnern mit großen Geschenken verehret und begabet (begeistert) aufgenommen (Originalbildunterschrift). Kupferstich von Theodor de Bry, 1594.

Kurs fest. Endlich, am 12. Oktober 1492, wurde Land gesichtet. Im Namen des spanischen Königs ergriff Kolumbus von der Insel Guanahani Besitz und nannte sie San Salvador.

Q2 Kolumbus schrieb 12.10.1492 in sein Bordtagebuch:
... Die Eingeborenen sind ohne Zweifel gutmütig und sanft. Da ich ihre Freundschaft gewinnen wollte, gab ich einigen von ihnen ein paar bunte Münzen und Halsketten aus Glasperlen und andere Dinge von geringem Wert, worüber sie sich ungemein freuten ...
Sie sind gewiss hervorragende Diener. Sie haben einen aufgeweckten Verstand, denn ich sehe, dass sie sehr schnell alles nachsagen können, was man ihnen vorspricht. ...

1 Betrachtet die Karte 1 von Paolo Toscanelli. Vergleicht sie mit einer modernen Karte.

2 Erklärt anhand der Karte 1 Toscanellis Hinweis, der Weg (nach Indien) sei „sicher".

3 Gebt die Einschätzung von Christoph Kolumbus zu den Indios auf Guanahani mit eigenen Worten wieder.

4 Beschreibt, wie in Bild 2 die Spanier und wie die Inselbewohner dargestellt werden.

5 Lest die Bildunterschrift de Brys (Bild 2) und erläutert, was der Künstler dem Betrachter vermitteln wollte.

▶ *Beachtet dabei auch die Entstehungszeit des Bildes.*

In den nachfolgenden Tagen und Wochen entdeckte Kolumbus noch weitere Inseln, z. B. Kuba und Haiti. Die Inselbewohner nannte er Indianer, weil er glaubte, auf indischen Inseln gelandet zu sein.

Wahlaufgaben

A Fertigt ein Plakat an, auf dem Kolumbus um Matrosen für seine Reise wirbt. Mit welchen Argumenten wird er versucht haben, die Leute zur Mitreise zu bewegen?

B Wie könnte das erste Aufeinandertreffen von Kolumbus und den Indios ausgesehen haben? Entwerft ein Rollenspiel zur Ankunft des Kolumbus auf San Salvador.

Webcode: EV644834-225

Aufbruch ins Unbekannte

Am 3. August 1492 stach Kolumbus mit dem Schiff „Santa Maria“ vom portugiesischen Hafen Palos in See. Wie die Reisevorbereitungen ausgesehen haben könnten, seht ihr in diesem Bild.

Wahlaufgaben

Wählt einen der drei folgenden Arbeitsaufträge:

A Stellt die Erwartungen, Hoffnungen und Ängste folgender Besatzungsmitglieder dar:
- Kapitän Christoph Kolumbus,
- ein Mönch,
- ein Matrose.

Überlegt euch passende Sprechblasentexte und schreibt sie auf.

B Stellt eine Ladeliste für die Reise zusammen. Berücksichtigt dabei alles, was die Mannschaft zum Überleben und zur Orientierung benötigt.

C Stellt Fragen an Kapitän Christoph Kolumbus (z. B. über Voraussetzungen und Gefahren der Reise). Findet dazu passende Antworten.

▶ *Kapitän, woher wisst ihr, dass wir nach Indien kommen, wenn wir immer westwärts fahren? Noch niemand hat dies gewagt! Wir haben Angst, denn ...*
– Sind Sie sicher, den Seeweg nach Indien zu finden? – ...

1 – Aufbruch ins Unbekannte.
Illustration, 2011.

Wie lebten die Azteken vor Ankunft der Spanier?

1 – Tenochtitlán – die Hauptstadt der Azteken – wurde um 1345 gegründet. 1520 hatte sie bereits 300 000 Einwohner. Breite Straßendämme verbanden die Stadt, angelegt in einem Salzsee, mit dem Festland. Rekonstruktion.

✲ Hochkultur, die
Ein Zusammenschluss von Menschen zu einem Gemeinwesen (Staat) unter der dauerhaften Herrschaft eines Königs. Schrift, Kunst, Recht und Religion zeichnen eine Hochkultur aus.

Alte Kulturen in der „Neuen Welt“

Die Spanier glaubten, dass sie die ersten Europäer wären, die auf dem amerikanischen Kontinent landeten. Ausgrabungen beweisen jedoch: Bereits 1000 n. Chr. haben die Wikinger, Seefahrer aus Nordeuropa, Handelsfahrten an die Ostküste Nordamerikas unternommen.

Auf Karten des 16. Jahrhunderts werden die entdeckten Gebiete als „Neue Welt“ bezeichnet. Für die Spanier und Portugiesen war es tatsächlich eine „Neue Welt“, die sie betraten und eroberten. Aber „neu“ war dieser Erdteil natürlich nicht. Auf dem amerikanischen Kontinent lebten zahlreiche Völker verschiedener Kulturen, als Ackerbauer und Viehzüchter. Drei Völker, die Azteken, die Maya und die Inka hatten jedes für sich eine den Europäern ebenbürtige „Hochkultur“ entwickelt. Sie verfügten über eigene Sprachen und Schriften und hatten hohe Kenntnisse von Mathematik und Astronomie. Sie konnten Gold und Silber gewinnen und daraus besonders schönen Schmuck herstellen.

Der aztekische Staat

An der Spitze des aztekischen Staates stand ein mächtiger Herrscher. Mithilfe von Beamten und Priestern regierte der König Montezuma seit 1502 das Reich der Azteken. Er war Oberbefehlshaber der Armee und oberster Priester. Ihm zur Seite standen Adelige. Sie waren tätig als königliche Ratgeber, Richter, Offiziere oder Priester. Ihre Söhne lernten in den Priesterschulen Lesen, Schreiben, die Kalenderkunde und vor allem auch Geschichte. Zusammen mit den Jungen der übrigen Bevölkerung wurden sie zudem in Kampfsportarten unterrichtet. Außerdem gab es Architekten und Künstler, die für den religiösen Kult prachtvolle Pyramiden bauten.

Die große Mehrheit der Bevölkerung bestand aus Handwerkern, Bauern, Fischern oder Sklaven. Ihre Frauen mussten ebenso wie sie selbst hart arbeiten. Viele Stunden brachten die Frauen täglich damit zu, den Mais für die Fladenbrote zu mahlen. Die Kleidung für die ganze Familie stellten sie auf Webrahmen her. Außerdem wurden sie regelmäßig zu Arbeiten im Palast eines Adeligen verpflichtet.

Vom Leben in Tenochtitlán

Q1 Über die Hauptstadt Tenochtitlán schrieb Cortéz 1520 an den spanischen König:

... Die Hauptstadt Tenochtitlán liegt in einem salzigen See. Sie hat vier Zugänge, alle über Steindämme führend. ... An einem der Dämme laufen zwei Röhren ... entlang, jede etwa zwei Schritte breit und eine Mannslänge hoch. Durch eine Röhre kommt ein Strom süßen Wassers bis in die Mitte der Stadt. ... Die Stadt hat viele öffentliche Plätze, auf denen ständig Markt gehalten wird. Dann hat sie noch einen anderen Platz ..., wo sich täglich mehr als 60 000 Einwohner treffen: Käufer und Verkäufer von Lebensmitteln, Kleinodien aus Gold, Silber, Blech, Messing, Knochen, Muscheln, Hummerschalen und Federn. ...

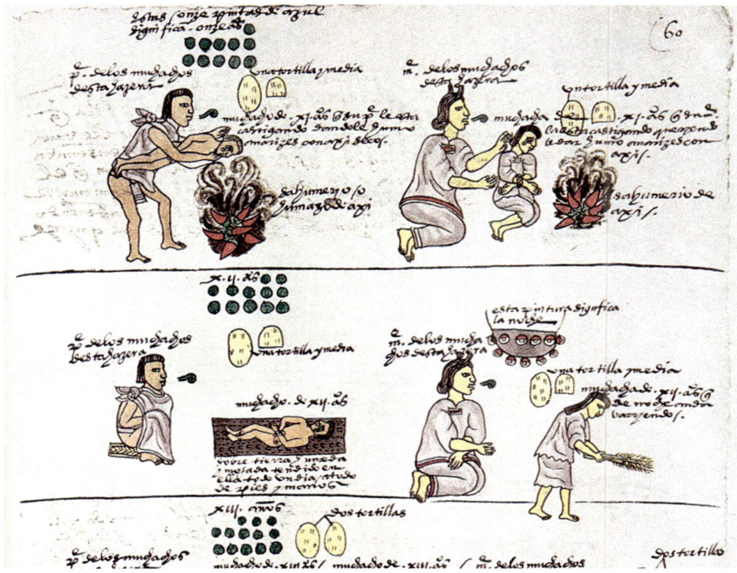

2 – Szenen des täglichen Lebens. Aus dem Codex Mendoza (aztekische Handschrift), 1550.

Die Religion

Die Religion spielte im Leben dieser Menschen eine sehr große Rolle. Die Azteken glaubten an viele Götter, von denen sie meinten, dass sie auf verschiedene Weise in das Leben der Menschen eingriffen. Besonders wichtig war der Sonnengott Huitzilopochtli; denn die Sonne galt als Voraussetzung für alles Leben.
Dieser Sonnengott, so glaubten die Azteken, verbrauchte für seinen Tageslauf seine ganze Energie. Deshalb brauchte er, um jeden Tag wieder neu aufzustehen, Nahrung – Menschenblut. Menschenopfer waren das einzige Mittel, das Überleben der Menschheit zu sichern: Ohne ständige neue Menschenopfer käme die Sonne zum Stillstand und die Welt müsse sterben. Durch die geopferten Menschen könnten alle Menschen die Sonne weiter genießen, weiterleben. Deshalb wurden jährlich Tausende von Menschen geopfert.

Der Kalender der Azteken

Auch der Kalender wurde durch die Religion bestimmt. Das Jahr war in 18 Monate mit je 20 Tagen und fünf Schalttagen eingeteilt. Jeder Monat war einer Göttin oder einem Gott geweiht. Wie die Christen glaubten auch die Azteken an ein Leben nach dem Tod.

1. Beschreibt mithilfe des Textes und der Bilder das Leben der Azteken.
2. Vergleicht Tenochtitlan (Bild 1)mit einer heutigen Stadt.
3. Erklärt, warum die Azteken ihren Göttern Menschen opferten.
3. Erläutert, wie die Menschenopfer aus Sicht der damaligen Europäer und aus unserer heutigen Sicht beurteilt werden können.

Wahlaufgaben

A. Ein Spanier sieht zum ersten Mal Tenochtitlán. Notiert, was ihn besonders beeindruckt haben könnte.
B. Erläutert mit Beispielen die Aussage, „Die aztekische Gesellschaft war hoch entwickelt“.

▶ *Berücksichtigt die Definition von Hochkultur in der Randspalte.*

Die Folgen der Eroberungen

Warum zerstörten die Spanier das Aztekenreich?

1 – Begegnung zwischen dem Spanier Cortéz und dem Azteken Montezuma in Tenochtitlan. Hinter Cortéz steht die indianische Dolmetscherin. Mexikanische Darstellung, 1590.

Ankunft der Götter

1519 landete der spanische Adelige Hernando Cortéz mit 550 Männern, 16 Pferden und elf Kanonen auf dem Festland Amerikas. Er wollte die sagenhaften Goldschätze erbeuten, von denen er gehört hatte. Die Spanier zogen von der Küste aus in das Binnenland von Mexiko.

Dort herrschte seit 1502 Montezuma als König der Azteken. Die Azteken lebten in ständiger Furcht vor Göttern und Dämonen. In ihren Sagen hieß es, eines Tages würde der Gott Quetzalcoatl von Osten her ins Land kommen. Weiße Boten würden seine Ankunft melden. Das Eindringen der Spanier wurde Montezuma mit den Worten gemeldet: „Weiße Männer sind an der Küste gelandet." Montezuma erschrak. Waren das die Boten des Gottes?

Montezuma sandte den Fremden eine Gesandtschaft mit reichen Geschenken. Die Gesandten baten Cortéz, nicht weiter ins Land einzudringen. Der aber ließ sich durch die Bitten und Geschenke nicht aufhalten. Er marschierte mit seinen Männern nach Tenochtitlan, der Hauptstadt des Aztekenreiches.

Montezuma hatte von seinen zurückgekehrten Gesandten gehört, dass die Spanier sich ganz in Eisen kleideten und von Hirschen auf dem Rücken getragen würden. Nur ihre Gesichter seien nicht bedeckt und die Haut weiß wie Kalk. Weiß wie das Gesicht Quetzalcoatls. Montezuma begrüßte die Fremden.

Q1 Die Begrüßungsrede Montezumas hat Bernal Diaz del Castillo, ein spanischer Soldat, der dabei war, aufgeschrieben:

... O unser Herr, mit Mühsal hast du es erreicht, ... dass du in deiner Stadt angekommen bist, dass du auf deinem Stuhl Platz nehmen kannst, den ich für dich eine Weile gehütet habe.
Das haben uns die Häuptlinge überliefert, dass du kommen wirst, deine Stadt aufzusuchen. [...] Und jetzt ist es wahr geworden. Du bist zurückgekehrt. Mit Ermüdung hast du es erreicht. Sei nun wohl angekommen! Ruhe dich aus. Besuche deinen Palast. ...

Montezuma führte die Spanier in seinen Palast und ließ ihnen wieder reiche Geschenke übergeben. Sie aber wollten das königliche Schatzhaus sehen.

Q2 In dem aztekischen Bericht heißt es dann:

... Alles Gold rafften die Spanier zu einem Haufen. An die anderen Kostbarkeiten legten sie Feuer und alles verbrannte. Das Gold schmolzen sie zu Barren, von den wertvollsten grünen Edelsteinen nahmen sie nur die besten. [...] Das ganze Schatzhaus durchwühlten die Spanier, sie drängten und fragten und griffen nach allem, was ihnen gefiel. ...

Der Aufstand der Azteken

Als dann noch der aztekische Tempeldienst durch die Spanier gestört wurde und als ihre Götterbilder aus den Tempeln geworfen wurden, erhoben sich die Azteken. Nach blutigen Kämpfen mussten die Spanier fliehen. Sie verloren fast die gesamte Beute. Bei den Kämpfen wurde Montezuma getötet.

Cortéz sammelte seine Leute nach der Flucht, zog Verstärkung heran und bereitete

2 – Aztekischer Angriff auf die in einem Palast eingeschlossenen Spanier. Oben links spricht Montezuma beruhigende Worte zu den Azteken.
Mexikanische Darstellung, 16. Jahrhundert

3 – Montezuma wird als Gefangener in Eisen gelegt.
Mexikanischer Holzstich, 16. Jahrhundert.

einen neuen Angriff auf Tenochtitlán vor. Nachdem er sich mit anderen Indianerfürsten verbündet hatte, ließ er Tenochtitlán einschließen. Die Bewohner wurden ausgehungert. Die Belagerung dauerte 93 Tage. Die ehemals glänzende Stadt wurde völlig vernichtet. Man schätzt, dass im Kampf 300 000 Azteken starben.

Q3 Über das Ende der Stadt berichtet eine aztekische Chronik:
... Noch einmal fingen die Spanier an zu morden. Und viele Azteken starben. Die Flucht aus der Stadt begann. ... Viele flohen über den See, andere auf den großen Dammstraßen. Auch da wurden viele getötet. ... (Die Spanier) suchten einige Männer aus. Man trennte sie von den anderen. Das waren die stärksten und tapfersten Krieger, die männliche Herzen hatten. Aber auch jüngere, die ihnen als Diener nützlich waren, suchten sie aus. Die Spanier zeichneten sie sofort. Mit heißen Eisen drückten sie ihnen Brandmale auf die Wangen. ...

1. Erklärt, was Montezuma meinte, wenn er sagte: „Du bist in deiner Stadt angekommen“ (Q 1).
2. Beschreibt das Verhalten der Azteken aus der Sicht der Spanier.
3. Benennt das Ziel der Spanier und beurteilt ihr Verhalten aus der Sicht der Azteken.

Wahlaufgaben

A. Montezuma berät mit seinen Beratern wie er die Spanier empfangen soll. Formuliert aus damaliger Sicht Vorschläge für den Herrscher der Azteken.
B. Schreibt mithilfe dieser Doppelseite einen Zeitungsbericht über das Schicksal der Hauptstadt der Azteken und beurteilt darin das Verhalten der Spanier aus heutiger Sicht.

▶ *Nutzt hierfür die Methode „Ein persönliches Werturteil bilden“, S. 247. Beginnt so: Die Hochkultur der Azteken fand mit der Ankunft der Spanier ... Zunächst hatte Montezuma ...*

Methode

Textquellen vergleichen

Viele Texte in diesem Schulbuch stammen von Menschen, die früher lebten, vielleicht sogar die Ereignisse selber miterlebt haben. Man nennt sie Zeitzeugen. Wir sind auf ihre Berichte angewiesen, um etwas über die Vergangenheit zu erfahren.

Zum selben Ereignis kann es jedoch unterschiedliche Schilderungen und Einschätzungen geben. Dann muss man fragen, warum die Beschreibungen voneinander abweichen.

Die folgenden Schritte helfen euch, Textquellen miteinander zu vergleichen:

Schritt 1 **Jede Quelle einzeln erschließen**	■ Wer ist der Verfasser? ■ Um welche Art von Text handelt es sich: z. B. Bericht, Erzählung, Inschrift usw.? ■ Welche Begriffe sind unbekannt? Wo kann man eine Erklärung finden? ■ Wovon handelt der Text? ■ Lässt sich der Text in einzelne Abschnitte gliedern? Welche Überschriften könnten sie erhalten? ■ Wie lassen sich die Informationen des Textes kurz zusammenfassen? ■ Welche Sätze enthalten Sachinformationen, welche Sätze geben die Meinung des Verfassers oder sein Urteil wieder?
Schritt 2 **Fragen zur Glaubwürdigkeit des Textes**	■ Waren die Autoren Augenzeugen? ■ Mit welchem zeitlichen Abstand zum Geschehen wurden die Texte verfasst?
Schritt 3 **Informationen und Meinungen vergleichen**	■ Stimmen die Textaussagen überein oder widersprechen sie einander? ■ Wo liegen Unterschiede? ■ Wie sind diese Unterschiede zu erklären (Perspektive, unterschiedliche Interessenlagen der Autoren)?
Schritt 4 **Weitere Informationen sammeln**	■ Braucht ihr weitere Informationen (z. B. Lexika oder Sachtexte)?
Schritt 5 **Ergebnisse formulieren**	■ Notiert eure Ergebnisse. ■ Wie lassen sich die Ergebnisse des Quellenvergleichs deuten?

1 Lest die Textquellen Q1 und Q2 und vollzieht die Arbeitsschritte zum Quellenvergleich anhand des Lösungsmusters nach. Füllt die vorhandenen Lücken.

Das Massaker von Cholula

Auf dem Vormarsch auf Tenochtitlán eroberte der spanische Heerführer Hernan Cortéz die aztekische Stadt Cholula. Dort kam es nach dem Einzug der Spanier und der mit ihnen verbündeten Indianer in die Stadt im Oktober 1519 zu einem fünfstündigen Massaker, bei dem Tausende der Einwohner ermordet wurden.

Q1 **Cortéz berichtete über die Ereignisse in Cholula am 30. Oktober 1520 an den spanischen König:**

... Während der ersten drei Tage versahen die Einwohner mich mit immer weniger Lebensmitteln. ... Das beunruhigte mich aufs Äußerste. Da hinterbrachte meinem Dolmetscher eine Frau aus Cholula ..., dass die Leute Montezumas sich in großer Anzahl und in nächster Nähe versammelt, dass die Bewohner der Stadt ... über uns herfallen wollten, um uns niederzumetzeln. ... So berief ich denn einige der Stadtältesten zu mir. ... Sie kamen, und ich sperrte sie in einem Saal ein. Meinen Leuten gab ich Weisung ..., auf das Signal eines Büchsenschusses (Gewehrschuss) über die ganze Menge der Indianer, die sich im Hofe und in der Umgebung aufhielten, herzufallen. Sie gehorchten ... und fielen über die Masse der Indianer her, von denen wir in zwei Stunden mehr denn 2000 umbrachten. Wenn wir sie überrumpelt und so völlig geschlagen haben, so kommt das daher, dass sie keine Führer hatten, da diese nämlich von mir vergiftet worden waren. ... Wir ließen viele dieser Leute über die Klinge springen, viele verbrannten lebendig, und ihre falschen Götter halfen ihnen nicht. ....

Q2 **Ab dem Jahre 1540 sammelte der spanische Franziskanerpater Bernardino de Sahagun Berichte über das Leben der Azteken. Er notierte ihre Augenzeugenberichte. Dort heißt es:**

... Das Volk von Cholula war ohne Argwohn gekommen, die Krieger waren ohne Waffen. Ohne Schwerter und ohne Schilder standen sie vor den Spaniern. Durch hinterlistigen Verrat kam es zu diesem Blutbad und durch die Lügen ... starben sie, ohne zu wissen, warum. Und als das Blutbad zu Ende war, brachte man Montezuma die Nachricht. Boten kamen und gingen, eilten von Tenochtitlán nach Cholula und hasteten wieder zurück. Und das einfache Volk war bestürzt durch die Kunde und konnte nichts anderes mehr tun als zittern in Furcht und Entsetzen. ...

Lösungsbeispiel

Zum Schritt 1: Die Textquellen schildern beide die Eroberung von Cholula, Autor von Q1 ist der spanische Heerführer, Autor von Q2 ist der Pater de Sahagun, der Berichte der Einheimischen sammelte.

Zum Schritt 2: Q1 ist ein Augenzeugenbericht, der aber ein Jahr nach der Eroberung verfasst wurde. Q2 beruht auf Augenzeugenberichten.

Zum Schritt 3: Beide Berichte schildern das grausame Ereignis, aber sie unterscheiden sich deutlich: ...

Zum Schritt 4: Um mehr über die Eroberung von Cholula zu erfahren könnt ihr im Internet recherchieren.

Zum Schritt 5: Beide Berichte bestätigen, dass das Massaker stattgefunden hat. Cortéz ist stolz auf seine Vorgehensweise. Die Einheimischen beklagen, auf den Betrug hereingefallen zu sein ... Sie bedauern ihr Schicksal. Cortéz verhöhnt die Indianer ...

1 – Das Massaker von Cholula. Aquarell eines unbekannten europäischen Künstlers um 1550. Illustration in einem Buch des spanischen Mönches Las Casas.

Zwangsherrschaft und Welthandel

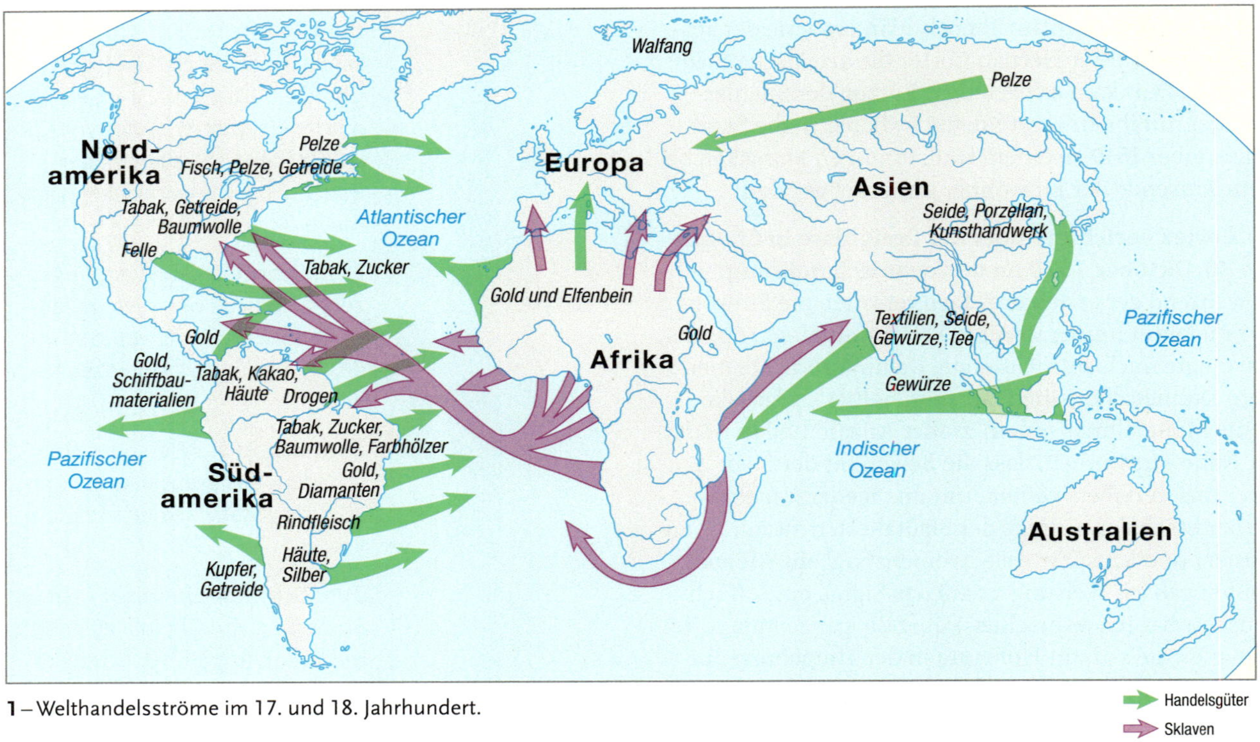

1 – Welthandelsströme im 17. und 18. Jahrhundert.

Mission oder Zwangsbekehrung?

Q1 Verordnung der spanischen Könige vom 10. 4. 1495:
... Wir müssen aber anerkennen, dass die Erforschung und Erschließung des genannten Landes und der Inseln ... der Sache Gottes dient, weil durch diese Beziehung die Einwohner des Landes zur Erkenntnis Gottes und zur Annahme unseres heiligen katholischen Glaubens gebracht werden könnten ...

M1 Der Historiker Peer Schmidt beurteilte 2006 die Missionierung:
... Von Anfang an war es das Ziel der Spanier und Portugiesen, auch das religiöse Leben zu kontrollieren. So vernichteten die Kolonialherren die alten Kultstätten. In Massentaufen versuchten zum Beispiel die Franziskaner, das Seelenheil der Indios zu „retten“. ...
Doch trotz der Zerstörung der indianischen Tempel ... überlebten wesentliche Elemente der indianischen Religionen. Die franziskanischen Massentaufen hatten nur eine oberflächliche Wirkung. ...

Die Entstehung des Sklavenhandels

Q2 Der Dominikanermönch Bartolomé de las Casas (1484–1566) schrieb an den spanischen König:
... Ein königlicher Beamter erhielt 300 Indios als Arbeitskräfte zugeteilt. Nach drei Monaten hatte er durch die Arbeiten in den Gruben 270 davon zu Tode gebracht, sodass ihm nur der zehnte Teil blieb.
Danach gab man ihm wiederum dieselbe Zahl und noch mehr, doch er brachte sie wieder um, und je mehr man ihm gab, desto mehr mordete er. ...

Q3 Bartolomé de las Casas schrieb weiterhin über seine Rolle beim Sklavenhandel mit Afrikanern:
... Einige der Spanier ... sagten ... sie würden auf die Indianer verzichten, wenn er (las Casas) ihnen die Erlaubnis verschaffe, ein Dutzend Negersklaven von Kastilien einzuführen. Darauf bat ... (er) ... in seinen Denkschriften an die Krone, den spanischen Siedlern in Westindien zu erlauben, etwa ein Dutzend Negersklaven aus Spanien holen zu lassen ... Diesen Rat, Negersklaven nach Amerika zu bringen, gab (er) ... anfangs, als er noch nicht die Ungerechtigkeit bemerkte, mit der

Jahr	Menschen
1519	11 000 000
1540	6 500 000
1560	4 400 000
1597	2 500 000

2 Geschätzte Einwohnerzahlen in Mittelamerika 1519–1597.

Jahr	Sklaven aus Afrika	gestorben auf der Überfahrt
1500–1600	241 917	30 %
1600–1700	303 301	25 %

3 Skavenimport 1500–1700 nach Spanisch-Amerika.

die Portugiesen sie in Besitz nehmen und zu Sklaven machen ... Bald darauf bereute er es und sah sich aus Unachtsamkeit schuldig, denn wie er bemerkte und feststellte, war die Versklavung der Neger ebenso ungerecht wie die der Indianer, so dass das Mittel, das er vorschlug, Neger nach Amerika zu bringen und damit die Indianer zu befreien, nicht vernünftig war, und er war nicht sicher, dass die Unwissenheit bei allem seinen guten Willen ihn vor dem Richterstuhl Gottes entschuldigen werde. ...

Sklavenhandel des Kurfürstentums Brandenburg-Preußen

Auch das Kurfürstentum Brandenburg-Preußen versuchte eine Kolonialmacht zu werden. Am 17. März 1682 gründete der Kurfürst die „Churfürstlich Afrikanisch-Brandenburgische Compagnie. Auf 124 Schiffsreisen von Emden nach Afrika und von dort nach Lateinamerika wurden 23583 Sklaven transportiert und gewinnbringend verkauft. Etwa 18 % der Sklaven verstarben auf der Überfahrt.

Der Handel mit Sklaven war sehr attraktiv: Der Kapitän eines der brandenburgischen Schiffe erzielte auf einer Fahrt für jeden Sklaven 90 Reichstaler, insgesamt 134550 Reichstaler. Auf der Rückfahrt wurde Kakao, brauner Zucker, Brasilholz und der Farbstoff Indigo transportiert und in Brandenburg gewinnbringend verkauft.

Die Sklaven wurden wie Vieh behandelt: Jeder von ihnen bekam noch in Afrika ein Brandzeichen mit den Kürzeln „C.A.B.C." eingebrannt, die Abkürzung stand für „Churfürstliche Afrikanisch-Brandenburgische Compagnie". Das Brandzeichen sollte einen Weiterverkauf verhindern und war damals im Sklavenhandel üblich. Auf der Überfahrt wurden die Sklaven mit Fußeisen aneinander gefesselt, um ihre Bewegungsfreiheit auf dem Schiff einzuschränken. Die Ernährung war schlecht und eine Ursache für die hohe Sterblichkeitsrate der Sklaven.

Wahlaufgaben

Teilt euch in Gruppen auf und bearbeitet jeweils eines der drei Themen mithilfe der Fragen:

Mission oder Zwangsbekehrung?

A Beschreibt mithilfe von Q1 und M1 die Auswirkungen der christlichen Mission.

Entstehung des Sklavenhandels

B Untersucht mithilfe von Q2 und Q3 die Ursachen des Sklavenhandels. Zieht die Karte 1 und die Statistiken 2 und 3 hinzu.

C Beurteilt das Verhalten von Bartolomé de las Casas und die Folgen seiner Empfehlung.

Sklavenhandel des Kurfürstentums Brandenburg-Preußen

D Berichtet über den Sklavenhandel Brandenburg-Preußens.

E Beurteilt die Rolle Brandenburg-Preußens in Bezug auf den neuzeitlichen Sklavenhandel aus heutiger Sicht.

*Imperialismus und Rassismus

Warum teilten die Industriestaaten die Welt auf?

Kolonialbesitz:
- belgisch
- britisch
- dänisch
- deutsch
- französisch
- italienisch
- japanisch
- niederländisch
- portugiesisch
- russisch
- spanisch
- Besitz der USA

Einflussgebiete der Kolonialmächte sind schraffiert dargestellt.

Abkürzungen:
B. = Belgien
Dk. = Dänemark
N. = Niederlande

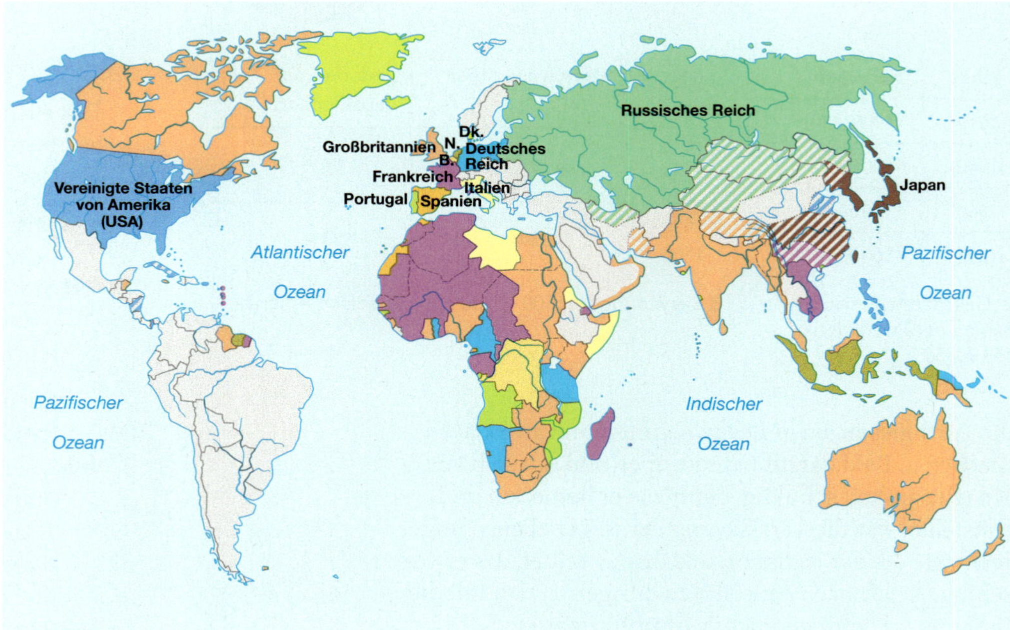

1 – Die koloniale Aufteilung der Welt 1914.

*Imperialismus, der Bezeichnung für eine angestrebte Weltherrschaft, abgeleitet von dem lateinischen Wort „imperium" (Weltreich).

Seit der Entdeckung Amerikas durch Christoph Kolumbus, 1492, hatten europäische Mächte Kolonialreiche, besonders in Mittel- und Südamerika, errichtet. Ab der Mitte des 19. Jahrhunderts versuchten sie ihren Einfluss auf Afrika und Asien auszuweiten, auch mit der Absicht, Absatzmärkte für ihre Industrieprodukte zu finden.

„Wettlauf" um die Weltherrschaft

Durch die industrielle Entwicklung (↗ S. 66/67, 116/117) waren viele Europäer stolz und selbstbewusst geworden. Sie waren überzeugt davon, dass das eigene Volk bedeutender sei als andere Völker. Diese nationalistische Überheblichkeit führte zu der Meinung, dass das eigene Land auch auf Kosten anderer Länder zu einem Imperium, einem Weltreich, werden müsse. Großbritannien mit seinem riesigen Kolonialbesitz diente als Vorbild. Frankreich, Deutschland und Russland wollten auch Weltreiche bilden. Seit etwa 1870 kam es deshalb zu einem Streit zwischen den europäischen Mächten um angeblich „freie" Gebiete in der Welt, besonders in Afrika. Alle europäischen Staaten gründeten Kolonien – entweder aufgrund von Verhandlungen mit den Eingeborenen oder mithilfe militärischer Gewalt (vgl. Schaubild 2).

Imperialismus

In Afrika herrschten die Europäer in der Regel „direkt", das heißt, sie errichteten in den Kolonien eine vom Militär geprägte Verwaltung, die den Eingeborenen Befehle erteilte und sie zur Arbeit für die Kolonialherren zwang.
Große Teile Asiens wurden auf andere Weise abhängig. Sie wurden „indirekt" von europäischen Staaten und den USA beherrscht. Die einheimischen Regierungen blieben offiziell im Amt. Notfalls mit Waffengewalt wurden sie gezwungen, den jeweiligen Kolonialmächten große Einflussmöglichkeiten auf die Politik und die Wirtschaft ihres Landes zuzugestehen.
Diese Politik europäischer Staaten und der USA in der Zeit von 1870 bis 1918, Weltreiche durch die Unterwerfung fremder Völker zu errichten, nennt man Imperialismus.

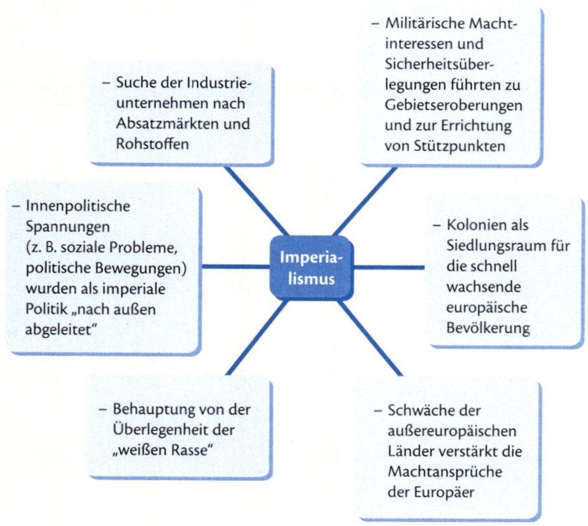

2 – Triebkräfte der imperialistischen *Expansion. Schaubild.

3 – Der britische Kolonialist Cecil Rhodes als „*Koloss von Afrika". Karikatur, 1892.

Überhebliche Europäer

Die Europäer hielten es für selbstverständlich, dass sich die Menschen in Afrika und Asien den Weißen unterzuordnen hätten.

Q1 In der Zeitung „Usambara Post", die für deutsche Siedler in Ostafrika erschien, war z. B. in der Ausgabe vom 31.12.1904 zu lesen:

... Der Afrikaner muss zu dem Weißen aufsehen mit Achtung und Vertrauen als zu einem Höherstehenden. ... Er soll und darf den Europäer nicht betrachten, als sei er seinesgleichen. Denn das ist er nicht! Und daran ändert auch keine *Mission etwas! ...

Dieser *Rassismus schlug sich auch in beleidigenden Bezeichnungen für die einheimische Bevölkerung als „Wilde" nieder. Die Europäer rechtfertigten ihr Verhalten damit, dass sie den „rückständigen" Völkern „Kultur" brächten.

Q2 In einer Rede vor dem Deutschen Reichstag am 17.2.1894 sagte der Vorsitzende der SPD, August Bebel:

... Was bedeutet in Wahrheit diese sogenannte ganze christliche Zivilisation in Afrika? Äußerlich Christentum, innerlich und in Wahrheit Prügelstrafe, Weibermisshandlung, Schnapspest, Niedermetzelung mit Feuer und Schwert, mit Säbel und Flinte. ... Es handelt sich ... ums Geschäftemachen ... und um nichts weiter! ...

1 Beschreibt mit euren Worten, was man unter „Imperialismus" versteht (Karte 1, Schaubild 2 und Karikatur 3).

2 Erläutert die Begriffe „direkte Herrschaft" und „indirekte Herrschaft" im Zusammenhang mit der imperialistischen Politik europäischer Staaten sowie der imperialistischen Politik der USA.

3 Untersucht Q 1 und Q 2 und notiert den Inhalt. Beurteilt die Aussagen aus damaliger und heutiger Sicht.

Wahlaufgaben

A Schlagt im Atlas eine Afrikakarte auf und schreibt mithilfe der Karte 1 die Namen der Staaten heraus, die früher deutsche Kolonien waren. Erklärt auch, wie sich die heutigen Grenzen in Afrika erklären lassen.

B Dokumentiert die wichtigsten Gründe für die imperialistische Politik der europäischen Staaten auf einem Plakat.

*Rassismus, der
Wenn bestimmte körperliche Merkmale von Menschen (z. B. die Hautfarbe) mit bestimmten Eigenschaften gekoppelt werden (z. B. geistige Fähigkeiten) und damit eine Bewertung einhergeht (z. B. die Einschätzung des „eigenen" Volkes als grundsätzlich höherwertig gegenüber anderen, „fremden" Völkern), spricht man von „Rassismus".

*Koloss, der
Riesige Figur, die große Macht ausdrückt.

*Expansion, die
Ausbreitung, Ausdehnung.

*Mission, die
Der Begriff leitet sich vom lateinsichen „missio" (Sendung) ab und bedeutet so viel Verbreitung des christlichen Glaubens.

Wie kam es zum Völkermord in „Deutsch-Südwest“?

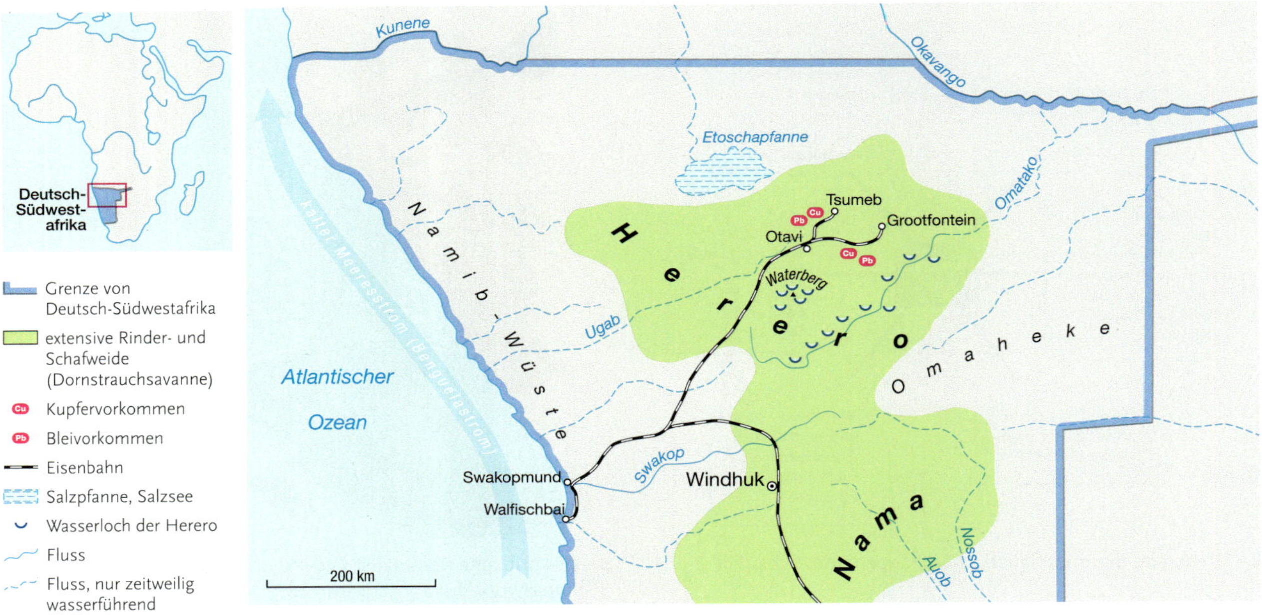

1 – Die Siedlungsgebiete der Herero und Nama.

✲ **Enteignung**, die Staatliche Maßnahme, bei der das Eigentumsrecht eines Einzelnen zugunsten der Belange der Allgemeinheit aufgehoben wird. Zum Beispiel: Enteignungsverfahren bezüglich einer Ackerfläche, die für den Bau einer Straße genutzt werden soll.

Deutsch-Südwestafrika

Der Bremer Tabak- und Waffenhändler Adolf Lüderitz erwarb 1883 Gebiete des späteren Deutsch-Südwestafrika durch betrügerische Verträge mit Stammesfürsten. Auf seinen Antrag übernahm 1884 das Deutsche Reich den Schutz dieser Kolonie. In diesem Gebiet gehörten die Herero mit etwa 80 000 und die Nama mit etwa 20 000 Angehörigen zu den größeren Volksgruppen. Es waren freiheitsliebende Volksstämme, deren Friedfertigkeit deutsche Missionare beschrieben. Herero und Nama lebten von der Viehzucht. Ihr Leben veränderte sich durch die deutsche Kolonialherrschaft sehr:

- Händler betrogen sie um Land und Vieh,
- für kleinste Vergehen gab es die erniedrigende Prügelstrafe mit der Peitsche,
- wenn Soldaten der deutschen „Schutztruppen“ Verbrechen an Angehörigen der Herero oder Nama begingen, wurden sie nur selten bestraft.

Der Bau einer Bahnlinie, die den Hafen Swakopmund mit Kupfererzminen im Norden verband, bedrohte die Existenz der Herero und Nama. Ihr Lebensraum wurde weiter eingeengt, weil es in ihren Gebieten zu großflächigen ✲Enteignungen kam.

Herero und Nama wehren sich

In dieser verzweifelten Lage erklärten die Herero und später auch die Nama den Deutschen im Jahr 1904 den Krieg. „Wem gehört Hereroland? Uns gehört Hereroland!“, riefen die Frauen der Herero, um ihre Männer im Kampf zu unterstützen.

Q1 Über die Kriegsführung berichtete 1906 Daniel Kariko, ein Unterhäuptling:
... Auf unseren geheimen Zusammenkünften beschlossen unsere Häuptlinge, das Leben aller deutschen Frauen und Kinder zu schonen. Auch die Missionare sollten geschont werden. ... Nur deutsche Männer wurden als unsere Feinde betrachtet. ...

Die deutsche Reichsregierung beauftragte den preußischen General Lothar von Trotha 1904 die Herero zu bekämpfen.

Q2 Über die Kriegsführung von Trothas heißt es in einem zeitgenössischen Bericht:
... Ich war dabei, als die Herero bei Hamakiri, in der Nähe des Waterberges, in einer Schlacht besiegt wurden. Nach der Schlacht wurden alle Männer, Frauen und Kinder ohne Gnade getötet, die den Deutschen in die Hände fielen. Dann verfolgten die Deutschen die übrigen Herero, und alle Nachzügler am Wegesrand und im Sandfeld wurden niedergeschossen oder mit dem Bajonett niedergemacht. Die große Masse der Hereromänner war unbewaffnet und konnte sich nicht wehren. Sie versuchten nur, mit ihrem Vieh davonzukommen. ...

2 – Herero, die vor den deutschen Truppen geflüchtet sind. Foto, 1907.

Ungleicher Kampf
Die deutschen Truppen konnten den Kampf schon nach wenigen Monaten siegreich beenden. Denn sie erhielten aus dem Deutschen Reich zahlreiche Verstärkungen. Nach der Schlacht am Waterberg (siehe Karte) im August 1904 wurden die Herero in der wasserlosen Halbwüste Omaheke *eingekesselt und ihrem Schicksal überlassen. Tausende verhungerten und verdursteten hier.

Q3 Die deutsche Heeresleitung veröffentlichte 1906 in Berlin einen Bericht zum Krieg gegen die Herero:
... Diese kühne Unternehmung zeigt die rücksichtslose Energie der deutschen Führung bei der Verfolgung des geschlagenen Feindes in glänzendem Licht. Keine Mühen, keine Entbehrungen wurden gescheut, um dem Feinde den letzten Rest seiner Widerstandsfähigkeit zu rauben: Wie ein halb zu Tode gehetztes Wild war er von Wasserstelle zu Wasserstelle gescheucht, bis er schließlich willenlos ein Opfer der Natur seines eigenen Landes wurde. ...

Von den etwa 80 000 Herero lebten 1905 noch etwa 16 000. Die Überlebenden wurden in Reservate verbracht, wo sie unter erbärmlichen Bedingungen leben mussten.

Erster Vernichtungskrieg
Die deutschen Truppen setzten im Kampf gegen die Herero Maschinengewehre und erstmals Giftgas ein. Diesen Einsatz des Kampfgases wertete die Heeresleitung als einen „geeigneten Test für spätere Ernstfälle“. Der Krieg gegen die Herero war ein „Vernichtungskrieg“, in dem die Gegner nicht mehr besiegt und gefangen, sondern getötet werden sollten.

* einkesseln
Von gegnerischen Truppen umzingelt, sodass eine Flucht unmöglich wird.

1. Stellt anhand der Karte 1 fest, warum die Streckenführung der Eisenbahnlinie die Lebensgrundlage der Herero bedrohte.
2. Lest Q2 sorgfältig und vergleicht mit Q1.
3. Untersucht die Sprache von Q3 und notiert, welchen Eindruck die deutsche Heeresleitung beim damaligen Leser hervorrufen will.
4. Beschreibt Bild 2. Erläutert, was unter einem „Vernichtungskrieg“ zu verstehen ist.

Wahlaufgaben

A. Sucht in Lexika und im Atlas Informationen zum heutigen Namibia, dem früheren Deutsch-Südwestafrika. Berichtet der Klasse.
B. Politiker Namibias forderten eine Entschuldigung Deutschlands für das Vorgehen der deutschen Truppen 1906. Nehmt Stellung zu dieser Forderung.

Das kann ich …

Europäische Expansion und Kolonialismus

1 – Ein Deutscher in Togo lässt sich von einheimischen Trägern in einer Hängematte transportieren. Foto, um 1885.

Umkreise den Buchstaben, der zur richtigen Antwort passt. Erkläre anschließend das Lösungswort, das sich ergibt.

1. Kolumbus suchte den Seeweg
   – *nach Indien.* **K**
   – *nach Afrika.* **L**
2. Die Azteken waren eine Kultur in
   – *Asien.* **U**
   – *Mittelamerika.* **A**
3. Rassisten behaupten,
   – *alle Menschen seien gleichwertig.* **X**
   – *andere Völker seien minderwertig.* **M**
4. Hereros kämpften gegen ihre
   – *französischen Kolonialherren.* **M**
   – *deutsche „Schutzmacht".* **E**
5. Die größte Kolonialmacht im 15./16. Jahrhundert war
   – *Spanien.* **R**
   – *England.* **B**
6. Wer führte die deutschen Truppen im Kampf gegen die Herero an?
   – *Hernando Cortéz.* **A**
   – *Lothar von Trotha.* **U**
7. Aus Tenochtitlán wurde später die Stadt
   – *Mexiko.* **N**
   – *New York.* **I**

2 – Ein Quiz

Q1 Im Bordtagebuch von Christoph Kolumbus, das Bartolomé de las Casas in einer Abschrift überlieferte, heißt es über die einheimische Bevölkerung

… Da ich … ihre Freundschaft gewinnen wollte und bemerkte, dass es Leute waren, die sich eher durch Liebe für unseren heiligen Glauben gewinnen ließen, … gab ich einigen von ihnen ein paar bunte Mützen und einige Ketten aus Glasperlen … und allerhand andere Dinge von geringem Wert, an denen sie großes Vergnügen fanden. … Hernach kamen sie zu den Booten geschwommen … und brachten uns Papageien und Knäuel von Baumwollfäden, Wurfspieße und viele andere Dinge und tauschten sie gegen Dinge ein, die wir ihnen gaben, wie kleine Glasperlen und Glöckchen. … Sie gehen allesamt nackt herum. … Sie tragen keine Waffen und kennen sie auch nicht, denn ich zeigte ihnen Schwerter, und sie fassten sie an der Schneide und schnitten sich aus Unwissenheit. … Sie sind gewiss hervorragende Arbeitskräfte, sie haben einen aufgeweckten Verstand, denn ich sehe, dass sie sehr schnell alles nachsagen können, was man ihnen vorspricht. Außerdem glaube ich, dass man sie leicht zum Christentum bekehren könnte …

Q2 Im Bordtagebuch von Christoph Kolumbus, das Bartolomé de las Casas in einer Abschrift überlieferte, heißt es zur Landung des Kolumbus auf Guanahani:

(San Salvador) 12. Oktober 1492:
… Schon bald erblickten sie nackte Leute am Strand … An Land angekommen, sahen sie Bäume von sehr kräftigem Grün und viele Wasserläufe und allerlei Früchte … Der Admiral rief die beiden Kapitäne und die anderen, die an Land gegangen waren, zu sich; ebenso Rodrigo Descovedo, den Notar der Flotte, … und sagte, sie sollten bestätigen und rechtlich bezeugen, dass er vor aller Augen von der Insel Besitz ergriff, wie er es dann auch im Namen des Königs und der Königin, seiner Herren, tat. Er gab die dazu erforderlichen Erklärungen ab, wie sie ausführlicher in den Dokumenten enthalten sind, die dort bei dieser Gelegenheit schriftlich ausgefertigt wurden. …

Verstehen

3 – Am 12. Oktober wird in vielen Ländern der Kolumbus-Tag gefeiert, der Zeitpunkt der Landung von Kolumbus in der Neuen Welt. Es feiern jedoch nicht alle mit, sondern machen mit Demonstrationen auf die Missstände aufmerksam, die mit der Landung der Europäer in Amerika für die Ureinwohner begannen. Demonstration am 12. Oktober 2011 in San Juan Capistrano, Kalifornien. Foto, 2011.

Wichtige Begriffe

Entdeckungsfahrten
Azteken
Kolonialismus
Rassismus
Sklavenhandel
Welthandel
Imperialismus
Kolonie
Deutsch-Südwest
Herero
Kolumbus
Hochkultur

Methoden anwenden

1 Erklärt euch gegenseitig die wichtigen Begriffe und notiert die Bedeutungen in eurem Geschichtsheft.

2 Untersucht mit der Methode „Textquellen verstehen“ Q1 und Q2. Zeigt auf, welche Einstellungen Kolumbus zu den Eingeborenen hatte.

3 Löst das Quiz und benennt das Lösungswort.

Analysieren

4 Der Landung von Kolumbus und seinen Schiffen wird bis heute im Rahmen eines Feiertags, des so genannten „Columbus Day“ gedacht. Betrachtet Bild 2 und analysiert, welche Haltung die abgebildete Person zu diesem Tag einnimmt. Entscheidet und begründet aus eurer Sicht, ob der Kolumbus-Tag weiterhin ein Feiertag sein sollte. Analysiert Bild 1 und 2 und Bild 2 S. 231 und erarbeitet, was die Maler zeigen wollten. Vergleicht mit euren Kenntnissen und zieht Q1 hinzu.

Deuten

5 Erläutert die Motive und die Handlungsweise der spanischen Entdecker und beurteilt ihr Verhalten gegenüber den Einwohnern Mittel- und Südamerikas.

6 Diskutiert, warum die Indianer und die afrikanischen Sklaven trotz des christlichen Glaubens der Eroberer ausgebeutet und zu Tode gequält wurden.

7 Untersucht Bild 2 und stellt Vermutungen über die Einstellung des weißen Mannes in der Hängematte gegenüber den Afrikanern in Togo an.

Urteilen und sich orientieren

8 Beurteilt mit Hilfe der Methodenseite „Wie bilde ich mir ein Urteil“ S. 248 die imperialistische Politik der europäischen Großmächte am Ende des 19. Jahrhunderts.

Darstellen – historisch erzählen

9 Erstellt mit den Materialien dieses Kapitels eine Präsentation über die europäische Expansion und den Kolonialismus.

Gewusst wie ... arbeiten mit Methode

Methodenübersicht

Wir erarbeiten ein Portfolio

Das Portfolio habt ihr schon als Mappe gelungener Arbeiten kennengelernt. Es zeigt wie ein „Schaufenster“ Ergebnisse, die ihr zu einem historischen Thema erstellt habt.
Es enthält außerdem eure Gedanken über Lernwege, persönliche Interessen oder auch Schwierigkeiten.
Wichtig sind immer genaue Absprachen!
... und so wird's gemacht:

1 Absprachen treffen
Vor Arbeitsbeginn werden geklärt und schriftlich festgehalten:
- Anforderungen wie Thema, Zeitplan, Rahmenbedingungen (wann und wo Arbeit am Portfolio), Zielsetzungen, Inhalte (Wahl- und Pflichtseiten), Form (z. B. Mappe) und Art der Reflexion
- Die Beratung durch die Lehrerin/den Lehrer (wann und wie?) und die Bewertung (z. B. durch euch selbst, durch Mitschüler/innen und die Lehrkraft).

2 Das Portfolio erarbeiten und veröffentlichen:
- Die Gliederung wächst mit den fertigen Arbeiten, und die Gestaltung passt zum Thema.
- Die Lernerfahrungen (was war gut, was war schwierig) werden immer gleich bei der Arbeit aufgeschrieben.
- Die fertigen Portfolios liegen zur Ansicht und für ein gegenseitiges Feedback aus.

3 Das Portfolio auswerten
Das Portfolio wird beurteilt, Verabredungen werden getroffen.
- Wie ist der Gesamteindruck? Ist euer Portfolio vollständig?
- Die Einzelheiten: Was ist euch schon gut oder bestens gelungen? Woran könnt ihr noch arbeiten? Ein Bewertungsbogen ist hilfreich!
- Verabredungen: neue Ziele, Schwerpunkte für das nächste Portfolio

Eine Internetrecherche durchführen

1 Geeignetes Suchwort finden
- Welches Suchwort hilft mir weiter?
- Mit welchem Suchwort bekomme ich nicht zu umfangreiche Informationen oder zu wenige Informationen?

2 Brauchbarkeit und Übersichtlichkeit prüfen
- Ist der Artikel überschaubar?
- Hat die ausgewählte Seite ein Inhaltsverzeichnis, das mich sofort zu einer brauchbaren Stelle führt?

3 Informationen auswerten
- Verstehe ich den Text?
- Kann ich das Gelesene mit eigenen Worten wiedergeben?
- Muss ich unbekannte Wörter klären? Wenn ja, welche?
- Was sind die „Schlüsselwörter“, die mir beim Verstehen des Textes weiterhelfen?
- Welche Bilder verwende ich, um meine Informationen zu veranschaulichen?

Ein Museum besuchen

1 Organisatorische Vorbereitung des Museumsbesuchs
- Ruft die Internetseite des Museums auf oder führt ein Telefonat und -beschafft euch so Informationen über das Museum.
- Wann hat das Museum geöffnet?
- Wie kommt ihr zu dem Museum und kostet es Eintritt?
- Welche Themen werden im Museum behandelt? Gibt es eine Sonderaus-stellung?
- Gibt es Führungen, Vorführungen, Workshops, Expertengespräche, Filme oder ein anderes pädagogisches Angebot? Ist das mit Kosten verbunden?
- Kann/muss man sich als Gruppe anmelden?

2 Inhaltliche und methodische Vorbereitung des Museumsbesuchs
- Entscheidet, ob ihr den Besuch als gemeinsame Gruppe zu einem Thema durchführen wollt (welches?) oder ob ihr verschiedene Bereiche des -Museums in Gruppen besucht.
- Formuliert zum gewählten Thema eure Fragen für den Besuch.
- Sprecht ab, wie der Besuch verlaufen soll. Beispielsweise Führung, Workshop, -Erkundungsbogen, Fotoausstellung vorbereiten, Experte bzw. -Expertin im Museum für ein Exponat (Ausstellungsstück) werden und sich gegen-seitig im Museum führen, Befragung von Expertinnen oder Experten oder von -Besucherinnen und Besuchern ...

3 Der Museumsbesuch
- Orientiert euch, wo sich was befindet.
- Besichtigung, wie geplant.
- Verhaltet euch so, dass ihr gern gesehene Gäste seid.

4 Auswertung des Museumsbesuchs
- Was war für euch besonders interessant oder überraschend?
- Was sind die Antworten auf eure Fragen?
- Wie wollt ihr die Ergebnisse dokumentieren? Beispielsweise Wandzeitung, Fotoaus-stellung, Eintrag ins Portfolio ...
- Hat sich der Besuch gelohnt; wart ihr gut vorbereitet?
- Welche Rückschlüsse zieht ihr für einen nächsten Museumsbesuch?

Einen Sachtext verstehen

1 Überfliegen und Thema erfassen
- Um welches Thema geht es?
- Was wisst ihr schon darüber?
- Was möchtet ihr noch wissen?

2 Fragen stellen
- Um welche Sorte von Text handelt es sich?
- W-Fragen:
  Wer? – Was? – Wann? – Wo? – Wie? – Warum?

3 Ein zweites Mal lesen
- Unterstreicht schwierige/unklare Textstellen und unbekannte Wörter.
- Klärt diese Stellen in der Klasse oder mithilfe eines Lexikons oder des Internets.
- Markiert die wichtigsten Wörter (Schlüsselwörter) im Text (Textmarker). Markiert sparsam (bitte nicht im Buch, sondern auf einer Kopie!).

4 Zwischenüberschriften finden
- Notiert Überschriften für die einzelnen Abschnitte, die ihren Inhalt knapp zusammenfassen.
- Passt eure Überschrift zum Inhalt des Abschnitts und zur Art des Textes?

5 Inhalt wiedergeben
- Gebt mithilfe der Zwischenüberschriften und unterstrichenen Wörter den Inhalt des Textes wieder, in Stichworten oder wenigen, kurzen Sätzen.

Q1 Aus der Erklärung der Menschenrechte 1789:

1. Die Menschen werden frei und gleich an Rechten geboren und bleiben es. ...
2. Der Zweck jeder politischen Vereinigung ist die Erhaltung der natürlichen und unantastbaren Menschenrechte. Diese sind das Recht auf Freiheit, das Recht auf Eigentum, das Recht auf Sicherheit und das Recht auf Widerstand gegen Unterdrückung. ...
4. Die Freiheit besteht darin, alles tun zu dürfen, was einem anderen nicht schadet. ... Diese Grenzen können nur gesetzlich festgelegt werden.
5. ... Da alle Bürger vor ihm (dem Gesetz) gleich sind, sind sie alle ... zu allen öffentlichen Würden, Ämtern und Stellungen zugelassen.
7. Kein Mensch kann anders als in den gesetzlich verfügten Fällen ... verhaftet werden.
10. Niemand soll wegen seiner Anschauungen, selbst religiöser Art, belangt werden, solange deren Äußerung nicht die durch das Gesetz begründete Ordnung stört.
11. Die freie Äußerung von Meinungen ist eines der kostbarsten Menschenrechte; jeder Bürger kann daher frei schreiben, reden und drucken, unter Vorbehalt des Missbrauchs dieser Freiheit. ...
17. Da das Eigentum ein unverletzliches und heiliges Recht ist, kann es niemandem genommen werden, außer im Falle einer öffentlichen Notwendigkeit unter der Bedingung einer gerechten und vorherigen Entschädigung. ...

Arbeiten mit Textquellen

Neben den Texten der Autorinnen und Autoren gibt es in diesem Schulbuch auch andere Textquellen, die von früher lebenden Menschen stammen. Das können Berichte, Briefe, Gesetze oder auch Inschriften sein.

1 Fragen zum Verfasser
- Wer ist der Verfasser?
- Hat der Verfasser die Ereignisse, über die er berichtet, selbst erlebt?
- Versucht der Verfasser neutral zu sein oder ergreift er deutlich Partei für bestimmte Personen?

2 Fragen zum Text
- Um welche Textart von Text handelt es sich: Bericht, Erzählung, Inschrift usw.?
- Welche Begriffe sind unbekannt? – Wo kann man eine Erklärung finden?
- Wovon handelt der Text?
- Welche Aussage oder welches Ziel wird verfolgt?
- Lässt sich der Text in einzelne Abschnitte gliedern? Welche Überschriften könnten sie erhalten?
- Wie lassen sich die Informationen des Textes kurz zusammenfassen?

3 Meinungen und Informationen des Verfassers unterscheiden
- Welche Sätze enthalten Sachinformationen, welche Sätze geben die Meinung des Verfassers oder sein Urteil wieder?
- Wie kann man diese Unterschiede erkennen?
- Lässt sich mit der Herkunft des Verfassers erklären, warum er so berichtet, wie er berichtet?

Textquellen vergleichen

1 Jede Quelle einzeln erschließen
- Wer ist der Verfasser?
- Um welche Art von Text handelt es sich, z. B. Bericht, Erzählung, Inschrift usw.?
- Welche Begriffe sind unbekannt? Wo kann man eine Erklärung finden?
- Wovon handelt der Text?
- Lässt sich der Text in einzelne Abschnitte gliedern?
- Welche Überschriften könnten sie erhalten?
- Wie lassen sich die Informationen des Textes kurz zusammenfassen?
- Welche Sätze enthalten Sachinformationen, welche Sätze geben die Meinung des Verfassers oder sein Urteil wieder?

2 Fragen zur Glaubwürdigkeit des Textes
- Waren die Autoren Augenzeugen?
- Mit welchem zeitlichen Abstand zum Geschehen wurden die Texte verfasst?

3 Informationen und Meinungen vergleichen
- Stimmen die Textaussagen überein oder widersprechen sie einander?
- Wo liegen Unterschiede?
- Wie sind diese Unterschiede zu erklären (Perspektive, unterschiedliche Interessenlagen der Autoren)?

4 Weitere Informationen sammeln
- Braucht ihr weitere Informationen (z. B. Lexika oder Sachtexte)?

5 Ergebnisse formulieren
- Notiert eure Ergebnisse.
- Wie lassen sich die Ergebnisse des Quellenvergleichs deuten?

Bilder untersuchen

1 Die Einzelheiten eines Bildes möglichst genau beschreiben
- Welche Personen/Gegenstände sind dargestellt?
- Wie sind sie dargestellt? Kleidung, Frisuren usw. beachten.
- Gibt es Unterschiede in der Darstellung (Größe/Hautfarbe)?
- Welche weiteren Gegenstände sind auf dem Bild zu sehen?
- Aus welcher Zeit stammt das Bild (Bildlegende beachten)?

2 Zusammenhänge erklären
- Welche Tätigkeiten üben die Personen aus?
- Wie ist das Verhältnis der Personen zueinander?
- Gibt es Merkmale, die eine besondere Bedeutung haben könnten?
- Wie kann man das Thema des Bildes kurz zusammenfassen?

3 Zusätzliche Informationen über das Bild und die dargestellten Personen könnt ihr mithilfe des Internets bekommen.
- Von wem wurde das Bild in Auftrag gegeben?
- Was kann man über die dargestellten Personen aus anderen Quellen erfahren?
- Gibt es noch andere Bilder zu diesem Thema?
- Was verstehe ich nicht, und wo finde ich dann noch weitere Informationen?

Ein Herrscherbild untersuchen

1 Das Bild beschreiben
- Welchen spontanen Eindruck ruft das Bild bei euch hervor?
- Wer ist dargestellt (siehe Bildlegende)?
- Welche Bildelemente bestimmen das Bild?
- Wie ist der Aufbau des Bildes (Mittelpunkt, Hintergrund, Farbgebung)?
- Welche Körperhaltung nimmt der Herrscher ein?

2 Einzelheiten und Symbole (Zeichen) des Bildes entschlüsseln
- Welche Herrschaftszeichen sind auf dem Bild zu finden?
- Was bedeuten diese Herrschaftszeichen (Symbole)?
- Welche Bedeutung hat der Hintergrund des Bildes?

3 Die Aussage des Bildes erschließen
- Welchen Eindruck will der Maler oder sein Auftraggeber mit der Darstellung beim Betrachter erreichen?
- Welche Herrscherrolle wird deutlich?
- Was sagt das Bild uns über die damalige Zeit und das Selbstbild des dargestellten Herrschers?

Karikaturen entschlüsseln

Karikaturen zeigen Personen, Ereignisse oder Situationen in einer häufig übertriebenen Darstellung. Sie haben oft nur einen kurzen oder gar keinen Text. Meistens kritisiert der Karikaturist etwas mit seiner Zeichnung.

1 Die Karikatur beschreiben
- Notiert, was euch beim Betrachten zuerst auffällt.

Der erste Eindruck:
- Welche Personen, Tiere, Gegenstände sind zu sehen?
- Wie sind sie dargestellt (realistisch, übertrieben, lächerlich, aggressiv, gefährlich ...)?
- Gibt es einen Text zu der Karikatur?
- Beschreibt so genau wie möglich, welche Personen und Sachverhalte abgebildet sind: Achtet auf Gesichtsausdruck, Körperhaltung, Kleidung, Gegenstände. Bezieht auch die Texte und die Bildunterschrift mit ein.

2 Die Bedeutung verstehen
- Welche Bedeutung haben die dargestellten Personen, Tiere oder Gegenstände?
- Welches Problem oder welche Situation ist dargestellt?

3 Den Zusammenhang und die Absicht des Karikaturisten benennen
- In welchem Zusammenhang ist die Karikatur zu sehen?
- Was muss man wissen, um die Karikatur verstehen (geschichtliches Hintergrundwissen)zu können?
- Was will der Zeichner, wie beispielsweise bestimmte Ereignisse, die Bedeutung von Symbolen kritisieren?
- Zieht er etwas ins Lächerliche? Wenn ja, was?

4 Die Karikatur beurteilen
- Welche Position bezieht der Karikaturist?
- Haltet ihr die Karikatur für gelungen?

Fotos analysieren

1 Der erste Eindruck
Wie ist euer erster Eindruck?
- Was seht ihr auf dem Foto?
- Welche Gedanken, welche Gefühle habt ihr beim Betrachten des Fotos?

2 Die Bildbeschreibung
Was ist alles zu sehen und zu entdecken?
- Was genau wird dargestellt?
- Wie ist die Darstellung: Welche Farben gibt es? Wie sind die Lichtverhältnisse? Gibt es eine auffällige Bildkomposition? Wie ist der Ausschnitt des Bildes gewählt (Nahaufnahme/Totale)?
- Handelt es sich um eine Collage oder Montage (verschiedene Elemente werden kombiniert)?
- Ist die Bildlegende informativ? Was verrät sie und was nicht?

3 Die Analyse
- Wofür steht das Foto?
- Welche Absichten verfolgt der Fotograf vermutlich? Wofür wurde das Foto gemacht (Nachricht, Werbung, privat)?
- Ist das Foto gestellt oder handelt es sich um einen Schnappschuss?
- Sehen wir das Foto heute mit anderen Augen als zu seiner Entstehung?
- Wie kann man die Bildaussage zusammenfassen?
- Hat das Foto eine Bedeutung über die konkrete Situation hinaus, ist es typisch für ein bestimmtes Ereignis, ein Problem ...?

4 Erweiterung
- Was ereignete sich zeitlich vor und nach der Aufnahme?
- Welche Fragen habt ihr? Welche Materialien benötigt ihr?

Ein persönliches Werturteil bilden

In einem Werturteil kommt zum Ausdruck, was und wie wir heute über eine Sache denken. Es kann z. B. Zustimmung oder Ablehnung, Sympathie oder Antipathie ausdrücken. Ein Werturteil über Menschen und ihr Handeln in der Vergangenheit zu bilden hilft uns auch, uns in der Gegenwart zu orientieren.

1 Klären, was oder wer beurteilt werden soll
- Welche Einstellungen oder Handlungen von Menschen sollen beurteilt werden?
- Welche Fragestellung ist leitend? Halten wir z. B. das Handeln von Menschen für
- gerechtfertigt oder ungerechtfertigt?
- vorbildhaft oder abschreckend?
- erfolgversprechend oder zum Scheitern verurteilt?
- wertvoll/Werte schaffend oder wertlos/Werte vernichtend? ...

2 Einen Maßstab heranziehen und offenlegen
- Was kann mir für mein Urteil als Maßstab dienen, z. B. die Menschenrechte, das Grundgesetz, eine Religion ...?

3 Ein begründetes Werturteil formulieren
- Das Werturteil muss nicht immer eindeutig sein, ihr könnt auch abwägen (einerseits – andererseits). Eine Begründung gehört auf jeden Fall dazu!

4 Urteile vergleichen
- Zu welchen Urteilen sind Mitschüler/innen oder andere Menschen gekommen?
- Weisen sie überzeugende Einstellungen und Argumente nach?
- Unterschiedliche Menschen beurteilen oft verschieden. Respektiert die anderen Meinungen.

Geschichtskarten auswerten

1 Was wird dargestellt?
- Welches Gebiet ist dargestellt? Welcher Kartenausschnitt wurde gewählt?
- Welcher Zeitraum wird behandelt?
- Um welches Thema geht es?

2 Wie wird das Thema dargestellt?
- Welche Informationen bietet die Legende?
- Was bedeuten die Flächenfarben?
- Welche Symbole kommen vor?
- Wie groß sind die Entfernungen (Maßstab)?

3 Welche Informationen oder Fragen ergeben sich aus der Karte?
- Macht Aussagen zu einzelnen Punkten.
- Formuliert eine Gesamtaussage der Karte.
- Notiert offene Fragen.

Eine Erzählung verfassen

Menschen haben schon immer Geschichten erzählt, um Wissen über die Vergangenheit weiter zu geben. Wenn ihr nicht sicher wisst, wie es wirklich war, dann müsst ihr das auf jeden Fall durch ein „vermutlich" oder „sicher wissen wir das nicht" oder „vielleicht war es so ..." zum Ausdruck bringen.

1 Thema der Erzählung festlegen
- Über welches Thema will ich etwas erzählen?
- Was soll im Mittelpunkt der Erzählung stehen?
- Über welchen Zeitraum will ich erzählen, wie kann ich ihn eingrenzen?
- Was gehört nicht zu der Erzählung mit diesem Thema?

2 Fragen stellen
- Welche Quellen und Berichte gibt es zu meinem Thema?
- Wo kann ich suchen (Bibliothek, Archiv, Museum, Internet, Schulbuch)?
- Kann ich jemanden zu den Ereignissen befragen?

3 Spuren suchen
- Wie beginne ich meine Erzählung (weit ausholend, mit dem zentralen Ereignis, mit dem Denken oder Handeln einer Person?)?
- Wie verknüpfe ich einzelne Teile der Erzählung?
- Wie mache ich deutlich, dass dieser Teil der Erzählung nicht durch Quellen belegt ist (vermutlich, wahrscheinlich, so könnte es gewesen sein)?
- Wie beende ich die Erzählung?

Eine Sachquelle untersuchen

1 Die Sachquelle beschreiben
- Wie sieht das Objekt aus? Aus welchen Teilen besteht es?
- Aus welchen Materialien ist es hergestellt?
- Gibt es Verzierungen oder Inschriften (z. B. bei Münzen)?

2 Die Funktion der Sachquelle erkunden
- Wozu wurde das Objekt genutzt?
- Welche Hinweise ergeben sich aus ihm selbst?
- Welche Hinweise liefert die Bildlegende (bzw. die Beschriftung im Museum)?
- Welche weiteren Informationen stehen zur Verfügung (z. B. im Museum, aus Sachbüchern, Internet)?

3 Die geschichtliche Bedeutung der Sachquelle erschließen
- Welche Rückschlüsse lässt die Sachquelle auf das Leben, Arbeiten und Wohnen der Menschen in jener Zeit zu?
- Wie ist die Sachquelle zeitlich einzuordnen?

Wie bilde ich mir ein Urteil?

Eine Meinung zum Handeln von Menschen haben wir schnell. Urteile können unterschiedlich ausfallen, müssen aber vor allem immer gut begründet werden. Doch wie gelingt es, zu einem begründeten Urteil über Vorkommnisse in der Geschichte zu gelangen?

1 Einen ersten Eindruck gewinnen (Vorausurteil)
- Was ist eure spontane Meinung zu dem Geschehen?
- Haltet fest, was ihr denkt und fühlt, während ihr einen Text erstmals lest, oder von einem Problem hört.

2 Ein begründetes Sachurteil treffen
- Wie ist das Handeln der Menschen aus ihrer Zeit heraus zu beurteilen?
- Warum handelten die Menschen so? Was hat sie geprägt? (Gesetze, Religion, ...)
- Gab es unterschiedliche Sichtweisen bei den Beteiligten?
- Haben die Menschen ihre Ziele erreicht?
- Hätten sie ihre Ziele auch anders erreichen können?

3 Ein begründetes Werturteil formulieren
- Wie steht ihr zu den damaligen Problemen aus heutiger Sicht?
- Ist das Handeln der Beteiligten aus eurer Sicht gerechtfertigt?
- Würdet ihr ebenso oder ganz anders handeln? Warum?
- Hatten die Ereignisse nach eurer Meinung gute oder schlechte Folgen?

Ein Rollenspiel planen und durchführen

In Rollenspielen könnt ihr versuchen, euch in die Situationen anderer Menschen zu versetzen. Sicher ist es schwer, sich vorzustellen, wie die Menschen früher gedacht haben. Trotzdem kann ein Rollenspiel dazu beitragen, Konflikte der Vergangenheit besser zu verstehen.

1 Die Situationskarte schreiben
Auf einer Situationskarte wird die Ausgangslage beschrieben, z. B.:
- Um welches Problem oder um welchen Konflikt geht es?
- Wer ist an dem Konflikt beteiligt?
- Soll das Rollenspiel eine Lösung anbieten? Wenn ja, welche?
- Gibt es mehrere Lösungen oder keine Lösung?

2 Die Rollenkarten schreiben und verteilen
- Wer soll dargestellt werden (Name, Alter, Beruf, ...)?
- Welche Stellung hat die Person in der Gesellschaft?
- Welche Charaktereigenschaften hat die Person?
- Welche Interessen verfolgt die Person?

3 Das Rollenspiel vorbereiten
- Die Rollen werden verteilt.
- Wie begegnen sich die Personen?
- Wer gerät mit wem aneinander?
- Welche Personen verfolgen dieselben oder ähnliche Ziele?
- Wie könnte die Person anfangen zu sprechen?
- Wie endet das Rollenspiel?

4 Das Rollenspiel vorspielen und auswerten
Für die Spieler sind mehrere Beobachter zuständig. Sie achten auf folgende Fragen:
- Wird der Konflikt verständlich?
- Ist erkennbar, was welche Person warum will?
- Ist die Lösung glaubwürdig?
- Was kann geändert werden, damit der dargestellte Konflikt besser verstanden wird?

Ein Referat erarbeiten und halten

1 Thema festlegen und eingrenzen
- Wie lautet das Thema genau?
- Welchen Umfang soll das Referat haben (Vorgaben des Lehrers, der Lehrerin)?
- Wieviel Zeit habt ihr für die Erarbeitung? Wann ist der Termin des Referats?

2 Material mit Nachweisen sammeln
- Wo findet sich Material für das Referat (Bücher/Bibliothek, Zeitschriften, Internet/Suchmaschinen)?
- Wie kann man das gesammelte Material sammeln und ordnen?
- Wie kann man den genauen Fundort des Materials, einer Quelle, eines Zitats dokumentieren?

3 Referat sinnvoll gliedern
- Was gehört in die Einleitung (Aufhänger, Begründung des Themas, Eingrenzung)?
- Wie gliedert man den Hauptteil? Welche Punkte sind aufgrund des Themas zentral für das Referat?
- Wie kann man im Schlussteil das Wichtigste noch einmal knapp zusammenfassen und bewerten?

4 Das Referat halten
- Das Referat solltet ihr möglichst frei halten. Notiert euch wichtige Stichworte auf einen Notizzettel oder eine Karteikarte. Sprecht immer zur Klasse und nicht zur Tafel.
- Wie kann man die Kernaussagen, Daten und Skizzen veranschaulichen (z. B. mit Overhead-Projektor, Powerpoint-Animation, Plakat, Tafelanschrieb/-bild)?

Dokumentarfilm und Spielfilm unterscheiden

1 Eine Vermutung aufstellen und einen Ausschnitt aussuchen
- Wenn ihr den ganzen Film (oder mehrere Auschnitte) gesehen habt, überlegt, ob es sich eurem ersten Eindruck nach um einen Dokumentar- oder einen Spielfilm handelt.
- Auswahl eines Abschnitts des Films, der für den Handlungsablauf wichtig ist (Schlüsselszene).
- Knappe Begründung der Auswahl dieser Szene.

2 Einen Filmausschnitt untersuchen und auswerten
- Wird eher über den Stand der Forschung berichtet oder eher eine durchgehende Geschichte und Handlung geboten?
- Gibt es einen durchgehenden und erklärenden Kommentar, oder bestimmen Dialog und Musik den Ton?
- Soll hauptsächlich informiert oder hauptsächlich unterhalten werden?

3 Auswertung und kritische Beurteilung des Ausschnitts
- Überprüft euer spontanes Urteil aus Schritt 1 und stellt begründet fest: Dokumentar- oder Spielfilm?
- Welcher Eindruck wird über die behandelte Geschichte vermittelt?
- Erscheinen die Informationen und Inhalte des Films im Vergleich zu den Quellen und Darstellungen glaubwürdig und überzeugend?

Ein Verfassungsschema lesen und verstehen

Eine Verfassung regelt die Machtverteilung in einem Staat. Sie ist das grundlegende Gesetz.

1 Den Aufbau untersuchen
- Wie kann man das Schema lesen? Die Pfeile helfen euch.
- von unten nach oben bzw. oben nach unten?
- von links nach rechts bzw. rechts nach links?
- Was sind wichtige Bestandteile des Schaubildes?
- Welche Ämter und Einrichtungen gibt es?

2 Aussagen erschließen
- Wer darf wählen?
- Wie kommen Gesetze zustande?
- Welche Aufgaben haben die Ämter und Einrichtungen?

3 Zusammenhänge herstellen
- Wie ist die Macht verteilt? Welches Amt hat besonders viel Macht?
- Wer kontrolliert wen? Wessen Macht geht auf Wahlen zurück?
- Wo wird die Einflussmöglichkeit des Volkes erkennbar?
- Welche Gruppen sind von politischer Mitbestimmung ausgeschlossen?

4 Die Verfassung beurteilen
- Stellt fest, ob und wie die Gewalten (Ausführende Gewalt, Gesetzgebende Gewalt und Richterliche Gewalt) geteilt sind.
- Welche gegenseitige Kontrolle der Gewalten gibt es?
- Beurteilt das Wahlrecht zum Zeitpunkt des Inkrafttretens der Verfassung aus damaliger und heutiger Sicht.

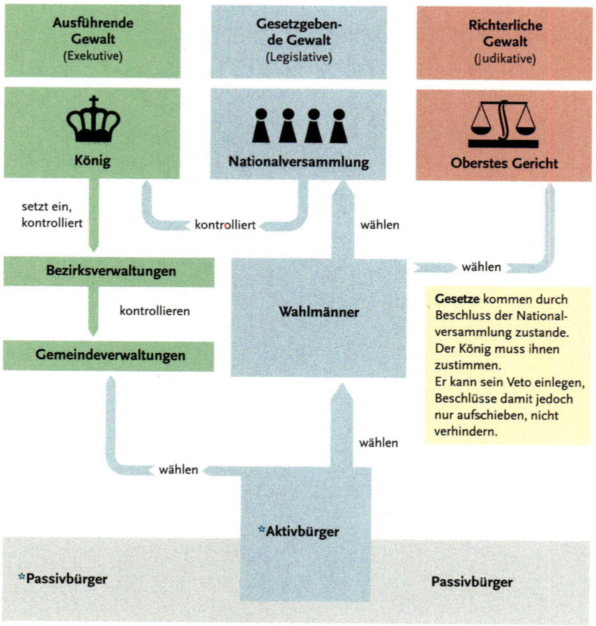

Statistische Darstellungen untersuchen

Statistiken helfen, Daten übersichtlich darzustellen und sie vergleichbar zu machen.

1 Das Thema klären
- Wie ist die Statistik einzuordnen?
- Welchen Sachverhalt stellt die Statistik dar (Über- oder Unterschrift)?
- Für welchen Zeitabschnitt macht die Statistik Angaben?
- Für welche Region/en gilt die Statistik?

2 Die Darstellung verstehen
- Welche Form der Darstellung wurde gewählt?
- Handelt es sich um eine Tabelle oder um ein Diagramm?
- Welche Form des Diagramms wurde gewählt? Streifendiagramm (Säulen- oder Balkendiagramm)? Liniendiagramm? Kreisdiagramm?
- Welche Maßeinheiten wurden verwendet (z. B. Jahre, Einwohnerzahlen, Anteile in Prozent)?

3 Den Inhalt aufschlüsseln
- Welche Informationen werden vermittelt?
- Welche Daten werden aufeinander bezogen (z. B. Jahres- und Bevölkerungszahlen)?
- Welche auffälligen Einzelinformationen kann man entnehmen?
- Gibt es eine deutliche Entwicklung (z. B. Wachstum oder Rückgang)?

4 Eine Bewertung finden
- Wurden die Daten übersichtlich und leicht verständlich grafisch umgesetzt?
- Benötigt man für die Beantwortung der Sachfragen weitere Informationen?
- Welche Ergebnisse kann man zusammenfassend formulieren?

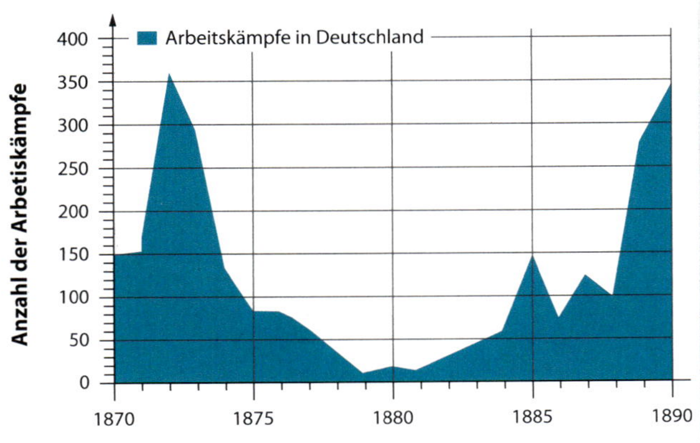

Den Umgang mit Geschichte analysieren

1 Eine Darstellung von Vergangenheit auswählen und beschreiben
- Aus der Vielzahl der Darstellungen vergangener Ereignisse müsst ihr für eure Untersuchung eine auswählen.
- Haltet fest, worum es sich handelt (Jugendroman, Spielfilm, Ausstellung, Fest...). Beschreibt möglichst genau, wie das historische Ereignis, die Zeit, um die es geht, dargestellt wird.

2 Die Darstellung kritisch untersuchen
- Welches Ziel hat die Darstellung: Geht es um Unterhaltung im geschichtlichen Gewand, wird Geschichte hauptsächlich als Kulisse benutzt?
- An welchen Stellen weicht die Darstellung von den Informationen aus dem Geschichtsunterricht oder aus den Geschichtsschulbüchern ab?
- Stimmen die historischen Informationen oder wird sehr großzügig mit den Bedingungen in der behandelten Zeit umgegangen?
- Welche Informationen sind falsch?

3 Auswertung und kritische Beurteilung der Darstellung
- Erscheinen die Informationen im Vergleich zu den Quellen und Darstellungen im Unterricht glaubwürdig und überzeugend?
- Welcher Eindruck wird über die behandelte Geschichte vermittelt?
- Welche Wertungen werden mit welcher Absicht formuliert?
- Formuliert ein zusammenfassendes Urteil.

Zeitzeugen befragen

1 Befragung vorbereiten
- Informationen zur Vorbereitung sammeln; weitere Materialien heranziehen -(Bücher, Zeitschriften, Zeitungen, Internet); -einen ersten Überblick gewinnen.
- Thema der Befragung konkretisieren: Was wollen wir erfahren?
- Fragen vorbereiten und einen Fragebogen entwickeln.
- Befragung zur Probe einmal durchspielen; eventuell Fragen umformulieren.

2 Kontakt mit Zeitzeugen aufnehmen
- Zeitzeugen beispielsweise im Bekanntenkreis suchen oder/und Anfragen bei Parteien, Gewerkschaften, Kirchen, Gemeinde- oder Stadtverwaltungen, -Vereinen.
- Klären: Ort, Zeit, Ablauf der -Befragung; wie dürfen die Daten verwendet -(ausgewertet) werden?

3 Befragung durchführen
- Befragung gut vorbereiten: angenehme Atmosphäre schaffen, Begrüßung, -Interesse zeigen, Dauer der Befragung absprechen, Gesprächsleitung klären, Aufnahmegeräte oder Protokollführung sichern, Fotos anfertigen (mit den -Befragten klären).
- Fragen stellen; Aussagen festhalten; gestellte Fragen auf der Liste streichen;

bei Unklarheiten eventuell noch einmal nachfragen; den Befragten Gelegenheit zum freien Erzählen geben.
- Dank und Verabschiedung.
- Bewertet abschließend diese Art des Lernens mit ihren Vor- und Nachteilen aus eurer Sicht.

4 Ergebnisse auswerten und bewerten
- Welche Informationen sind neu? Stimmen sie mit unseren Kenntnissen aus den Materialien -(Büchern usw.) überein? Lassen sich die Unterschiede erklären? Wo sind Lücken zu erkennen? Wie sind sie zu schließen?
- Nachbereitung: Wie ist die -Befragung gelaufen? Was müssen wir bei der nächsten Befragung beachten?

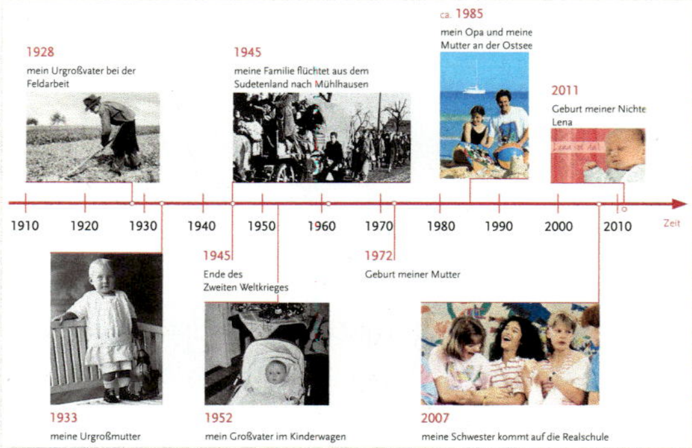

Wir erstellen eine Zeitleiste

Wenn ihr zu Hause in euren Fotoalben blättert, werdet ihr auf Bilder aus eurer Vergangenheit stoßen. Nicht an alles werdet ihr euch erinnern. Zu manchen Bildern können euch nur eure Eltern oder Großeltern etwas erzählen. Eure Fotografien sind wichtige Bildquellen eurer eigenen Geschichte. Wenn ihr sie zeitlich ordnet, könnt ihr mit ihnen eure Lebensgeschichte und die Geschichte eurer Familie darstellen.
... und so wird's gemacht:

1 Bilder sammeln und Fragen stellen
- Sucht zu Hause Bilder von eurer Familie.
- Lasst euch dazu von euren Eltern und Großeltern aus deren Leben erzählen.

2 Material ordnen
- Sortiert ähnliche Bilder aus und macht Fotokopien von den ausgewählten Bildern.
- Schreibt zu jedem Bild auf, aus welchem Jahr es stammt.
- Berechnet, wie viele Jahre seitdem bis heute vergangen sind.

3 Die Zeitleiste anlegen
- Nehmt eine Tapetenbahn und zeichnet darauf einen Zeitstrahl.
- Unterteilt den Zeitstrahl auf der Tapetenbahn in mindestens zehn gleiche Abschnitte.
- Schreibt von rechts nach links unter die Markierungen die Jahreszahlen 2010, 2000, 1990, 1980 ...
- Markiert dann die Jahreszahl des aktuellen Jahres.

4 Die Zeitleiste gestalten
- Legt euer Bildmaterial auf und probiert verschiedene Gestaltungsmöglichkeiten aus.
- Klebt die Bilder auf und beschriftet sie.

Lexikon

A

Absolutismus, der
(lat. *absolutus* = losgelöst)
Hier: Bezeichnung für eine Regierungsform, bei der der Herrscher nicht mehr an die Gesetze des Staates gebunden ist. Während der Epoche des Absolutismus in Europa im 17. und 18. Jahrhundert galten Ludwig XIV. und seine Regierungsform als Vorbild für viele andere Staaten.

Adlige, der
Die Edlen – Angehörige einer in der Gesellschaft hervorgehobenen Gruppe, eines Standes, ausgestattet mit erblichen Vorrechten. Adliger konnte man von Geburt aus sein (Geburtsadel); Adliger konnte man aber auch werden, indem man im Dienst des Königs tätig war (Amts- oder Dienstadel).

Allah, der
Das Wort kommt aus dem Arabischen und heißt Gott.

Almosen, die
Eine Gabe (z. B. Geld oder Essen) für Bedürftige ohne eine Gegenleistung.

Arbeiterbewegung, die
Entstand als Folge der durch die Industrialisierung hervorgerufenen sozialen Missstände. Die zunehmende Verelendung der Arbeiter durch niedrige Löhne, lange Arbeitszeiten, schlechte Wohn- und Arbeitsverhältnisse usw. führte nach ersten spontanen Protestaktionen zu einer organisierten Bewegung. Die abhängigen Lohnarbeiter schlossen sich in Gewerkschaften, Genossenschaften und Arbeiterparteien zusammen.

Arbeitsteilung, die
Eine Arbeitsaufgabe, z. B. die Herstellung eines Produktes, wird in mehrere Teilaufgaben zerlegt, die von unterschiedlichen Arbeitern ausgeführt werden.

Aufklärung, die
Reformbewegung, die im 18. Jahrhundert in fast allen Lebensbereichen zu neuen Ideen und Denkweisen führte. In der Politik richteten sich die Aufklärer gegen die uneingeschränkte Macht des Königs. Sie traten für Meinungsfreiheit, für Toleranz gegenüber anderen Religionen und ein von Vernunft geprägtes Handeln ein.

Azteken, die
Indianervolk, das zur Zeit der spanischen Eroberung Gebiete Süd- und Zentralamerikas beherrschte. Mithilfe benachbarter Völker unterwarfen die Spanier unter der Führung Hernando Cortéz zwischen 1519 und 1521 das aztekische Reich.

B

Barock, das
Der ursprünglich italienischer Kunststil setzte sich gegen Ende des 17. Jahrhunderts in ganz Europa durch. Es entstanden zahlreiche barocke Schloss- und Kirchenbauten mit prunkvollen Verzierungen, die Kraft und Fülle ausdrücken sollten.

Befreiungskriege, die
Zwischen 1813 und 1815 stattfindende kriegerische Auseinandersetzung unter der Führung Russlands und Preußens mit dem Ziel, Napoleon zurückzuschlagen.

Bibel, die
(griechisch = Buchstabe). Die heilige Schrift der Christen, gegliedert in das Alte und das Neue Testament.

Bischof, der
In der christlichen Kirche der leitende Geistliche eines größeren Bezirks.

Bürgerrechte, die
siehe Menschenrechte.

C

Code Civil, der
Bürgerliches Gesetzbuch.

D

Diktatur, die
Der Begriff meint die Herrschaft eines mit allen Macht- und Gewaltmitteln regierenden Alleinherrschers oder einer Gruppe.

Deutsche Bund, der
Loser Zusammenschluss aus 35 Fürstentümern und vier freien Städten.

Deutsche Orden, der
Einer der größten geistlichen Ritterorden des Mittelalters mit Hauptsitz auf der Marienburg (Masuren/Polen).

Dritter Stand, der
Er bildete zur Zeit des Absolutismus die Mehrzahl der Bevölkerung: Bauern, Kleinbürger, Großbürger.

E

Edikt, das
Ein vom König oder einem anderen Herrscher erlassenes Gesetz.

Entwicklungsland, das
Länder, in denen der wirtschaftlich- technische Entwicklungsstand und der damit verbundene Lebensstandard niedrig/ sehr niedrig (Massenarmut, Unterernährung) sind, werden als Entwicklungsländer bezeichnet.

Emanzipation, die
Unter Emanzipation versteht man die rechtliche, aber auch z. B. die soziale Gleichstellung.

englische Parlament, das
Der durch die Magna Charta dauerhaft eingerichtete königliche Rat entwickelte sich langsam zum Parlament. In diesem Parlament saßen zum damaligen Zeitpunkt nur Adlige.

Enteignung, die
Staatliche Maßnahme, bei der das Eigentumsrecht eines Einzelnen zugunsten der Belange der Allgemeinheit aufgehoben wird. Zum Beispiel: Enteignungsverfahren bezüglich einer Ackerfläche, die für den Bau einer Straße genutzt werden soll.

evangelisch
Für Luthers Anhänger war nicht der Papst maßgeblich, sondern allein das Wort Christi in der Heiligen Schrift, dem Evangelium. Deshalb bezeichneten sich die Anhänger Luthers als Evangelische.

Expansion, die
Ausbreitung, Ausdehnung.

F

Fabrik, die
(lat.: *fabrica* = Werkstätte). Großbetrieb mit oft mehreren Hundert Arbeitern und Arbeiterinnen und maschineller Fertigung von Erzeugnissen. Der Aufstieg der Fabriken begann mit der Industrialisierung zunächst in England.

Feudalsystem, das
Herrschaft von Königen und Adel.

Franken, die
Westgermanischer Stamm zur Zeit Chlodwigs. In seiner Blütezeit ansässig in einem Gebiet zwischen dem Rhein und der Küste des Atlantischen Ozeans.

Frauenbewegung, die
Bezeichnung für den organisierten Kampf um die rechtliche, politische und soziale Gleichstellung der Frau. 1865 wurde der Allgemeine Deutsche Frauenverein gegründet, 1894 der Bund deutscher Frauenvereine. Hauptforderungen waren u. a. gleiche Bildungschancen, das Wahlrecht für Frauen (seit 1918) und gleicher Lohn für gleiche Arbeit.

Frondienste, die
(*fron* = Herr). Frondienste sind Arbeiten, die ohne Lohn für den Herrn verrichtet werden müssen und zu einem Zeitpunkt, den dieser bestimmt. Das können z. B Mithilfe beim Straßenbau, bei Instandsetzungsarbeiten oder der Ernte sein.

G

Generalstände, die
Seit dem Beginn des 14. Jahrhunderts die Versammlung der Vertreter der drei Stände von ganz Frankreich. Sie hatten die Aufgabe, den König zu beraten und Steuern zu bewilligen. Seit der Volljährigkeit Ludwig des XIV. wurden sie nicht mehr einberufen, erst 1789 traten sie wieder zusammen.

Gewaltenteilung, die
Nach Ansicht der Aufklärer sollte die Gewalt in einem Staat in drei voneinander unabhängige Gewalten aufgeteilt sein: in die Gesetzgebende, die Ausführende und die Richterliche Gewalt. Damit sollte dem Machtmissbrauch durch einen absolut herrschenden König vorgebeugt werden.

Gewerkschaft, die
Vereine, die zur Veränderung der wirtschaftlichen und sozialen Lage von Arbeitnehmern Mitte des 19. Jahrhunderts begründet wurden. Die 1890 in der Generalkommission zusammengefassten „freien Gewerkschaften" (seit 1918 ADGB – Allgemeiner Deutscher Gewerkschaftsbund) kämpften für eine schrittweise Verbesserung der Arbeitsbedingungen und bessere Löhne.

Ghetto, das
Vom übrigen Stadtgebiet streng abgegrenztes Wohnviertel der Juden.

Grundrechte, die
Die Menschenrechte und grundlegende Bürgerrechte werden als Grundrechte bezeichnet. In den Grundrechten sind die Pflichten des Staates und die individuellen Rechte und Freiheiten der Bürger festgelegt (siehe Grundgesetz S. 261).

H

Heiliges Römisches Reich, das
Bezeichnung für das Deutsche Reich seit der Kaiserkrönung Ottos I. 962 in Rom bis 1806.

Hochkultur, die
Ein Zusammenschluss von Menschen zu einem Gemeinwesen (Staat) unter der dauerhaften Herrschaft eines Königs. Schrift, Kunst, Recht und Religion zeichnen eine Hochkultur aus.

Hohenzollern, die
Ein bedeutendes Adelsgeschlecht, das seit Beginn des 15. Jahrhunderts die Mark Brandenburg beherrschte und später die preußischen Könige und Kaiser stellte.

Hugenotte, der
Der Name geht auf das allemannische Wort *eygenot* für Eidgenosse zurück. Es wurde die gebräuchliche Bezeichnung für die französischen Protestanten.

Humanismus, der
Geistige Bewegung, die sich während der Renaissance von Italien in ganz Europa verbreitete. Die Humanisten waren überzeugt, dass die Menschen durch das Studium der antiken Vorbilder vollkommener würden.

I

Imperialismus, der
Bezeichnung für eine angestrebte Weltherrschaft, abgeleitet von dem lateinischen Wort „imperium" (Weltreich).

Industrielle Revolution, die
Umwälzung der Arbeitswelt und der Gesellschaft durch verbreitete Anwendung von Maschinen, die menschliche und tierische Kräfte in großem Ausmaß ersetzen (z. B. Dampfmaschine, später Verbrennungs- und Elektromotor). Die Industrielle Revolution begann im 18. Jahrhundert in England und breitete sich im 19. Jahrhundert auf dem europäischen Kontinent und in den USA aus. Sie änderte die Gesellschaftsstruktur und die Arbeitsbedingungen tiefgreifend.

Industrieland, das
Die reichen Länder Europas und Nordamerikas, sowie Japan, Neuseeland und Australien werden häufig als Industrieländer bezeichnet. Der Wohlstand dieser Länder beruhte ursprünglich auf einer starken Industrie. Heute entsteht ein Großteil des Wohlstandes auch durch Dienstleistungen.

Integration, die
Hier: Eingliederung einer Gruppe von Menschen in eine größere Gemeinschaft.

Islam, der
Im 7. Jahrhundert vom Propheten Mohammed gegründete Weltreligion.

J

Jakobiner, die
Ein politischer Klub während der Französischen Revolution, dessen Mitglieder sich erstmals in dem ehemaligen Pariser Kloster St. Jacob trafen. Der Name wurde für radikale Republikaner verwendet.

K

Kaiser, der
Herrschertitel für einen „König der Könige". Das Wort leitet sich ab vom Ehrentitel „Caesar", der römischen Kaiser der Antike.

Kirchenbann, der
Der Kirchenbann war die schwerste Strafe, die der Papst aussprechen konnte. Sie bedeutete den Ausschluss aus der Kirche und verbot anderen Christen jeglichen Kontakt mit dem Gebannten.

Klerus, der
Bezeichnung für die Geistlichkeit.

Kolonie, die
Überseeische Besitzungen europäischer Staaten.

Kolonialherrschaft, die
Die Eroberung zumeist überseeischer Gebiete durch militärisch überlegene Staaten (vor allem Europas) seit dem Ende des 15. Jahrhunderts bezeichnet man als Kolonialismus. Die Kolonialmächte errichteten in den unterworfenen Ländern Handelsstützpunkte und Siedlungskolonien. Sie verfolgten vor allem wirtschaftliche und militärische Ziele.

Konfession, die
Glaubensbekenntnis.

Kongress, der
Politische Tagung oder auch Versammlung von Fachleuten zu einem Thema.

Kreuzzüge, die
Die Kreuzzüge beschreiben eine Abfolge von Kriegen, die zwischen 1095 und 13. Jh. stattfanden. Der 1. Kreuzzug beginnt nach dem Aufruf Papst Urbans II., das heilige Land von den Muslimen zu befreien.

L

Landflucht, die
Eine Entwicklung, bei der viele Landbewohner in die Städte ziehen.

Leibeigene, der
Ein Leibeigener war abhängig von seinem Herrn. Er gehörte zum persönlichen Besitz des Grundherrn.

Liberalismus, der
(von lat.: *liber* = frei) Politische Lehre, die seit dem Ende des 18. Jahrhunderts für die politische und wirtschaftliche Freiheit der Bürger eintrat.

M

Menschenrechte, die
Unantastbare und unveräußerliche Freiheiten und Rechte jedes Menschen gegenüber den Mitmenschen und dem Staat. Dazu gehören das Recht auf Leben, auf freie Entfaltung der Persönlichkeit und das Recht auf Eigentum. Nach dem Vorbild der Unabhängigkeitserklärung der Vereinigten Staaten (1776) verkündete die französische Nationalversammlung 1789 die Erklärung der Menschen- und Bürgerrechte. Die Menschenrechte wurden seit dem 19. Jahrhundert in viele Verfassungen aufgenommen.

Migration, die
(lat. Wanderung). Dauerhafter Wohnungswechsel. Man unterscheidet Emigration = Auswanderung und Immigration = Einwanderung.

Mietskaserne, die
Mehrstöckige Mietshäuser mit vielen kleinen Wohnungen aus der Zeit der Industrialisierung. Mietskasernen hatten meistens nur kleine Innenhöfe und die Mietparteien mussten sich die Toiletten etagenweise teilen.

Mission, die
Der Begirff leitet sich vom lateinsichen „missio“ (Sendung) ab und bedeutet so viel Verbreitung des christlichen Glaubens.

Monarchie, die
Bedeutet Alleinherrschaft, Königtum.

N

Nationalstaat, der
Ein Staatswesen, in dem sich die Angehörigen als einheitliche Nation fühlen und bekennen.

Nationalversammlung, die
Eine verfassunggebende Versammlung von Abgeordneten, die die ganze Nation vertritt.

O

Opposition, die
(von lat. *opposition* = Entgegensetzung). Politische Gegenspieler der herrschenden Gruppe / Regierung / Partei.

Osmanen, die
Bewohner des Osmanischen Reiches, heute die Türkei. Benannt nach dem Herrscherhaus Osman.

P

Papst, der
(lat.: *papa* = Vater). Oberhaupt der katholischen Kirche.

Parlament, das
(lat.: *parlamentum* = Unterredung, Verhandlung). Seit dem Mittelalter übernahmen Ständevertretungen die Aufgaben, den Herrscher zu beraten und bei wichtigen Entscheidungen mitzubestimmen. Aus solch einer Versammlung von Beratern des Königs und einem Gerichtshof entwickelte sich das älteste Parlament: das englische. Die wichtigsten Aufgaben des Parlaments waren die Gesetzgebung und die Bewilligung von Steuern.

Partei, die
Zusammenschluss von Menschen, die gleiche oder ähnliche politische Absichten haben. Ziel der Parteimitglieder ist es, die Staatsführung zu übernehmen oder zumindest zu beeinflussen.

Pest, die
Eine sehr ansteckende Krankheit, die vor allem durch Ratten und Flöhe auf Menschen übertragen wird. Im Mittelalter verlief die Pest fast immer tödlich und wurde deshalb auch als schwarzer Tod bezeichnet.

Pilgerreise, die
Gläubige unternehmen sie zu einem heiligen Ort oder um ein Gebot zu erfüllen.

Pogrom, das
Ein Pogrom ist eine gewaltsame Ausschreitung gegen Menschen aufgrund ihrer Zugehörigkeit zu einer (z. B. religiösen) Minderheit.

Propaganda, die
gezielte Verbreitung von Meinungen, um in bestimmter Weise zu beeinflussen.

Privilegien, die
Sonderrechte, Vorrechte.

Proletarier, die
(lat. *Proletarius*). „Der untersten Volksschicht angehörend“. Im Römischen Reich die Landlosen, in der Industriellen Revolution die Angehörigen der Arbeiterklasse.

Protestanten, die
Seit dem Reichstag zu Speyer im Jahr 1529 wurden die Anhänger Luthers auch als Protestanten bezeichnet. Dort war beschlossen worden, gegen die Reformation energisch vorzugehen. Dagegen hatten fünf Landesherren und 14 Reichsstädte protestiert.

R

Rassismus, der
Wenn bestimmte körperliche Merkmale von Menschen (z. B. die Hautfarbe) mit bestimmten Eigenschaften gekoppelt werden (z. B. geistige Fähigkeiten) und damit eine Bewertung einhergeht (z. B. die Einschätzung des „ eigenen“ Volkes als grundsätzlich höherwertig gegenüber anderen, „fremden“ Völkern), spricht man von „Rassismus“.

Rat, der
Der Rat einer Stadt bestand aus Männern aus der Oberschicht. Sie regelten Stadtangelegenheiten, z. B. die Überwachung von Maßen und Gewichten oder Steuererhebungen.

Reformation, die
(lat. Wiederherstellung, Erneuerung) Kirchliche Erneuerungsbewegung ab 1517. Das westliche Christentum spaltete sich in die Glaubensrichtungen katholisch, lutherisch und reformiert.

Reichsacht, die
Bei schweren Verbrechen konnten der König oder ein königlicher Richter den Täter ächten. Dieser war damit aus der Gemeinschaft ausgestoßen und vogelfrei. Jeder hatte das Recht, einen Geächteten zu töten. Er verlor seinen Besitz, und wer ihn aufnahm, verfiel selbst der Reichsacht.

Renaissance, die
(frz.: Wiedergeburt). Bezeichnung für die Zeit am Ende des Mittelalters, in der in Wissenschaft und Kunst die Schriften sowie Kunstwerke der griechischen und römischen Antike „wiederentdeckt“ wurden und großen Einfluss auf das Denken sowie Fühlen der Menschen hatten.

Republik, die
(lat.: *res publica* = die öffentliche Sache). Begriff für eine Staatsform mit einer gewählten Regierung, in der das Volk oder ein Teil des Volkes die Macht ausübt.

Revolution, die
Der meist gewaltsame Umsturz einer bestehenden politischen und gesellschaftlichen Ordnung.

Ritterorden, der
Geistliche Gemeinschaften von Rittern, die sich zum Schutz der christlichen Stätten des Heiligen Landes sowie der Pilger dorthin verpflichtet hatten. In der Zeit der Kreuzzüge stellten die Angehörigen der Ritterorden große Teile der kämpfenden Heere. Berühmte Ritterorden waren z. B. die Templer und die Johanniter.

Ruhrpolen, die
Arbeitskräfte, die in Ostpreußen oder ehemals polnischen Gebieten für die Arbeit im Ruhrgebiet während der Industriellen Revolution angeworben wurden.

S

Salon, der
Als Salon bezeichnete man vom 17. bis zum 19. Jahrhundert Gesellschafts- bzw. Empfangszimmer, in denen sich Bürgerinnen und Bürger, Gelehrte und Künstler regelmäßig trafen und über politische und kulturelle Themen sowie die Ideen der Aufklärung diskutierten.

Schlafbursche, der
Person, die stundenweise ein Bett mietet.

Sklaverei, die
Zustand, in dem ein Mensch das Eigentum eines anderen ist.

Soziale Frage, die
Bezeichnung für die Notlage und die ungelösten sozialen Probleme der Arbeiterschaft im 19. Jahrhundert, die mit der Industrialisierung entstanden waren. Dazu zählten z. B. das Wohnungselend, unzumutbare Arbeitsbedingungen, die Kinderarbeit, Verelendung aufgrund niedriger Löhne und hoher Arbeitslosigkeit.

Sozialismus, der
(lat.: *socius* = Bundesgenosse; gemeinsam). Die Lehre vom Sozialismus entwickelte sich während der Phase der Industrialisierung im 19. Jahrhundert. Die Sozialisten forderten eine gerechte Verteilung der materiellen Güter und eine Gesellschaftsordnung, die nicht vom Profitstreben des Einzelnen, sondern vom Wohl des Ganzen geprägt sein sollte. Um den Gegensatz zwischen Arm und Reich zu verringern, forderten die Sozialisten, das Privateigentum an den Produktionsmitteln aufzuheben.

Sozialistengesetz, das
Bezeichnung für das „Gesetz gegen die gemeingefährlichen Bestrebungen der Sozialdemokratie“. Es untersagte sozialistische und sozialdemokratische Organisationen und deren Aktivitäten im Deutschen Reich.

SPD, die
Sozialdemokratische Partei Deutschlands. Nachdem sich der 1863 in Leipzig gegründete Allgemeine Deutsche Arbeiterverein (ADAV) und die 1869 in Eisenach gegründete Sozialdemokratische Arbeiterpartei 1875 in Gotha zur Sozialistischen Arbeiterpartei (SAP) zusammengeschlossen hatten, wurde die Partei nach ersten Wahlerfolgen (1877: 9,1 % der Stimmen) unter Reichskanzler Bismarck 1878 durch das Sozialistengesetz verboten. Nach dessen Aufhebung 1890 wurde die Sozialdemokratische Partei (SPD) gegründet.

Stand, der
Bezeichnung für eine gesellschaftliche Gruppe im Mittelalter.

Synagoge, die
Jüdisches Gotteshaus.

T

Terror, der
(lat. *terror* = Schrecken). Politik der massiven Unterdrückung von Personen mit dem Ziel, die Menschen gefügig zu machen.

Thora, die
Erster Teil des Tanach, der heiligen Schrift der Juden. Sie enthält die fünf Bücher Mose und bildet die Grundlage des jüdischen Gottesdienstes.

V

Vereinten Nationen / United Nations Organisation (UNO), die
Die Vereinten Nationen sind ein Zusammenschluss fast aller Staaten der Erde. Das Ziel der Vereinten Nationen ist, das friedliche Zusammenleben aller Nationen zu sichern.

Verfassung, die
Eine Verfassung legt fest, welche Aufgaben und Rechte die Bürger haben und wer den Staat regiert.

Vorparlament, das
War eine Versammlung von 574 Männern. Sie sollte die Wahl der Frankfurter Nationalversammlung vorbereiten.

W

Werkssiedlung, die
Siedlungen für Arbeiter, die auf Initiative von Vereinen oder Fabrikanten gegründet wurden, um preiswerten Wohnraum für Arbeiter zu schaffen.

Z

Zensur, die
Der Begriff beschreibt den Versuch des Staates oder einzelner Machthaber im Staat, die Informationen in den Medien zu kontrollieren und ggf. zu entfernen.

Synopse: Längsschnitt Weltbilder

Seite	Epoche	Thema der Doppelseite
18–19	Mittelalter 500–1500	Aufbau der mittelalterlichen Gesellschaft
24–25	Mittelalter 500–1500	Methode: Textquellenvergleich; Sichtweisen von Zeitgenossen zum christlichen Weltbild/Gesellschaftsbild des Mittelalters
42–43	Frühe Neuzeit 1500–1750	Ein neues Weltbild entsteht
44–45	Frühe Neuzeit 1500–1750	Renaissance und Humanismus
46–47	Frühe Neuzeit 1500–1750	Früchte des neuen Denkens: technische Neuerungen
48–49	Frühe Neuzeit 1500–1750	Glaubenskritik und Reformation
50–51	Frühe Neuzeit 1500–1750	Folgen der Reformation: Augsburger Religionsfrieden
124–125	Zeitalter der Revolutionen 1750–1900	Die Arbeiterbewegung und ihre Vordenker
128–129	Zeitalter der Revolutionen 1750–1900	Frauenbewegung

Zum Weiterlesen

Jugend- und Sachbücher

Epochenüberblick

▸ Alexandre-Bidon, Danièle: Das Leben der Kinder im Mittelalter. München (Knesebeck) 2007.
▸ Cesco, Federica de: Das Gold der Azteken. Würzburg (Arena) 2006.
▸ Seidemann, Maria: Das will ich wissen: Das Leben im Mittelalter. Würzburg (Arena) 2008.
▸ Tielmann, Christian: Die Zeitenläufer – Mit Volldampf ins Mittelalter. München (cbj) 2011.
▸ Venzke, Andreas: Luther und die Macht des Wortes. Würzburg (Arena) 2007.
▸ Zittelmann, Arnulf: Unter Gauklern. Abenteuer-Roman (Gulliver), Weinheim (Beltz & Gelberg) 2011.

Fächerverbindendes Modul: Migrationen

▸ Catozzella, Giuseppe: Sag nicht, dass du Angst hast. München (Knaus) 2014.
▸ Egle, Elisabeth: Der Schatz der Hugenotten. München (Allitera Verlag) 2013.
▸ Höra, Daniel: Das Schicksal der Sterne. München (Ars Edition) 2015.
▸ O'Connor, Joseph: Die Überfahrt. Frankfurt am Main (Fischer) 2003.
▸ Teller, Janne: Krieg: Stell dir vor, er wäre hier. München (Reihe Hanser) 2013.

Epochenvertiefung: Die politischen Revolutionen

▸ Lewin, Waltraud: Die letzte Rose des Sommers. München (cbt) 2008.
▸ Ott, Inge: Freiheit! Stuttgart (Freies Geistesleben), 1996.
▸ Thamer, Hans-Ulrich: Die Französische Revolution. Freiheit, Gleichheit, Brüderlichkeit. Hildesheim (Gerstenberg) 2007.
▸ Völkel, Ulrich: Luc und die Wölfe von Paris. (Pinnow EDITION digital) 2015.

Epochenvertiefung: Industrielle Revoltion

▸ Pelgrom, Els: Umsonst geht nur die Sonne auf. München (dtv) 2012.
▸ Grütter, Karin/Ryter, Annamarie: Stärker als ihr denkt. Solothurn (Aare) 1989.

Fächerverbindendes Modul: Armut und Reichtum

▸ Bottermann-Broj, Maria R./Schrör, Gertrud: Die Geschichte der heiligen Elisabeth den Kindern erzählt. Kevelaer (Butzon & Bercker) 2002.

Juden, Christen und Muslime

▸ Becker, A.: Meine Religion – deine Religion. München (dtv) 1984.
▸ Boie, Kirsten: Alhambra. Hamburg (Oetinger), 2010.
▸ Halter, Marek: Alles begann mit Abraham. München (dtv) 2010.
▸ Hess, Robert: Die Geschichte der Juden. Ravensburg (Otto Maier Verlag) 1993.
▸ Moktefti, Mokhtar: So lebten sie in den ersten Jahrhunderten des Islam. Hamburg (Tessloff) 1986.
▸ Pressler, Mirjam: Nathan und seine Kinder. Weinheim (Beltz und Gelberg) 2010.
▸ Rechlin, Eva: Die Nacht der Zugvögel. Bindlach (Loewe) 1983.
▸ Weitz, Burkhard: Nachgefragt. Weltreligionen. Basiswissen zum Mitreden. Bindlach (Loewe) 2009.

Die Geschichte der Stadt am Beispiel Brandenburg-Preußen

▸ Faroqhi, Anna: Weltreiche erblühten und fielen. 650 Jahre Geschichte Neuköllns. Hrsg. von Dorothea Kolland im Auftrag des Bezirksamtes Neukölln. Berlin (Dagylei Verlag) 2010.
▸ Lyne, Charlotte: Feuer über Brandenburg. Köln (Bastei Lübbe) 2016.

Schritte zur modernen Demokratie

▸ Kordon, Klaus: 1848 – Die Geschichte von Jette und Frieder. Weinheim (Beltz & Gelberg) 2000.
▸ Röhrig, Tilman: Funke der Freiheit. München (Piper), 2010.

Europäische Expansion und Kolonialismus

▸ Baumann, Hans: Der Sohn des Kolumbus. Bindlach (Loewe) 1996.
▸ Lemmer, Helmut: Der Sand der Namib. Bochum (Universitätsverlag Brockmeyer) 2014.
▸ Merino, José Maria: Das Gold der Träume. Würzburg (Arena) 1994.

Aus dem Grundgesetz der Bundesrepublik Deutschland

Artikel 1

(1) Die Würde des Menschen ist unantastbar. Sie zu achten und zu schützen, ist Verpflichtung aller staatlichen Gewalt.
(2) Das Deutsche Volk bekennt sich darum zu unverletzlichen und unveräußerlichen Menschenrechten als Grundlage jeder menschlichen Gemeinschaft, des Friedens und der Gerechtigkeit in der Welt.
(3) Die nachfolgenden Grundrechte binden Gesetzgebung, vollziehende Gewalt und Rechtsprechung als unmittelbar geltendes Recht.

Artikel 2

(1) Jeder hat das Recht auf die freie Entfaltung seiner Persönlichkeit, soweit er nicht die Rechte anderer verletzt und nicht gegen die verfassungsmäßige Ordnung oder das Sittengesetz verstößt.
(2) Jeder hat das Recht auf Leben und körperliche Unversehrtheit. Die Freiheit der Person ist unverletzlich. In diese Rechte darf nur aufgrund eines Gesetzes eingegriffen werden.

Artikel 3

(1) Alle Menschen sind vor dem Gesetz gleich.
(2) Männer und Frauen sind gleichberechtigt. Der Staat fördert die tatsächliche Durchsetzung der Gleichberechtigung von Frauen und Männern und wirkt auf die Beseitigung bestehender Nachteile hin.
(3) Niemand darf wegen seines Geschlechtes, seiner Abstammung, seiner Rasse, seiner Sprache, seiner Heimat und Herkunft, seines Glaubens, seiner religiösen oder politischen Anschauungen benachteiligt oder bevorzugt werden. Niemand darf wegen seiner Behinderung benachteiligt werden.

Artikel 4

(1) Die Freiheit des Glaubens, des Gewissens und die Freiheit des religiösen und weltanschaulichen Bekenntnisses sind unverletzlich.
(2) Die ungestörte Religionsausübung wird gewährleistet.
(3) Niemand darf gegen sein Gewissen zum Kriegsdienst mit der Waffe gezwungen werden. ...

Artikel 5

(1) Jeder hat das Recht, seine Meinung in Wort, Schrift und Bild frei zu äußern und zu verbreiten und sich aus allgemein zugänglichen Quellen ungehindert zu unterrichten. Die Pressefreiheit und die Freiheit der Berichterstattung durch Rundfunk und Film werden gewährleistet. Eine Zensur findet nicht statt. ...
(3) Kunst und Wissenschaft, Forschung und Lehre sind frei. Die Freiheit der Lehre entbindet nicht von der Treue zur Verfassung.

Artikel 6

(1) Ehe und Familie stehen unter dem besonderen Schutze der staatlichen Ordnung.
(2) Pflege und Erziehung der Kinder sind das natürliche Recht der Eltern und die zuvörderst ihnen obliegende Pflicht. Über ihre Betätigung wacht die staatliche Gemeinschaft. ...

Artikel 7

(1) Das gesamte Schulwesen steht unter der Aufsicht des Staates.
(2) Die Erziehungsberechtigten haben das Recht, über die Teilnahme des Kindes am Religionsunterricht zu bestimmen. ...

Artikel 8

(1) Alle Deutschen haben das Recht, sich ohne Anmeldung oder Erlaubnis friedlich und ohne Waffen zu versammeln.
(2) Für Versammlungen unter freiem Himmel kann dieses Recht durch Gesetz ... beschränkt werden.

Artikel 9

(1) Alle Deutschen haben das Recht, Vereine und Gesellschaften zu bilden.
(2) Vereinigungen, deren Zwecke oder deren Tätigkeit den Strafgesetzen zuwiderlaufen oder die sich gegen die verfassungsmäßige Ordnung oder gegen den Gedanken der Völkerverständigung richten, sind verboten. ...

Artikel 10

(1) Das Briefgeheimnis sowie das Post- und Fernmeldegeheimnis sind unverletzlich.
(2) Beschränkungen dürfen nur auf Grund eines Gesetzes angeordnet werden. ...

Artikel 11

(1) Alle Deutschen genießen Freizügigkeit im ganzen Bundesgebiet. ...

Artikel 12

(1) Alle Deutschen haben das Recht, Beruf, Arbeitsplatz und Ausbildungsstätte frei zu wählen. ...
(2) Niemand darf zu einer bestimmten Arbeit gezwungen werden. ...

Artikel 12a*

(1) Männer können vom vollendeten achtzehnten Lebensjahr an zum Dienst in den Streitkräften, im Bundesgrenzschutz oder in einem Zivilschutzverband verpflichtet werden.
(2) Wer aus Gewissensgründen den Kriegsdienst mit der Waffe verweigert, kann zu einem Ersatzdienst verpflichtet werden. ...

Artikel 13

(1) Die Wohnung ist unverletzlich.
(2) Durchsuchungen dürfen nur durch den Richter, bei Gefahr im Verzuge auch durch die in den Gesetzen vorgesehenen anderen Organe angeordnet und nur in der dort vorgeschriebenen Form durchgeführt werden. ...

Artikel 14

(1) Das Eigentum und das Erbrecht werden gewährleistet. Inhalt und Schranken werden durch die Gesetze bestimmt.
(2) Eigentum verpflichtet. Sein Gebrauch soll zugleich dem Wohle der Allgemeinheit dienen.
(3) Eine Enteignung ist nur zum Wohle der Allgemeinheit zulässig. ...

Artikel 16

(1) Die deutsche Staatsangehörigkeit darf nicht entzogen werden. ...
(2) Kein Deutscher darf an das Ausland ausgeliefert werden. ...

Artikel 16a

(1) Politisch Verfolgte genießen Asylrecht.
(2) Auf Absatz 1 kann sich nicht berufen, wer aus einem Mitgliedstaat der Europäischen Gemeinschaften oder aus einem anderen Drittstaat einreist, in dem die Anwendung des Abkommens über die Rechtsstellung der Flüchtlinge und der Konvention zum Schutze der Menschenrechte und Grundfreiheiten sichergestellt ist. ...

Artikel 17

Jedermann hat das Recht, sich einzeln oder in Gemeinschaft mit anderen schriftlich mit Bitten oder Beschwerden an die zuständigen Stellen und an die Volksvertretung zu wenden. ...

Artikel 18

Wer die Freiheit der Meinungsäußerung, insbesondere die Pressefreiheit (Artikel 5 Abs. 1), die Lehrfreiheit (Artikel 5 Abs. 3), die Versammlungsfreiheit (Artikel 8), die Vereinigungsfreiheit (Artikel 9), das Brief-, Post- und Fernmeldegeheimnis (Artikel 10), das Eigentum (Artikel 14) oder das Asylrecht (Artikel 16a) zum Kampfe gegen die freiheitliche demokratische Grundordnung missbraucht, verwirkt diese Grundrechte. Die Verwirkung und ihr Ausmaß werden durch das Bundesverfassungsgericht ausgesprochen.

Artikel 19

(2) In keinem Falle darf ein Grundrecht in seinem Wesensgehalt angetastet werden.

Artikel 20

(1) Die Bundesrepublik Deutschland ist ein demokratischer und sozialer Bundesstaat.
(2) Alle Staatsgewalt geht vom Volke aus. Sie wird vom Volke in Wahlen und Abstimmungen und durch besondere Organe der Gesetzgebung, der vollziehenden Gewalt und der Rechtsprechung ausgeübt.
(3) Die Gesetzgebung ist an die verfassungsmäßige Ordnung, die vollziehende Gewalt und die Rechtsprechung sind an Gesetz und Recht gebunden.
(4) Gegen jeden, der es unternimmt, diese Ordnung zu beseitigen, haben alle Deutschen das Recht zum Widerstand, wenn andere Abhilfe nicht möglich ist.

Artikel 20a

Der Staat schützt auch in Verantwortung für die künftigen Generationen die natürlichen Lebensgrundlagen und die Tiere im Rahmen der verfassungsmäßigen Ordnung durch die Gesetzgebung und nach Maßgabe von Gesetz und Recht durch die vollziehende Gewalt und die Rechtsprechung.

Artikel 21

(1) Die Parteien wirken bei der politischen Willensbildung des Volkes mit. Ihre Gründung ist frei. Ihre innere Ordnung muss demokratischen Grundsätzen entsprechen. Sie müssen über die Herkunft und Verwendung ihrer Mittel sowie über ihr Vermögen öffentlich Rechenschaft geben. ...
(2)

*Die Wehrpflicht wurde zum 1. Juli 2011 auf Beschluss der Bundesregierung ausgesetzt.

1. Epochenüberblick

S. 18 Q1: Brackert, Helmut; Christ, Hannelore; Holzschuh, Horst (Hrsg.): Literatur in der Schule, Bd. 1, Mittelalterliche Texte im Unterricht. München (C. H. Beck) 1972 und 1976, S. 153 f.; **S. 21 Q1:** Franz, Günther: Der Bauernstand im Mittelalter, Darmstadt (Wissenschaftliche Buchgesellschaft) 1967, S. 83 ff.; **S. 25 Q1:** Zit. nach Johannes Bühler: Die Kultur im Mittelalter, Stuttgart (Kröner) 1954, S. 123; **S. 25 Q2:** Froissart, Jean: Chroniques II, hrsg. v. Gaston Raynaud, übersetzt von W. Schwartzkopff, Paris 1897, S. 94 ff.; **S. 28 Q1:** Borst, Otto: Alltagsleben im Mittelalter, Frankfurt a. M. (Insel Verlag) 1965, S. 95; **S. 32 M1:** Pleticha, Heinrich: Bürger, Bauern und Bettelmann, Würzburg (Arena) 1976, S. 11; **S. 32 M2:** Pleticha, Heinrich: Deutsche Geschichte, Bd. 2, München (Bertelsmann) 1982, S. 213; **S. 33 Q1:** Starke, Dieter: Herrschaft und Genossenschaft im Mittelalter, Stuttgart (Klett) 1971, S. 86 ff.; **S. 34 Q1:** Lautemann, Wolfgang (Hrsg.): Weltgeschichte im Aufriss, Bd. 2, Braunschweig (Diesterweg) 1971, S. 73 f.; **S. 38 Q1:** Kleinknecht, Wolfgang/Krieger, Herbert: Materialien für den Geschichtsunterricht, Bd. 3, Frankfurt (Diesterweg) 1978, S. 309; **S. 39 Q1:** Julius Frh. Grote u. a.: Das hannöversche Stadtrecht, Hannover (Jänecke) 1846, S. 441; **S. 42 Q1:** Thielen, Peter G.; Walzik, Günther (Hrsg.): Der Mensch und seine Welt. Geschichte – Politik für die Sekundarstufe I, übers. v. Thielen, Peter G., Bd. 2, Bonn (Dümmler) 1974, S. 105; **S. 43 Q2:** Brizio, Anna Maria (Übers.): Leonardos Worte, Stuttgart (Belser) 1985, S. 133; **S. 44 Q1:** Fürsten, Künstler, Humanisten. Renaissance: Anbruch der Neuzeit, hrsg. und übers. von Hale, John R., Reinbek (Rowohlt) 1973, S. 26; **S. 45 M1:** Gaarder, Jostein: Sofies Welt, München (Hanser) 1993, S. 234 f.; **S. 48 Q1:** Junghans, Helmar (Hrsg.): Die Reformation in Augenzeugenberichten, übers. von Lau, Franz und Junghans, Helmar, Düsseldorf (Rauch) 1973, S. 103; **S. 62 Q1:** Bossuet, Jacques Benigne: Politique tirée des prognoses paroles, Buch 2-6, übers. v. Huber, Hans C., Zürich (Schulthess), o. J., o. S. **S. 62 Q2:** Stahleder, Erich (Hrsg.): Absolutismus und Aufklärung, Ebenhausen bei München (Langewiesche Brandt) 1982, S. 136 f. (Urtext von Diderot); **S. 62 Q3:** Hartig, Irmgard A.; Hartig, Paul (Hrsg.): Die Französische Revolution, Stuttgart (Klett) 1990, o. S.; **S. 63 Q4:** Geschichte in Quellen, bearbeitet v. Arend, Walter, Bd. 1, München (BSV) 1970, S. 447; **S. 63 Q5:** Jean-Jacques Rousseau: Emile ou l'éducation, übers. v. Verf, Paris (Garnier Flammarion) 1974, S. 178; **S. 64 Q1:** Markov, Walter (Hrsg.): Die Revolution im Zeugenstand, Bd. 2, Leipzig (Reclam) 1985, S. 71; **S. 68 Q1:** Dohm, Hedwig: Die Frauen. Natur und Recht, Berlin 1893, zit. nach: Frederiksen, Elke: Die Frauenfrage – Deutschland 1865–1915, Stuttgart (Reclam) 1981, S. 374 f.

Fächerverbindendes Modul: Migrationen (Längsschnitt)

S. 74 M1: www.faz.net/aktuell/politik/ausland/afrika/afrika-die-gruende-fuer-die-flucht-nach-europa-13550996.html (letzter Zugriff: 24. 10. 2016); **S. 81 Q1:** http://franzoesische-friedrichstadtkirche.de/ein-klarer-raum/die-hugenotten.php (letzter Zugriff: 4. 11. 2016); **S. 84 Q1:** Geschichte in Quellen, Bd. 5, bearb. v. Günter Schönbrunn, BSV, München 1979. S. 510; **S. 86 Q1:** Röhrich, Lutz: Auswandererschicksal im Lied, in Peter Assion: Der große Aufbruch. Studie zur Amerikaauswanderung, Marburg 1985, S. 79 f.; **S. 86 Q2:** Helbich, Wolfgang J. (Hrsg.): „Amerika ist ein freies Land …" Auswanderer schreiben nach Deutschland, Darmstadt 1985; **S. 87 Q3:** http://www.auswandererbriefe.de/regionalebriefe.html. © 2011 Internationale Geschichte, Universität Trier (letzter Zugriff: 2. 7. 2016); **S. 88 Q1:** Kleßmann, Christoph: Der Anteil der Polen an der Entwicklung des Ruhrgebietes, in: Leidinger, Paul (Hrsg.): Deutsche und Polen im Kaiserreich und in der Industrialisierung, Paderborn 1982, S. 65–66; das Original ist ohne weitere Angaben abgedruckt in: Wachowiak, Stanislaus: Die Polen in Rheinland-Westfalen. Leipzig 1916, S. 11–13. zit. nach http://www.grin.com/de/e-book/13732/zwischen-repression-und-selbstorganisation-die-ruhrpolen ; **S. 88 Q2:** Kleßmann, Christoph: a. a. O.; **S. 89 Q3:** Leidinger, Paul: Geschichte, Politik und ihre Didaktik, Sonderheft 2, Paderborn (Schöningh) 1982, S. 35

Epochenvertiefung: Die politischen Revolutionen

S. 97 Q1: Nevins, Alan: Geschichte der USA, übers. von Betz, Ernst, Bremen (Schünemann) 1965; **S. 98 Q1:** Palmer, Robert R.: The Age of Democratic Revolution, übers. v. Lazarus, Herta, Wiesbaden (Aula) 1959, S. 480; **S. 99 Q2:** Hartig, Irmgard u. Paul (Hrsg.): Die Französische Revolution im Urteil der Zeitgenossen und der Nachwelt, Stuttgart (Klett) 1990, S. 11; **S. 99 Q3:** Reichardt, Rolf (Hrsg.): Ploetz: Die Französische Revolution, Freiburg (Herder) 1988, S. 35; **S. 101 Q1:** Markov, Walter (Hrsg.): Die Revolution im Zeugenstand, Bd. 2, Leipzig (Reclam) 1985, S. 71; **S. 102 Q (Wh. 244):** Lautemann, Wolfgang (Hrsg.): Geschichte in Quellen, Bd. 4, München (BSV) 1981, S. 199 ff.; **S. 103 Q2:** Petersen, Susanne: Marktweiber und Amazonen, Köln (Pahl-Rugenstein) 1987, S. 89 f.; **S. 107 Q1:** Hartig, Irmgard A./Hartig, Paul (Hrsg.): Die Französische Revolution, Stuttgart (Klett) 1989, S. 11 f.; **S. 109 Q1:** Hartig, Irmgard u. Paul (Hrsg.): Die Französische Revolution im Urteil der Zeitgenossen und der Nachwelt, Stuttgart (Klett) 1990, S. 54 f.; **S. 111 Q1:** Lautemann, Wolfgang (Hrsg.): Geschichte in Quellen, Bd. 4, München (BSV) 1981, S. 199 ff.

Epochenvertiefung: Industrielle Revolution

S. 118 Q1: Galm, Ulla: August Borsig, Berlin (Stapp) 1987, S. 114; **S. 118 Q2:** Kuczynski, Jürgen: Die Geschichte der Lage der Arbeiter unter dem Kapitalismus, Teil I. Bd. 2, Berlin-Ost (Akademie-Verlag) 1962, S. 197–199; **S. 119 Q3:** Bericht der Gewerbeaufsicht für das Unterelsass, in: Führt, Henriette: Die Fabrikarbeit verheirateter Frauen, Frankfurt/M. (Schnapper) 1902, S. 42 f. (sprachlich vereinfacht); **S. 120 Q1:** Abbe, Ernst: Gesammelte Abhandlungen, Jena (Fischer) 1906, S. 74; **S. 120 Q2:** Popp, Adelheid: Jugendgeschichte einer Arbeiterin, Stuttgart (Dietz) 1922, S. 11–13. (zit. nach Prolet. Lebensläufe); **S. 120 Q3:** URL: http://www.zeitspurensuche.de/02/kinder2.htm#1839 (letzter Zugriff: 13. 7. 2016); **S. 121 M1:** Ruppert, Wolfgang: Die Fabrik, Geschichte von Arbeit und Industrialisierung in Deutschland, München (C. H. Beck) 1983, S. 50; **S. 125 Q1:** Dithmar, Reinhardt: Arbeiterlieder 1844–1945, Neuwied u. a. (Luchterhand) 1993, S. 38 f.; **S. 128 Q1:** Conrady, Karl Otto (Hrsg.): Das große deutsche Gedichtbuch, Königstein/Ts (Athenäum) 1978, S. 319 f.; **S. 129 Q2:** Popp, Adelheid: Die Arbeiter, München (Beck) 1986, S. 438; **S. 129 Q3:** Baader, Ottilie: Ein steiniger Weg. Lebenserinnerungen einer Sozialistin, 3. Auflage, Berlin, Bonn (Dietz) 1979, S. 7; **S. 129 Q4:** zit. n.: Die Frauenfrage in Deutschland 1865–1915, Texte und Dokumente, hrsg. V. Elke Frederiksen, Stuttgart (Reclam) 1981, S. 401; **S. 130 Q1:** Historisches Archiv Krupp, Alfred Krupps Briefe und Niederschriften, Bd. 9, 1866–1870, zit. nach: Brüggemeier, Franz-Josef/Toyka-Seid, Michael (Hrsg.): Industrie-Natur. Lesebuch zur Geschichte der Umwelt im 19. Jahrhundert, Frankfurt/M. (Campus) 1995, S. 70 f.; **S. 131 Q2:** Vierteljahresschrift für öffentliche Gesundheit, in: Umweltgeschichte, Fragestellungen und Quellen zum Geschichtsunterricht, Hessisches Landesinstitut für Pädagogik, Wiesbaden, 2001, S. 57 ; **S. 131 Q3:** Bericht zum Stand und der Verwaltung des Medicinal- und Sanitätswesens, in: Umweltgeschichte, Fragestellungen und Quellen zum Geschichtsunterricht

Fächerverbindendes Modul: Armut und Reichtum (Längsschnitt)

S. 138 Q1: Bundesministerium für wirtschaftliche Zusammenarbeit und Entwicklung (Hrsg.): Die Milleniums-Entwicklungsziele, Hintergründe - Zielerreichung - Engagement, Bonn, Berlin (BMZ) 2000, S. 4; **S. 140 Q1:** zit. n. Mollat, Michel: Die Armen im Mittelalter, München (Beck) 1984, S. 240; **S. 142 Q1:** Mylius, Christian Otto (Hrsg.):Corporis Constitutionum Marchicarum, Bd. 5,5. Abteilung, 1. Kapitel, Nr. 5, Berlin und Halle 1737–1755; **S. 146 Q1:** Mylius, Christian Otto (Hrsg.):Corporis Constitutionum Marchicarum, Bd. 5,5. Abteilung, 1. Kapitel, Nr. 5, Berlin und Halle 1737–1755; **S. 147 Q2:** Jörg, Joseph E.: Geschichte der social-politischen Parteien in Deutschland, Freiburg (Herder) 1867, S. 213; **S. 150 Q1:** C.H. Bitter: Bericht über den Nothstand in der Senne zwischen Bielefeld und Paderborn, in: 64. Jahresbericht des Historischen Vereins für die Grafschaft Ravensberg 1966, Bielefeld 1966, S. 11; **S. 150 Q2:** Flemming, Jens/ Saul, Klaus /Witt, Peter Christian (Hrsg.): Quellen zur Alltagsgeschichte der Deutschen 1871–1914, , Darmstadt (Wissenschaftliche Buchgesellschaft) 1997, S. 131–133; **S. 151 Q3:** Die politischen Reden des Fürsten Bismarck 1892–1905, besorgt von Horst Kohl, Bd. 3, Stuttgart (Cotta) 1922, S. 142; **S. 153 Q1:** Kordon, Klaus: 1848. Die Geschichte von Jette und Frieder, Weinheim, Basel (Beltz & Gelberg) 1997, S. 43 f.

Juden, Christen und Muslime (Längsschnitt)

S. 158 M1: Thomas Assheuser: Salam und Schalom, in: DIEYZEIT Nr. 4/2015, 22. 1. 2015; abgerufen unter: www.zeit.de/2015/04/gewalt-religionen-toeten-verbot (letzter Zugriff: 27. 10. 2016); **S. 159 M2:** http://house-of-one.org/de (letzter Zugriff: 26. 10. 2016); **S. 160 Q1:** Borst, Arno: Lebensformen im Mittelalter, Frankfurt/M. u. a. (Ullstein) 1979, S. 318 f.; **S. 161 Q2:** zit. n.: Adolphe Neubauer (Hrsg.): Hebräische Berichte über Judenverfolgung während des ersten Kreuzzugs, Hildesheim (Olms) 1997, S. 153; **S. 161 Q3:** Guggenbühl, Gottfried; Weiss, Otto: Quellen zur allgemeinen Geschichte, Bd. 2, übers. von Otto Weiss, Zürich (Schulthess) 1973, S. 264; **S. 161 Q4:** Gabrieli, Francesco (Hrsg.): Die Kreuzzüge aus arabischer Sicht , übers. v. Barbara von Kaltenborn-Stachau, Zürich/München (Artemis) 1973, S. 49 f.; **S. 162 Q1:** Milger, Peter (Übers.): Die Kreuzzüge. Kriege im Namen Gottes, Bielefeld (Bertelsmann) 1988, S. 223; **S. 162 M1:** Skottki, Kristin: Christen, Muslime und der Erste Kreuzzug. Die Macht der Beschreibung in der mittelalterlichen und modernen Historiographie. Münster/New York, (Waxmann) 2015, S. 421; **S. 162 Q2:** Arnold Hottinger (1995): Die Mauren, München (Wilhelm Fink), S. 269; **S. 164 Q1:** Zit. n. Pernoud, Régine: Frauen zur Zeit der Kreuzzüge, Pfaffenweiler (Centaurus-Verl.-Ges.) 1993, S. 13 ff.; **S. 164 M1:** Dernbecher, Christine: „Deum et virum suum diligens". Zur Rolle und Bedeutung der Frau im Umfeld der Kreuzzüge. St. Ingbert (Röhrig), 2003, S. 57 f.; **S. 165 Q2:** Dernbecher, Christine: „Deum et virum suum diligens". Zur Rolle und Bedeutung der Frau im Umfeld der Kreuzzüge. St. Ingbert (Röhrig), 2003, S. 57 f.; **S. 165 Q3:** Milger, Peter (Übers.): Die Kreuzzüge. Kriege im Namen Gottes, Bielefeld (Bertelsmann) 1988, S. 77; **S. 167 M1:** Grundgesetz für die Bundesrepublik Deutschland, Baden- Baden (Nomos) 1996, S. 6; **S. 168 Q1:** Pollmann, Bernhard (Hrsg.): Lesebuch zur deutschen Geschichte, Dortmund 1989, S. 324 f.; **S. 169 Q2:** Stern, Selma: Der preußische Staat und die Juden, 1. Teil, 2. Abteilung: Akten. Tübingen (J. C. B. Mohr) 1962, S. 13 f.; **S. 170 Q1:** https://de.wikipedia.org/wiki/ Erste_Wiener_T%

C3%BCrkenbelagerung#R.C3.Bcckzug (letzter Zugriff: 15.6.2016); **S.171 Q2:** zit. nach: Kurshefte Geschichte: Die islamische Welt und Europa, Berlin (Cornelsen), S.165; **S.172 Q1:** zit. nach Höxter; Julius: Quellenbuch zur jüdischen Geschichte und Literatur, V. Teil, Frankfurt, 1930, S.21–23; **S.172 Q2:** Rathenau, Walther: Staat und Judentum (1911), in: ders., Gesammelte Schriften, Bd.1: Zur Kritik der Zeit. Mahnung und Warnung. Berlin 1918, S.188f.; **S.173 Q3:** Petersen, Tanja (Hrsg.): Kommentierte Dokumente zur Geschichte der Juden im 19. Jahrhundert, Berlin (Jüdisches Museum) 2009, S.25

Die Geschichte der Stadt am Beispiel Brandenburg-Preußen (Längsschnitt)
S.183 M1: Autorentext; **S.184 Q1:** Görke, André; Kneist, Sigrid und Törne, Lars: Alltag in den Städten des Mittelalters, in: Freiheit im Mittelalter am Beispiel der Stadt, hrsg. v. Dagmar Klose und Marco Ladewig, Universitätsverlag Potsdam 2009, S.226; **S.186 Q1:** Homann, Hermann, (Hrsg.): Die Eroberung Mexikos, Stuttgart (Erdmann) 1975; **S.188 Q1:** H.C.P. Schmidt: Geschichte und Topographie der Residenzstadt Potsdam, 1825, S.53; **S.189 Q2:** H.C.P. Schmidt: a.a.O.; **S.190 Q1:** Georg Holmsten: „Die Berlin-Chronik", Düsseldorf (Droste) 1984, S.37; **S.192 Q1:** Berlin und seine Bauten, 1. Teil, hrsg. v. Architekten-Verein zu Berlin, Berlin 1877, S.450f.; **S.193 Q2:** Landesarchiv Berlin, Rep. 10–02, Nr. 2149; **S.194 Q1:** http://www.otto-reutter.de/index.php/couplets/texte/218-berlin-ist-ja-so-gross.html (letzter Zugriff: 18.9.2016); **S.195 M1:** Autorentext

Schritte zur modernen Demokratie (Längsschnitt)
S.200 M1: https://www.welt.de/newsticker/dpa_nt/infoline_nt/thema_nt/article147416129/Die-Begruendung-fuer-den-Friedensnobelpreis-2015.html (letzter Zugriff: 28.10.2016); **S.205 Q1:** http://www.verfassungen.eu/gb/ gb1215.htm; aus: Bromme, Die Verfassungen der Vereinigten Staaten von Nordamerika, ... und die Englische Staatsverfassung, Hoffmannsche Verlags-Buchhandlung Stuttgart 1849; übersetzt aus der Kopie der Cottonian Library zu Oxford; **S.206 Q1:** www.verfassungen.eu/gb/gb1689.htm (letzter Zugriff: 28.10.2016); **S.208 Q1:** „Provisorische Bestimmungen hinsichtlich der Freiheit der Presse", in: Huber, Ernst Rudolf (Hrsg.): Dokumente zur deutschen Verfassungsgeschichte, Bd.1, Stuttgart (Kohlhammer) 1961, S.101ff.; **S.209 Q2:** https://de.wikipedia.org/wiki/Die_Gedanken_sind_frei (letzter Zugriff: 24.10.2016); **S.211 Q1:** zit. nach: Gall, Lothar (Hrsg.) FFM 1200: Traditionen und Perspektiven einer Stadt, Sigmaringen (Thorbecke) 1994, S.222; **S.214 Q1:** Ranke, Leopold: Aus dem Briefwechsel Friedrich Wilhelms IV. mit Bunsen, in: ders., Sämtliche Werke, Bd.50, Leipzig 1887, S.264; **S.215 M2:** Nipperdey, Thomas: Deutsche Geschichte 1866–1918, Arbeitswelt und Bürgergeist. München (Beck) 1990. o.S.

Europäische Expansion und Kolonialismus
S.224 Q1: Schmitt, Eberhard (Hrsg. und Übers.): Dokumente zur Geschichte der europäischen Expansion, Bd.2, München (Beck) 1984, S.113; **S.225 Q2:** Eggebrecht, Arne (Hrsg.), Glanz und Untergang des alten Mexiko. Die Azteken und ihre Vorläufer, Mainz (Philipp von Zabern) 1986, S.152; **S.229 Q1:** Homann, Hermann, (Hrsg.): Die Eroberung Mexikos, Stuttgart (Erdmann) 1975; **S.230 Q1:** Narciss, Georg A. (Hrsg.): Wahrhaftige Geschichte der Entdeckung und Eroberung Mexikos, Stuttgart (Steingrüben) 1965, S.240; **S.230 Q2:** Leon-Portilla, Miguel/Heuer, Renate (Hrsg.): Rückkehr der Götter, Köln (Middelhauve) 1962, S.46; **S.231 Q2:** Leon-Portilla, Miguel/Heuer, Renate (Hrsg.): a.a.O., S.91ff.; **S.233 Q1:** Hernan Cortéz, in: Claus Litterscheid (Hrsg.): Die Eroberung Mexikos, Frankfurt (Insel) 1980, S.42f.; **S.233 Q2:** zit. nach Urs Bitterli: Die Entdeckung Amerikas, München (Beck) 1999, S.299f.; **S.234 Q1:** Geschichte in Quellen, hrsg. v. Wolfgang Lautemann, Manfred Schlenke, Bd.3: Renaissance, Glaubenskämpfe, Absolutismus, bearb. von Fritz Dickmann München (bsv) 1982, S.64; **S.234 M1**: Schmidt, Peer: Unterdrückung und Selbstbehauptung, in: Die Zeit: Welt- und Kulturgeschichte, Bd.8, Zeitverlag Hamburg 2006 S.494f.; **S.234 Q2:** Strosetzky, Christoph (Hrsg):Der Griff nach der neuen Welt, Frankfurt/M (Fischer) 1990, S.274; **S.234 Q3:** zit. nach: Richard Konetzke: Lateinamerika seit 1492, Stuttgart (Klett) 1984, S.32; **S.237 Q1:** Tetzlaff, Rainer: Koloniale Entwicklung und Ausbeutung: Wirtschafts- und Sozialgeschichte Deutsch-Ostafrikas 1885–1914, Berlin (Duncker & Humblot) 1970, S.200; **S.237 Q2**: Verhandlungen des Reichstags, IX. Legislaturperiode, II. Session 1893/1894, Stenographische Berichte, Bd.2, Sitzung vom 17.02.1894, Berlin (Druck und Verlag der Norddeutschen Buchdruckerei und Verlags-Anstalt) 1894, S.1318; **S.238 Q1:** Patemann, Helgard: Lehrbuch Namibia. Deutsche Kolonie 1884–1915, Wuppertal (Hammer) 1984, S.41; **S.239 Q2:** Drechsler, Horst: Südwestafrika unter deutscher Kolonialherrschaft: Der Kampf der Herero und Nama gegen den deutschen Imperialismus, Berlin (Akademie) 1986, S.102; **S.239 Q3:** Drechsler, Horst: a.a.O., S.102; **S.240 Q1:** Kolumbus, Christoph: Das Bordtagebuch 1492, Leben und Fahrten des Entdeckers der Neuen Welt in Dokumenten und Aufzeichnungen, Tübingen (Erdmann) 1978, S.86ff.; **S.240 Q2:** Schmitt:, Eberhard: Nahe dem großen Khan? Die Entdeckung der neuen Welt. Auszüge aus dem Bordbuch des Kolumbus, in: Rainer Beck (Hrsg): 1492 Die Welt zur Zeit des Kolumbus. Ein Lesebuch, München (Beck) 1992 S.166–169

Cover: mauritius images/Manfred Mehlig; **2.1:** Dominsel © Ulf Boettcher, Stadtmarketing- und Tourismusgesellschaft Brandenburg an der Havel mbH (STG); **3.2:** Reuters/Jose Palazon; **3.3:** akg-images; **3.4:** ddp-images/ddp-images; **4.1:** Fotolia/©MissKlik#47320976; **4.2:** Getty Images; **4.3:** Interfoto/Bildarchiv Hansmann; **5.1:** Riva Press/laif; **5.2:** picture-alliance/ZB © dpa/Elmar Hartmann

Epochenüberblick

12/13: Dominsel © Ulf Boettcher, Stadtmarketing- und Tourismusgesellschaft Brandenburg an der Havel mbH (STG); **14.1:** The Bridgeman Art Library; **18.1:** akg-images; **19.2:** akg-images; **19.3:** picture-alliance/Prisma Archivo; **20.1:** akg-images/British Library; **25.1 (Wh. 6):** bpk/British Library Board/Robana; **28.1:** ddp images/ddp images/Birgit Seifert; **29.2:** akg-images; **34.1:** Boyens Buchverlag, Heide. Aus: Von Koggen und Kaufleuten von Heinz-Joachim Draeger; **35.2:** akg-images/Electa; **37.1:** imago stock&people/Andre Poling; **37.2:** Foto: Micha Winkler; **38.1:** bpk/Dietmar Katz; **38.2:** Stadtarchiv Würzburg; **39.1:** ddp images; **39.2:** akg-images; **40.1:** INTERFOTO/PHOTOAISA; **43.3:** akg-images/Erich Lessing **43.4:** picture-alliance/Artcolor © SaurerFriedrich/OKAPIA; **44.1:** picture-alliance/Artcolor/Koch; **44.2:** akg-images/Erich Lessing; **45.3:** akg-images/Erich Lessing; **46.1:** aus: Cornelissen, Joachim u. a. (Hrsg.): Mosaik. Der Geschichte auf der Spur. Bd. D2. München 2008. **47.2:** akg-images; **47.3:** Germanisches Nationalmuseum, Nürnberg; **47.4:** picture-alliance/ZB/© dpa/Elmar Hartmann; **48.1:** bpk; **49 (RS):** akg-images/Science Photo Library; **50.1:** akg-images; **53.1, 2:** Everett Collection; **54.1:** akg-images; **56.1:** akg-images/Archives CDA/Guillot; **57.2:** bpk/RMN/Blot, Gérard; **59.1:** dieKLEINERT.de/Andreas Prüstel; **60.1:** SCIENCE PHOTO LIBRARY/Collection Abecasis; **61.2:** INTERFOTO/Granger, NYC; **62.1:** bridgeman; **64.1:** akg-images; **65.2:** Bridgeman/Giraudon; **66.1:** akg-images; **67.2:** akg-images; **68.1:** akg-images; **69.1:** bpk; **69.2:** akg-images

Fächerverbindendes Modul: Migrationen (Längsschnitt)

70, 71: Reuters/Jose Palazon; **71 (Einklinker):** akg-images; **72.1:** akg-images; **73.2:** INTERFOTO/Granger, NYC; **73.3:** © epd-bild/Norbert Neetz; **73.4:** Deutsches Bergbau-Museum Bochum, Objekt-Nr.: 3303933; **73.5:** INTERFOTO/Mary Evans/Illustrated London News Ltd.; **75.2:** epd-bild/Ingo Lehnick; **79.2:** akg-images; **80.1:** bpk; **81.2:** akg-images/Bildarchiv Steffens; **83.2:** Scherl/Süddeutsche Zeitung Photo; **84.1:** akg-images; **85.2:** akg-images; **86.1:** akg-images; **87.2:** picture alliance/Klaus Nowottnick; **88.1:** LWL-Industriemuseum; **90.1:** akg-images; **90.2:** akg-images; **90.3:** akg-images;

Epochenvertiefung: Die politischen Revolutionen

92, 93: akg-images; **92** (Einklinker): akg-images; **95.2:** akg-images; **95.3:** akg-images/Erich Lessing; **95.4:** picture-alliance /AP images; **96.1:** picture-alliance /akg-images; **97.2:** akg-images; **98.1:** Kunstsammlungen der Veste Coburg; **100.1:** bridgeman/Giraudon; **101.2:** bpk; **102.1:** akg-images/Erich Lessing; Schrift bearbeitet; **103.2:** Glow Images/Heritage Images RM; **106.1:** bpk; **107.2:** akg-images; **108.1:** akg-images/Erich Lessing; **110.1:** Bridgeman/Giraudon; **110.2:** Jens Knappe-360-Berlin.de; **110.3 a:** Glow Images/Heritage Images RM, **3 b:** bpk, **3 c:** akg-images/Erich Lessing, **3 d:** Bridgeman/Giraudon, **3 e:** akg-images, **3 f:** Kunstsammlungen der Veste Coburg

Epochenvertiefung: Industrielle Revolution

112, 113: ddp-images/ddp-images; **112 (Einklinker):** Rolls-Royce plc; **115.2:** INTERFOTO/Science & Society; **115.3:** bpk; **115.4:** bpk; **115.5:** bpk; **116.1:** akg-images **117.2:** Interfoto / Granger, NYC; **118.1:** bpk; **118.2:** bpk/Dietmar Katz; **119.3:** Landesarchiv Berlin, F Rep. 290 Nr. 0230141/Fotograf: k. A.; **120.1:** bpk **120.2:** Prisma/Clément Philippe; **121.3:** Stiftung Deutsches Technikmuseum Berlin, Hist. Archiv; **122, 123:** bpk/Nationalgalerie, SMB/Jürgen Liepe; **124.1:** Prisma/Walter Mori; **124.2:** Deutsches Historisches Museum, Berlin/A. Psille; **125.3:** akg-images; **127.1:** Getty Images /Hulton Archive; **127.2:** akg-images; **127.3:** bpk/Georg Buxenstein Co.; **128.1:** bpk/Dietmar Katz; **129.2:** Kharbine-Tapabor/StudioX; **130.1:** Historisches Archiv Krupp, Essen; **131.2:** akg-images; **131.3:** akg-images; **132.1 (Wh. 6):** akg-images; **132.2 (Wh. 6):** Seminar Dr. des. Ulf Kerber mit Studierenden Godec, Stätzler, Strobel, Vogt

Fächerverbindendes Modul: Armut und Reichtum (Längsschnitt)

134, 135: Fotolia/© MissKlik#47320976; **134 (Einklinker):** bpk/Dietmar Katz; **136.1:** akg-images; **136.2:** akg-images; **137.3:** akg-images; **137.4:** bpk/RMN-Grand Palais /René-Gabriel Ojéda; **137.5:** akg-images; **138.1:** F1online; **138.2:** mauritius images/imageBROKER/Walter G. Allgöwer; **140.1 (Wh. 7):** bpk; **141.2 (Wh. 7):** akg-images; **142.1:** Germanisches Nationalmuseum, Nürnberg **142.2 (Wh. 7):** akg-images; **143.2:** Berlin-Mitte-Archiv; **143.3:** INTERFOTO/Mary Evans/Peter Higginbotham**144, 145:** akg-images; **146.1:** akg-images; **147.2:** akg-images; **150.1:** akg-images; **151.2:** bpk; **152.1:** akg-images

Juden, Christen und Muslime (Längsschnitt)

154, 155: Getty Images; **154 (Einklinker):** Bibliothèque nationale de France, Paris; **157.2:** imageBROKER/Martin Siepmann **157.3:** www.shutterstock.com; **157.4:** mauritius images/Science Source/New York Public Library;**157.5:** bpk/Geheimes Staatsarchiv, SPK; **159.2:** epd-bild/ChristianxDitsch;

159.3: imago/Uwe Steinert; **161.2:** action press/Ullstein-Archiv Gerstenberg; **162.1:** INTERFOTO/Granger, NYC; **162.2:** akg-images/British Library; **163.3:** picture-alliance/united archives/WHA; **164.1:** Bibliothèque nationale de France, Paris, **165.2:** Bridgeman/Bibliothèque de L'Arsenal, Paris, Archives Charmet; **167.1:** Peter Wirtz, Dormagen; **168.1:** bpk; **168.2:** © Bridgemanimages.com; **169.3:** akg/Bible Land Pictures; **169.4:** INTERFOTO/Sammlung Rauch; **171.2:** akg-images; **171.3:** akg-images/Rabatti-Domingie; **172.1:** https://upload.wikimedia.org/ wikipedia/commons/c/ca/Rathenau_sergeant.jpg?uselang=de (letzter Zugriff: 26. 8. 2016); **172.2:** bpk; **173.3:** Vintage Germany; **175.1:** Jüdisches Museum, Berlin; **175.2:** Jüdisches Museum, Berlin, Foto:Svea Pietschmann; **176.1 a:** INTERFOTO/NG Collection, **1 b:** imago/Leemage, **1 c:** imago/Leemage, **1 d:** imago/Xinhua; **176.2:** imago/ZUMA Press

Die Geschichte der Stadt am Beispiel Brandenburg-Preußen (Längsschnitt)

178, 179 (Wh. 6): Interfoto/Bildarchiv Hansmann; **178 (Einklinker, Wh. 6):** TTstudio; **181.2:** Interfoto/Sammlung Rauch; **181.3 (Wh. 188):** Potsdam, Schloss Sanssouci, frontale Ansicht mit oberster Terrasse/SPSG/Leo Seidel. ; **183.3:** pixathlon; **184.1:** akg-images; **185.2:** Imago/Imagebroker; **186.1:** INTERFOTO/Granger, NYC; **186.2:** © Bridgemanimages.com; **187.3:** mauritius images/Sergi Reboredo/Alamy; **189.2:** Your_Photo_Today; **190.1.:** akg-images/historic maps; **191.2:** INTERFOTO/Sammlung Rauch; **192.1:** bpk/Heinrich Lichte; **193.1:** bpk/Kunstbibliothek, SMB, Photothek Willy Römer/Willy Römer; **193.3** Archi-de, abgerufen unter: https://de.wikipedia.org/wiki/ Datei:Mietshaus.jpg (letzter Zugriff: 5. 9. 2016); **194.1:** Anna Faroqhi, aus: Weltreiche erblühten und fielen. 650 Jahre Geschichte Neuköllns. Hrsg. von Dorothea Kolland im Auftrag des Bezirksamtes Neukölln. Berlin, 2010; **194.2:** bpk/Heinrich Zille

Schritte zur modernen Demokratie (Längsschnitt)

196, 197: Riva Press/laif; **196.1 (Einklinker, Wh. 199):** ddp images; **198.1:** (Wh. 209) akg-images; **199.2:** ddp images; **199.3:** INTERFOTO/Mary Evans; **199.4:** akg-images; **201.2:** imago/Haytham Picture; **201.3:** shutterstock/crazystocker; **203.1:** Khalid Albaih/CARTOON MOVEMENT; **203.2:** Shreif Arafa/CARTOON MOVEMENT; **204.1:** imago/United Archives International; **205.2:** Bill Nye's: Comic History of England, illustrator: W. W. Goodes; **206.1:** INTERFOTO/picturedesk.com/ÖNB/Northcote, James; **207.2:** bpk/RMN – Grand Palais/Gérard Blot/Christian Jean; **211.2:** akg-images **212, 213:** akg-images; **214.1**: bpk/Dietmar Katz; **215.2:** akg-images; **216.2:** Reproduced with kind permission of Royal Mail Group Limited. (c) Royal Mail Group Limited 2015; **217.3:** Fadi Abou Hassan/Cartoon Movement

Europäische Expansion und Kolonialismus

218, 219: picture-alliance/ZB © dpa/Elmar Hartmann; **218 (Einklinker):** akg-images/North Wind Picture Archives; **221.2 (Wh. 6):** akg-images; **221.3 (Wh. 6):** bpk/The Trustees of the British Museum; **221.4 (Wh. 6):** bpk-images; **222.2:** Robert Stansfield/Department for International Development; **225.2:** akg-images; **228.1:** Bridgeman/Luis Covarrubias/Museo Nacional de Antropologia, Mexico City/Sean Sprague/Mexicolore; **229.2:** © Bridgemanimages.com; **230.1:** © Bridgemanimages.com; **231.2:** bpk; **231.3:** De Agostini/Getty Images; **233.1:** © Bridgemanimages.com; **237.3:** INTERFOTO/Granger, NYC; **239.2:** Archives Charmet/bridgemanart.com; **240.1:** bpk-images;**241.3:** picture-alliance/ZUMAPRESS.com/Paul Bersebach

Anhang

242.1: Peter Wirtz, Dormagen; **243.2:** Jüdisches Museum, Berlin; **245.1:** © Bridgemanimages.com; **245.2:** akg-images; **246.1:** akg-images/Erich Lessing **246.2:** bpk/Dietmar Katz; **247.3:** Getty Images/Hulton Archive, **247.4:** Peter Wirtz, Dormagen; **249.1:** Peter Wirtz, Dormagen **259:** Cover des Romans „Unter Gauklern“ von Arnulf Zitelmann, Weinheim, 2011, Gulliver/Beltz & Gelberg

Karten/Illustrationen/Grafiken

Klaus Becker, Oberursel: 26 (RS), 27 (RS), 30/31, 47.5; **Martina Bick, Berlin:** 32.1; **Thomas Binder, Magdeburg:** 49.2, 77.2, 226/227 (Wh. 8); **Carlos Borrell Eiköter, Berlin:** 15.2, 16.1, 41.2, 51.2, 55.2, 58.1, 74.1, 78.1, 82.1, 94.1, 109.2, 114.1, 156.1, 2, 158.1, 160.1, 163.4, 170.1, 180.1, 200.1, 208.1, 210.1, 220.1 (Wh. 6), 222.1, 223.3, 223.4, 224.1, 234.1 (Wh. 9), 236.1, 238.1; **Elisabeth Galas, Bad Breisig:** 42.1, 42.2, 57.3, 63.2, 3, 89.2, 99.2, 105.1, 119.4, 250.1 **Heimann und Schwantes, Berlin:** 26.1, 27.2, 33.2; **Uwe Rogal, Berlin:** 139.3, 149.1, 2, 152.2, 182.1, 251.1; **Michael Teßmer, Hamburg:** 17.2, 21.2, 22/23

Projektleitung: Dr. Christina Keitz
Redaktion: Sandra Ehrlich, Banzkow bei Schwerin
Grafik und Illustrationen: Klaus Becker, Oberursel; Thomas Binder, Magdeburg; Elisabeth Galas, Bad Breisig; Heimann und Schwantes Berlin; Uwe Rogal, Berlin; Michael Teßmer, Hamburg
Karten: Carlos Borrell Eiköter, Berlin
Bildassistenz: Sandra Ehrlich, Banzkow bei Schwerin
Gesamtgestaltung: Heimann und Schwantes, Berlin
Technische Umsetzung: zweiband.media, Berlin

Das Umschlagbild zeigt das Tor der ehemaligen Borsigwerke in Berlin-Tegel.

www.cornelsen.de

1. Auflage, 2. Druck 2017

Alle Drucke dieser Auflage sind inhaltlich unverändert
und können im Unterricht nebeneinander verwendet werden.

Druck: Mohn Media Mohndruck, Gütersloh

ISBN 978-3-060-64483-4
ISBN 978-3-06-065008-8 (E-Book)

PEFC
PEFC/04-31-1033

PEFC zertifiziert
Dieses Produkt stammt aus nachhaltig bewirtschafteten Wäldern und kontrollierten Quellen.
www.pefc.de